構造シリーズ 2

木造住宅
ラクラク
構造計算
マニュアル
最新改訂版

Structural
Calculation
Manual of
Wooden house

飯島敏夫
齊藤年男
多田脩二
千葉陽一

X-Knowledge

もくじ

第1章 壁量計算

1.5倍耐力の壁量計算の基本

Challenge!!
1.5倍耐力の壁量計算例

第2章 構造計算

荷重

梁

COLUMN 現場対策

※本書は、２０１４年2月に弊社が刊行しました『最新版木造住宅ラクラク構造計算マニュアル』の改訂版です。

装丁／マツダオフィス
DTP／ユーホーワークス
カバーイラスト／設計アトリエ
印刷／ルナテック

第1章

壁量計算

壁量設計による地震に強い木造のつくり方

簡単に安全性を確認できる

建築基準法では、2階建て以下で、かつ延べ面積500㎡以下などの木造住宅は構造計算を必要としないが、その代わり構造安全性を確認する仕様規定が設けられている［※1］。これが「壁量設計」であり、木造の耐震性を確認できる一番簡単な方法といえる。

木造の耐震、耐風および耐積雪に関する構造規定では、壁を重要な耐震要素と考え、建物に必要とされる量の壁を釣り合いよく配置することで構造安全性を担保するようにしている。さらに、耐力壁がその効果を発揮するために、接合部の強さもしっかりチェックする必要があるとしている［※2］。壁量設計は、これらの一連の項目をすべて満たすことで成り立つ。

建築基準法の壁量設計は、木造設計の基本として当然押さえておく必要がある。しかし、同時に構造安全性の「最低限の目安」ともいえる。

そこで、表1をご覧いただきたい。建築基準法の壁量設計よりも高い構造安全性を確認できるのが、品確法［※3］の住宅性能表示制度で定められた壁量設計である。

品確法は地震・風・雪の力が加わったときの建物の強さを耐震等級（等級1、等級2、等級3）、耐風等級（等級1、等級2）そして耐積雪等級（等級1、等級2）で評価するものである。ただし、等級1は建築基準法を満たすものなので同じである。

表1では、建築基準法と品確法（等級2以上）が想定する地震や風の外力レベルが異なることが分かる。品確法の等級3では、建築基準法で想定する1.5倍の大きさの地震に耐えられることが前提となっている。それをどう実現するかということを表しているのが、表1下のチェック項目である。

品確法では建築基準法にない床倍率や横架材などの項目が盛り込まれている［50頁参照］。そこでは建築基準法よりも精密さが求められており、構造計算に沿ったチェックができるようになっている。

2つの壁量設計の成り立ち

壁量設計の規定は、建築基準法が1950年に制定されたときから定められているが、その後、壁量設計はたび

表1｜想定外力もチェック工程も異なる建築基準法と品確法の壁量設計

	建築基準法		品確法		
	＝耐震等級１	＝耐風等級１	耐震等級２	耐風等級２	耐震等級３
等級レベル	**数百年に一度発生する地震**（東京では震度6から震度7程度）の地震力に対して倒壊、崩壊せず、数十年に一度発生する地震（東京では震度5強程度）の地震力に対して損傷しない程度［注1］	**500年に一度程度発生する暴風**［注2］の力に対して倒壊、崩壊等せず、50年に一度発生する暴風［注3］による力に対して損傷しない程度	数百年に一度発生する地震（東京では震度6強から震度7程度）の1.25倍の地震力に対して倒壊・崩壊せず、数十年に一度発生する地震（東京では震度5強程度）の1.25倍の地震力に対して損傷しない程度	500年に一度発生する暴風［注2］の1.2倍の力に対して倒壊・崩壊せず、50年に一度発生する暴風［注3］の1.2倍の力に対して損傷しない程度	数百年に一度発生する地震（東京では震度6強から震度7程度）の1.5倍の地震力に対して倒壊・崩壊せず、数十年に一度発生する地震（東京では震度5強程度）の1.5倍の地震力に対して損傷しない程度

チェック項目	建築基準法	品確法
1｜壁量	建築基準法の壁量	品確法の壁量
2｜壁配置	建築基準法の壁配置	建築基準法の壁配置
3｜床倍率		床倍率
4｜接合部	建築基準法の接合部	品確法の接合部
5｜基礎	建築基準法の基礎	品確法の基礎
6｜横架材		横架材
	終了	終了

注1　構造躯体に大規模な工事を伴う修復が必要となる著しい損傷が生じないこと。構造上の強度に影響のない軽微なひび割れの発生などは含まれない
注2　1991年19号台風時の宮古島気象台記録｜注3　1959年の伊勢湾台風時の名古屋気象台記録

※1：次の①～④のいずれかに該当する木造建築物の場合は構造計算が必要になる。①階数≧3、②延べ面積＞500㎡、③高さ＞13m、④軒高＞9m
※2：平成12年以前は、壁量計算のみが義務化されており、壁の配置の規定はあいまいで、接合部については何も問われていなかった。これでは耐力壁の効果が十分に得られないため現行の規定となった｜※3：「住宅の品質確保の促進等に関する法律」の略称

壁量設計は木造住宅の耐震性をいちばん簡単に確認できる

たび見直されている。図1は重い屋根、図2は軽い屋根の地震に対する必要壁量の変遷である。どちらも、'81年の新耐震規定［※4］で大幅に見直された。

建築基準法制定当初は地震に対する必要壁量だけであったが、'71年に風に対する必要壁量が定められ、'81年には地震と同様に必要壁量の大幅な見直しが行われた［図3］。

地震に対する壁量設計は、建築基準法制定当初と'81年の新耐震規定を比較すると、たとえば、2階建ての1階であれば2倍以上の壁量を必要とするようになった。また、この年には建告1100号が制定され、耐力壁の材料として構造用合板や石膏ボードなどの構造用面材が追加された。

壁倍率［16頁参照］についても、2000年に基準となる耐力の見直しが行われている。以前は、倍率1、長さ1mの壁の基準耐力は、1・275kN（130kgf／m）であったが、法改正以降、基準耐力は1・96kN／m（200kgf／m）と割増になっている［※5］。

壁量設計の前提

壁量設計を行う場合の主な前提条件は、次のとおりである［図4、12頁参照］。

①柱脚・柱頭などの接合部が先行破壊しないこと

②耐力壁がバランスよく配置されていること

③床・屋根などの水平構面［※6］に十分な剛性があること

これらの必要性もあって'00年の改正建築基準法では、①については建告1460号で、②については建告1352号で新たに制定された。③については、品確法で対策を講じることが求められている。

品確法は、'00年4月1日に施行された。そのなかの「住宅性能表示制度」は、住宅のもつ構造安定性や防犯性、断熱性などの性能を表示する共通ルール（表示方法や評価方法）を設けることで、消費者が安心して住宅を取得できるようにするための任意の制度である。特に「構造の安定」性能のチェック方法として、壁量設計が定められている。

等級に関しては前項で説明したとおりだが、等級2以上ではチェック項目が

図1｜重い屋根の地震に対する必要壁量の変遷

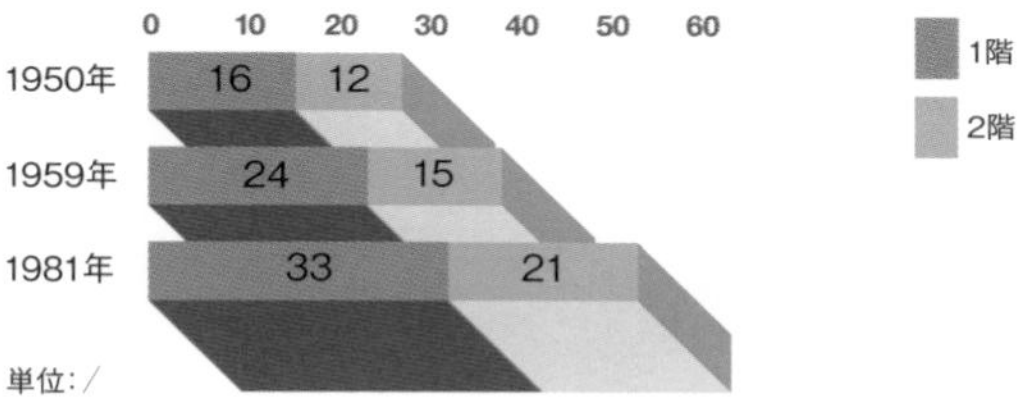

図2｜軽い屋根の地震に対する必要壁量の変遷

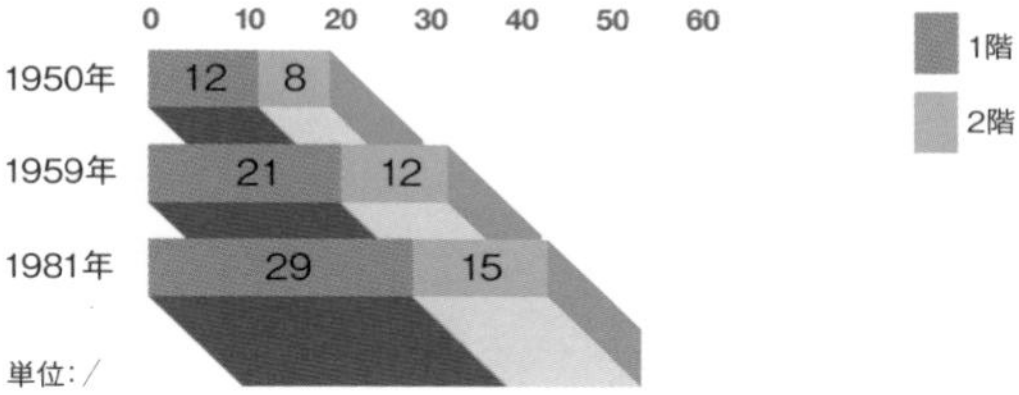

図3｜風に対する必要壁量の変遷

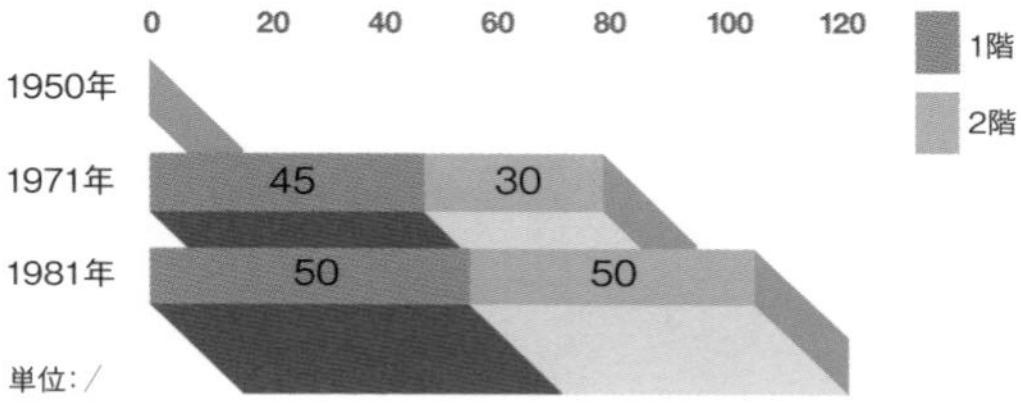

図4｜壁量設計で求められる対策

❶ 柱脚・柱頭などの接合部が先行破壊しないこと

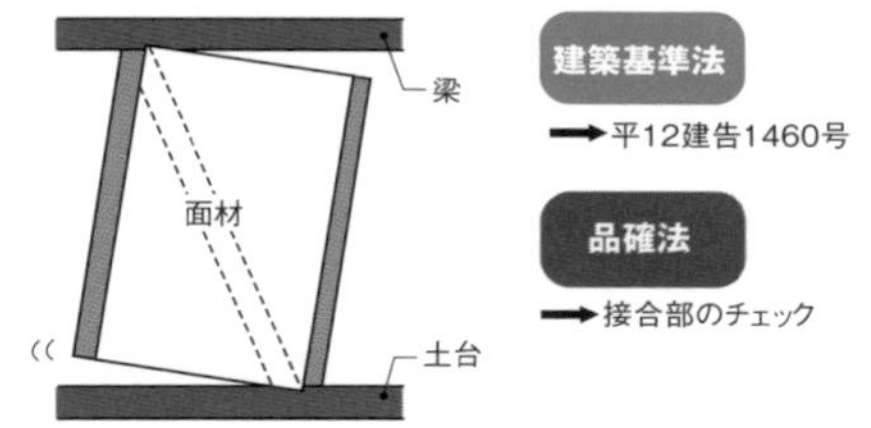

❷ 耐力壁がバランスよく配置されていること

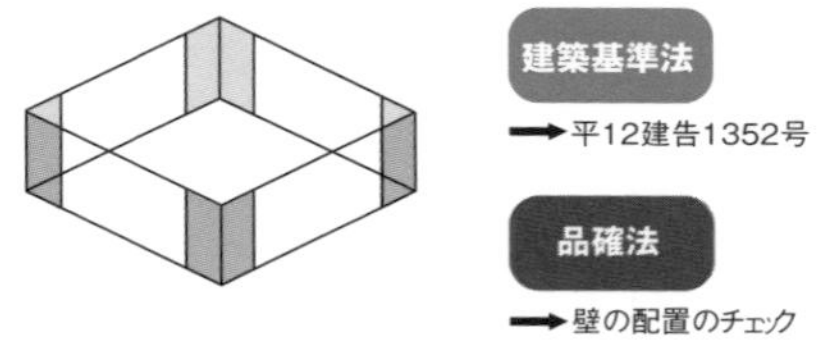

❸ 床・屋根などの水平構面に十分な剛性があること

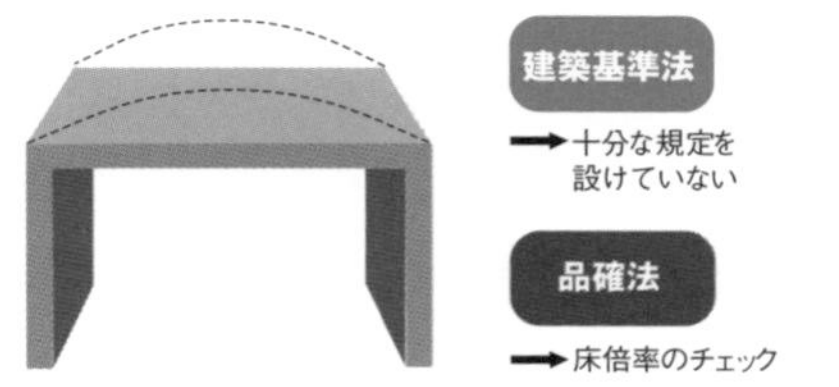

※4：1981年に改正された建築基準法のことで、耐震性に関する規定が大幅に加えられ、「新耐震規定」と呼ばれている｜※5：壁仕様は同じでも、耐力壁の基準耐力を130kgf→200kgfとほぼ1.5倍に上げることができたのは、試験法や評価法の見直しがあったからである。これまで耐力壁の試験は、実際の脚部の仕様として十分に固定しないで行うことが通常であり、回転による剛性低下などがあった。また、評価方法についても、回転による剛性低下をもとにしたせん断耐力やばらつきを一律に乗じた。これに対し、平12建告1460号の柱頭・柱脚部の接合部に関する仕様規定が制定され、耐力壁試験でも回転が極力生じない方法を行うこととした

表2｜地震力に対する必要壁量（床面積に乗じる係数［cm/㎡］）

建物の種類	建築基準法の床面積に乗ずる係数		
金属板、スレート葺などの軽い屋根	11	15 29	18 34 46
土蔵造または瓦などの重い屋根	15	21 33	24 39 50

建築基準法の必要壁量＝床面積×上の係数

注「地震地域係数」と「K1およびK2」に関しては58頁を参照

建物の種類	品確法の床面積に乗ずる係数					
	平屋			2階建て		
	一般地域	多雪区域		一般地域	多雪区域	
	積雪0m	1m	2m	積雪0m	1m	2m
等級2（軽い屋根）	18	18+16	18+32	18 45	18+16 45+16	18+32 45+32
等級3（軽い屋根）	22	22+19	22+38	22 54	22+19 54+19	22+38 54+38
等級2（重い屋根）	25	25+16	25+32	25 58	25+16 58+16	25+32 58+32
等級3（重い屋根）	30	30+20	30+39	30 69	30+20 69+20	30+39 69+39

品確法の必要壁量＝床面積×（上の係数×地震地域係数×K1およびK2）

注 最深積雪量1～2m間の値は、直線的に補間した数値とする

品確法の考え方を導入すると震度7以上の地震に耐えられる

建築基準法とは異なり、結果的には構造計算をしたのと同じくらい詳細に耐震性を確かめられる。

地震力の必要壁量に差がある

ここからは、建築基準法と品確法の壁量設計で、耐震、耐風、耐積雪についてそれぞれどのように考えられているのかを比較してみる。

まずは、耐震だが、木造住宅を設計する場合、各階、各方向の耐力壁の長さに壁倍率を乗じたものの合計（これを「存在壁量」という）を求めて、建築基準法で定める地震に耐えるために必要な壁量（これを「必要壁量」という）以上であることを確認する。また、これらの耐力壁がバランスよく配置されているかどうかもチェックする。

建築基準法の必要壁量を求める場合、床面積に乗じる係数は表2のとおりに定められている。建物の種類および階数によって、その係数が異なることが分かる。特に、建物の種類では、屋根葺き材の軽い・重いによって必要壁量の係数が異なり、重い屋根葺き材の係数が大きい。これは、重い建物ほど大きな地震力（水平力）が作用するため、軽い屋根葺き材よりも多くの壁量が必要だからである。

品確法も建築基準法と同様に屋根葺き材の軽い・重いを考慮する。その一方、建築基準法では存在壁量に加えることができない垂れ壁や腰壁を、品確法で定めるルールに従った壁（これを「準耐力壁等」という）であれば加算することができる［52頁参照］。ただし、この加算はあくまでも、建築基準法の必要壁量を耐力壁だけで満たすことが条件である［※7］。また、耐力壁がバランスよく配置されているかについては、建築基準法の規定を適用する。

建築基準法と品確法の等級2以上で大きく異なるのは、必要壁量の求め方である。品確法の必要壁量を求める場合の係数は表2のとおりで、建築基準法と比べ詳細な区分となっている。要求性能の違いに加え、水平力の作用をより正確にとらえようとした係数となっている。

耐風の必要壁量も差が出る

建物に作用する水平力とは、地震力

※6：水平構面とは、外力に抵抗する水平方向の骨組で、木造軸組構法では屋根・床・火打ち構面の3つで構成される［60頁参照］｜※7：準耐力壁等を加算することで建築基準法で定める必要壁量をクリアするというのはNGなので注意が必要

建築基準法の壁量設計は最低限とみなすべき

表3｜建築基準法の風圧力に対する必要壁量（見付け面積に乗じる係数［㎝/㎡］）

	必要壁量
特定行政庁が特に強い風が吹くとして定めた区域	50-75の間で特定行政庁が定めた値
その他の区域	50

建築基準法の風の必要壁量＝見付け面積×上の係数

注 見付け面積は、2階であれば階高から1.35mを減じたものに長さを乗じて求める。1階では1階フロアラインから屋根の高さまで足したものから1.35mを減じた数値に長さを乗じる

表4｜品確法の風圧力に対する必要壁量（見付け面積に乗じる係数［㎝/㎡］）

地域基準風速［Vo］	30	32	34	36	38	40	42	44	46
等級2	53	60	67	76	84	93	103	113	123

品確法の風の必要壁量＝見付け面積×上の係数

注 Voは地域基準風速といい、地域ごとに定められている係数。85～86頁の表より選ぶ

や台風などの風圧力のことである。建築基準法では地震と風のいずれの水平力に対しても建物が安全であるために、地震力・風圧力に対する必要壁量を求め、存在壁量がそれらを上回ることを確認する。また、耐力壁のバランスについては、前項の耐震で確認済みである。

風に対する建築基準法の必要壁量は、建物の見付け面積に表3の係数を乗じて各階各方向に求める。特定行政庁が特に風が強い区域として定めた区域以外は、50㎝／㎡としている［※8］。

耐風については、品確法も建築基準法と同じ考え方である。地震力に対する存在壁量が品確法で定める風圧力に対する必要壁量以上であるかを確認し、地震と風のいずれの水平力にも建物が安全であることを確認する。

風に対する品確法の必要壁量も、建物の見付け面積に係数を乗じて求めることは同じだが、建築基準法の係数［表3］と異なり、地域基準風速によって細かく分類され、日本全国の地域特性に応じた耐風設計を求めている［表4］。具体的な地域基準風速は、平12年建告1454号に定められている［85頁参照］。

積雪への配慮が足りない建築基準法

積雪量で地域を区分すると、一般地域と多雪区域に分けられる。多雪区域は、建築基準法で最深積雪量が1m以上の区域または積雪の初終間日数（当該区域中の積雪部分の割合が1／2を超える状態が継続する期間の日数をいう）の平年値が30日以上の区域としている。積雪の重さは、一般地域が20N／㎝／㎡、多雪区域が30N／㎝／㎡である。多雪区域の雪が重たいのは一般地域の雪よりも水分を多く含んでいるからである。

そのような区域を定めているものの、建築基準法施行令86条では、屋根に雪止めがなく、かつ、その勾配が60度を超える住宅または雪下ろしの習慣のある地方の住宅では、一般地域の基準を適用してよいとしている。この条件を満たさない住宅、たとえば、雪下ろしを行う習慣のない地方の住宅は、積雪を見込んだ壁量設計を自ら行う必要がある。

品確法の等級2以上では、表2のとおり建物の種類ごとに、一般地域と多雪区域の最深積雪量1～2mまでの床面積に乗ずる係数が示されており、建築基準法よりも詳細な壁量設計を求めている。さらに、雪の重みで梁や胴差などの横架材が折れたり、基礎が破壊されたりしないように、積雪量に応じた部材の断面寸法であるかも確認する。建築基準法が地震や台風など水平力のみを考慮しているのに比べて、品確法は水平力に加えて積雪、つまり鉛直荷重を見込んだ壁量設計といえる。

建築基準法の1.5倍の安全性を！

以上のように、耐震性・耐風性・耐積雪性のある住宅設計を壁量設計で行う場合は、建築基準法を満たすだけでは不十分であることが明白である。最近、大きな地震がないといわれていた空白地域にも大規模な地震が発生している。品確法の壁量設計の考え方を導入し、より安全な住宅をつくる必要がある［※9］。

［飯島敏夫］

※8：特定行政庁が定めるものなので、地域が一覧になっているものはない。各行政庁に確認してほしい｜※9：本章では、壁量設計入門として建築基準法を満たすための壁量設計、さらに、それをベースに建築基準法の1.5倍の安全性をもつ壁量設計を解説している。これらの内容を参考にして、より安全な壁量設計を取り入れてほしい

壁量設計① 耐力壁の役割

耐力壁の効果を発揮させるコツ!

① 外側を "耐力壁面" が ぐるりと囲む

② 上下階の耐力壁が 一致

③ "耐力壁線" と基礎は いっしょ

④ 隅角に置くことが 大事

⑤ 梁間・桁行方向の 両方のバランス考えて

⑥ 局所的に高倍率 の壁を入れずに

耐力壁線：外壁線および建物の内部で一定の壁量の壁が通る線。具体的には外壁が通る線、および建物内部の梁間・桁行方向のそれぞれの平面で耐力壁を長手方向に結ぶ直線

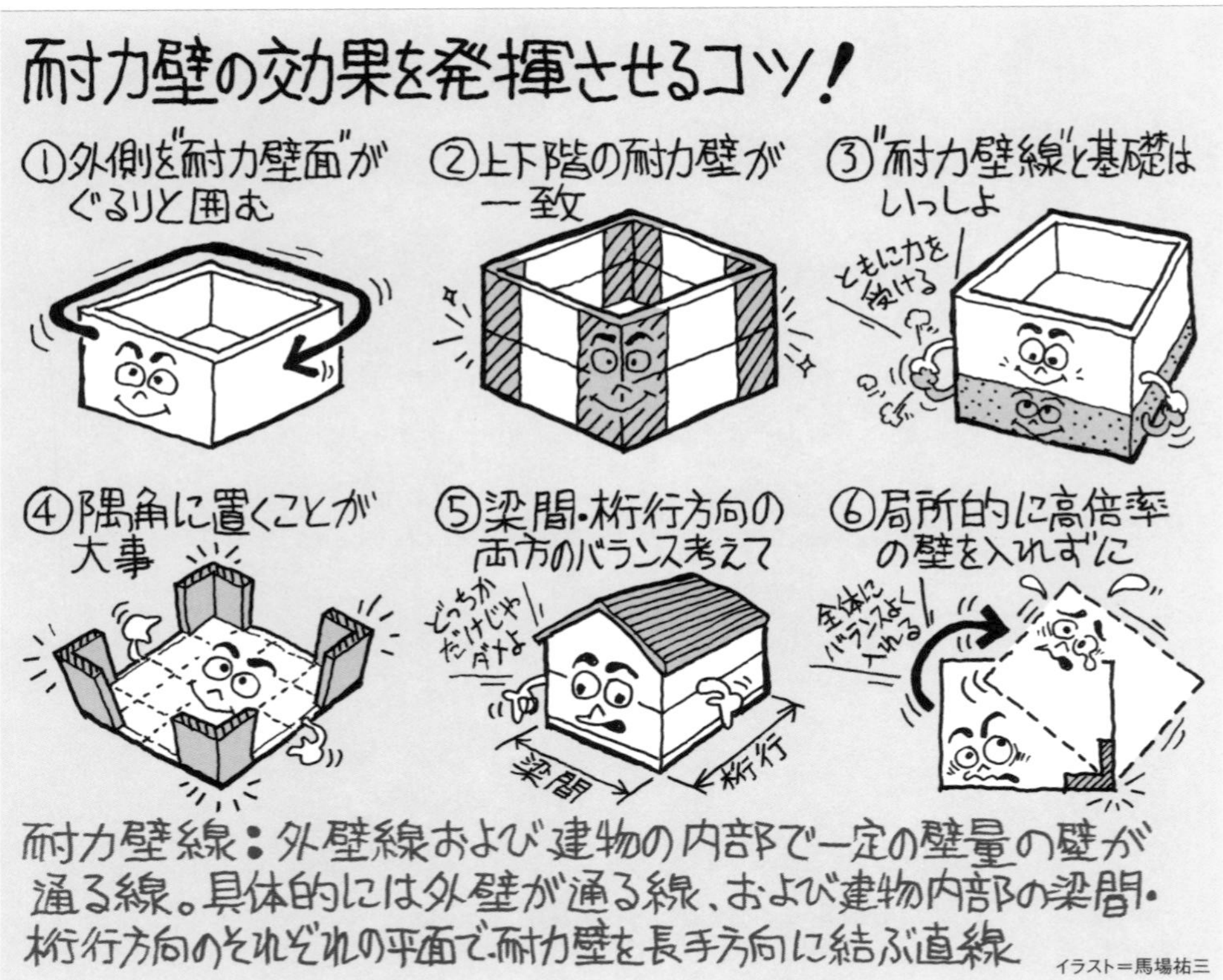

イラスト＝馬場祐三

建築基準法で定める壁量設計の流れは、図1のとおりである。

一定規模［※1］の木造の建物では、地震力と風圧力に対して最低限確保しなければならない耐力壁の量が定められている。これを確認するのが壁量計算である。壁量計算では、地震力と風圧力の両方で必要な壁量を満たしていることを確認しなくてはならない。

決められた「量」の壁が、その性能を十分に発揮するためには、建物がねじれないように耐力壁を釣り合いよく配置することが重要である。また、耐力壁が耐力いっぱいの性能を発揮するためには、柱脚・柱頭を補強する必要がある。もっとも、壁の量や配置、接合部がそれぞれ個別に基準をクリアしているだけでは不十分で、すべてがそろって基準を満たしてこそ壁量設計の効果を発揮できるのである。

以上を踏まえた設計のポイントは次のようになる。

建物の外周は耐力壁線で囲む

建物の外周は、耐力壁線［※2］［60頁参照］で囲むことが重要となる。耐力壁線とは一定の耐力壁が確保された壁の

図1｜建築基準法の壁量設計の流れ

チェック項目	耐震	耐風
1 壁量計算（16～27頁）へ	地震に耐えるために必要とされる壁量(必要壁量)を、実際の壁量(存在壁量)が超えているか確認する	台風などの強い風に耐えるために必要とされる壁量(必要壁量)を、実際の壁量(存在壁量)が超えているか確認する
2 壁の配置（28～31頁）へ	壁量計算で確認された必要壁量以上の耐力壁が、釣り合いよく配置されているか確認する。各階・各方向における1/4側端部分の壁量充足率＝存在壁量/必要壁量＞1。1以下になる場合は壁率比＝小さいほうの壁量充足率/大きいほうの壁量充足率≧0.5	
3 接合部（32～41頁）へ	筋かい端部、柱脚・柱頭の接合方法を仕様の条件により告示から選択する	
4 基礎	建築基準法の基礎の仕様に合わせる	

※1：次の①～④の条件をすべて満たす木造の建物は、構造計算が免除される代わりに、壁量計算、壁の配置および接合部の仕様を確認しなければならない（ただし、延べ面積50㎡以下の平屋は除く）。①階数≦2、②延べ面積≦500㎡、③高さ≦13m、④軒高≦9m

通りのことで、地震や風の水平力が流れる道となる。

建物がマッチ箱のようなかたちを維持するためには、箱の外周がしっかりした面で囲まれていることが重要である［図2］。鉛直構面であれば耐力壁線で囲まれた面、水平構面であれば、床や屋根がこれに当たる［※3］。

耐力壁線の下部に基礎を設ける

基礎は、耐力壁が受けた外力を地盤に伝える役割をもつ。耐力壁は基礎と一体となっていないと、地震や風などの水平力に耐える効果が弱まる。よって、1階の耐力壁線の下部には基礎を設け、耐力壁と一体となっていることが大事である。

耐力壁はできるだけ外周に配置

図3のように、同じ量の耐力壁を建物の外周に配置する場合と内部に配置する場合、耐力においてどちらが有利であろうか。

建物に地震や風などの水平力が均等に生じるならば、性能は同じであろうが、均等な力が建物に生じることは稀である。どちらかに偏った力が生じた場合、建物はねじれようとする。

このねじれにくさを比較すると、外周に多くの耐力壁を配置している図3①は内部に重点的に耐力壁を配置した図3②の2倍以上になる。よって、耐力壁は外周、特に隅角部に重点的に配置することがポイントといえる。

［飯島敏夫］

図2｜耐力壁線とは何か

①桁行方向の耐力壁線

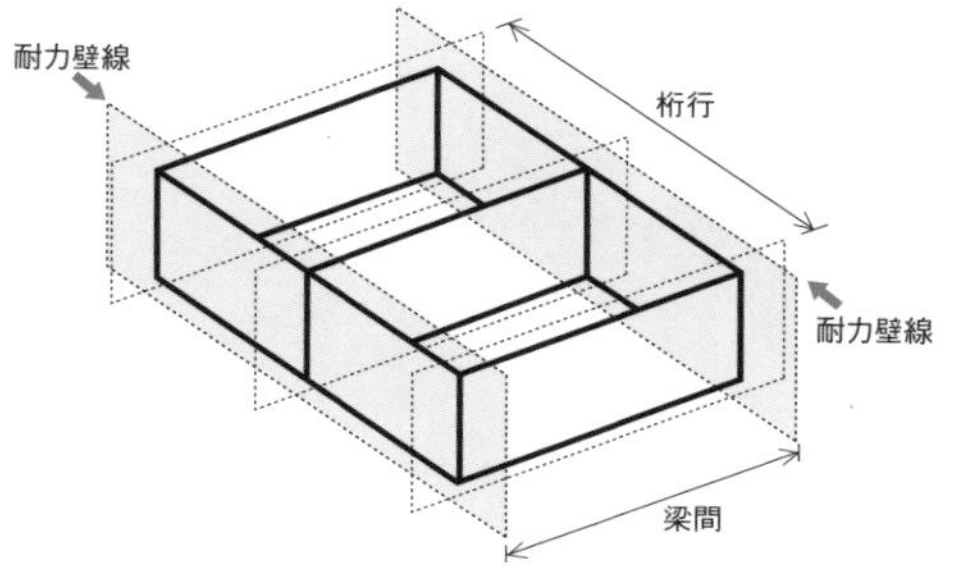

> 耐力壁線とは、桁行方向・梁間方向の外壁線および建物の内部を通る平面上の線で、外力を受けたときにもちこたえるために必要な一定の量の耐力壁が配置されている通りのことをいう

②梁間方向の耐力壁線

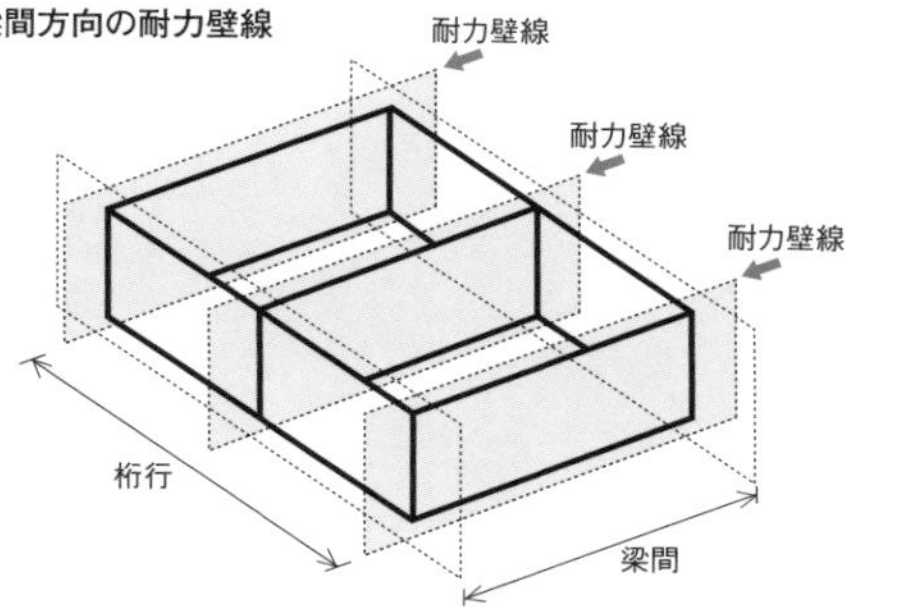

建物の構造安全性を考えると、①・②のように、桁行方向・梁間方向ともに耐力壁線が外周を囲み、なおかつ、内部にもできるだけ耐力壁線を設けることが必要である。ただし耐力壁線は、桁行方向・梁間方向とも偏心しないように釣り合いのよい配置を心がける

図3｜耐力壁の外周(隅角)配置と中央配置はどちらが有利か

①建物の外周(特に隅角部)に耐力壁を配置

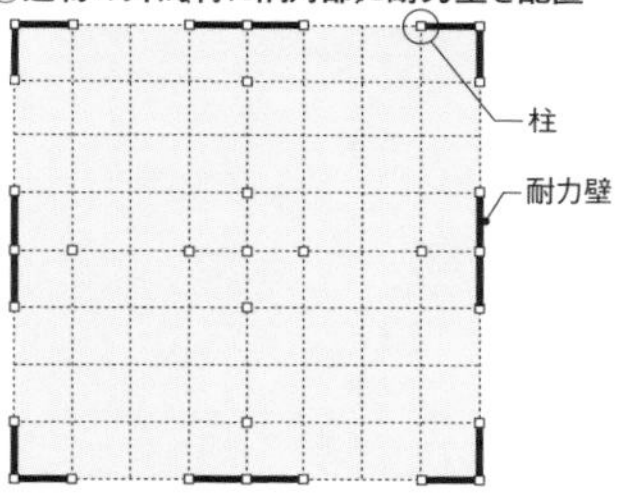

②建物の中心に耐力壁を配置

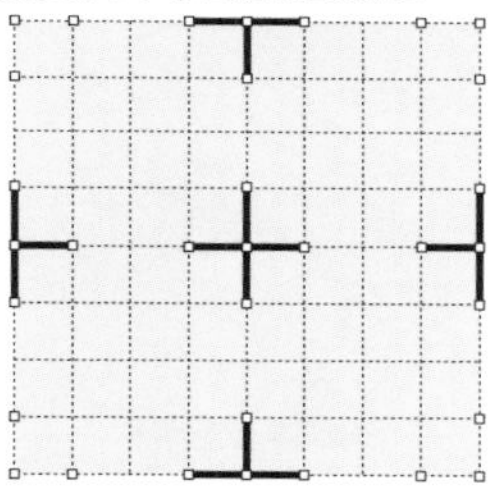

建物の外周に耐力壁を配置したほうが、地震や風などの水平力に対する耐力は高い。特に①のように、隅角部をL型に配置した耐力壁は効果的だ

column 現場対策｜01

壁量とは何を表しているのか？

壁量とは、木造住宅に使用する耐力壁の量を長さで表したものである。軸組長さともいう。「壁量＝壁倍率×耐力壁の長さ」で算出する。

壁量の最低限度は、建築基準法施行令46条で床面積1㎡当たりの壁の長さ(㎝)として定められている。平12建告1352号で初めて「存在壁量」や「必要壁量」という言葉が登場した。

耐力壁が外力に対してもちこたえる強さを倍率で表しているのが壁倍率である。壁倍率は材料の種類に応じて定められた単位長さ当たりの壁の強さといえる。壁倍率は0.5～5まで0.1単位で分かれており、壁の長さに乗ずることによって、その木造住宅の壁量、すなわち耐力を計ることができる。筋かい耐力壁と面材耐力壁などを組み合わせて配置する際には、それぞれの倍率を足し合わせる。

［飯島敏夫］

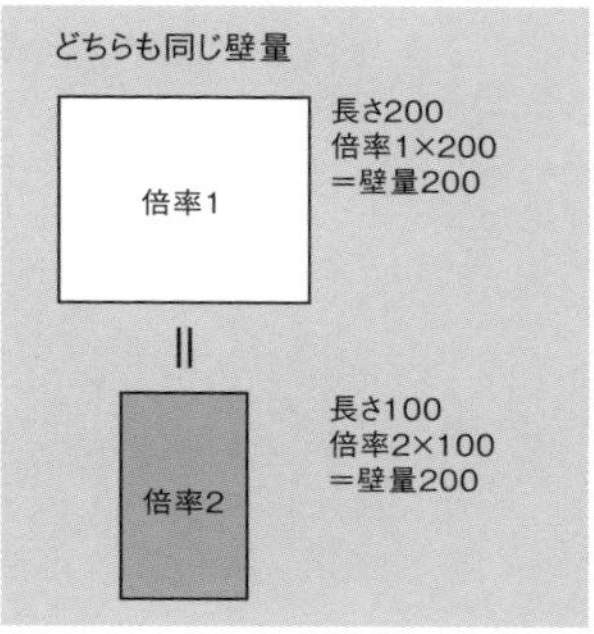

※2：建物を平面で見たときに、桁行方向・梁間方向の外壁線もしくは建物内部を通る線で、地震や台風などの外力を受けたときに建物がもちこたえるために必要な一定の量以上の壁が存在する通りのこと｜※3：建築基準法では、階数が2以上または延べ面積50㎡を超える木造の建築物において、床や屋根の水平構面については、床組および小屋組の隅角に火打ちを使用することが定められている（施行令46条3項）。しかし、一般的には火打ちではなく構造用合板張りなどで水平構面の剛性を確保している

壁量設計② 耐力壁の配置

耐力壁線は上階と下階で一致させる

耐力壁を生かすための設計ポイントとして、効果的な配置方法を挙げる。

構造設計上、建物が受けた地震力・風圧力は上から下へ流れると考える。上階で受けた力を下階へスムーズに伝えるためには、耐力壁の位置が上下階でつながっていることが構造的には一番有利となる。そのため、地震や台風などの外力の通り道となる耐力壁線では特に、上下階の耐力壁の位置をつなげることが望まれる。

上階の耐力壁は下階の耐力壁の直上に配置するのが基本である［図1①］。直上に配置できない場合は、図1②・③のように耐力壁を市松状に配置する。直下ではないが、上階の耐力壁と接点のある位置に耐力壁を配置することは、力を伝達する際に有効といえる。また、上階の耐力壁の直下に耐力壁を配置できない場合、代わりに柱を入れることも有効といえる。

上下階の耐力壁の向きが異なる場合でも、図1④のように上階の耐力壁と接点のある位置に下階の耐力壁が配置されていれば、有効といえる。

いずれの方法もとれない場合は、上階の耐力壁に最も近い下階の耐力壁または柱に力を流すために、上階の耐力壁を受ける胴差や梁の横架材の断面寸法を検討する必要がある。

梁間・桁行方向に釣り合いよく配置

プラン上、開口を広く確保するために、南面に耐力壁を少なくして、北側の水廻り部分に耐力壁を多く配置すると、地震や台風などによる水平力によって建物にねじれが生じて大きな被害が発生することがある［図2］。

建築基準法では、このような被害を防ぐために施行令46条で「各階の梁間方向及び桁行方向にそれぞれ壁を設け又は筋かいを入れた軸組を釣り合いよく配置しなければならない」と規定している。

しかし、釣り合いのよい耐力壁の配置については、設計者によって解釈の違いや幅があるために、望ましい配置とならないことがある。阪神・淡路大震災でも写真のように建物がねじれるように倒壊した建物が多く見られた。そのため、平12建告1352号では、耐力壁を釣り合いよく配置するための具体的

図1｜力をスムーズに伝達する耐力壁の配置と補強の仕方

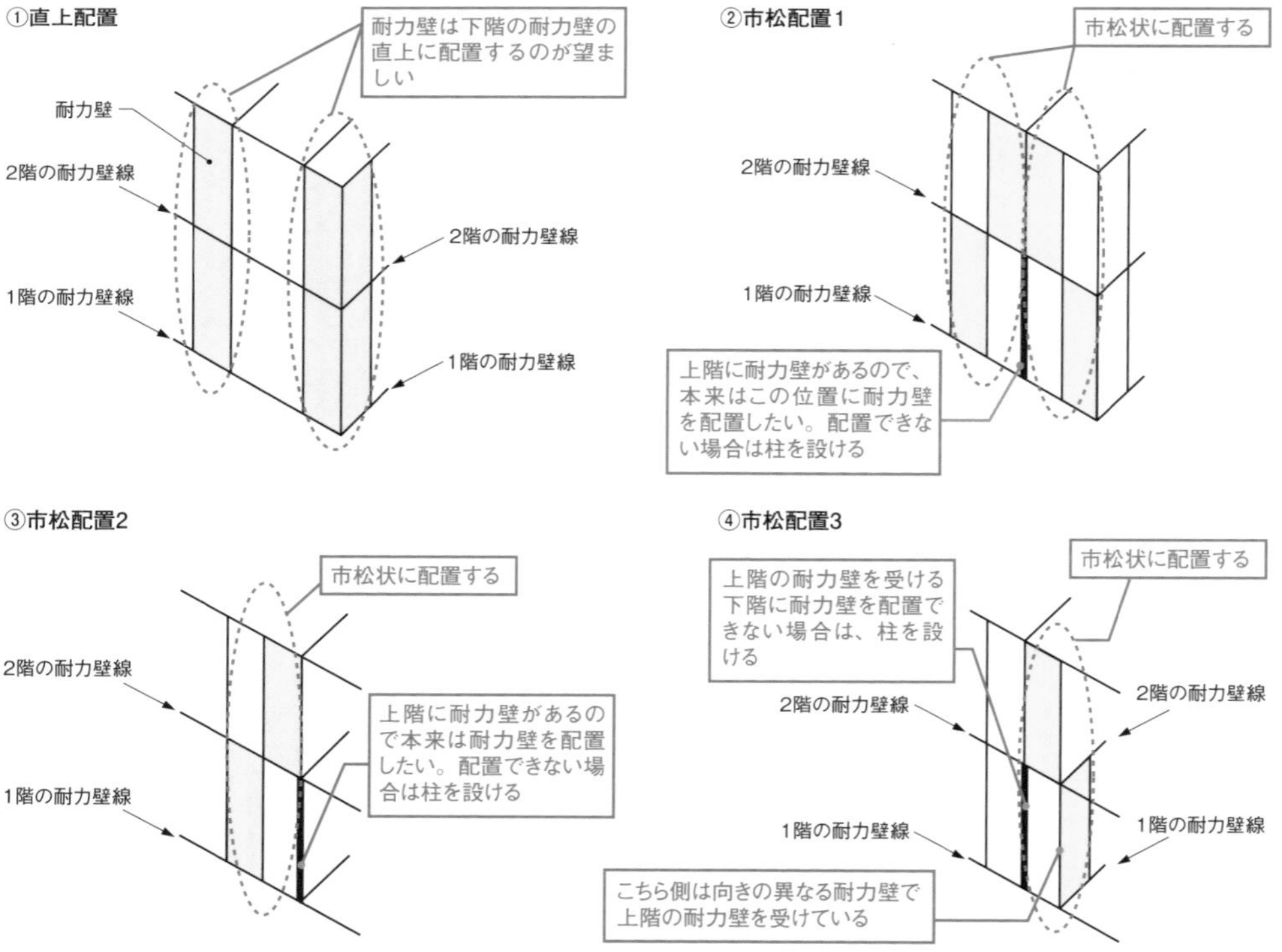
①直上配置
耐力壁は下階の耐力壁の直上に配置するのが望ましい
耐力壁
2階の耐力壁線
1階の耐力壁線
2階の耐力壁線
1階の耐力壁線
②市松配置1
市松状に配置する
2階の耐力壁線
1階の耐力壁線
上階に耐力壁があるので、本来はこの位置に耐力壁を配置したい。配置できない場合は柱を設ける
③市松配置2
市松状に配置する
2階の耐力壁線
上階に耐力壁があるので本来は耐力壁を配置したい。配置できない場合は柱を設ける
1階の耐力壁線
④市松配置3
上階の耐力壁を受ける下階に耐力壁を配置できない場合は、柱を設ける
市松状に配置する
2階の耐力壁線
2階の耐力壁線
1階の耐力壁線
1階の耐力壁線
こちら側は向きの異なる耐力壁で上階の耐力壁を受けている

な基準が加えられた。

建物の梁間方向・桁行方向の長さをそれぞれ4等分割し、外側の1／4部分の範囲がいずれも必要な壁量を満たしていることを確認するというのがその基準の内容である［図3、28頁参照］。

そのうえで、できるだけ建物の外周に耐力壁を設けるとともに、外周の耐力壁線が交差する隅角部にはL字型に耐力壁を配置すると有効である［※1］。

壁倍率が小さい壁を多く

耐力壁の量は、床面積が大きければ大きいほど、また建物が重ければ重いほど、多く確保しなければならない（22頁参照）［※2］。

耐力壁には壁倍率が0.5から5までいろいろな種類がある（16頁参照）。壁倍率が1の耐力壁は、地震や台風などの水平力に対して長さ1m当たり1・96kN（200kgf）の力に耐えることができる。つまり、0・98から9.8kN（100～1千kgf）の水平力に耐える耐力壁が用意されていることになる。

建築基準法では、建物の床面積や見付け面積によって、必要な耐力壁の量を定めている。

しかし、壁倍率の種類や耐力壁の枚数をどのように入れるかという決まりがない。そのため設計者によっては、開口部を広く取ったり、また、広い空間を確保できるように、大きい壁倍率のものを使って耐力壁を最小枚数に抑える傾向にある。

大きい壁倍率の耐力壁を局所的に使うと、その部分に力が集中し、負担が大きくなるため破壊が生じやすくなる。

このようなことから、壁倍率が小さい耐力壁をできるだけ多く設置するとともに、釣り合いよく配置することがより効果的である。

以上のポイントは、建築基準法のみならず、品確法における壁量設計の前提でもある。

［飯島敏夫］

図2｜建物のねじれ（偏心）

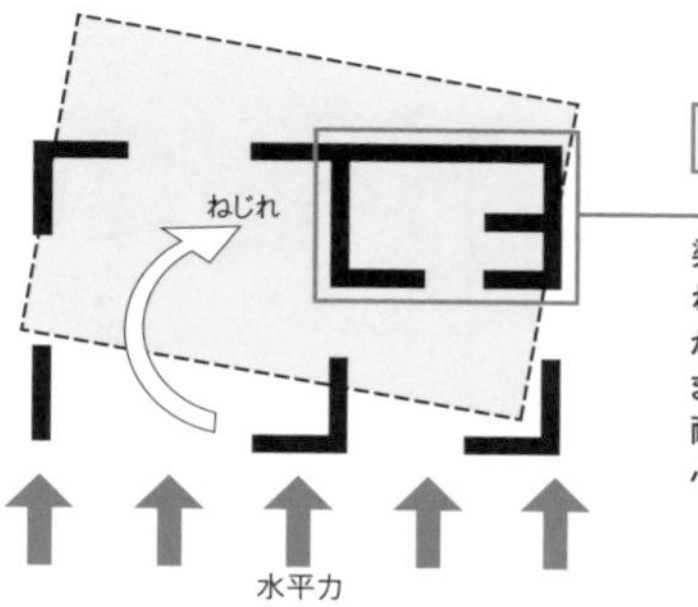
耐力壁が集中している

梁間方向と桁行方向でそれぞれ壁配置の釣り合いが悪いと建物は偏心してしまう。局所的に高倍率の耐力壁を配置することも偏心を招く原因の1つ

写真｜偏心により倒壊した家（阪神・淡路大震災）

図3｜耐力壁は梁間・桁行方向に釣り合いよく配置

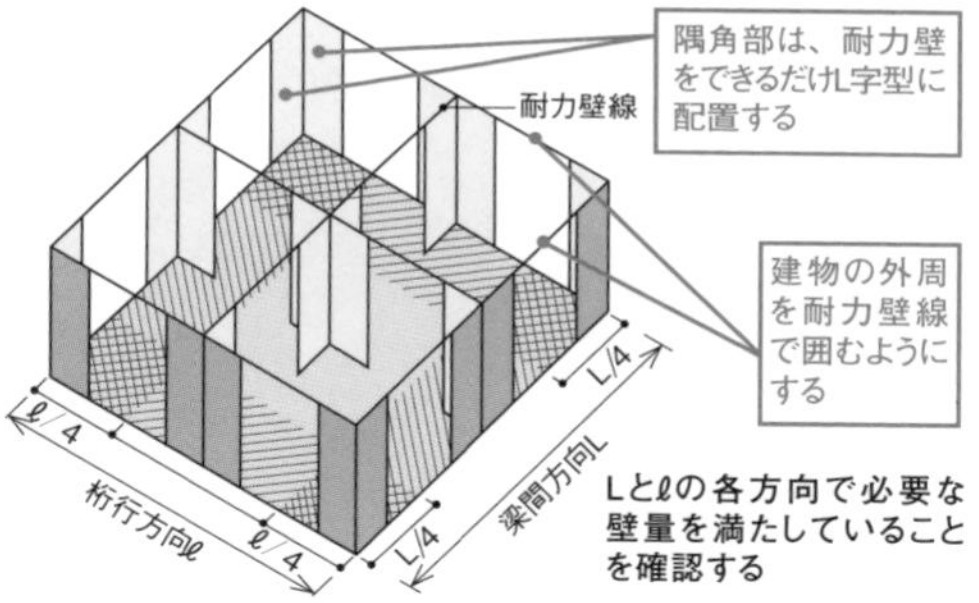

Lとℓの各方向で必要な壁量を満たしていることを確認する

column 現場対策 02

壁量計算と構造計算は、何が違うの？

3階建ての木造には構造計算が必要であるが、2階建て以下や500㎡以下などの木造には構造計算の代わりに壁量計算で済ますことができると建築基準法で定められている。

壁量計算とは、地震力や風圧力などの水平力に対して、建物の構造が安全であるように、耐力壁の量や配置などを簡易な計算で確かめる方法である。

構造計算は、一般的な木造であれば、許容応力度計算で積雪荷重、屋根荷重および床荷重などの鉛直力に対して柱や梁などの構造部材が安全であるか、地震力や風圧力などの水平力に対しても建物が安全であるかを確かめる。つまり、建築基準法の壁量計算は水平力のみに対して必要な壁量を求めるのに対し、構造計算では水平力だけではなく鉛直力に対しても、建物の構造が安全であるかを確かめるのである。

［飯島敏夫］

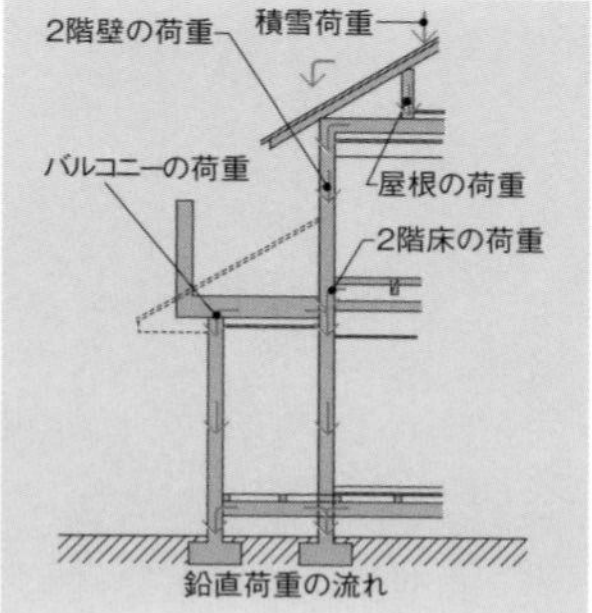

※1：L字型に配置することが困難な場合であっても、交差する耐力壁線のいずれか一方には、耐力壁を配置したい
※2：建築基準法施行令46条の表2において、地震力に対して建物が安全であるために守らなければならない耐力壁の量を定めている

壁量計算①

壁倍率と耐力壁の基本

耐力壁とは、地震や台風などの力にもちこたえるための壁であり、表1のとおり土壁や木ずりによるもの、筋かいによるものなどがあり建築基準法施行令46条に定められている。耐力壁の種類は、表1⑨のとおり国土交通大臣が定めたものが700種類以上あるので国土交通省のホームページを参照されたい。

木造住宅に使用する耐力壁の量や配置は、建築基準法で決められている値を守らなければならない。耐力壁の幅や高さについては特に制限はないが、耐力壁の高さを高くしたり幅を狭くすると、柱脚や柱頭に必要以上に大きな力が生じる。

筋かいと、構造用合板などの面材による耐力壁とでは、高さと幅の関係が異なる。そのため、「木造軸組工法住宅の許容応力度設計」（（公財）日本住宅・木材技術センター刊）では、筋かいや面材による耐力壁の必要幅や必要高さを定めている。

たとえば、筋かいの幅はその高さの1／3.5以上としている。高さが3.0mであれば、幅は0.9m以上確保しなければならない。面材であれば、幅は高さの1／5以上としている。3mの高さであれば、幅は0.6m以上必要ということだ。

表1｜耐力壁の種類（建築基準法施行令46条）

耐力壁			壁倍率
土塗や木ずりによるもの	①	土塗壁	0.5
	②	木ずりを打った壁	1.0（両面1.0）
筋かいによるもの	③	厚さ15mm×幅90mmの木材	1.0（たすき掛け2.0）
	④	径9mmの鉄筋	
	⑤	厚さ30mm×幅90mmの木材	1.5（たすき掛け3.0）
	⑥	厚さ45mm×幅90mmの木材	2.0（たすき掛け4.0）
	⑦	90mm角の木材	3.0（たすき掛け5.0）
併用のもの	⑧	①～②と③～⑦の併用	それぞれの倍率の和
大臣が定めたもの	⑨	昭和56年建設省告示第1100号による	0.5～5.0の範囲内で大臣が定める数値

壁倍率は最大5まで

壁倍率とは、耐力壁の強さを数値で表したものである。壁倍率は、決められた試験方法によって強さの確認を行い、国土交通大臣が定める［表1⑨］。

壁倍率1は、長さ1mにつき200kgf（1.96kN）の耐力があるということを表している。つまり、壁倍率1とは200kgfの水平力を受けたときに、せん断変形角が1／120rad時のものをいう。倍率5の耐力壁ならば、その5倍の1千kgf（9.8kN）

の強さになる。
壁倍率の上限は、建築基準法施行令46条で5までと定められているので、表1の組み合わせの和が5を超える場合は5となる。

筋かい耐力壁

建築基準法は、筋かいの材料は鉄筋または木材を使用しなければならないとしている（令45条）。また、構造耐力上主要な部分に使用する木材の品質は、節、腐れ、繊維の傾斜、丸みなどによる耐力上の欠点がないものとしている（令41条）。これは鉄筋と違って木材の品質が一定でないために設けられた規定である。

筋かいに使用される一般的な樹種は、スギ、ベイツガなどである。そのほかに、製材よりも品質や性能が安定している構造用集成材や構造用単板積層材（LVL）を使用することもある。

筋かいは、表2のように断面寸法によって性能が異なる。たとえば、厚さ30mm以上、幅90mm以上の木材の壁倍率は1.5、90mm角以上の木材の壁倍率は3であり2倍の違いがある。そのため、90mm角以上の筋かいは、厚さ30mm以上、幅90mm以上の筋かいよりも2倍強いことになる。

ただし、筋かいは、いくら断面を考慮しても、土台や柱に釘や接合金物でしっかり留めなければ、本来の強度を発揮しない。接合金物は、表2の平12建告1460号一号で定められた接合方法とする。

面材耐力壁

表3のとおり、耐力壁に使用する面材は、その種類と仕様によって壁倍率が異なる。たとえば、構造用合板やパーティクルボードを大壁で使用すると壁倍率は2.5になるが、真壁仕様の貫タイプでは1.5になり、大壁仕様よりも小さくなる。同じ面材でも、大壁仕様や真壁仕様の受け材タイプと貫タイプでは、壁倍率が異なることに注意しなければならない。

［飯島敏夫］

表2｜筋かいの種類と壁倍率

壁倍率	木材の断面	接合方法	平12建告1460号一号
1	 厚さ15mm以上、幅90mm以上	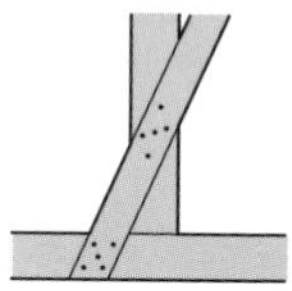 釘N65（10本）	ロ
1.5	 厚さ30mm以上、幅90mm以上	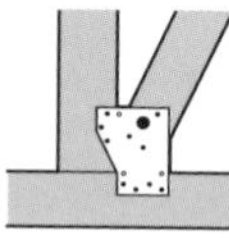 筋かいプレートBP 太め鉄丸釘ZN65（10本） ボルトM12（1本）	ハ
2	 厚さ45mm以上、幅90mm以上	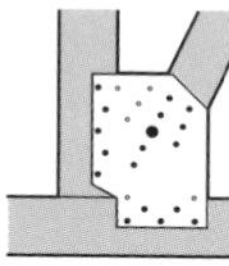 筋かいプレートBP2 スクリュー釘ZS50（17本） ボルトM12（1本）	ニ
3	 厚さ90mm以上、幅90mm以上	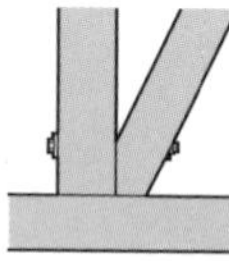 ボルトM12（1本）	ホ

表3｜主な面材の種類と壁倍率

面材の種類	仕様		壁倍率
構造用合板7.5mm厚以上	大壁		2.5
パーティクルボード12mm厚以上 構造用パネル	真壁	受け材	
		貫	1.5
石膏ボード12mm厚以上	大壁		0.9
	真壁	受け材	1.5
		貫	1
ハードボード5mm厚以上	大壁		2
硬質木片セメント板12mm厚以上			
シージングボード12mm厚以上	大壁		1
ラスシート0.6mm厚以上			
石膏ラスボード15mm厚以上（石膏ボード製品）、9mm厚以上（石膏プラスター）	真壁	受け材	1.5
		貫	0.5

column 現場対策 03

耐力壁選びはどんな注意が必要？

一般に高倍率の耐力壁ほど、建物に配置する壁の個所が少なくて済むため、オープンな間取りとしやすい。しかし、高倍率な耐力壁ほど床構面から流れてくる水平力や両側柱の引抜き力も大きくなり、それに耐える接合方法が求められる。建物にとっては、適度な壁倍率の耐力壁を全体的に配置したほうが局部的に過大な応力が発生せず、バランスのよい配置となる。　［齊藤年男］

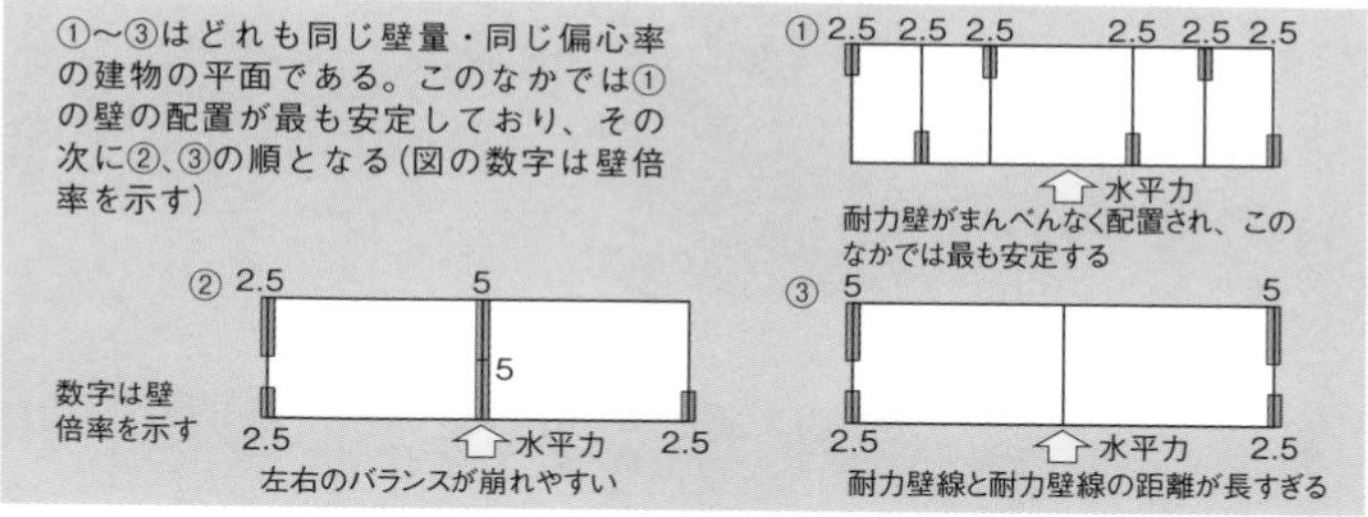

①〜③はどれも同じ壁量・同じ偏心率の建物の平面である。このなかでは①の壁の配置が最も安定しており、その次に②、③の順となる（図の数字は壁倍率を示す）

壁量計算② 耐力壁の施工方法

表1｜大壁仕様の面材耐力壁の種類

倍率	面材の種類	面材の材料 品質	面材の材料 種類	面材の材料 厚さ	釘 種類	釘 間隔 外周部	釘 間隔 外周部以外
4.3	構造用パーティクルボード	JIS A5908	–	–	N50	75mm以下	150mm以下
	構造用MDF	JIS A5905	–	–			
3.7	構造用合板または化粧ばり構造用合板	JAS	屋外に面する壁または常時湿潤状態のおそれのある壁（以下「屋外壁等」という）は特類	9mm以上	CN50		
			上記以外				
	構造用パネル		–		N50		
2.5	構造用合板または化粧ばり構造用合板	JAS	屋外壁等で耐候措置あり(特類)	5mm以上	N50	150mm以下	
			屋外壁等で耐候措置なし(特類)	7.5mm以上			
	パーティクルボード	JIS A5908	曲げ強さ区分8タイプを除く	12mm以上			
	構造用パーティクルボード	JIS A5908	–	–			
	構造用MDF	JIS A5905	–	–			
	構造用パネル	JAS	–	–			
2.0	ハードボード	JIS A5907	–	5mm以上			
	硬質木片セメント板	JIS A5417	–	12mm以上			
	炭酸マグネシウム板	JIS A6701	–		GNF40またはGNC40		
1.5	パルプセメント板	JIS A5414	–	8mm以上			
1.7	構造用せっこうボードA種	JIS A6901	屋内壁	12mm以上			
1.2	構造用せっこうボードB種						
0.9	せっこうボードまたは強化せっこうボード						
1.0	シージングインシュレーションボード	JIS A5905	–	12mm以上	SN40	10mm以下	20mm以下
	ラスシート	JIS A5524	角波亜鉛鉄板の厚さ0.4mm以上／メタルラスの厚さ0.6mm以上	–	N38	150mm以下	

図1｜3×9版と3×6版の張り方

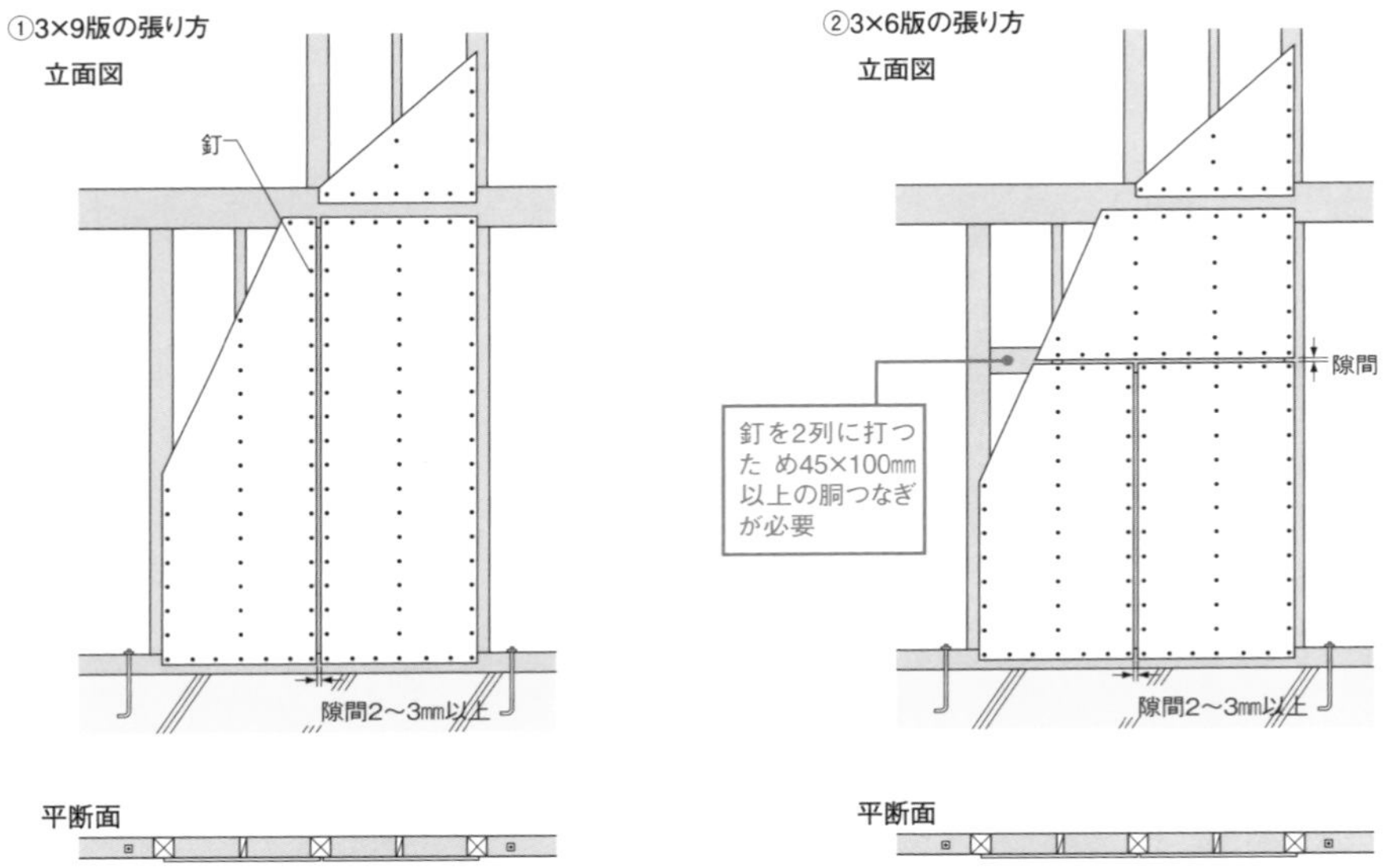

面材耐力壁の張り方

面材耐力壁に壁倍率の性能を発揮させるためには、建築基準法施行令46条および昭56建告1100号に規定する面材の厚さ・品質、釘の種類・間隔などを守らなければならない。

大壁仕様の面材［表1］の主な張り方は2種類ある。図1①は土台から胴差まで1枚の3×9版を縦張りにする。図1②は3×6版の面材を縦と横で張るが、面材の継ぎ目には、必ず45×100㎜以上の胴つなぎを入れる［※1］。

また、床勝ちとなる大壁仕様の耐力壁もある。面材の種類は表2のとおりであり、壁倍率も0.9～4.3の6種類である。図2のとおり床下地材の種類は限定していないが、受け材の断面寸法および釘打ち間隔等が倍率によって異なるので注意しなければならない。

真壁仕様には、受け材タイプと貫タイプがある［20頁表3］。前者は、面材を受け材などに釘打ちするもので［20頁図3］、受け材は厚さ30㎜以上、幅40㎜以上の木材を柱・横架材にN75釘を釘打ちするが、倍率によって釘打ち間隔が異なる。面材を打ち付ける釘の種類

※1：構造用パネルやパーティクルボードは伸び縮みすることがあるので、継ぎ目部分には2～3㎜以上の隙間をあける

表2｜床勝ちの大壁仕様の面材耐力壁の種類

倍率	面材の種類	面材の材料			釘		
		品質	種類	厚さ	種類	間隔	
						外周部	外周部以外
4.3*1	構造用パーティクルボード	JIS A5908	–	–	N50	75mm以下	150mm以下
	構造用MDF	JIS A5905	–	–			
3.7*1	構造用合板または化粧ばり構造用合板	JAS	屋外壁等は特類	9mm以上	CN50		
			上記以外				
	構造用パネル		–		N50		
2.5*2	構造用合板または化粧ばり構造用合板	JAS	屋外壁等で耐候措置あり（特類）	5mm以上	N50	150mm以下	
			屋外壁等で耐候措置なし（特類）	7.5mm以上			
	パーティクルボード	JIS A5908	曲げ強さ区分8タイプを除く	12mm以上			
	構造用パーティクルボード		–	–			
	構造用MDF	JIS A5905	–	–			
	構造用パネル	JAS	–	–			
1.6*3	構造用せっこうボードA種	JIS A6901	屋内壁	12mm以上	GNF40またはGNC40		
1.0*3	構造用せっこうボードB種						
0.9*3	せっこうボードまたは強化せっこうボード						

*1：床下地材の上から打ち付ける受け材は、30mm×60mm以上、N75釘打ち@120mm以下
*2：床下地材の上から打ち付ける受け材は、30mm×40mm以上、N75釘打ち@200mm以下
*3：床下地材の上から打ち付ける受け材は、30mm×40mm以上、N75釘打ち@300mm以下

図2｜床勝ち仕様の張り方

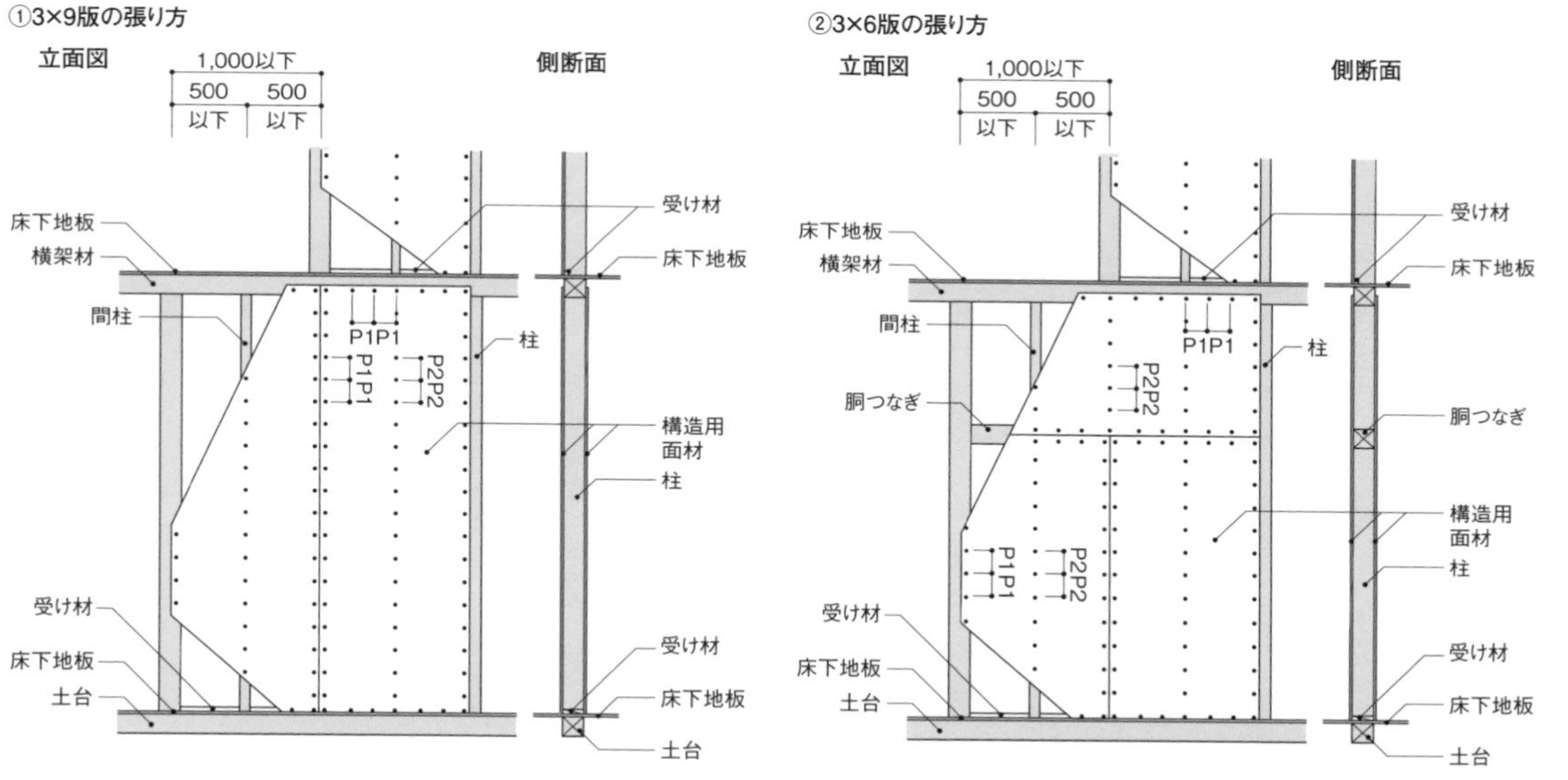

③床勝ちの場合の納まり

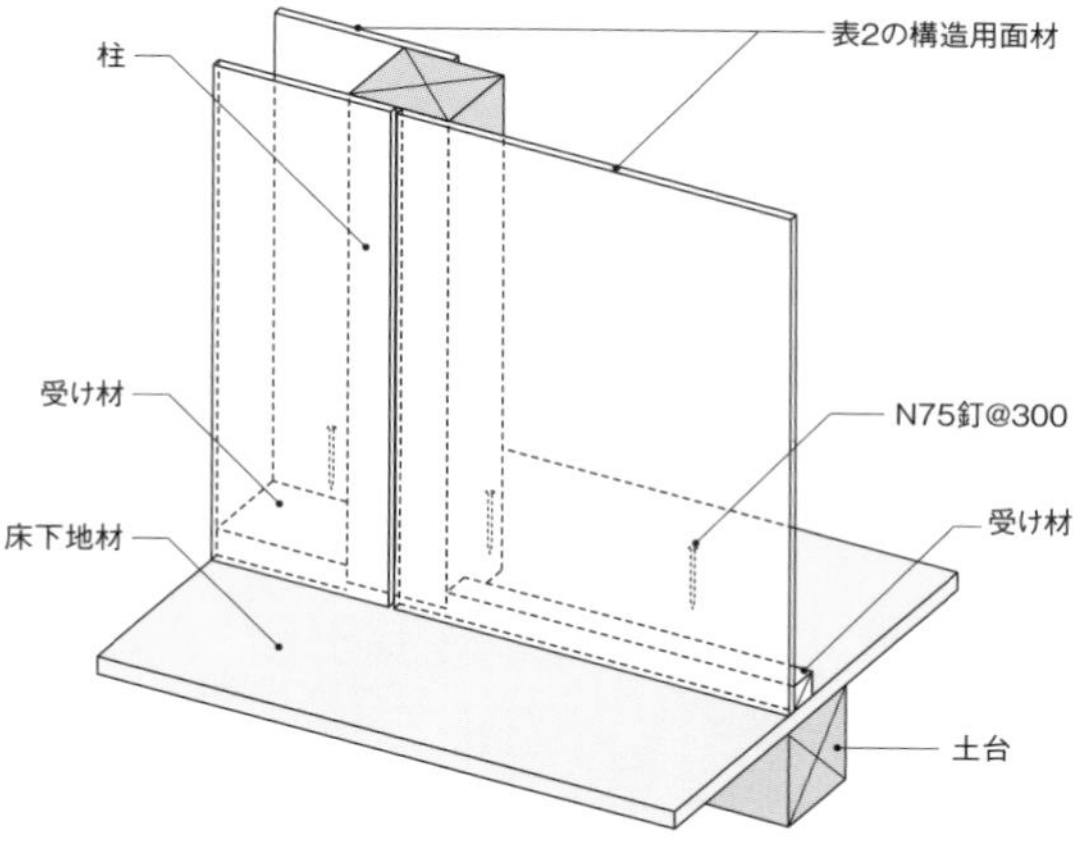

は面材によって異なるが、壁倍率4.0と3.3の面材は外周部と外周部以外では釘打ち間隔が異なる。

貫タイプは、柱と柱の間に厚さ15㎜以上、幅90㎜以上の木材を用いて610㎜以内の間隔で5本以上の貫を設け、そこに面材を張る［20頁図4］。釘の間隔は、受け材タイプと同様にいずれの面材も150㎜以内であり、釘の種類は面材によって異なる。

表3｜真壁仕様の面材耐力壁の種類

受け材タイプ

倍率	面材の種類	面材の材料 品質	面材の材料 種類	面材の材料 厚さ	釘 種類	釘 間隔 外周部	釘 間隔 外周部以外
4.0*1	構造用パーティクルボード	JIS A5908	−	−	N50	75mm以下	150mm以下
	構造用MDF	JIS A5905	−	−			
3.3*2	構造用合板または化粧ばり構造用合板	JAS	屋外壁等は特類	9mm以上	CN50		
			上記以外				
	構造用パネル		−		N50		
2.5*3	構造用合板または化粧ばり構造用合板	JAS	屋外壁等は特類	7.5mm以上	N50	150mm以下	
			上記以外				
	パーティクルボード	JIS A5908	曲げ強さ区分8タイプを除く	12mm以上			
	構造用パーティクルボード		−	−			
	構造用MDF	JIS A5905	−	−			
	構造用パネル	JAS	−	−			
1.5*3	せっこうラスボード	JIS A6906		9mm以上	GNF32 または GNC32		
	構造用せっこうボードA種	JIS A6901	屋内壁	12mm以上	GNF40 または GNC40		
1.3*3	構造用せっこうボードB種						
1.0*3	せっこうボードまたは強化せっこうボード						

*1：柱および梁、けた、土台その他の横架材に打ち付ける受材（床下地材の上からも含む）は、30mm ×40mm以上、N75釘打ち@120mm以下
*2：柱および梁、けた、土台その他の横架材に打ち付ける受材（床下地材の上からも含む）は、30mm ×40mm以上、N75釘打ち@200mm以下
*3：柱および梁、けた、土台その他の横架材に打ち付ける受材（床下地材の上からも含む）は、30mm ×40mm以上、N75釘打ち@300mm以下

貫タイプ

倍率	面材の種類	面材の材料 品質	面材の材料 種類	面材の材料 厚さ	釘 種類	釘 間隔
1.5	構造用合板または化粧ばり構造用合板	JAS	屋外壁等は特類	7.5mm以上	N50	150mm以下
			上記以外			
	パーティクルボード	JIS A5908	曲げ強さ区分8タイプを除く	12mm以上		
	構造用パネル	JAS	−	−		
1.0	せっこうラスボード	JIS A6906	−	9mm以上	GNF32 または GNC32	
0.8	構造用せっこうボードA種	JIS A6901	屋内壁	12mm以上		
0.7	構造用せっこうボードB種					
0.5	せっこうボードまたは強化せっこうボード					

図4｜貫タイプの面材の張り方（真壁）

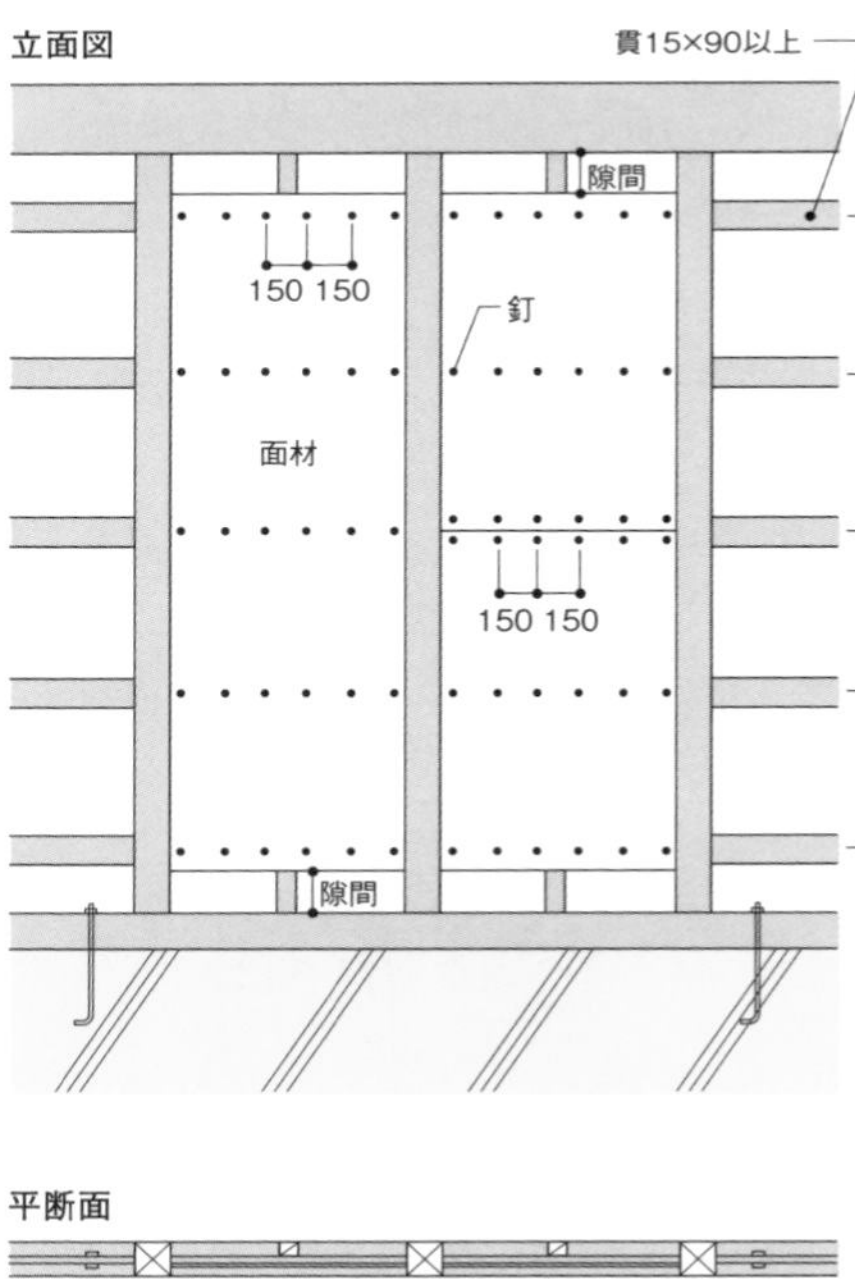

図3｜受け材タイプの面材の張り方（真壁）

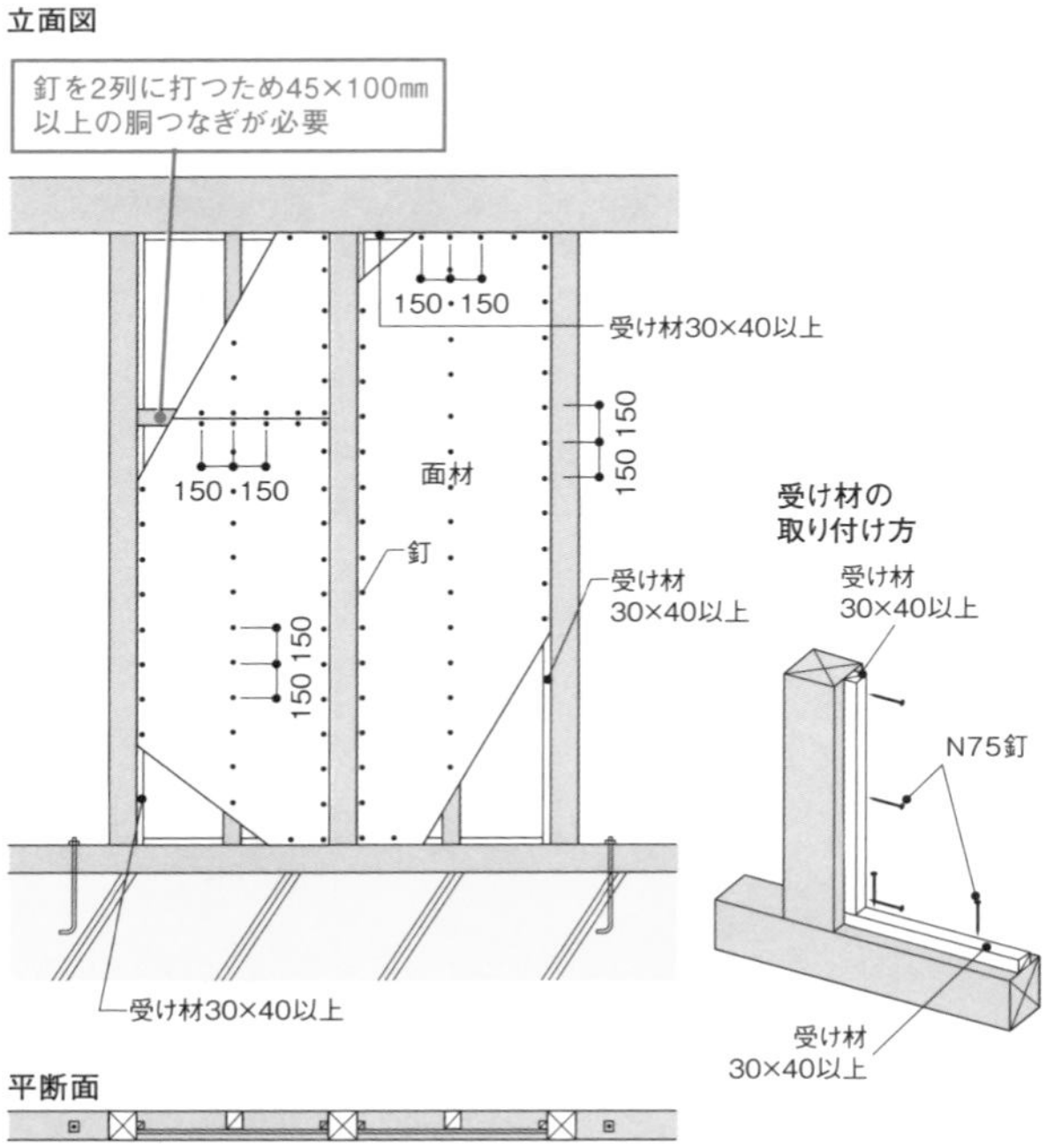

表4｜土塗り壁の仕様と壁倍率

貫（3本以上）			中塗り土の塗り方	塗り厚	壁倍率
幅	厚さ	間隔			
100mm以上	15mm以上	910mm以下	両面塗り	70mm以上	1.5
				55mm以上	1
			片面塗り		

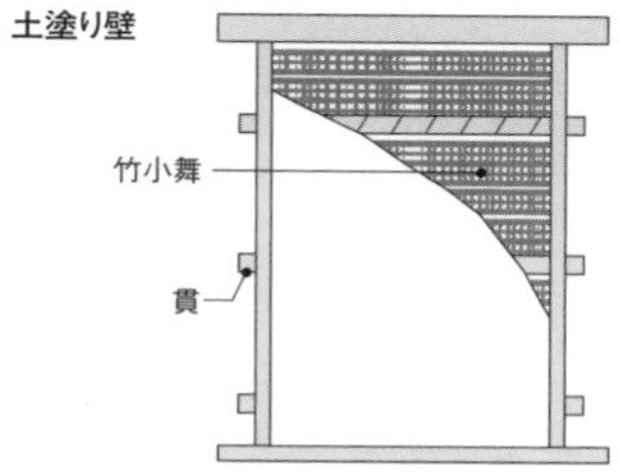

表5｜面格子の仕様と壁倍率

木材（含水率15％以下）		格子の間隔	壁倍率
見付け幅	厚さ		
45mm以上	90mm以上	90mm以上160mm以下	0.9
90mm以上		180mm以上310mm以下	0.6
105mm以上	105mm以上		1

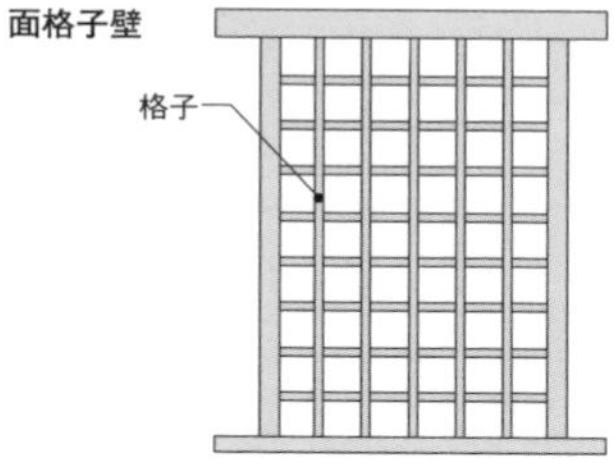

表6｜落とし込み板壁の仕様と壁倍率

落とし込み板の幅	ダボまたは吸付き桟			柱の間隔	倍率
	種類	樹種	接合方法		
130mm以上	小径15mm以下の木材または直径9mm以上の鋼材のダボ	なら、けやきまたはこれらと同等以上の強度	620mm以下の間隔	1,800mm以上2,300mm以下	0.6
200mm以上			500mm以下の間隔で900mmにつき2箇所以上	900mm以上2,300mm以下	2.5
	小径が24mm以上の木材の吸付き桟		300mm以下の間隔で900mmにつき3箇所以上の深さ15mm以上		3.0

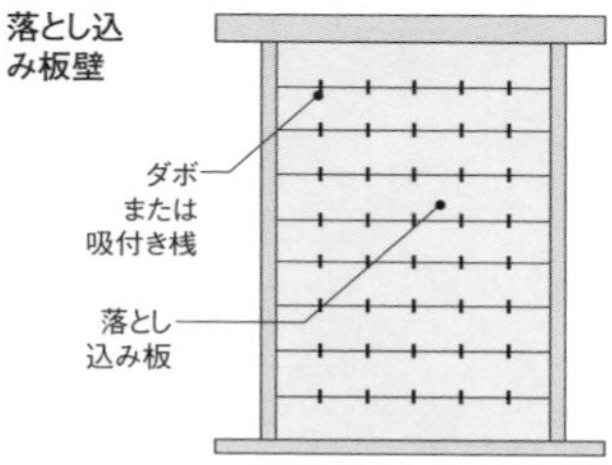

伝統構法壁

(1)土塗り壁は壁倍率1と1.5

土塗り壁の耐力壁は、中塗り土の塗り方と塗厚によって、壁倍率が1と1.5の2種類がある［表4］。

(2)面格子壁は壁倍率0.6～1

面格子壁の耐力壁は、格子の断面と間隔によって壁倍率0.6、0.9、1の3種類がある［表5］。格子材は、含水率15％以下の木材を使用し、定められた間隔で相欠き仕口により格子状に組む。なお、この格子材は、継手のないものを使用する［※2］。

(3)落とし込み板壁は壁倍率0.6～3.0

落とし込み板壁の仕様は0.6、2.5、3.0の3種類である［表6］。板壁の樹種は、スギなどの針葉樹を使用できる。ただし、ダボや吸付き桟は力を伝える役割があるので、強度などの面で材質に注意が必要である。樹種の選定や節の有無などを必ず確認する［※3、4］。

［飯島敏夫］

column 現場対策 04

面材耐力壁に換気扇の貫通孔は大丈夫?

面材耐力壁は、面の固さと釘のせん断耐力で耐力を発揮するものである。そのため、面材の剛性を低下させるような欠点をつくることはなるべく避けたい。

しかしながら、24時間換気等の排気口や吸気口のための貫通孔が外壁に多く取り付ける必要があり、耐力壁内の開口部をどのくらいの大きさまで許容できるかが、しばしば議論される。

実務的には建築主事または確認検査機関の判断となるが、基本的に右図のような換気扇や吸気口の開口部周囲に補強材を入れれば耐力上、差し支えないといえるだろう。

また、直径が100φ以下程度の開口なら補強材が不要の場合もある。

ただし、間柱を欠いたり、切断しなくていい位置に設けるようにして、面材を留め付ける釘の量と間隔を変えないことが重要な条件といえる。

［齊藤年男］

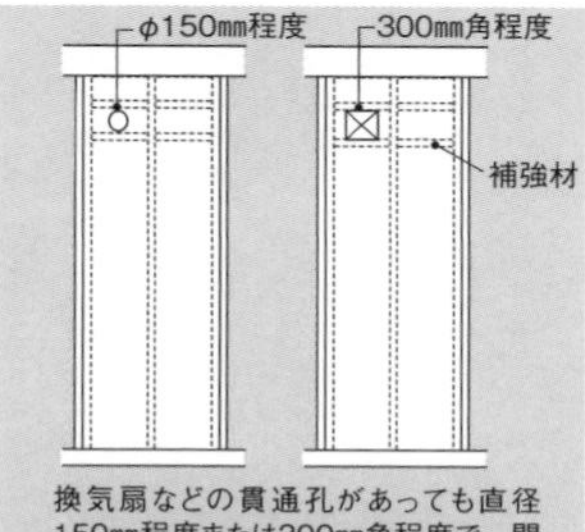

換気扇などの貫通孔があっても直径150mm程度または300mm角程度で、間柱を欠かなければ耐力壁とみなすことができる

※2：柱や横架材との仕口は大入れ、短ホゾ差しまたはこれと同等以上とする

※3：ダボまたは吸付き桟はナラ、ケヤキまたはそれらと同等以上の樹種で、節など耐力上の欠点がないものとする。ダボは直径9mmの鋼材とすることもできる

※4：ここで紹介したもの以外の耐力壁は、国土交通大臣が認定したものが700種類以上あるので、国土交通省のホームページを参照されたい

壁量計算③ 必要壁量とは

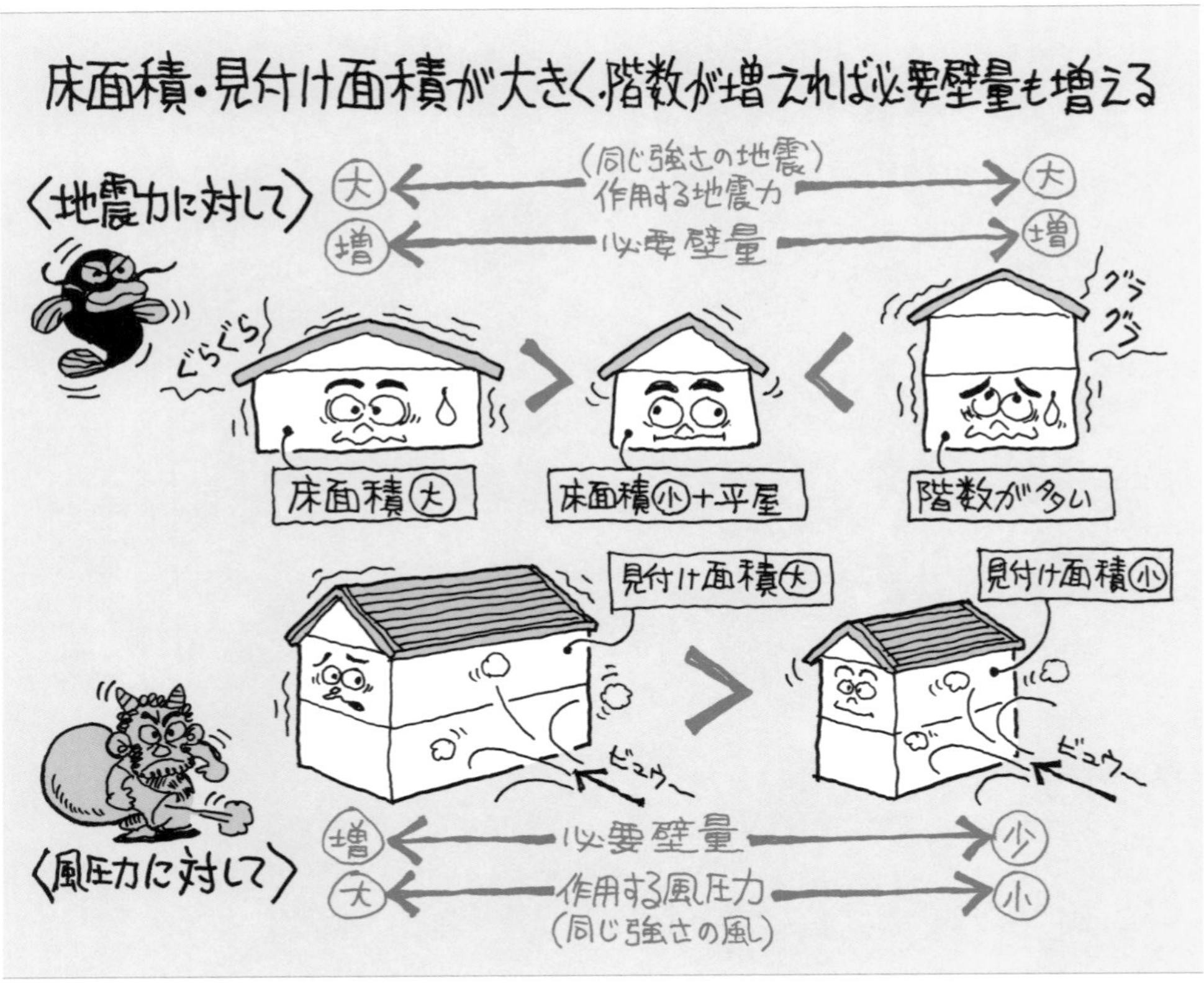

構造安全性を確保する最低基準

建築基準法では、地震や台風の水平力に対して建物が安全であるための最低基準として、施行令46条「構造耐力上必要な軸組等」を定めている。

令46条は、建物がすべての方向の水平力に対して安全であるように、各階の梁間方向および桁行方向に、それぞれ耐力壁を設けて釣り合いよく配置しなければならないとしている。

また、耐力壁が有効に働くために、床組および小屋組の隅角に火打ち材などを使用して、水平面を固める必要があるとしている。

そして、一定規模以上［※1］の木造には、地震力と風圧力に対して確保しなければならない耐力壁の最低量を定めている。これが、建築基準法の壁量計算である。

地震力に対する必要壁量

令46条では、地震力に対して必要な耐力壁の量を定めている。

これは建物の地震力に対する必要壁量を求める際に、階の床面積に乗じる

表1｜地震力に対する必要壁量

建物の種類	必要壁量（床面積当たりcm/㎡）
金属板、スレート葺きなどの軽い屋根	11 / 15・29 / 18・34・46
土蔵造または瓦葺きなどの重い屋根	15 / 21・33 / 24・39・50

表2｜風圧力に対する必要壁量

	必要壁量（見付け面積当たりcm/㎡）
特定行政庁が指定する強風区域	50を超え75以下の範囲内で特定行政庁が定めた数値
一般の区域	50

※1：2階以上または延べ面積が50㎡を超える木造には壁量計算が、また、次のいずれかに該当する木造には構造計算が、それぞれ義務付けられている。①階数≧3、②延べ面積>500㎡、③高さ>13m、④軒高>9m

数値である。これを分かりやすく整理したのが表1で、その数値から分かるように、地震力によって建物内部に生じる力は、床面積と建物の重さに比例して大きくなる。

つまり、床面積が大きければ大きいほど、または建物が重ければ重いほど耐力壁の量を多く確保しなければならない。たとえば、小屋裏に物置などがある場合は、面積などの条件にもよるが、物置の重さを考慮するため必要壁量を求めるための床面積として加える必要がある［※2］。

階数が増えればそのぶん建物は重くなるので、階数が多い建物ほど、同じ床面積の同じ階であってもより大きな力が生じる。たとえば、「平屋の1階」と「3階建ての1階」を比較すると、後者のほうでは前者の3～4倍の壁量を確保しなければならない。

風圧力に対する必要壁量

風圧力については、建物の見付け面積に対して、最低限確保しなければならない耐力壁の量が令46条で定められている［表2］。これが、風圧力に対する必要壁量を求める際に、見付け面積に乗じる数値となる。

台風などの強い風が建物を押そうとする力に抵抗するために必要な耐力壁の量は、建物の見付け面積の大きさによって決まってくる。

このとき、梁間方向の面と桁行方向を逆に考えてしまう人がいるので注意してほしい［図1、※3］。

また、建築基準法では、梁間方向と桁行方向ごとに必要壁量を算定する。両者が同時に風圧力を受けることは想定されていない。

各階・各方向で求めた地震力に対する必要壁量と風圧力に対する必要壁量は、最終的には両者を比べて大きいほうの数値を採用し、存在壁量［30頁参照］と比較して、存在壁量が上回ることを確認する［図2］。

［飯島敏夫］

図1｜逆に考えがちな梁間方向と桁行方向

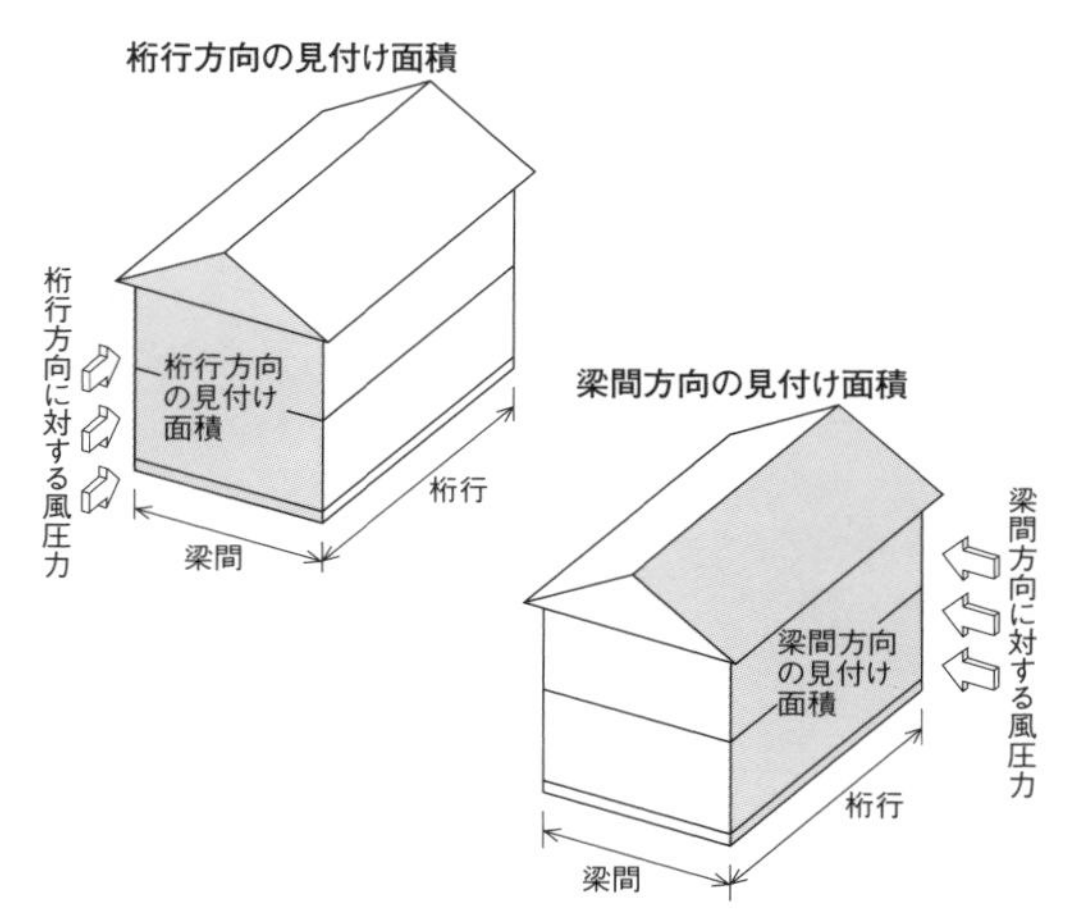

図2｜地震力と風圧力のうち大きいほうの必要壁量を使う

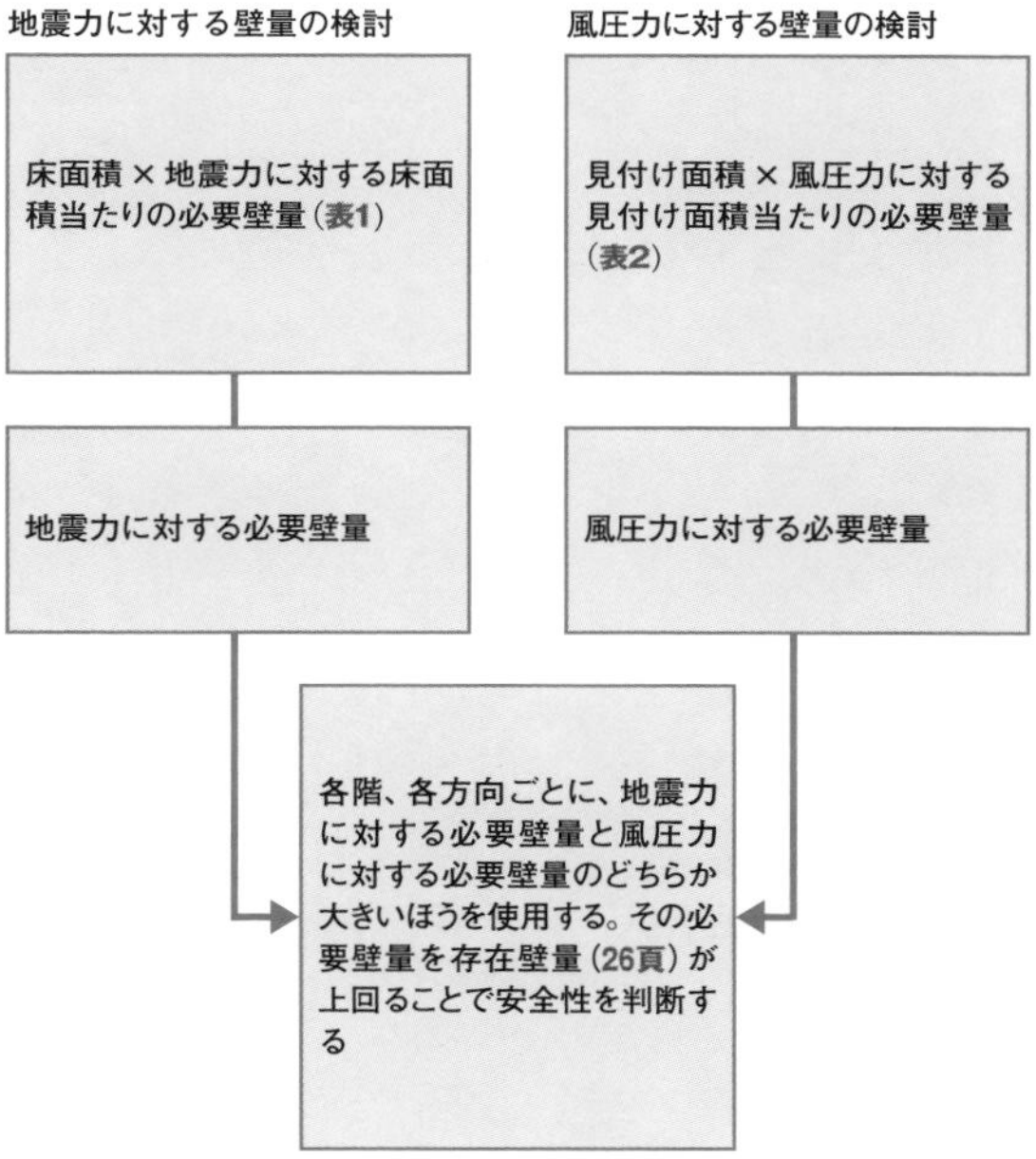

column 現場対策 05

壁倍率はなぜ5までしか数えられないのか？

壁倍率は5までしか数えない。この制限は、建築基準法施行令46条による壁量計算を行う場合の規定である。

壁倍率5を超えるような高倍率の耐力壁を使用すると、①耐力壁などの鉛直構面よりも、床などの水平溝面が先に破壊することがある。②耐力壁以外の周辺部材で破壊することがある。③高倍率の耐力壁を使用すると想定外の破壊が生じることがある。

このようなことから、建築基準法施行令46条の壁量計算では、水平構面の剛性等が十分に期待できるものではないとして、耐力壁の倍率を制限している。

「木造軸組工法住宅の許容応力度設計」（（公財）日本住宅・木材技術センター刊）においても、耐力要素の倍率の上限を7倍までとしている。

［飯島敏夫］

※2：小屋裏に物置などがある場合、その水平投影面積が階の床面積の1/8以上、1/2未満であれば、次式で求めたaを床面積に加えて壁量設計を行う。h：物置の内法高さの平均値（m）、A：物置の水平投影面積、a＝（h/2.1）×A。詳しくは105頁を参照

※3：現状では、さまざまな架構・形状の建物があることから、厳密に梁間方向・桁行方向と言い切れない場合もある。そのようなときは、どちらの面に受ける風圧力に対して、どちらの方向にどれだけの壁量が必要か、といったことが明確にさえなっていればよい

壁量計算④ 必要壁量のモデル計算

平面形と耐力壁の位置

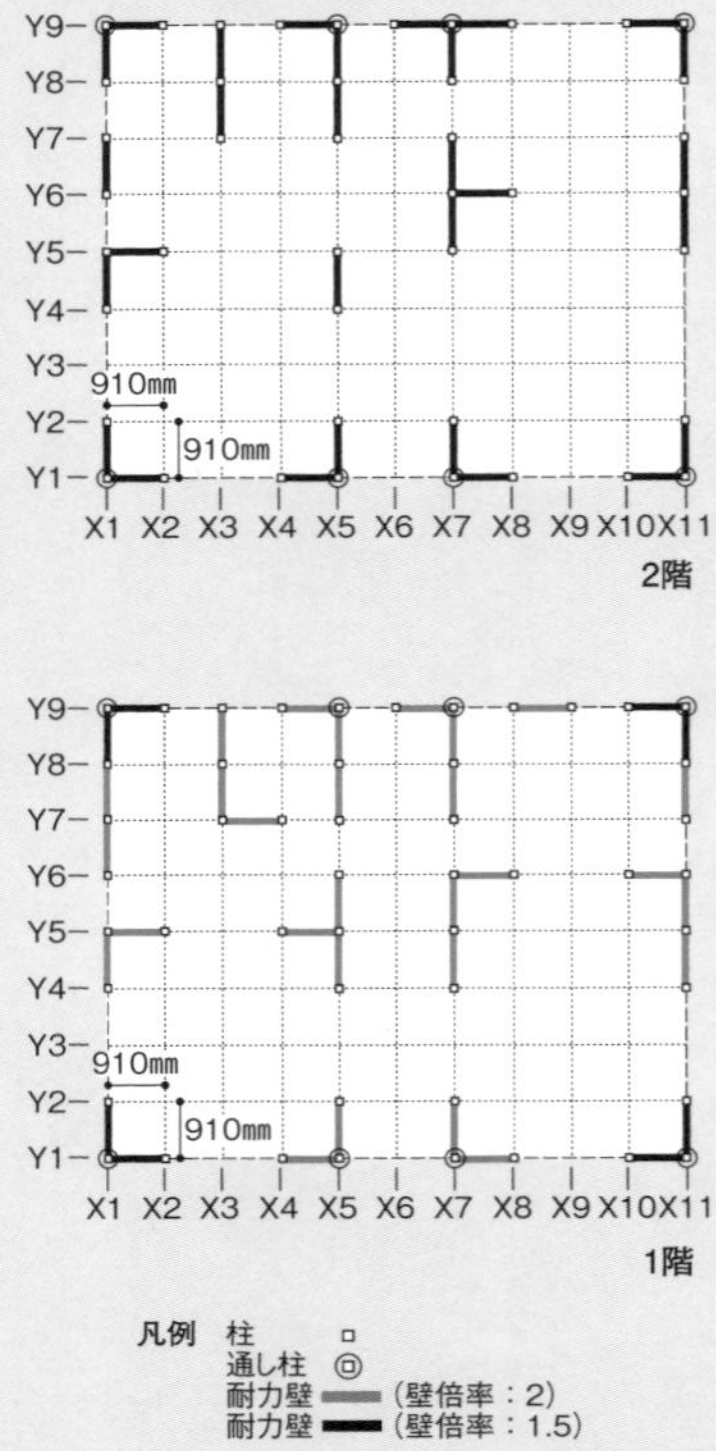

壁量計算の手順

モデルプランを利用して、必要壁量を求めてみる。**左図**のように半間（910㎜）グリッドに平面形と耐力壁の位置と長さを描くことで、耐力壁の長さを容易にカウントできる。地震力および風圧力の必要壁量を求める手順は、次のとおりである。

①見付け面積を求める
②地震力に対する必要壁量を求める
③風圧力に対する必要壁量を求める（②、③のいずれか大きい数値を各階・各方向で採用）
④平面図から各階の壁量（存在壁量）を求める（26頁参照）
⑤必要壁量≦存在壁量ならOK（27頁参照）

プラン概要

・床面積は各階とも66.24㎡
・総2階建ての木造住宅
・耐力壁の種類は、壁倍率1.5と2の2種類
・屋根葺き材は瓦
・特定行政庁が特に強い風が吹くとして定めた区域以外の区域

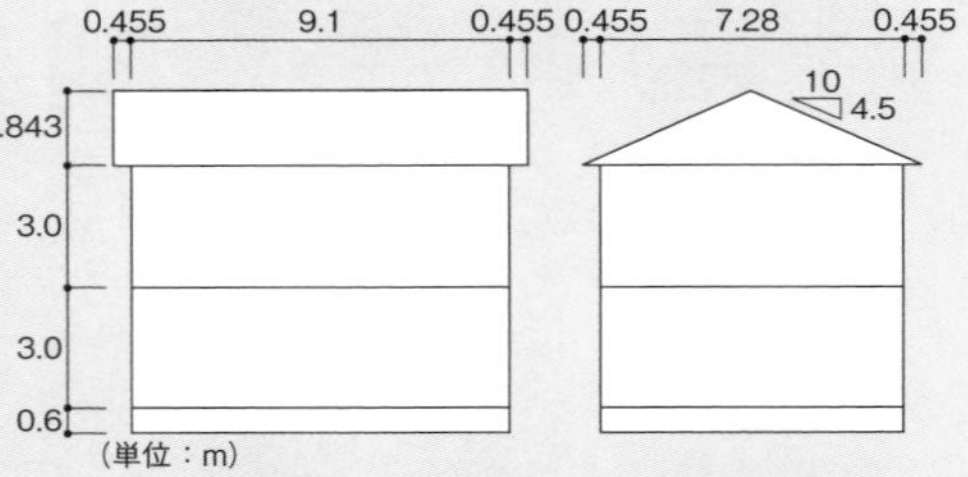

1｜見付け面積を求める

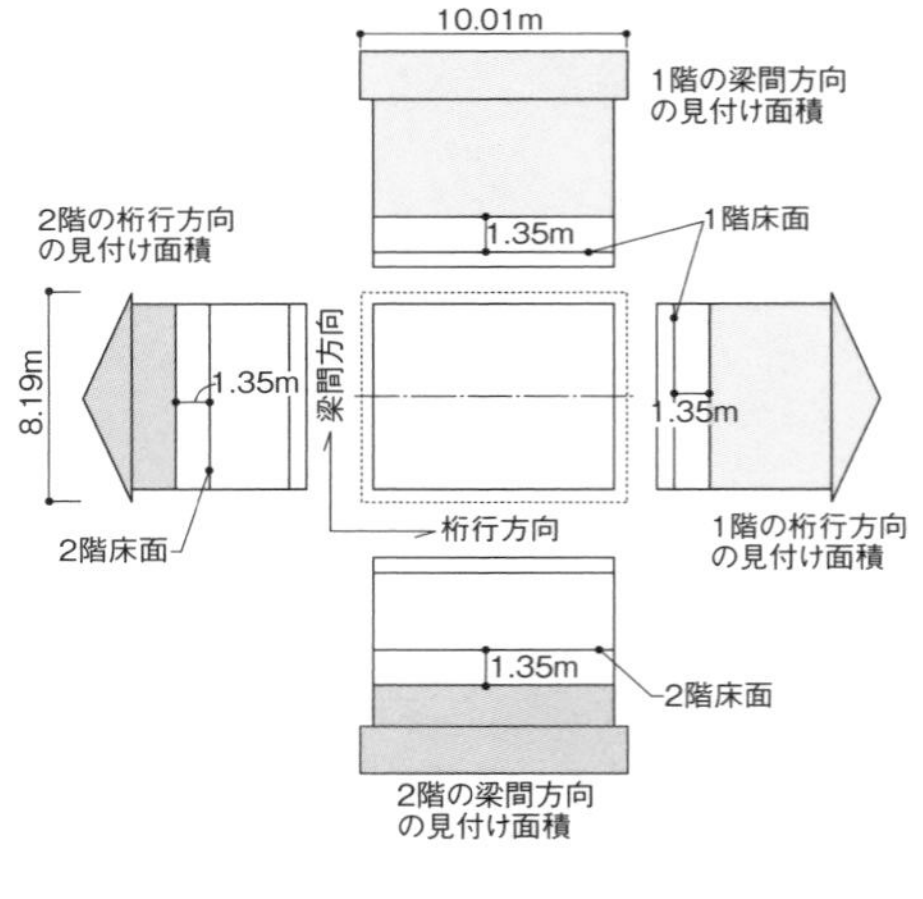

風圧力に対する必要壁量を算出するため、梁間方向、桁行方向それぞれの見付け面積を求める。面積の求め方は、あくまでも垂直投影面積であることに注意する。ただし、見付け面積の求め方は、単純にその垂直投影面積を求めるのではなく、各階の床面の高さから1.35m以下の部分を除いた面積を求める（建築基準法施行令46条4項）。

桁行方向

2階 （**3**m［2階階高］ − **1.35**m［除く高さ］） × **7.28**m［梁間長さ］ + **1.843**m［屋根部分の高さ］ × **8.19**m［屋根底辺の長さ］ × 1／2 ≒ **19.56**㎡

1階 （**3**m［1階階高］ − **1.35**m［除く高さ］ + **3**m［2階階高］） × **7.28**m［梁間長さ］ + **1.843**m［屋根部分の高さ］ × **8.19**m［屋根底辺の長さ］ × 1／2 ≒ **41.4**㎡

梁間方向

2階 （**3**m［2階階高］ − **1.35**m［除く高さ］） × **9.1**m［桁行長さ］ + **1.843**m［屋根部分の高さ］ × **10.01**m［屋根底辺の長さ］ ≒ **33.46**㎡

1階 （**3**m［1階階高］ − **1.35**m［除く高さ］ + **3**m［2階階高］） × **9.1**m［桁行長さ］ + **1.843**m［屋根部分の高さ］ × **10.01**m［屋根底辺の長さ］ ≒ **60.76**㎡

2｜地震力に対する必要壁量を求める

表1｜地震力に対する床面積当たりの必要壁量

屋根の種類	必要壁量（床面積当たりcm／㎡）					
	平屋	2階建て		3階建て		
		1階	2階	1階	2階	3階
金属板、スレート葺きなどの**軽い屋根**	11	29	15	46	34	18
土蔵造または瓦葺きなどの**重い屋根**	15	33	21	50	39	24

床面積当たりに必要な壁量を**表1**（建築基準法施行令46条4項表2）から選ぶ。この建物は、屋根葺き材が瓦なので重い屋根となり、1階の床面積当たりの必要壁量は33cm／㎡、2階は21cm／㎡となる。なお、地震力は、風圧力と異なり梁間方向および桁行方向の区別はないが、必要壁量を各階ごとに求める。
小屋裏に物置などがある場合、その水平投影面積が階の床面積の1/8以上、1/2未満であれば、次式で求めたaを床面積に加える。h：物置の内法高さの平均値（m）、A：物置の水平投影面積、a＝（h/2.1）×A。詳しくは29頁を参照

床面積×床面積当たりの必要壁量（表1で選択した係数）＝必要壁量

2階　［2階床面積］**66.24**㎡　×　［表1で選択した係数］**0.21**m／㎡　≒　**13.91**m

1階　［1階床面積］**66.24**㎡　×　［表1で選択した係数］**0.33**m／㎡　≒　**21.86**m

3｜風圧力に対する必要壁量を求める

表2｜風圧力に対する見付け面積当たりの必要壁量

	必要壁量（見付け面積当たりcm／㎡）
特定行政庁が特に強い風が吹くとして定めた区域	50〜75の間で特定行政庁が定めた値
その他の区域	50

見付け面積当たりの必要壁量を**表2**（建築基準法施行令46条4項表3）から選ぶ。この建物は、特定行政庁が特に強い風が吹くとして定めた区域ではないので50cm／㎡とした。風圧力に対する必要壁量は、階ごとに梁間方向と桁行方向の両方を求める。

見付け面積×見付け面積当たり必要な壁量（表2で選択した係数）＝必要壁量

桁行方向

2階　［2階見付け面積］**19.56**㎡　×　［表2で選択した係数］**0.5**m／㎡　＝　**9.78**m

1階　［1階見付け面積］**41.4**㎡　×　［表2で選択した係数］**0.5**m／㎡　＝　**20.7**m

梁間方向

2階　［2階見付け面積］**33.46**㎡　×　［表2で選択した係数］**0.5**m／㎡　＝　**16.73**m

1階　［1階見付け面積］**60.76**㎡　×　［表2で選択した係数］**0.5**m／㎡　＝　**30.38**m

次項「壁量計算⑤ 存在壁量と判定方法」（26頁）で求める存在壁量が、ここで求めた地震力に対する必要壁量および風圧力に対する必要壁量のいずれよりも多いことを確認する。［飯島敏夫］

column 現場対策 06

重い屋根と軽い屋根はどこで区別する?

建築基準法には重い屋根と軽い屋根の使い分けや数値の根拠は示されていない。では重い屋根と軽い屋根の区別はどこにあるのか。一般に重い屋根は下地材を含む屋根面当たりの重量が90kg／㎡（約900N／㎡）、軽い屋根では60kg／㎡（約600N／㎡）といわれている。なお、屋根材の種類ごとの単位重量は建築基準法施行令84条に記載のものを参考に判断してもよい。［齊藤年男］

固定荷重（建築基準法施行令84条）

建築物の種類	種別	単位面積当たり重量（単位N／㎡）［屋根面につき］	備考※
屋根	瓦葺き（葺き土がない場合／ある場合）	640/980	①
	波型鉄板葺き（母屋に直接葺く場合）	50	②
	薄鉄板葺き	200	①
	ガラス屋根	290	③
	厚型スレート葺き	440	①
木造の母屋	母屋の支点間の距離が2m以下の場合	50	—
	母屋の支点間の距離が4m以下の場合	100	

※ ①下地および垂木を含み母屋を含まない　②母屋を含まない　③鉄製枠を含み母屋を含まない

壁量計算⑤ 存在壁量と判定方法

存在壁量の算定と判定の手順

存在壁量を求め、必要壁量を上回るかどうかを確認する。25頁で計算した必要壁量は以下のとおり。

地震力に対する必要壁量

2階＝13.91m
1階＝21.86m

風圧力に対する必要壁量

2階桁行方向の必要壁量＝9.78m
1階桁行方向の必要壁量＝20.7m
2階梁間方向の必要壁量＝16.73m
1階梁間方向の必要壁量＝30.38m

1 | 平面図から各階ごとの壁量（存在壁量）を求める

存在壁量は各階の梁間方向と桁行方向ごとに求める。モデルプランに配置されている耐力壁の量（長さ×壁倍率）を各階・各方向で合計して4つの数値を算出する。

①桁行方向の耐力壁の数（枚数）

各階ごとの桁行方向の耐力壁に番号を付記する。ここでは、壁倍率は1.5と2の２種類を使用しており、壁倍率1.5の耐力壁は○数字、壁倍率2の耐力壁は□数字の番号で表している。1階の耐力壁は壁倍率1.5が4枚、壁倍率2が10枚で、2階は壁倍率1.5が11枚である。

②梁間方向の耐力壁の数（枚数）

梁間方向も同様に耐力壁に番号を付記する。1階の耐力壁は倍率1.5が4枚、倍率2が18枚である。2階の耐力壁は、壁倍率1.5の1種類で18枚である。

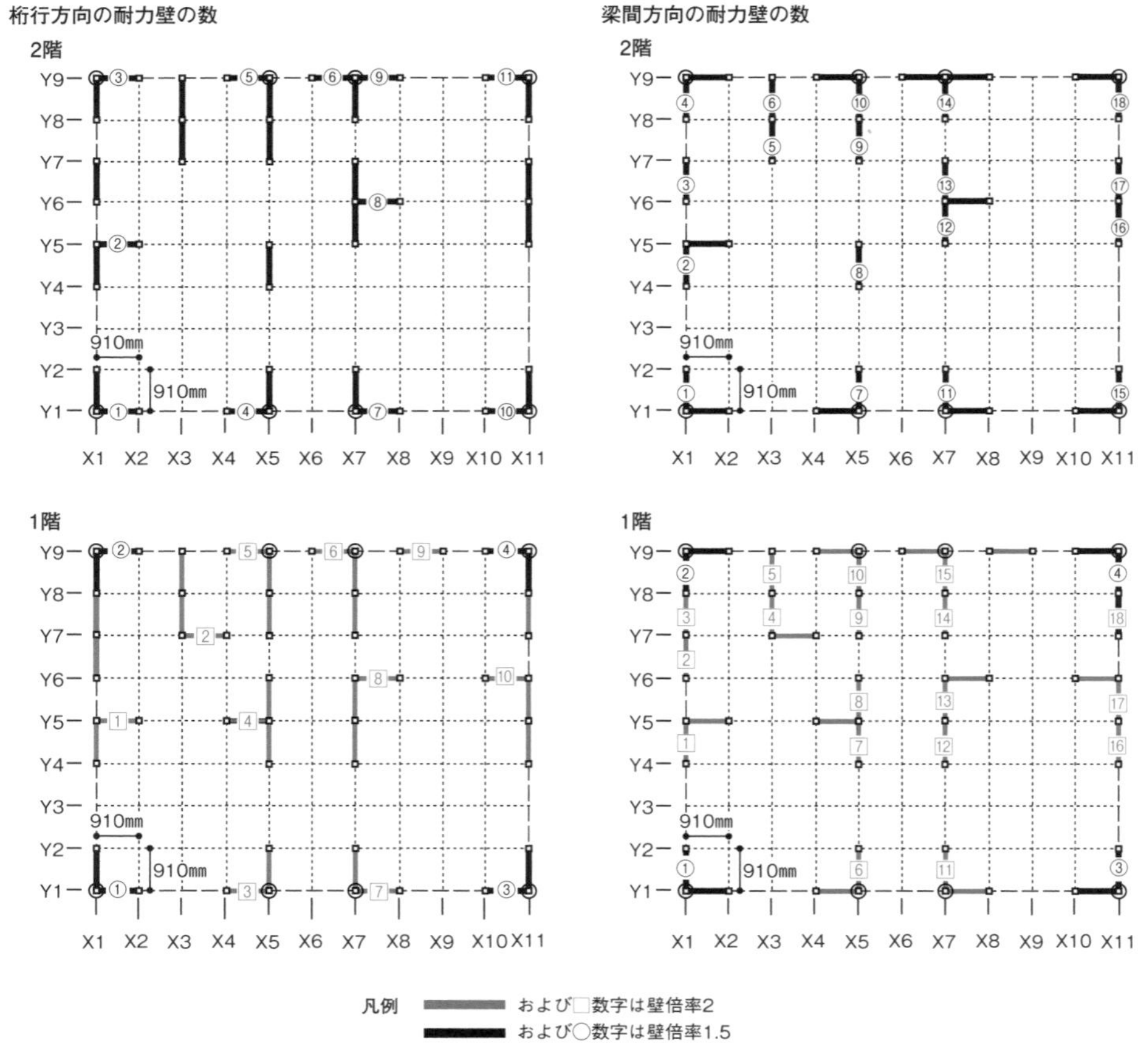

2 | 桁行方向と梁間方向の存在壁量を計算する

桁行方向と梁間方向ごとの有効長さ(存在壁量)を求める。ここでは26頁で求めた耐力壁の枚数(倍率2と倍率1.5それぞれ)をもとに計算する。

耐力壁の長さ×壁倍率=存在壁量(m)

ここでは、1枚の耐力壁の長さがすべて0.91mなので、0.91×枚数=耐力壁の長さとなる

桁行方向

耐力壁1枚の長さ　壁倍率
2階　**0.91**m × **11**枚 × **1.5** = **15.015**m

耐力壁1枚の長さ　壁倍率　耐力壁1枚の長さ　壁倍率
1階　**0.91**m × **10**枚 × **2** + **0.91**m × **4**枚 × **1.5** = **23.66**m

梁間方向

耐力壁1枚の長さ　壁倍率
2階　**0.91**m × **18**枚 × **1.5** = **24.57**m

耐力壁1枚の長さ　壁倍率　耐力壁1枚の長さ　壁倍率
1階　**0.91**m × **18**枚 × **2** + **0.91**m × **4**枚 × **1.5** = **38.22**m

3 | 存在壁量≧必要壁量を確認して判定する

表1 | 風圧力と地震力を比較して大きいほうを採用する

方向	階	必要壁量		
		風圧力	記号	地震力
桁行方向	2階	9.78m	<	13.91m
	1階	20.70m	<	21.86m
梁間方向	2階	16.73m	>	13.91m
	1階	30.38m	>	21.86m

表2 | 判定結果

方向	階	存在壁量	記号	必要壁量	判定
桁行方向	2階	15.015m	>	13.91m	OK
	1階	23.66m	>	21.86m	
梁間方向	2階	24.57m	>	16.73m	OK
	1階	38.22m	>	30.38m	

地震力の必要壁量と風圧力の必要壁量を比較する

各階の梁間方向と桁行方向で、地震力に対する必要壁量と風圧力に対する必要壁量のどちらか大きいほうを採用する。モデルプランでは、桁行方向では風圧力よりも地震力に対する必要壁量が各階とも大きい。逆に、梁間方向は地震力よりも風圧力のほうが大きい。地震力の必要壁量と風圧力の必要壁量のうち大きいほうを、存在壁量との比較に用いる。

存在壁量(耐力壁の量)が各階・各方向で最も大きな必要壁量をすべて上回っているかどうかを確認する。

各方向および各階で必要壁量よりも存在壁量が大きいことが判明したので、この建物の耐力壁の壁量は、建築基準法の壁量規定を満足していることになる。

ここで存在壁量が必要壁量を満たさないという結果が出たら、耐力壁の長さや壁倍率などを含めて設計を見直す必要がある。［飯島敏夫］

column 現場対策 07

連続した面材耐力壁のジョイント部分の処理方法は?

昭56建告1100号に記載されているように面材を柱・間柱に釘留めし、連続した耐力壁を形成する場合、面材のジョイント部分は柱または間柱に釘留めすればよい。間柱で継ぐ場合は間柱の寸法に注意する必要がある。ジョイント部では左右の面材を釘留めするため、間柱には釘が2列になる。面材・間柱双方の必要な端あきを考えた場合、間柱の幅は最低でも45㎜は必要になる。［齊藤年男］

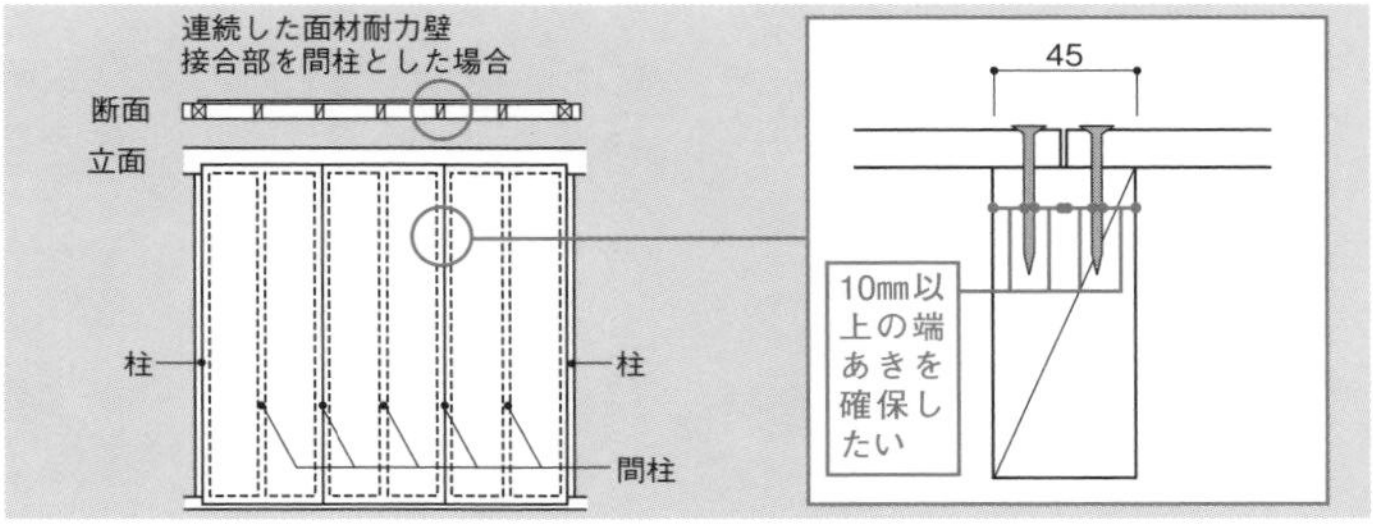

壁の配置①　4分割法とは

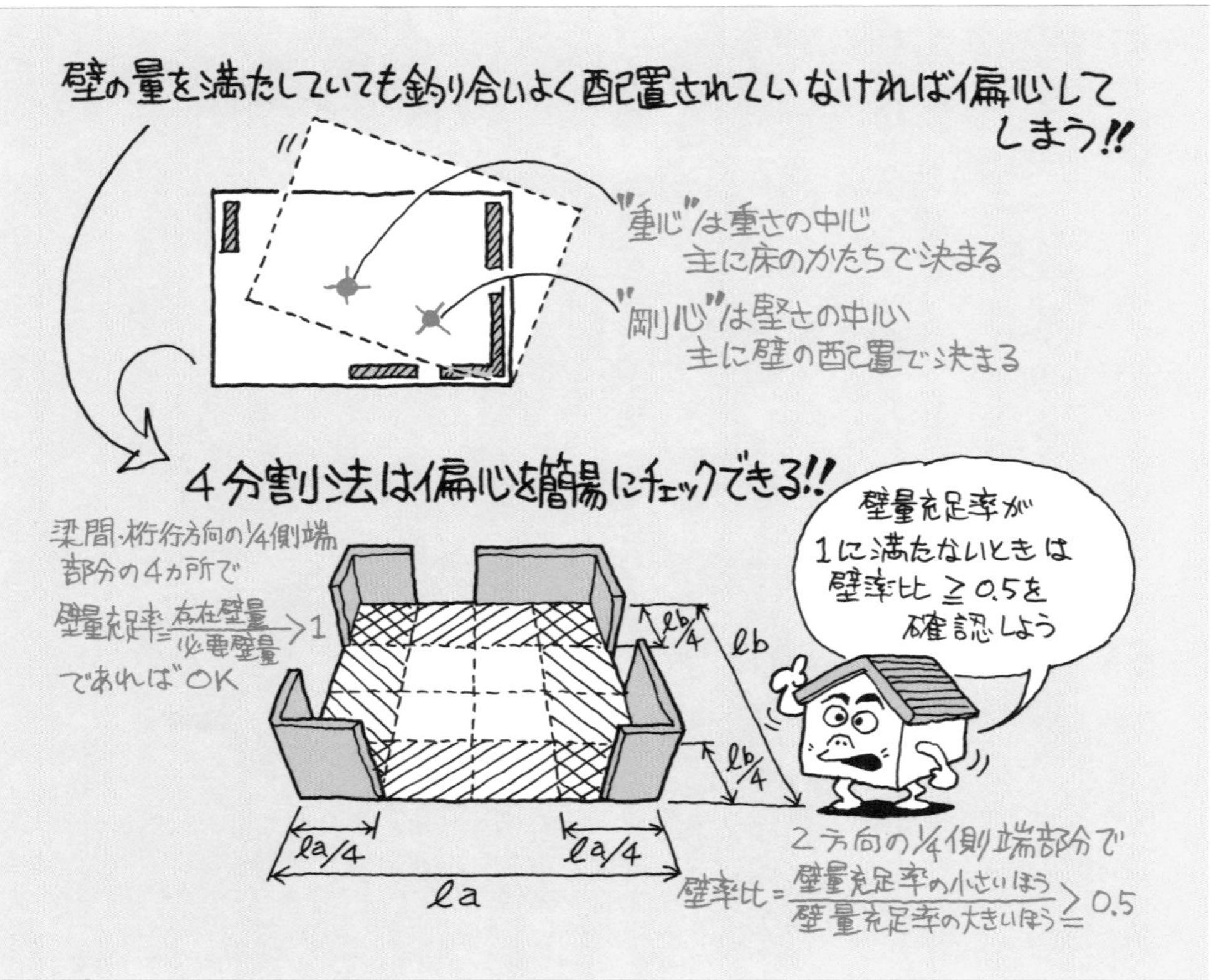

壁量の釣り合いを確認

建物に耐力壁（存在壁量）が釣り合いよく配置されているかどうかチェックする方法を紹介する。これは、平12建告1352号「木造建築物の軸組の設置の基準を定める件」の規定で、4分割法ともいわれる。

構造計算により各階の偏心率を計算し、0.3以下であることを確認すれば4分割法のチェックは必要ないが、構造の専門知識が必要になる。

4分割法の考え方は以下のとおりである。

①建物の平面を梁間・桁行方向に4等分割し、その両端部分（以下「1／4側《そく》端《たん》部分」という）の存在壁量と必要壁量を計算する

②各側端部分について、存在壁量を必要壁量で除した数値（以下「壁量充足率」という）が1を超えればOKとなる。各階各方向の4カ所をチェックする。なお、側端部分の壁量充足率が両方とも0の場合は、次の壁率比を満足するものとする

③壁量充足率が1以下の場合は、壁量充足率の小さいほうを大きいほうで除した値（以下「壁率比」という）が0.5以上であればOKとなる。ただし、壁量充足率がいずれも0の場合、つまり1／4側端部分に耐力壁がないものも壁率比を満足するものとする。この場合、上下階で建物中心部に耐力壁が集中するので、現実的なプランとしては稀といえる。もちろん、建物全体で壁量規定を満たすことが前提である

4分割法の注意点

(1)立面・平面が不整形のとき

4分割法の場合、下屋など1階の側端部分に2階が載っていなければ、壁量充足率を求める際に、「平屋の必要壁量」[※1]の数値を使うことになっている[図1①]。この数値を使うことによって、2階が片側に寄って載っている場合、2階直下に耐力壁が多くなり建物のバランスがよくなるからである。このように不整形な立面形状の場合は、建物全体の階数ではなく、側端部分の荷重を考慮して必要壁量を求めるので、注意が必要である。

また、平面が不整形な場合でも、整形な平面形状と同じように4分割とす

※1：地震に対する必要壁量を求める際に選択する、「床面積当たりの必要壁量」のこと。階数や積雪量などによって異なる。22頁表1参照
※2：平12建設省住指発662号

る［図1②］。

（2）小屋裏物置などがあるとき

床面算定において、納戸、押入、クロゼットなどの物置は、ほかの部屋と同様、床面積に算入する。しかし、小屋裏、天井裏などの物置は、その物置の内法高さが1.4m以下で、かつ、その水平投影面積が当該階の床面積の1／2未満である場合、階として取り扱わない［※2］。階に算入しない小屋裏などの物置は、床面積にも算入しない。

ただし、階の床面積の1／8以上であれば、構造耐力上主要な軸組の算定（壁量の配置計算）の際に、次式で求めたaを床面積に加える［図2］。

a＝（h／2.1）×A

h：物置の内法高さの平均値（m）

A：物置の水平投影面積

ただし、同一階に複数の物置がある場合は、それぞれのhのうち最大の値を用いる。

［飯島敏夫］

図1｜4分割法における不整形な立面・平面の取り扱い

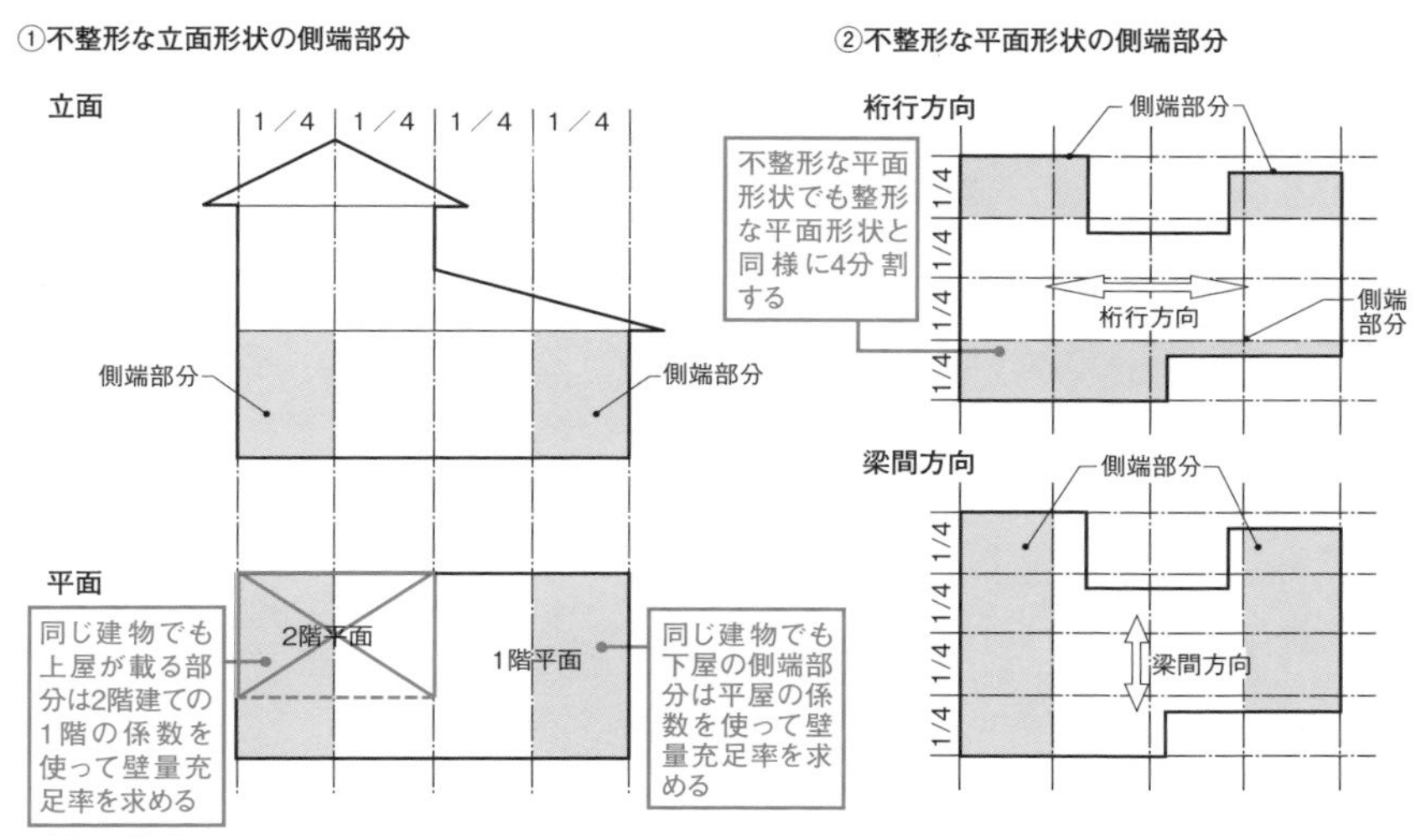
①不整形な立面形状の側端部分
立面
1／4
1／4
1／4
1／4
側端部分
側端部分
平面
2階平面
1階平面
同じ建物でも上屋が載る部分は2階建ての1階の係数を使って壁量充足率を求める
同じ建物でも下屋の側端部分は平屋の係数を使って壁量充足率を求める
②不整形な平面形状の側端部分
桁行方向
不整形な平面形状でも整形な平面形状と同様に4分割する
側端部分
側端部分
桁行方向
梁間方向
側端部分
梁間方向
1/4

図2｜4分割法における小屋裏物置の取り扱い

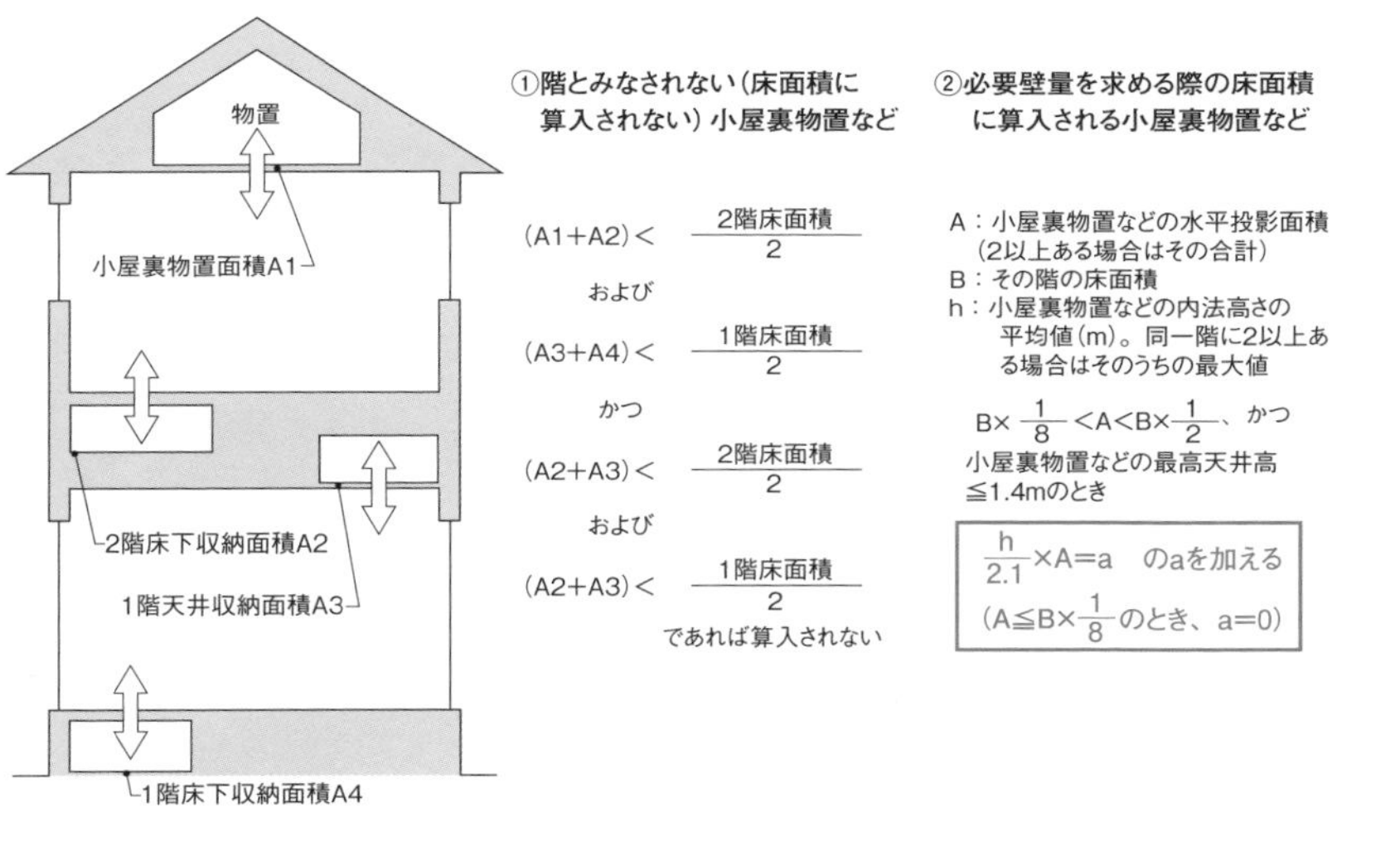
物置
小屋裏物置面積A1
2階床下収納面積A2
1階天井収納面積A3
1階床下収納面積A4
①階とみなされない（床面積に算入されない）小屋裏物置など
(A1+A2)＜ 2階床面積／2
および
(A3+A4)＜ 1階床面積／2
かつ
(A2+A3)＜ 2階床面積／2
および
(A2+A3)＜ 1階床面積／2
であれば算入されない
②必要壁量を求める際の床面積に算入される小屋裏物置など
A：小屋裏物置などの水平投影面積（2以上ある場合はその合計）
B：その階の床面積
h：小屋裏物置などの内法高さの平均値（m）。同一階に2以上ある場合はそのうちの最大値
B×1/8＜A＜B×1/2、かつ
小屋裏物置などの最高天井高≦1.4mのとき
h/2.1×A=a のaを加える
(A≦B×1/8のとき、a=0)

column 現場対策 08

分割線上の耐力壁は存在壁量に含むことができるか

建物の最外周壁線と同様、内部の4分割線上の耐力壁を壁量充足率の存在壁量に含むのは問題ない。では分割線がグリッド上になく、45㎜程度の端数が出た場合はどうか。この分割線は壁厚さのなかに納まっているが、あくまで基準は壁心で判断しなければならず、壁は分割線より内側にあることになるため、充足率計算に含めないのが一般的である。

［齊藤年男］

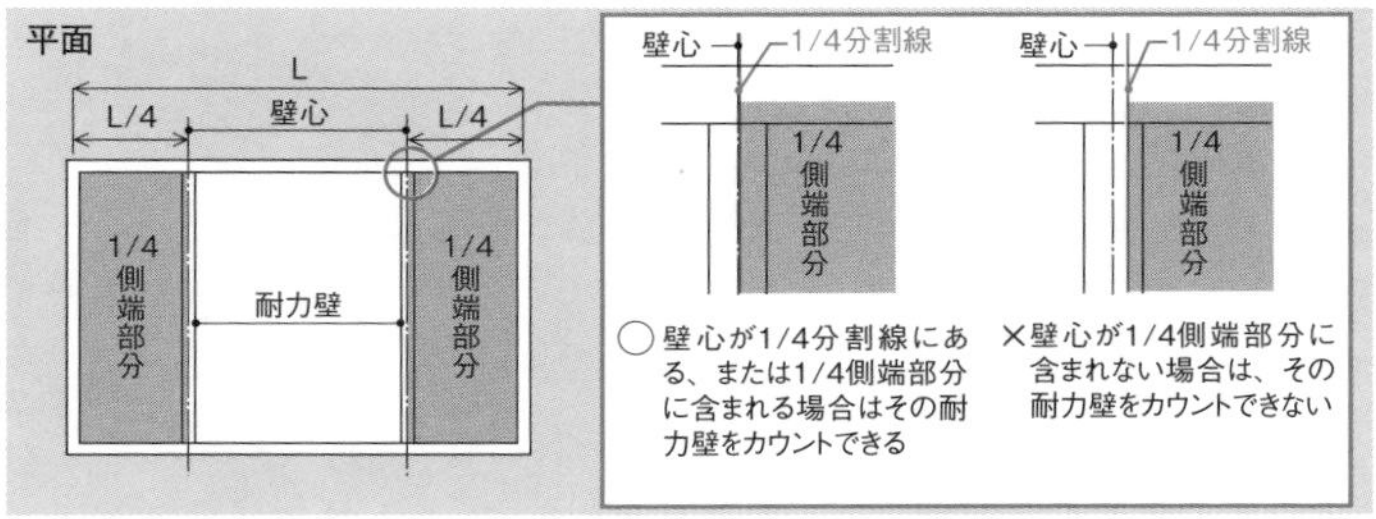
平面
L
L/4
壁心
L/4
1/4側端部分
耐力壁
1/4側端部分
壁心
1/4分割線
1/4側端部分
○壁心が1/4分割線にある、または1/4側端部分に含まれる場合はその耐力壁をカウントできる
×壁心が1/4側端部分に含まれない場合は、その耐力壁をカウントできない

壁の配置② 4分割法のモデル計算

4分割法の手順

各階の各方向で、両側端から1/4の範囲内の壁が釣り合いよく配置されているかどうか、下のモデル図について4分割法によりチェックする。

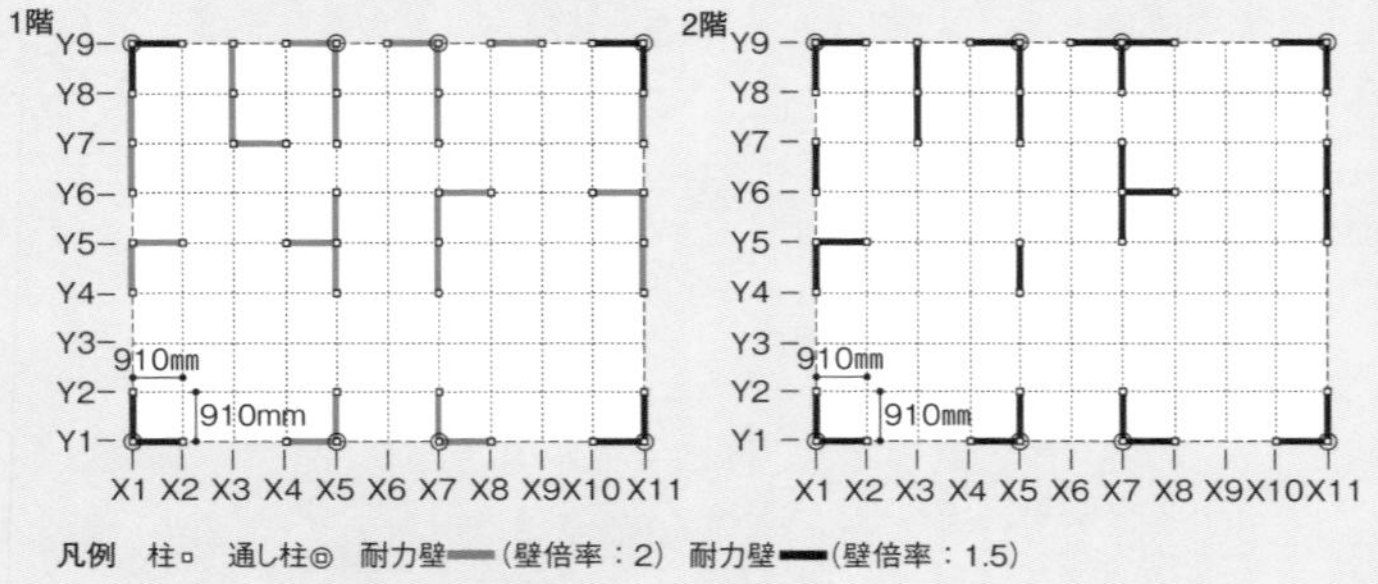

プラン概要

- 床面積は各階とも66.24㎡
- 総2階建ての木造住宅
- 耐力壁の種類は、壁倍率1.5と2の2種類
- 屋根葺き材は瓦

1 | 各階・各方向の側端1/4部分に線を引く

梁間長さLa＝7.28mの1/4は1.82m、桁行長さLb＝9.1mの1/4は2.275m

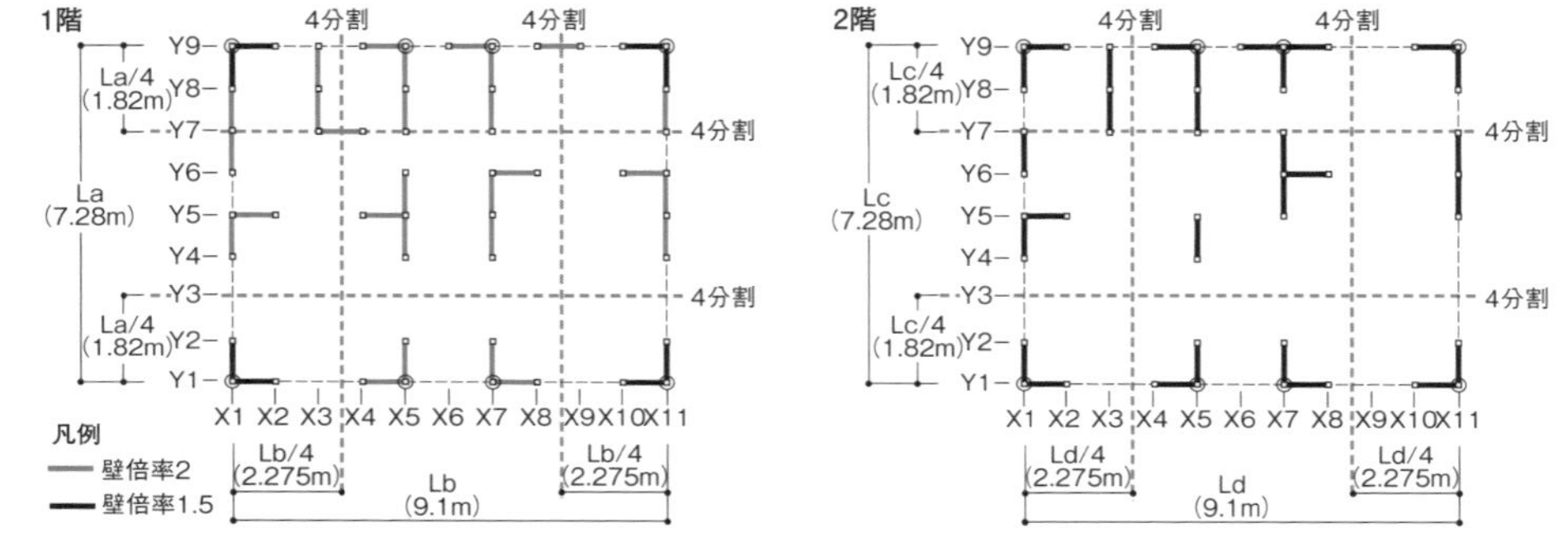

上記の1/4側端部分の範囲内にある壁量（存在壁量）と必要壁量を求める。点線と耐力壁が重なる場合は、求める範囲内の壁量としてカウントする。ただし、壁心が1/4側端部分に含まれていること。

2 | 1階の側端部分（桁行方向①と②）の存在壁量と必要壁量を求める

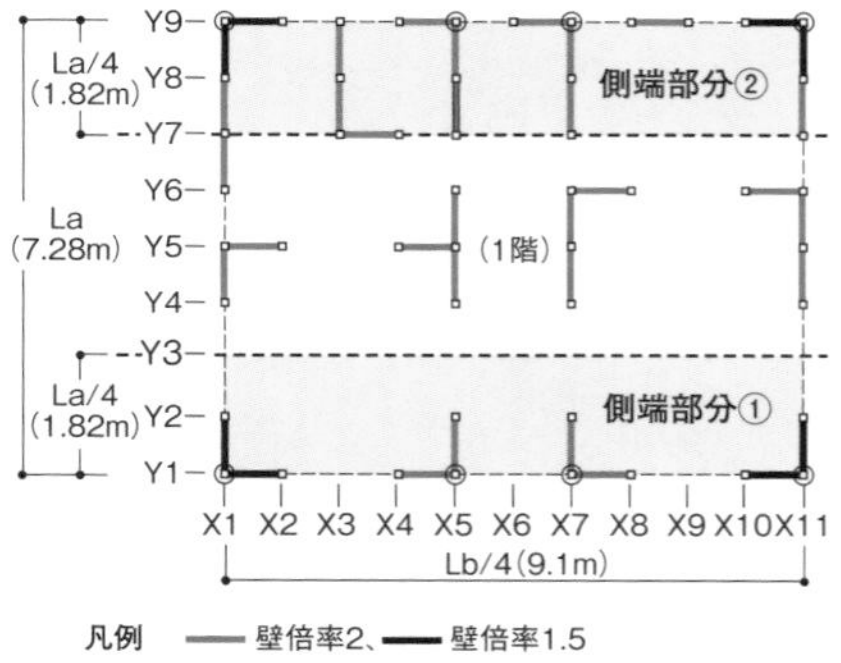

側端部分①

存在壁量（A）

（耐力壁1枚の長さ）（壁倍率）（耐力壁1枚の長さ）（壁倍率）

0.91m×**2**枚×**1.5**＋**0.91**m×**2**枚×**2**＝**6.37**m

必要壁量（B）

（Lb）（La/4）（1階の床面積当たりの必要壁量）

9.1m×**1.82**m×**0.33**m/㎡≒**5.465**m

側端部分②

存在壁量（A）

（耐力壁1枚の長さ）（壁倍率）（耐力壁1枚の長さ）（壁倍率）

0.91m×**2**枚×**1.5**＋**0.91**m×**4**枚×**2**＝**10.01**m

必要壁量（B）

（Lb）（La/4）（1階の床面積当たりの必要壁量）

9.1m×**1.82**m×**0.33**m/㎡≒**5.465**m

※：1階の床面積当たりの必要壁量は22頁**表1**の係数

3｜1階の側端部分（梁間方向③と④）の存在壁量と必要壁量を求める

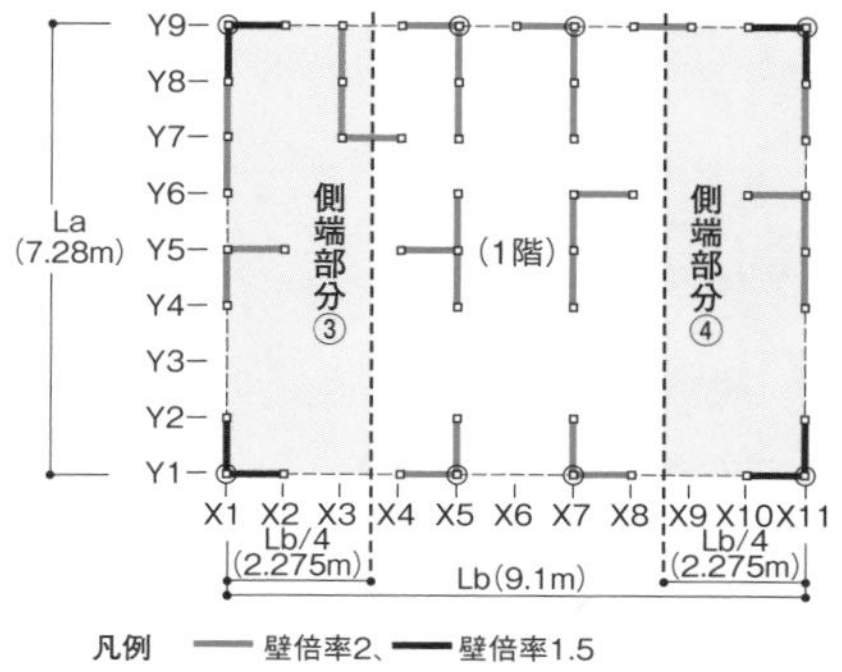

側端部分③

存在壁量（A）

耐力壁1枚の長さ				壁倍率		耐力壁1枚の長さ				壁倍率		
0.91m	×	2枚	×	1.5	+	0.91m	×	5枚	×	2	=	11.83m

必要壁量（B）

La		Lb/4		1階の床面積当たりの必要壁量		
7.28m	×	2.275m	×	0.33m/㎡	≒	5.465m

側端部分④

存在壁量（A）

耐力壁1枚の長さ				壁倍率		耐力壁1枚の長さ				壁倍率		
0.91m	×	2枚	×	1.5	+	0.91m	×	3枚	×	2	=	8.19m

必要壁量（B）

La		Lb/4		1階の床面積当たりの必要壁量		
7.28m	×	2.275m	×	0.33m/㎡	≒	5.465m

4｜判定：各階・各方向の存在壁量/必要壁量が1を超えることを確認

表1｜各階の各方向の壁量充足率

側端部分			存在壁量（A）	必要壁量（B）	壁量充足率（C＝A/B）
1階	桁行方向	①	6.37	5.465	1.17
		②	10.01	5.465	1.83
	梁間方向	③	11.83	5.465	2.16
		④	8.19	5.465	1.5
2階	桁行方向	⑤	5.46	3.478	1.57
		⑥	6.825	3.478	1.962
	梁間方向	⑦	8.19	3.478	2.354
		⑧	5.46	3.478	1.57

表2｜各階の各方向の壁率比と判定

側端部分			壁量充足率（C）		壁率比 D/E	判定
			小さいほうの数値（D）	大きいほうの数値（E）		
1階	桁行方向	①	1.17	1.83	0.64	OK
		②				
	梁間方向	③	1.5	2.16	0.69	OK
		④				
2階	桁行方向	⑤	1.57	1.962	0.8	OK
		⑥				
	梁間方向	⑦	1.57	2.354	0.67	OK
		⑧				

存在壁量/必要壁量＝壁量充足率＞1

2階も1階と同様に側端部分（桁行方向⑤と⑥、梁間方向⑦と⑧）の存在壁量と必要壁量を求める。次に①～⑧の各部に壁量がどの程度満たされているか、壁量充足率を求める［**表1**］。すべての壁量充足率は1を超えていることから、この建物の耐力壁は釣り合いよく配置されているとして、次の各階・各方向の壁率比の判定作業を省略してもよいが、参考までに判定結果を示す［**表2**］。

小さいほうの壁量充足率/大きいほうの壁量充足率＝壁率比≧0.5

各階の側端部分の上下（①と②、⑤と⑥）・左右（③と④、⑦と⑧）に配置された耐力壁のバランス（壁率比）を求め、壁率比が0.5以上であればOKとなる。**表1**で求めた壁量充足率を使って、壁率比を求めると**表2**のようになる。各階・各方向のすべての壁率比が0.5以上であることから、判定はOKである。

［飯島敏夫］

column 現場対策 09

玄関ポーチの袖壁は耐力壁にできる?

一般に玄関ポーチ部分は、1階の地震力算定用床面積に算入しないので、壁も耐力壁としてカウントしないほうがよい。ただし、ポーチ上に2階が載るような場合、玄関ポーチの面積を1階の地震力算定用床面積に加える必要があるとともに、直下の袖壁を耐力壁にカウントしてもよい。この場合、基礎は建物本体と同じ仕様とする必要がある。

［齊藤年男］

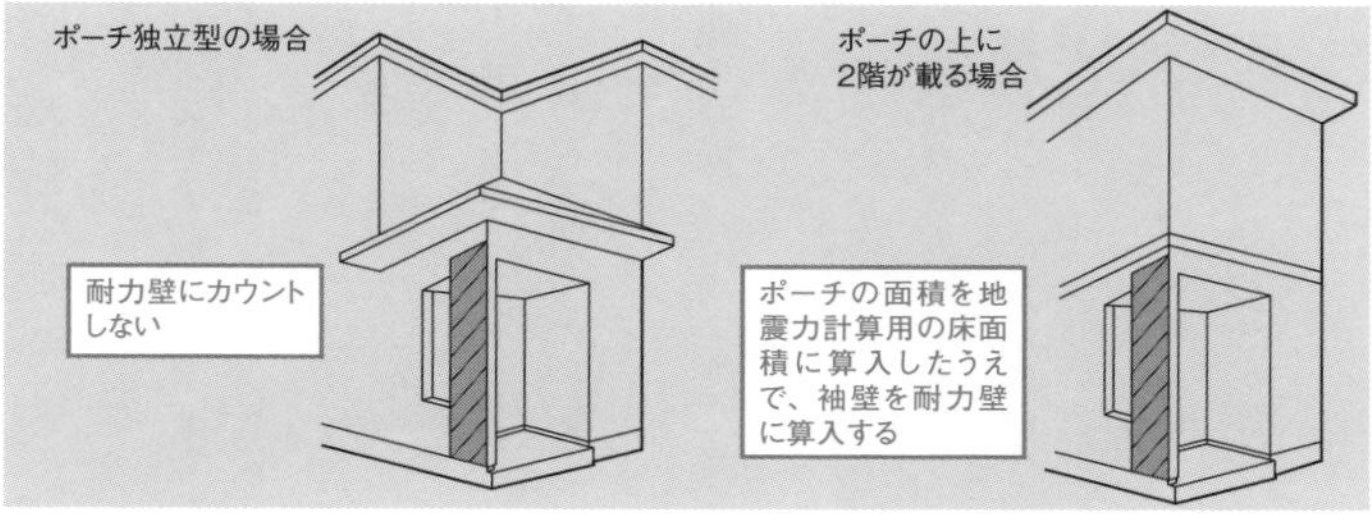

接合部①

柱脚・柱頭金物の早見表

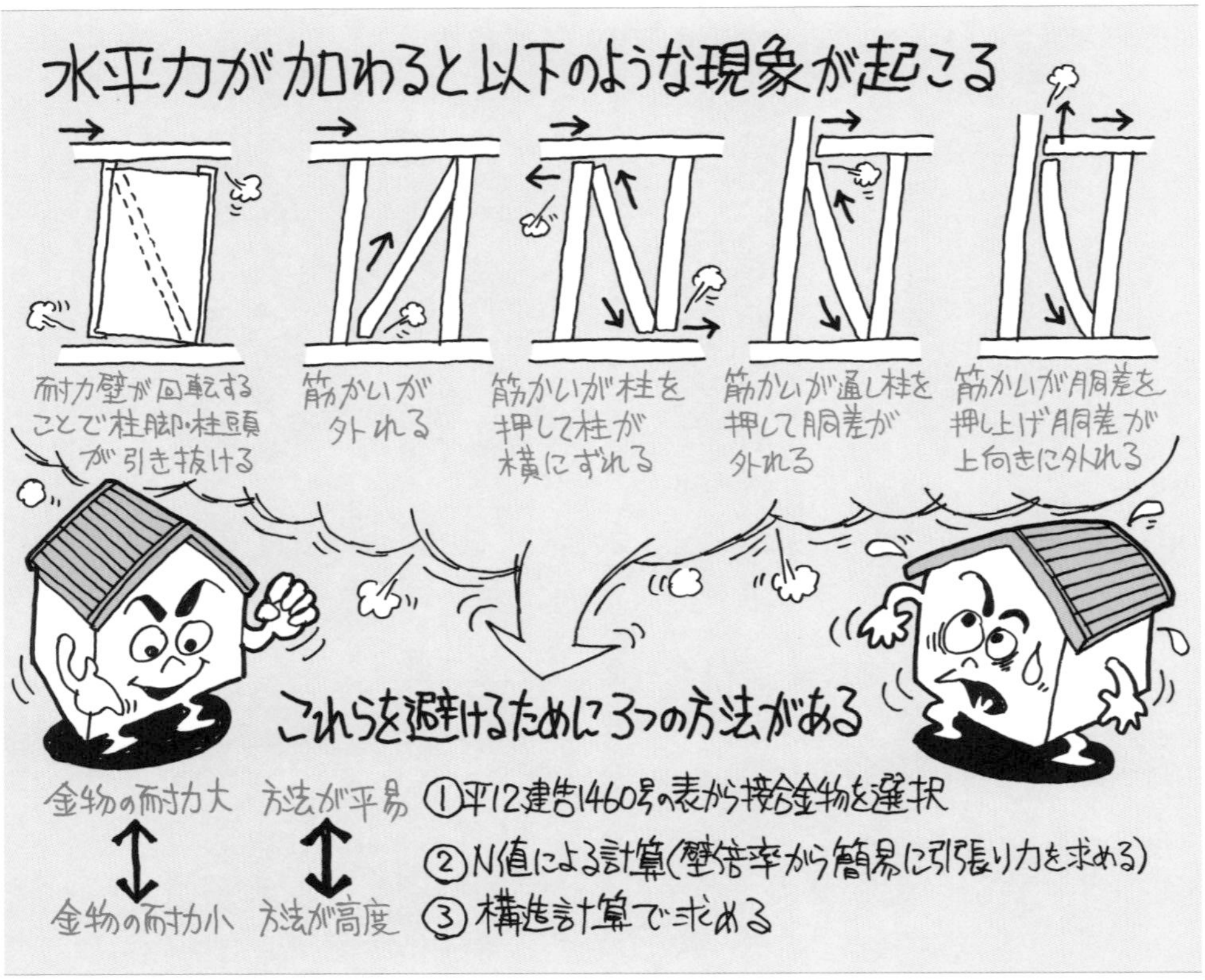
水平力が加わると以下のような現象が起こる
耐力壁が回転することで柱脚・柱頭が引き抜ける
筋かいが外れる
筋かいが柱を押して柱が横にずれる
筋かいが通し柱を押して胴差が外れる
筋かいが胴差を押し上げ胴差が上向きに外れる
これらを避けるために3つの方法がある
金物の耐力大
方法が平易
①平12建告1460号の表から接合金物を選択
②N値による計算(壁倍率から簡易に引張り力を求める)
金物の耐力小
方法が高度
③構造計算で求める

接合金物を選択する方法

耐力壁の柱脚・柱頭の接合金物を選ぶには、平12建告1460号「木造の継手及び仕口の構造方法を定める件」[表] による以外にも、ほかに2種類の方法が考えられる。

①同告示の表から選択する方法。耐力壁を構成する柱の位置から、3種類の表の組み合わせを用いて選択する [34頁参照]

②同告示のただし書きによるN値の計算によって選択する方法。N値の計算式（壁倍率から簡易的に引張り力を求める計算方法）から選択する [36頁参照]

③構造計算によって求める方法。構造計算を行い、柱の軸力を算定することで求める

①よりも②、②よりも③のほうがより詳細な計算を行うことになるので、同じ柱の柱脚・柱頭でも、選択する接合金物の種類が異なる。

一般に①よりも②、②よりも③のほうが耐力の小さな接合金物で済むが、その代わり求める計算手順に手間がかかる。よって、2階建て以下で、かつ延べ面積500㎡以下の住宅（構造計算を必要としない）などであれば、①または②の方法が一般的である。

告示の表から接合金物を選択

平12建告1460号一号は筋かい端部の接合方法、二号は柱脚・柱頭の接合方法、そして三号にそのほかの接合方法がそれぞれ示されている。ここでは、二号の柱脚・柱頭の接合方法を解説する。

筋かいなどの耐力壁を構成する柱が1階または2階のどの位置にあるかによって、柱脚・柱頭の仕口に必要な接合金物を前述の告示の表1～表3の組み合わせから選択する。3種類の表の関係をできるだけ分かりやすく整理し、早見表にした [表]。

表の左側の縦軸は、耐力壁の倍率と軸組の種類を表している。横軸には平屋、最上階または2階建ての1階の出隅の柱またはその他の柱によって、柱脚・柱頭に必要となる接合金物が表示されている。建物に使用する耐力壁の種類を示す表の列と、柱の位置を示す表の列との交点が各柱脚・柱頭に必要な接合金物となる。

[飯島敏夫]

表｜軸組の種類と接合方法の早見表

<table>
<tr><td rowspan="2">壁倍率</td><td colspan="2" rowspan="2">柱の位置
軸組の種類</td><td colspan="2">平屋または最上階</td><td colspan="3">2階建ての1階</td></tr>
<tr><td>出隅</td><td>その他</td><td>2階：出隅
1階：出隅</td><td>2階：出隅
1階：その他</td><td>2階：その他
1階：その他</td></tr>
<tr><td>1以下</td><td colspan="2">木摺などを柱および間柱の片面（壁倍率0.5）
または両面に打ち付けた軸組（壁倍率1）
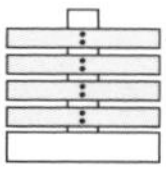</td><td colspan="5">短ホゾ差しまたは
かすがい</td></tr>
<tr><td>1</td><td colspan="2">15×90㎜以上の筋かい
または径9㎜以上の鉄筋筋かい
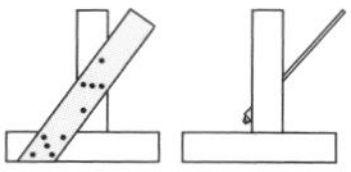</td><td rowspan="2">長ホゾ差し込み栓
打ちまたは
かど金物CP・L</td><td rowspan="2"></td><td>長ホゾ差し込み栓
打ちまたは
かど金物CP・L</td><td></td><td rowspan="3"></td></tr>
<tr><td rowspan="2">1.5</td><td rowspan="2">30×90㎜以上の筋かい
</td><td>筋かいの下部が
取り付く柱</td><td rowspan="2">短冊金物S
または羽子板
ボルトSB・E2、
SB・F2</td><td rowspan="2">長ホゾ差し込み栓
打ちまたは
かど金物CP・L</td></tr>
<tr><td>その他の柱</td><td rowspan="2">短冊金物Sまたは
羽子板ボルトSB・
E2、SB・F2</td><td rowspan="5">長ホゾ差し込み栓
打ちまたは
かど金物CP・L</td></tr>
<tr><td rowspan="3">2</td><td colspan="2">15×90㎜以上の筋かい
または径9㎜以上の
筋かいをたすき掛け
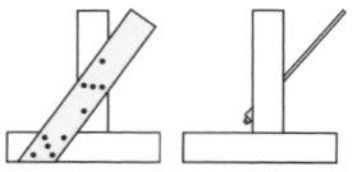</td><td rowspan="3">ホールダウン金物
S-HD15、HD-B15、
HD-N15</td><td rowspan="3">山形プレートVP
または
かど金物CP・T</td><td rowspan="3">長ホゾ差し込み栓
打ちまたは
かど金物CP・L</td></tr>
<tr><td rowspan="2">45×90㎜以上の筋かい
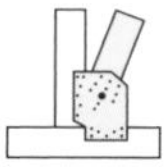</td><td>筋かいの下部が
取り付く柱</td><td></td></tr>
<tr><td>その他の柱</td><td rowspan="2">短冊金物Sまたは
羽子板ボルト
SB・E、SB・F2</td></tr>
<tr><td>2.5</td><td colspan="2">構造用合板など打ち付けた壁
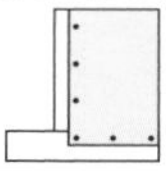</td><td>ホールダウン金物
S-HD20、HD-B20、
HD-N20（※）</td><td>ホールダウン金物
S-HD10、HD-B10、
HD-N10</td><td>山形プレートVP
または
かど金物CP・T</td></tr>
<tr><td>3</td><td colspan="2">30×90㎜以上の筋かいを
たすき掛け
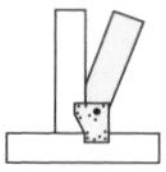</td><td rowspan="2">ホールダウン金物
S-HD15、HD-B15、
HD-N15</td><td>山形プレートVP
または
かど金物CP・T</td><td>ホールダウン金物
S-HD25、HD-B25、
HD-N25（※）</td><td>ホールダウン金物
S-HD15、
HD-B15、
HD-N15</td><td>短冊金物Sまたは
羽子板ボルトSB・
E2、SB・F2</td></tr>
<tr><td>4</td><td colspan="2">45×90㎜以上の筋かいを
たすき掛け
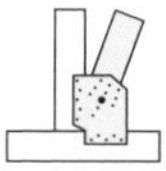</td><td>短冊金物S
または羽子板ボル
トSB・E2、SB・F2</td><td></td><td>ホールダウン金物
S-HD20、HD-B20、
HD-N20（※）</td><td>ホールダウン金物
S-HD15、HD-B15、
HD-N15</td></tr>
</table>

※：スギ類使用時は不可｜注：Zマーク表示金物同等認定品や、性能認定品なども用いることができる

column 現場対策 10

金物選択では使用環境を考える

接合金物は、品質と性能が明らかなものを使用したい。（公財）日本住宅・木材技術センターでは、20年以上前から性能・品質の認定事業を実施している。工場などの品質検査も定期的に行っており、認定品は信頼性が高い。一方、最近公的な試験機関などで性能試験を実施した接合金物をみることがあるが、その品質と性能値には注意したい。木造住宅用の接合金物は、JIS規格がないのでJIS工場以外で製造されるため、品質の保証が難しい。また、試験機関などの性能値は、基準耐力を表示しているものがほとんどで、データのばらつきや、接合部の破壊性状および使用環境などが考慮されていない。その数値をそのまま利用するのではなく、接合部の破壊性状や使用環境などをもとにしながら、総合的な評価を行って耐力などを決める必要がある。

［飯島敏夫］

（公財）日本住宅・木材技術センターによる認定マーク一覧

- Z　軸組工法用金物（Zマーク金物）：同センターが定める品質・性能に適合する金物
- D　Zマーク同等認定金物（Dマーク金物）：Zマーク金物と同等以上の品質・性能を有する金物
- S　性能認定金物（Sマーク金物）：用途に応じて、必要とする品質・性能を有する金物

接合部②　柱脚・柱頭金物の選び方

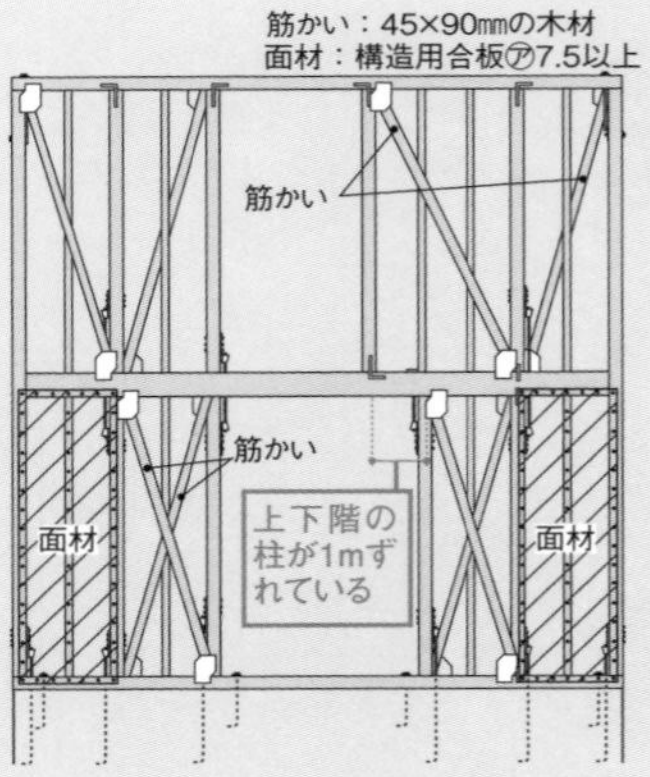

早見表(33頁)で接合金物を選ぶ

「軸組の種類と接合方法の早見表」を使って、2階建ての軸組図をもとに、柱脚・柱頭の接合金物を選んでみる。モデル(左図)の軸組の耐力壁は、構造用合板の面材(倍率2.5)と45×90㎜の筋かい(倍率2、たすき掛けで倍率4)の2種類を使用している。また、2階にある柱1本が1階の柱心から1mずれている。

1 | X1通りの出隅

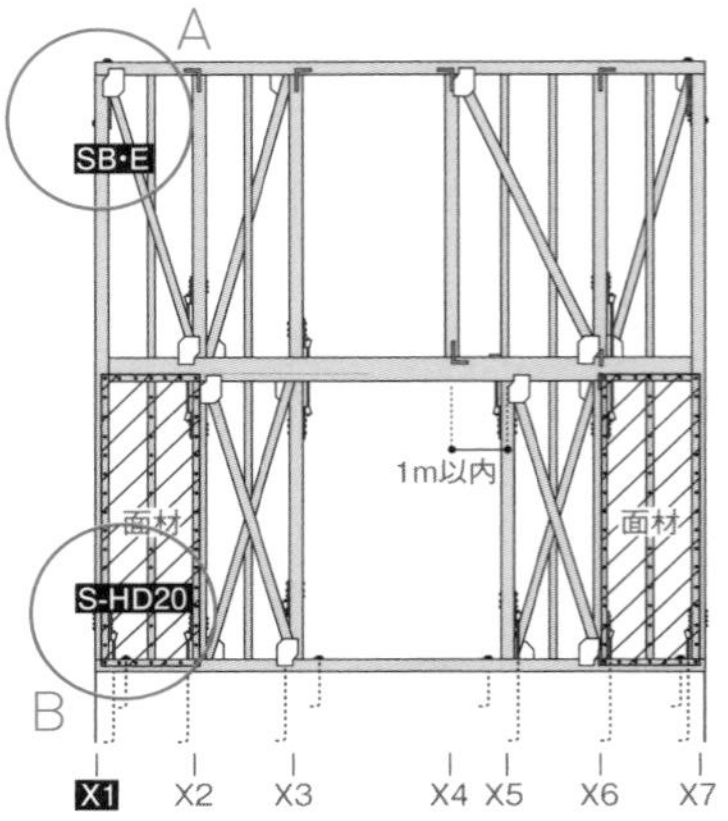

A　通し柱の柱頭

通し柱の柱頭は桁部分であり、「最上階の出隅」となる。45×90㎜の筋かいの下端がそのほかの柱に取り付く。通し柱の柱頭に必要な接合金物は、早見表から縦軸(「最上階」「出隅」)と横軸(「45×90㎜以上の筋かい」「その他の柱」)の交差する欄を追い、「短冊金物Sまたは羽子板ボルトSB·E」であると分かる。

ここでは、この2つのうち「羽子板ボルトSB·E」を採用した。短冊金物を用いると外壁側であれば下地材や仕上げ材に当たり、彫り込んで取り付けると手間もかかるためである。

B　通し柱の柱脚

通し柱の柱脚は、1階部分の出隅となる。早見表から「2階建ての1階」で「柱の位置」が「1階、2階とも出隅」の欄を探す。次に、軸組の種類から「構造用合板などを打ち付けた壁」の欄を探す。これらの交点「ホールダウン金物S-HD20」が必要な金物となる。

2 | X2通りの柱

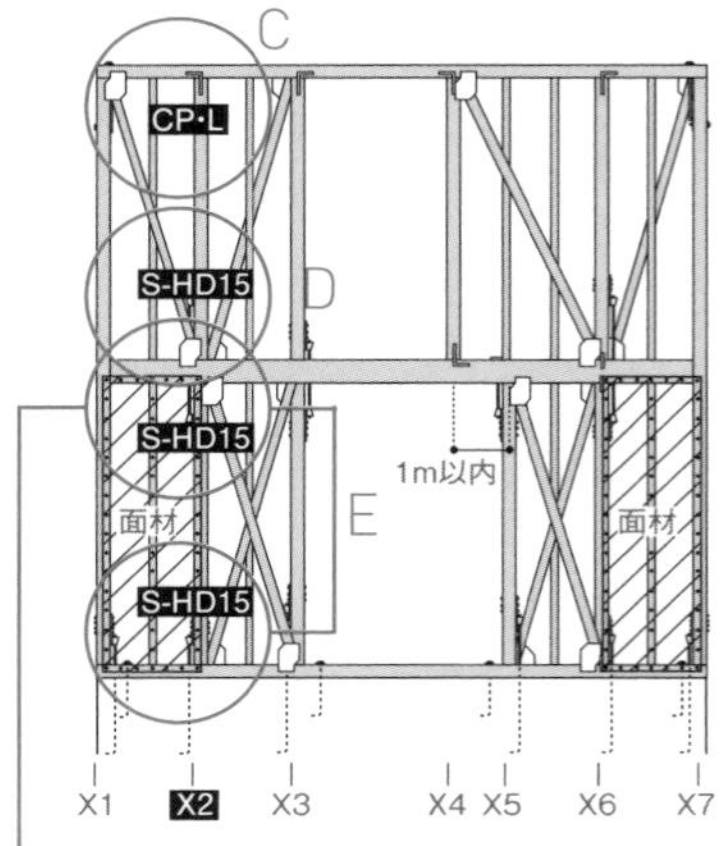

3本の筋かい端部が集中するような場合は、接合金物と筋かいがぶつかることがある。ここでは、ホールダウン金物相互をつなぐボルトを長めにして、お互いがぶつからないようにしている

C　2階の柱頭

柱の両側の耐力壁は同じ壁倍率2であり、「柱の位置」は、「最上階」の出隅以外の「その他」の柱に該当し、「軸組の種類」は、「45×90㎜の筋かい」である。早見表より「長ホゾ差し込み栓打ちまたはかど金物CP·L」が選択できる。

D　2階の柱脚

「筋かいの下部が取り付く柱」である以外は、柱頭と同じだが、図では、「かど金物CP·L」ではなく、「ホールダウン金物S-HD15」を採用した[※]。

E　1階の柱頭・柱脚

この通りの1階左側の耐力壁は、「構造用合板の面材」であり、右側の耐力壁は、「たすき掛けの45×90㎜の筋かい」となっている。早見表より、左側の壁倍率は2.5、右側の壁倍率は4である。この場合、大きいほうの壁倍率に合わせて接合金物を決める。「柱の位置」は、「2階建ての1階」であり、1階·2階とも出隅以外の「その他の柱」に該当する。柱頭·柱脚とも、表から「ホールダウン金物S-HD15」が選ばれる。

※：これは1階の柱頭に使用したホールダウン金物の耐力を有効に働かせるためであり、また接合金物を同じ個所に集中させないためでもある

3 | X3通りの柱

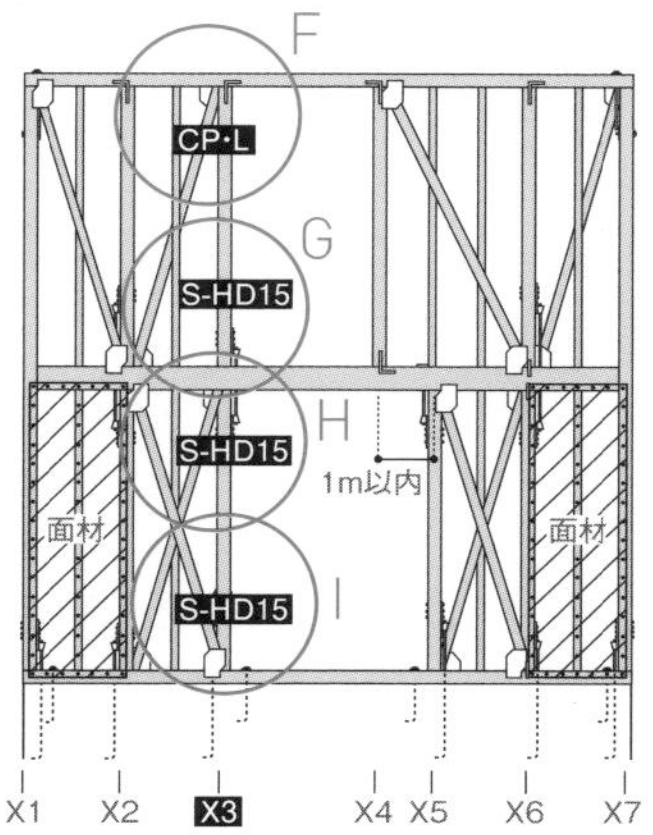

F　2階の柱頭

「最上階」の出隅以外で「その他」で柱の「45×90㎜以上の筋かい」のため、「長ホゾ差し込み栓打ちまたはかど金物CP・L」が適切。

G　2階の柱脚

柱頭と同じ。ただしこの場合、X2の柱脚と同じ理由で、「かど金物CP・L」でなく、「ホールダウン金物S-HD15」で処理している。

H　1階の柱頭

この通りの左側の耐力壁は、「45×90㎜以上の筋かいをたすき掛け」したもので、右側は開口部である。よって、左側の壁倍率4で柱脚の接合金物を選択する。「柱の位置」は、「2階建ての1階」部分であり、1階・2階とも出隅以外の「その他の柱」に該当する。早見表から縦軸と横軸が交差する部分が必要な接合金物となるので、「ホールダウン金物S-HD15」となる。

I　1階の柱脚

2階部分の柱脚金物と同じ接合金物を使用する。

4 | X4・5通りの柱

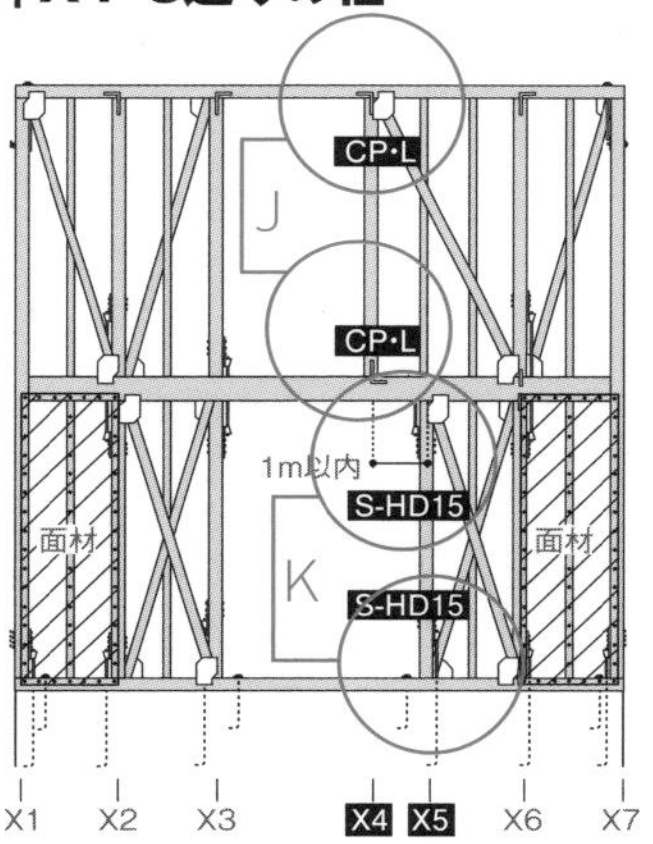

J　X4通りの柱

この通りは、2階の柱のみである。また、1階の柱から左側にずれている。このずれが1m以内であれば、2階の柱は1階の柱の直上にあるとみなして接合金物を選択できる。X2通りの求め方と同様なので、柱脚と柱頭の接合金物は、「かど金物CP・L」となる。

K　X5通りの柱

X4通りの柱は、X5通りの直上にあるとみなして接合金物を選択することになるので、X2通りの求め方と同様に、「ホールダウン金物S-HD15」となる。2階の柱と1階の柱がずれているので、1階柱頭の「ホールダウン金物S-HD15」は、座金付きボルトで接合する。

その他の通りの接合金物は、X1〜X3通りの求め方と同様なので省略する。耐力壁がX方向とY方向に交差するL字やT字の場合は、どちらか大きいほうの接合金物を選択する。 ［飯島敏夫］

column 現場対策 11

金物選択の注意点—現場編

接合部に用いる金物には、(公財)日本住宅・木材技術センター認証の「Zマーク」「Sマーク」「Cマーク」「Dマーク」金物がある。これらの認定がある金物は、建築基準法や性能表示制度の要求性能を満たしているといえる。

現場で注意したいのは、柱と横架材の接合部などで面材耐力壁を使用する際に面材の角が金物に当たる場合である。対応としては、面材を切り欠いて、その周辺に釘を増し打ちしておくとよい。しかし、本来は、より薄い金物を採用して面材を切り欠くことなく張り付けたほうが施工手間を合理化できる。また、1つの金物に釘とボルトを併用するタイプは高所作業では危険な場合がある。現場で使用する金物は、あらかじめ目的・場所により分類・整理しておけば、作業性が向上し、取り付ける金物種類の間違いが減り、取り付け後のチェックも容易になる。 ［齊藤年男］

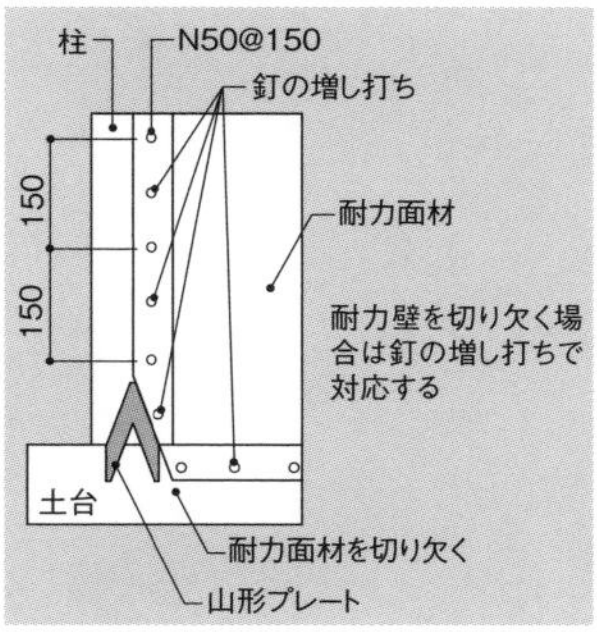

接合部③ N値計算とは

告示で選ぶ金物には無駄が多い？

2階建て以下の木造住宅の柱脚・柱頭の接合金物を選択する方法は、平12建告1460号「木造の継手及び仕口の構造方法を定める件」によらなければならない。同告示二号に柱脚・柱頭の接合方法が示されている。しかし、この方法は上階と下階で同じ仕様の耐力壁が使用される場合というような、仮定にもとづいている。そのため、実際の架構よりも安全側に設計することになる。

同告示二号の適用条文には「ただし、当該仕口の周囲の軸組の種類及び配置を考慮して、柱頭又は柱脚に必要とされる引張り力が、当該部分の引張り力を超えないことが確かめられた場合においては、この限りでない」とある。つまり、実際に柱に生じる引張り力を構造計算で求め、その数値以上の耐力を有する接合金物であれば、それを選定してもよい、ということである。

しかし、木造2階建て住宅で構造計算を行うことはあまり一般的ではない。そこで、耐力壁の倍率から簡易的に引張り力を算定し、それに適した金物を選ぶ方法が、ここで紹介するN値計算である［※1］。N値計算により接合金物を選択すると、告示1460号［32頁参照］から選択するよりもホールダウン金物を減らすことができたり、耐力の小さな接合金物に変更することができる。つまり、N値計算はより経済的な方法といえる。

N値計算とは何か

N値計算は、実際に柱に生じる引張り力を、その柱の左右に配置されている耐力壁の壁倍率の差をもとに計算するものである［※2］。計算の流れは図のように①平屋もしくは2階建ての2階の柱（$N \geqq A1 \times B1 - L$）と、②2階建ての1階の柱（$N \geqq A1 \times B1 + A2 \times B2 - L$）とで異なる。この計算式には、柱の両側の壁倍率の差などを算定に用いるが、筋かいの場合は補正値を加える必要がある［図中の補正表1～3］。

これは、圧縮筋かいとしての効果と引張り筋かいとしての効果との違いを考慮するためである［38頁参照］。ある柱の柱頭部分に取り付く筋かいと、柱脚部分に取り付く筋かいとでは、前者のほうが筋かいとしての耐力が高く、柱脚にはより大きな引張り力が作用することになる。

構造用合板や構造用パネルなどの構造用面材を張った耐力壁は、面として一体の軸組を構成するため、片筋かいのような方向性がなく、補正は必要ない。

また、筋かいのたすき掛けも同じ扱いとなる。

以上のように求めたN値をもとに、表から適合する柱脚・柱頭の接合金物を求める。

［飯島敏夫］

表｜N値の接合部の仕様（平12建告1460号表3に対応）

告示表3との対応	N値	必要耐力（kN）	接合方法	
（い）	0以下	0	短ホゾ差し	かすがいC打ち
（ろ）	0.65以下	3.4	長ホゾ差し＋込み栓（15～18㎜角、堅木）打ち	CP・Lかど金物＋ZN65×10本
（は）	1以下	5.1	CP・Tかど金物＋ZN65×10本	VP山形プレート金物＋ZN90×8本
（に）	1.4以下	7.5	羽子板ボルト＋ボルトM-12	短冊金物＋ボルトM-12
（ほ）	1.6以下	8.5	羽子板ボルト＋ボルトM-12＋ZS50×1本	短冊金物＋ボルトM-12＋ZS50×1本
（へ）	1.8以下	10	ホールダウン金物S-HD10＋座金付きアンカーボルトM-16	
（と）	2.8以下	15	ホールダウン金物S-HD15＋アンカーボルトM-16	
（ち）	3.7以下	20	ホールダウン金物S-HD20＋アンカーボルトM-16	
（り）	4.7以下	25	ホールダウン金物S-HD25＋アンカーボルトM-16	
（ぬ）	5.6以下	30	ホールダウン金物S-HD15×2＋アンカーボルトM-16	
―	5.6超（7.5以下）	N×5.3（40）	ホールダウン金物S-HD20×2＋アンカーボルトM-16	

※1：N値計算については「改正建築基準法（二年目施行）の解説」（建設省住宅局建築指導課監修）のなかで説明されている
※2：N値を求めるための算定式は告示には掲載されていない

図｜N値計算による接合金物を選択するための算定式

平屋の柱、または2階建ての2階の柱のとき

$$N \geqq A1 \times B1 - L$$

N

接合部倍率（その柱に生じる引張り力を倍率で表したもの）の数値

A1

当該柱の両側における軸組の壁倍率の差。
ただし筋かいの場合、補正表1～3の補正値を加える

B1

出隅の場合0.8、その他の場合0.5

L

出隅の場合0.4、その他の場合0.6

2階建ての1階の柱のとき

$$N \geqq A1 \times B1 + A2 \times B2 - L$$

N、A1、B1

上に同じ

A2

当該柱の上の2階柱両側の軸組の壁倍率の差。ただし筋かいの場合、補正表1～3の補正値を加える

B2

出隅の場合0.8、その他の場合0.5

L

出隅の場合1.0、その他の場合1.6

補正表1｜筋かいが片側から取り付く柱

<table>
<tr><th>筋かいの取り付く位置 ／ 筋かいの種類</th><th>柱頭</th><th>柱脚部</th><th>備考</th></tr>
<tr><td></td><td></td><td></td><td>柱頭・柱脚部
</td></tr>
<tr><td>15×90㎜以上の木材または φ9㎜以上の鉄筋</td><td>0</td><td>0</td><td rowspan="4">0</td></tr>
<tr><td>30×90㎜以上の木材</td><td rowspan="2">0.5</td><td rowspan="2">−0.5</td></tr>
<tr><td>45×90㎜以上の木材</td></tr>
<tr><td>90×90㎜以上の木材</td><td>2.0</td><td>−2.0</td></tr>
</table>

補正表2｜片筋かいが両側から取り付く柱（いずれも柱頭部に取り付く片筋かいの場合）

<table>
<tr><th>筋かいの取り付く位置</th><th colspan="4">柱頭・柱脚部</th><th>備考</th></tr>
<tr><td></td><td colspan="4">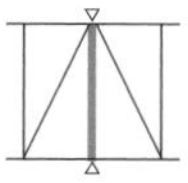</td><td rowspan="2">両筋かいがともに柱脚部に取り付く場合
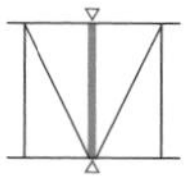</td></tr>
<tr><td>一方が片筋かい ／ 他方が片筋かい</td><td>15×90㎜以上の木材または φ9㎜以上の鉄筋</td><td>30×90㎜以上の木材</td><td>45×90㎜以上の木材</td><td>90×90㎜以上の木材</td></tr>
<tr><td>15×90㎜以上の木材または φ9㎜以上の鉄筋</td><td>0</td><td colspan="2">0.5</td><td>2.0</td><td rowspan="4">0</td></tr>
<tr><td>30×90㎜以上の木材</td><td rowspan="2">0.5</td><td rowspan="2" colspan="2">1.0</td><td rowspan="2">2.5</td></tr>
<tr><td>45×90㎜以上の木材</td></tr>
<tr><td>90×90㎜以上の木材</td><td>2.0</td><td colspan="2">2.5</td><td>4.0</td></tr>
</table>

補正表3｜片筋かいが両側から取り付く柱（一方の筋かいが柱頭部に、他方が柱脚部に取り付く片筋かいの場合）

<table>
<tr><th>筋かいの取り付く位置</th><th colspan="4">柱頭・柱脚部</th><th>備考</th></tr>
<tr><td></td><td colspan="4">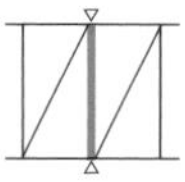</td><td rowspan="2">両側がたすき掛け筋かいの場合
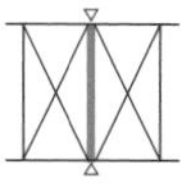</td></tr>
<tr><td>一方が片筋かい ／ 他方が片筋かい</td><td>15×90㎜以上の木材または φ9㎜以上の鉄筋</td><td>30×90㎜以上の木材</td><td>45×90㎜以上の木材</td><td>90×90㎜以上の木材</td></tr>
<tr><td>15×90㎜以上の木材または φ9㎜以上の鉄筋</td><td>0</td><td colspan="2">−0.5</td><td>2.0</td><td rowspan="4">0</td></tr>
<tr><td>30×90㎜以上の木材</td><td rowspan="2">0.5</td><td rowspan="2">0.5</td><td>0</td><td rowspan="2">1.5</td></tr>
<tr><td>45×90㎜以上の木材</td><td>0.5</td></tr>
<tr><td>90×90㎜以上の木材</td><td>2.0</td><td colspan="2">1.5</td><td>2.0</td></tr>
</table>

補正表4｜一方がたすき掛けの筋かい、他方が柱頭部に取り付く片筋かいの場合

<table>
<tr><th>筋かいの取り付く位置</th><th colspan="4">柱頭・柱脚部</th><th>備考</th></tr>
<tr><td></td><td colspan="4">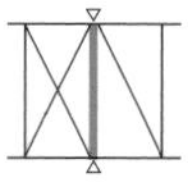</td><td rowspan="2">一方がたすき掛け筋かい、他方が柱脚部に取り付く場合
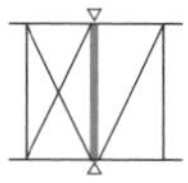</td></tr>
<tr><td>一方が片筋かい ／ 他方がたすき筋かい</td><td>15×90㎜以上の木材または φ9㎜以上の鉄筋</td><td>30×90㎜以上の木材</td><td>45×90㎜以上の木材</td><td>90×90㎜以上の木材</td></tr>
<tr><td>15×90㎜以上の木材または φ9㎜以上の鉄筋</td><td rowspan="4">0</td><td rowspan="4" colspan="2">0.5</td><td rowspan="4">2.0</td><td rowspan="4">0</td></tr>
<tr><td>30×90㎜以上の木材</td></tr>
<tr><td>45×90㎜以上の木材</td></tr>
<tr><td>90×90㎜以上の木材</td></tr>
</table>

column 現場対策 12

N値のNって何？

N値の算定方法は、耐力壁の倍率などから簡易的に柱の引抜き力を求めるものである。N値のNは、柱に生じる軸方向力（引張り力、圧縮）、つまり許容引張り耐力を表している。その許容引張り耐力を倍率で評価したものがN値である。具体的には、接合部の許容引張り耐力を1.96kN×2.7mで除した値である。2.7mというのは、標準壁高さ（階高）を表している。たとえば、N値が1とは、5.3kN＝1.96kN×2.7mの許容引張り耐力といえる。

平12建告1460号二号表3に（い）～（ぬ）までの接合方法がある。（い）～（ぬ）に従って、かすがいからホールダウン金物へと引張り耐力が大きな接合金物となる。本文中の表は同告示表3の（い）～（ぬ）をN値で表したものである。算定されたN値に対応する接合金物はその表から選ぶ。この方法を一般に「N値計算」と呼んでいる。［飯島敏夫］

耐力壁AとBの壁倍率の差は2

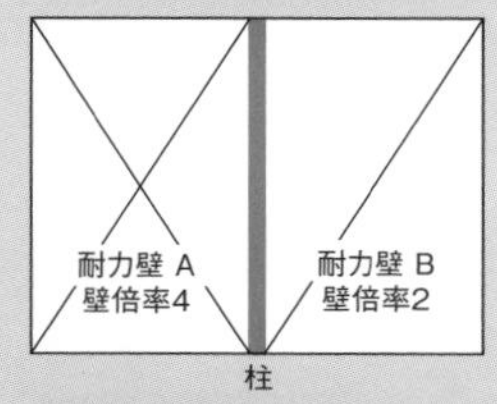

両側の耐力壁の壁倍率の差をみて、より正確な柱の引抜き力を求める。それを倍率として表したのがN値

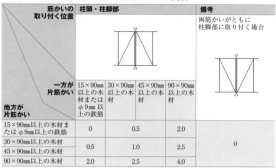

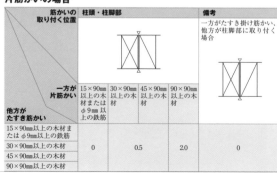

壁量計算の基本
建築基準法の壁量計算例
1.5倍耐力の壁量計算の基本
1.5倍耐力の壁量計算例
荷重
梁
柱
基礎
断面算定

接合部④ N値計算の方法

N値計算の手順

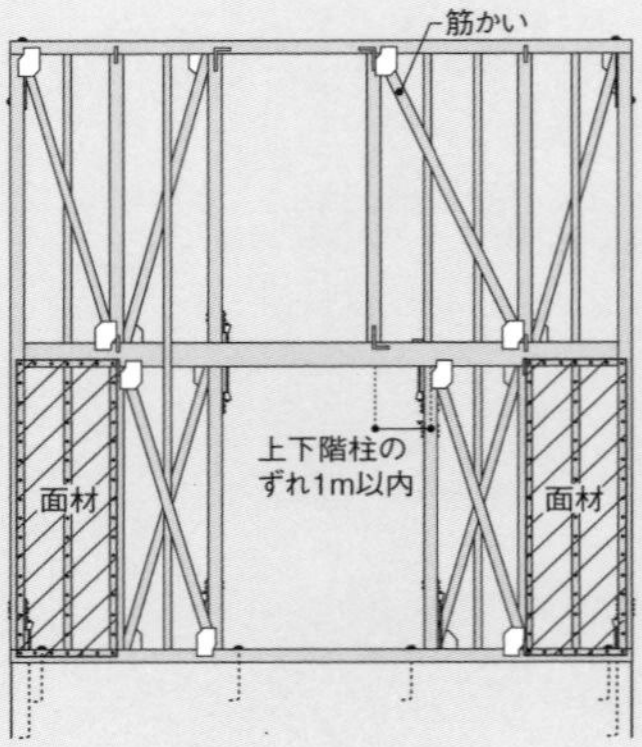

左の軸組図をもとにしながら、実際にN値計算によって接合金物を選んでみる。この軸組では構造用合板（倍率2.5）と45×90㎜の筋かい（倍率2）の2種類を使用している。また、2階にある柱1本だけが1階の柱心から1mずれている。32頁の平12建告1460号の表から選ぶ方法で使用した軸組図とまったく同じ仕様である。

必要な算定式や、筋かいの37頁補正値（**表1～4**）、N値による接合部の仕様は**表5**のとおりなので、これらをもとにN値計算の手順を確認してほしい。

N値の算定式
平屋の柱、2階建ての2階の柱のとき

$$N \geqq A1 \times B1 - L$$

N　接合部倍率の数値
A1　当該柱の両側における軸組の壁倍率の差。筋かいの場合は補正値を加える
B1　出隅の場合0.8、その他の場合0.5
L　出隅の場合0.4、その他の場合0.6

2階建ての1階の柱のとき

$$N \geqq A1 \times B1 + A2 \times B2 - L$$

N、A1、B1　上に同じ
A2　当該柱の上の2階柱両側の軸組の壁倍率の差。筋かいの場合は補正値を加える
B2　出隅の場合0.8、その他の場合0.5
L　出隅の場合1.0、その他の場合1.6

表5｜N値の接合部の仕様（平12建告1460号表3に対応）

告示表3	N値	接合方法
（い）	0以下	短ホゾ差しまたはかすがいC打ち
（ろ）	0.65以下	長ホゾ差し＋込み栓（15～18㎜角、堅木）打ちまたはかど金物（CP･L）＋ZN65×10本
（は）	1以下	かど金物（CP･T）＋ZN65×10本またはVP金物＋ZN90×8本
（に）	1.4以下	羽子板ボルト（SB･E）＋ボルトM-12または短冊金物＋ボルトM-12
（ほ）	1.6以下	羽子板ボルト（SB･E）＋ボルトM-12＋ZS50×1本または短冊金物＋ボルトM-12＋ZS50×1本
（へ）	1.8以下	10kN用ホールダウン金物（S-HD10）＋座金付きボルトM-16
（と）	2.8以下	15kN用ホールダウン金物（S-HD15）＋アンカーボルトM-16
（ち）	3.7以下	20kN用ホールダウン金物（S-HD20）＋アンカーボルトM-16
（り）	4.7以下	25kN用ホールダウン金物（S-HD25）＋アンカーボルトM-16
（ぬ）	5.6以下	15kN用ホールダウン金物（S-HD15）×2＋アンカーボルトM-16

補正表1｜筋かいが片側から取り付く柱

筋かいの取り付く位置	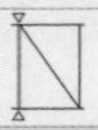	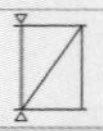	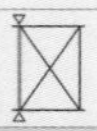
45×90㎜以上の木材	0.5	−0.5	0

補正表2｜片筋かいが両側から取り付く柱（いずれも柱頭部に取り付く片筋かいの場合）

筋かいの取り付く位置	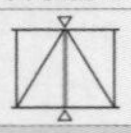	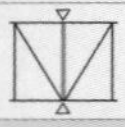
45×90㎜以上の木材	1.0	0

補正表3｜片筋かいが両側から取り付く柱（一方の筋かいが柱頭部に、他方が柱脚部に取り付く片筋かいの場合）

筋かいの取り付く位置	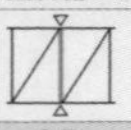	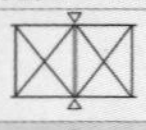
45×90㎜以上の木材	0.5	0

補正表4｜一方がたすき掛けの筋かい、他方が柱頭部に取り付く片筋かいの場合

筋かいの取り付く位置	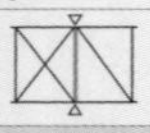	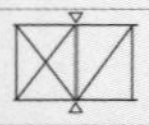
45×90㎜以上の木材	0.5	0

1｜出隅（X1通り）の柱脚・柱頭

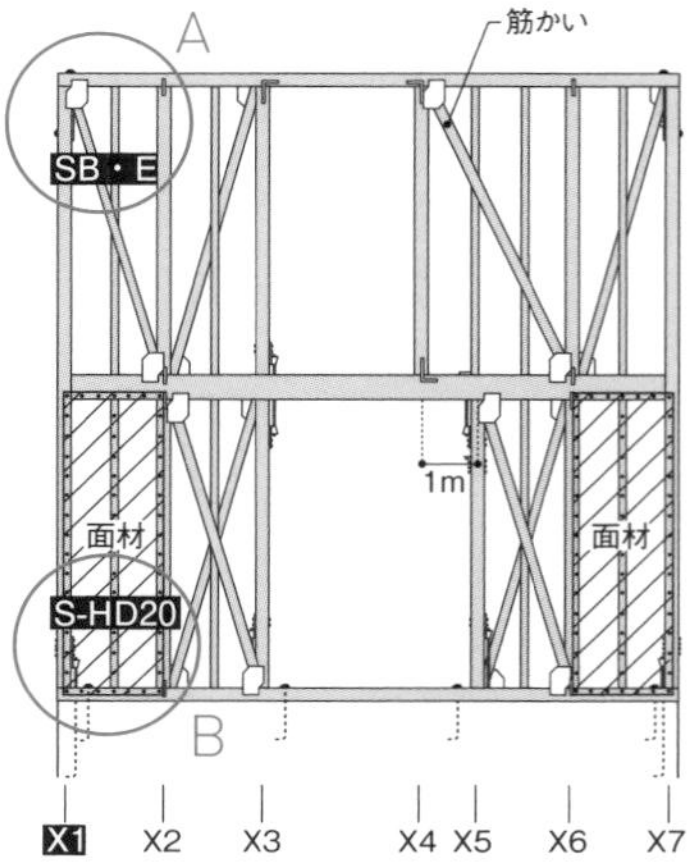

A　柱頭

通し柱なので$N \geqq A1 \times B1 - L$となる。A1は片側だけに筋かいが取り付くのでその耐力壁の倍率となる。ただし、筋かいは補正値を加えた数値となり、45×90㎜の筋かい（倍率2）なので**表1**より0.5であり、$A1 = 2 + 0.5$となる。B1は出隅の0.8、Lは出隅の0.4となる。よって

$$N = 2.5 \times 0.8 - 0.4 = 1.6$$

N値1.6は表5より羽子板ボルト（SB･E）または短冊金物

告示の仕様と変わらない。

B　柱脚

出隅は通し柱なので、柱脚は「2階建ての1階の柱」となる。よって、N値の算定式は、$N \geqq A1 \times B1 + A2 \times B2 - L$である。A1は、1階の耐力壁が面材なので、補正値は必要ない。

$$N = 2.5 \times 0.8 + 2.5 \times 0.8 - 1 = 3$$

N値3は表5より20kN用ホールダウン金物（S-HD20）

告示の仕様と変わらない。

2｜上下階の位置がずれている(X4・X5)柱脚・柱頭

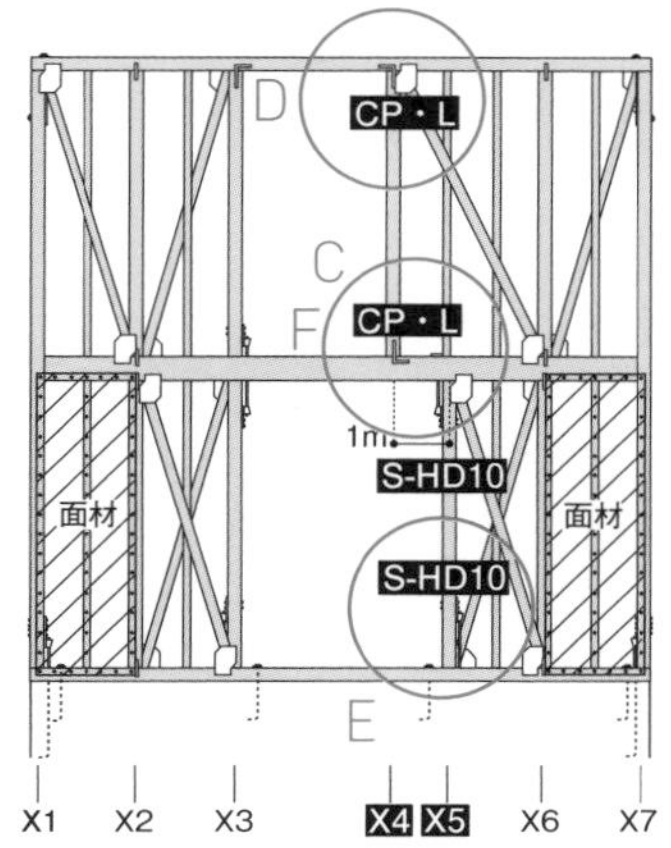

C　X4通り・2階の柱脚

「2階建ての2階の柱」算定式はN≧A1×B1－Lを用いる。倍率2の筋かいは柱頭に取り付き、片面のみの筋かいなので補正値は**表1**より0.5となり、A1＝2＋0.5＝2.5となる。B1は「その他の柱」なので0.5、Lは0.6である。

N＝2.5×0.5－0.6＝0.65

N値0.65は長ホゾ差し＋込み栓打ちまたはかど金物(CP・L)

ここでは、かど金物(CP・L)を選択。金物は告示の仕様と変わらない。

D　X4通り・2階の柱頭

2階部分の柱脚と同じ接合金物を使用する。

E　X5通り・1階の柱脚

X4通りに1階の柱はないがX5通りから1m以内にあるので、X5通りの直上にある柱とみなす。算定式はN≧A1×B1＋A2×B2－Lである。筋かいの倍率は4であり、補正値は**表1**より0、A1＝4＋0＝4である。よって、

N＝4×0.5＋2.5×0.5－1.6＝1.65

N値1.65は表5より告示の仕様は15kN用ホールダウン金物から10kN用ホールダウン金物へ(S-HD10)

F　X5通り・1階の柱頭

1階部分の柱脚と同じ接合金物を使用する。

告示の仕様15kN用ホールダウン金物から10kN用ホールダウン金物へ

3｜すべての通り(X1～X7)の柱脚・柱頭

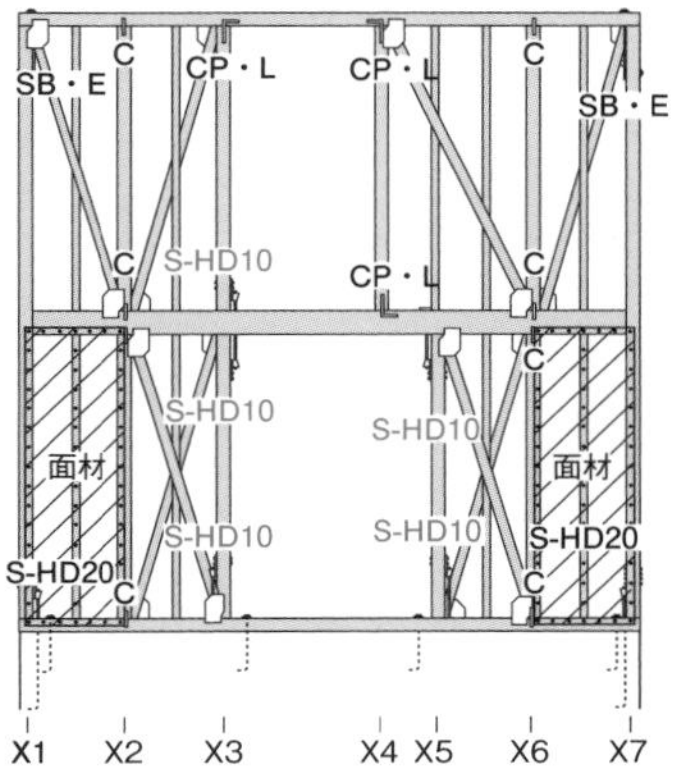

色文字の接合金物はN値計算により耐力低減となったもの

X1通りとX4・X5通りの柱脚・柱頭金物の選び方をみてきた。**表6**にすべての通りの接合金物と計算式を一覧にまとめた。N値計算による金物の選び方をおさらいしてほしい。　[飯島敏夫]

表6｜X1～X7通りの接合金物一覧表

X軸	階	接合金物	A1	×	B1	＋	A2	×	B2	－	L	＝	N	補正値	
														1階	2階
X1	2階出隅	(ほ)SB・E	2.5	×	0.8					—	0.4	＝	1.6	—	0.5
	1階出隅	(ち)S-HD20	2.5	×	0.8	＋	2.5	×	0.8	—	1	＝	3	0	0.5
X2	2階その他	(い)C	0	×	0.5					—	0.6	＝	−0.60	—	0
	1階その他	(い)C	1.5	×	0.5	＋	0	×	0.5	—	1.6	＝	−0.85	0	0
X3	2階その他	(ろ)CP・L	2.5	×	0.5					—	0.6	＝	0.65	—	0.5
	1階その他	(へ)S-HD10	4	×	0.5	＋	2.5	×	0.5	—	1.6	＝	1.65	0	0.5
X4	2階その他	(ろ)CP・L	2.5	×	0.5					—	0.6	＝	0.65	—	0.5
X5	1階その他	(へ)S-HD10	4	×	0.5	＋	2.5	×	0.5	—	1.6	＝	1.65	0	0.5
X6	2階その他	(い)C	0	×	0.5					—	0.6	＝	−0.60	—	0
	1階その他	(い)C	1.5	×	0.5	＋	0	×	0.5	—	1.6	＝	−0.85	0	0
X7	2階出隅	(ほ)SB・E	2.5	×	0.8					—	0.4	＝	1.60	—	0.5
	1階出隅	(ち)S-HD20	2.5	×	0.8	＋	2.5	×	0.8	—	1	＝	3	0	0.5

column 現場対策 13

壁倍率が5を超えるとN値はどう計算する？

壁量計算のルールとして、5倍を超える壁倍率は5倍として計算することになっている。たとえば、面材と筋かいを併用した軸組では、壁倍率が6.5や8くらいになることもあるが、壁量計算ではあくまでも5倍として計算する。5以上の倍率をもつ耐力壁の場合には、N値計算をどのように計算すれば安全だろうか。

結論として、壁量計算と接合部計算は別のものとして考えることをお勧めしたい。壁量計算で5倍を超える倍率を5倍として計算するようなルールがあるのは、壁の耐力が大きいと接合部も同じように大きな耐力を求められるためである。N値計算は、接合部にかかる引張り力を正確に算定することが前提となる。壁倍率6.5の引張り力が接合部に作用するのであれば、その倍率で計算するのが妥当といえる。

[飯島敏夫]

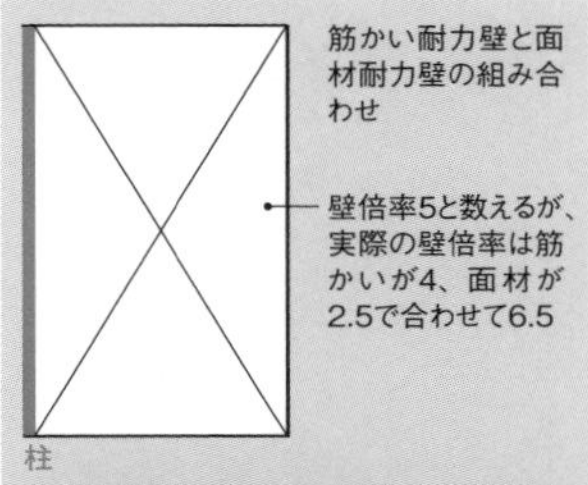

柱の接合部に関しては、実際の壁倍率をもとに作用する引張り力を考慮して接合方法を検討したい

接合部⑤ N値と筋かいの向き

N値計算をより使いこなすためには、柱に作用する引抜き力と筋かいの向きの関係を知っておきたい。

筋かいの向きでN値は変わる

表は、通し柱の柱頭と柱脚のN値をそこに取り付く筋かいの向き別に整理したものである。筋かいは30×90㎜以上と45×90㎜以上の2種類である。1階と2階における筋かいの向きの組み合わせは、4種類ある。

①筋かいの下端がすべて通し柱側にあるもの［表の1］

②筋かいの上端がすべて通し柱側にあるもの［表の2］

③2階筋かいの下端と1階筋かいの上端が通し柱側にあるもの［表の3］

④2階筋かいの上端と1階筋かいの下端が通し柱側にあるもの［表の4］

このなかで最もN値が小さくなるのは「①筋かいの下端がすべて通し柱側にあるもの」であり、最も大きくなるのは「②筋かいの上端がすべて通し柱側にあるもの」である。

たとえば、30×90㎜の筋かいの場合、1階柱脚のN値は、①で0.6、②で2.2である［※1］。

なぜN値が変わるのか

同じ仕様の筋かいであってもこれほどまでにN値が異なるのは、筋かいの向きによって、柱の引張り力が大きく異なるためである。筋かいが向いている（柱頭に筋かいが取り付いている）ほうに向けて水平力を加えると、柱は筋かいによって浮き上がろうとする引張り力が働く［図1］。柱脚と柱頭が接合金物でしっかり補強されていれば、土台が浮き上がろうとする。これは、引戸が開かないようつっかい棒をするのと同じ原理である［※2］。

特に、筋かいの上端がすべて通し柱側に取り付くとN値が最大になる。2本の筋かいで通し柱を引き抜こうとする力（引張り力）が働くためである。

管柱の場合は、胴差を介して上下階でN値が異なる。これは、周辺の部材による押さえ効果や鉛直荷重による押さえ効果が、通し柱よりも管柱のほうが大きく、通し柱よりN値は小さくなるためである。

一方、面材の場合、筋かいと違って方向性がないので補正値を加える必要がない。そのため、面材でN値をできるだけ小さくする方法は、倍率の小さな面材耐力壁をバランスよく配置することである。通し柱に面材耐力壁を使用する場合は、上下階の倍率の和を2.5以下に

表｜筋かいの向きの違いによるN値

筋かいの取り付く位置			筋かいの種類	
			30㎜×90㎜以上の木材	45㎜×90㎜以上の木材
1	筋かいの下端がすべて通し柱側		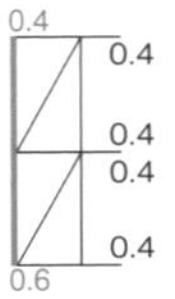	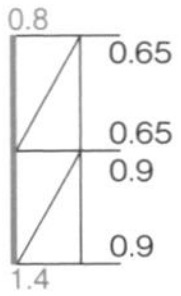
	接合金物	柱頭	長ホゾ差し込み栓打ちまたはかど金物(CP・L)	かど金物(CP・T)
		柱脚		羽子板ボルト(釘なし)
2	筋かいの上端がすべて通し柱側		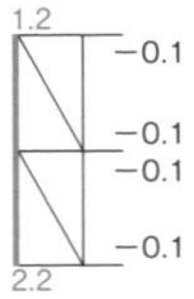	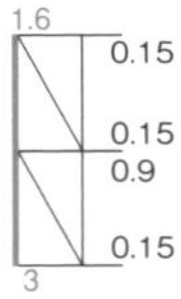
	接合金物	柱頭	羽子板ボルト(釘なし)	羽子板ボルト(釘あり)
		柱脚	ホールダウン金物(HD−15)	ホールダウン金物(HD−20)
3	2階筋かいの下端が通し柱側 1階筋かいの上端が通し柱側		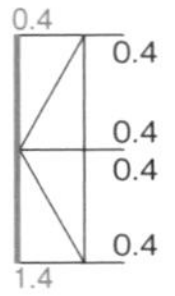	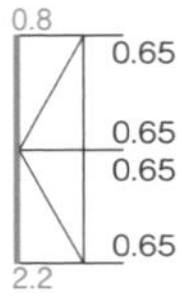
	接合金物	柱頭	長ホゾ差し込み栓打ち	かど金物(CP・T)
		柱脚	羽子板ボルト(釘なし)	ホールダウン金物(HD−15)
4	2階筋かいの上端が通し柱側 1階筋かいの下端が通し柱側		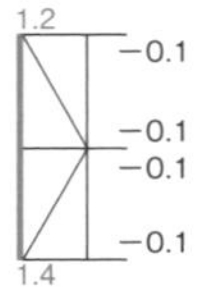	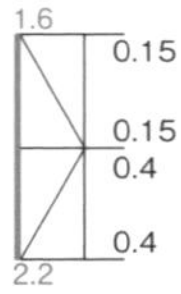
	接合金物	柱頭	羽子板ボルト(釘なし)	羽子板ボルト(釘あり)
		柱脚		ホールダウン金物(HD−15)

※1：それに合わせて接合方法もそれぞれ「長ホゾ差し込み栓打ち」と「ホールダウン金物」で、仕様がまったく異なる

※2：N値計算で、筋かいの倍率が2の場合、0.5の補正値を加えて2.5にするのも倍率以上に効果を発揮するためである。反対側の柱は、筋かいの向きが逆になり、筋かいの力もあまり発揮できないために、−0.5の補正値で1.5の筋かいとして算定する。このように壁倍率2の筋かいが、向きによって2.5になったり1.5になったりする

するとN値は1以下になり、かど金物CP・Tのような耐力の小さい金物で対応することができるとともに、施工も簡易である。

接合金物をまったく使わない方法

図2は、ごく一般的な2階建てのプランである。この住宅の床面積は1階64㎡、2階41㎡である。耐力壁は黒く、間仕切り壁は白く表示している。

耐力壁の量は、建築基準法を満たしているとともに、偏心率も0.1以内でバランスの取れた住宅である。決して窮屈な間取りではない。このようなプランであっても、これから説明する耐力壁のルールに従って耐力壁を配置すれば、柱脚・柱頭の接合金物を使わずに済む。ただし、柱頭・柱脚の仕口は、長ホゾ差し込み栓打ちとしている。

このような接合部となる理由は、以下の3点である。

①柱の両側にある筋かいの向きは、すべてV字型に取り付いている（柱を挟んでV字型に筋かいが取り付くと補正値は0になる）

②耐力壁の壁倍率は、すべて2以下である（壁倍率の差異が小さくなる）

③隅角部には、すべて壁倍率1.5の筋かい耐力壁が配置されている

この①～③の条件を満たすことで、N値はすべての個所で0・65以下となる。N値が0・65以下であれば、接合方法は36頁表(ろ)より「長ホゾ差し込み栓打ちまたはかど金物CP・L」となる。したがって、この住宅の柱脚・柱頭の仕口は、すべて長ホゾ差し込み栓打ちとすることで、接合金物を一切使わないで平12建告1460号を満たすことが可能となる。

［飯島敏夫］

図1｜筋かいの向きと引張り力の関係

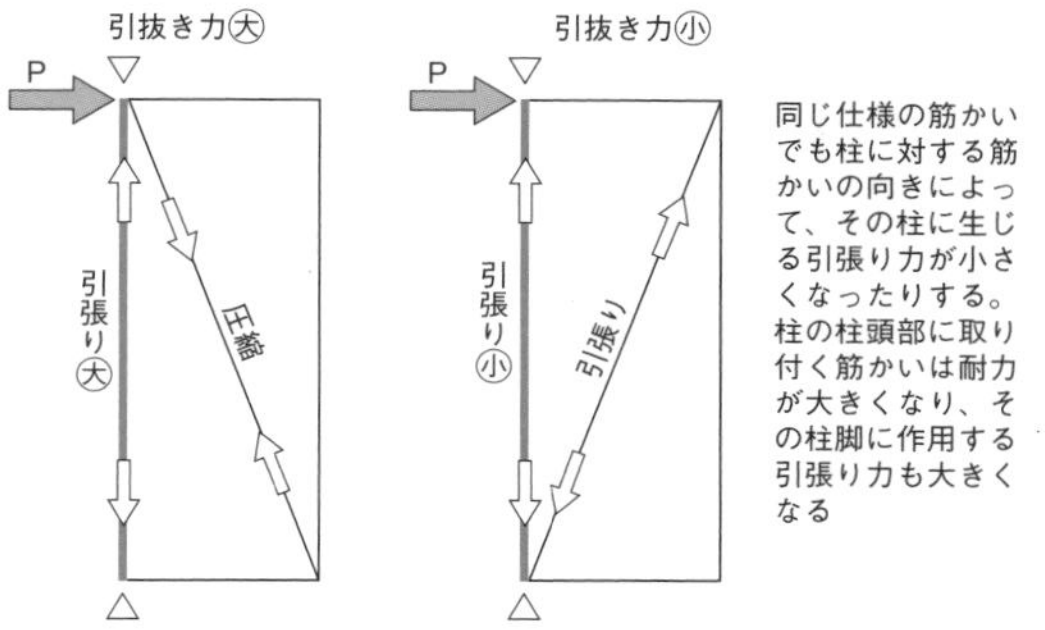

同じ仕様の筋かいでも柱に対する筋かいの向きによって、その柱に生じる引張り力が小さくなったりする。柱の柱頭部に取り付く筋かいは耐力が大きくなり、その柱脚に作用する引張り力も大きくなる

図2｜柱頭・柱脚に接合金物を使用しない木造住宅のプラン

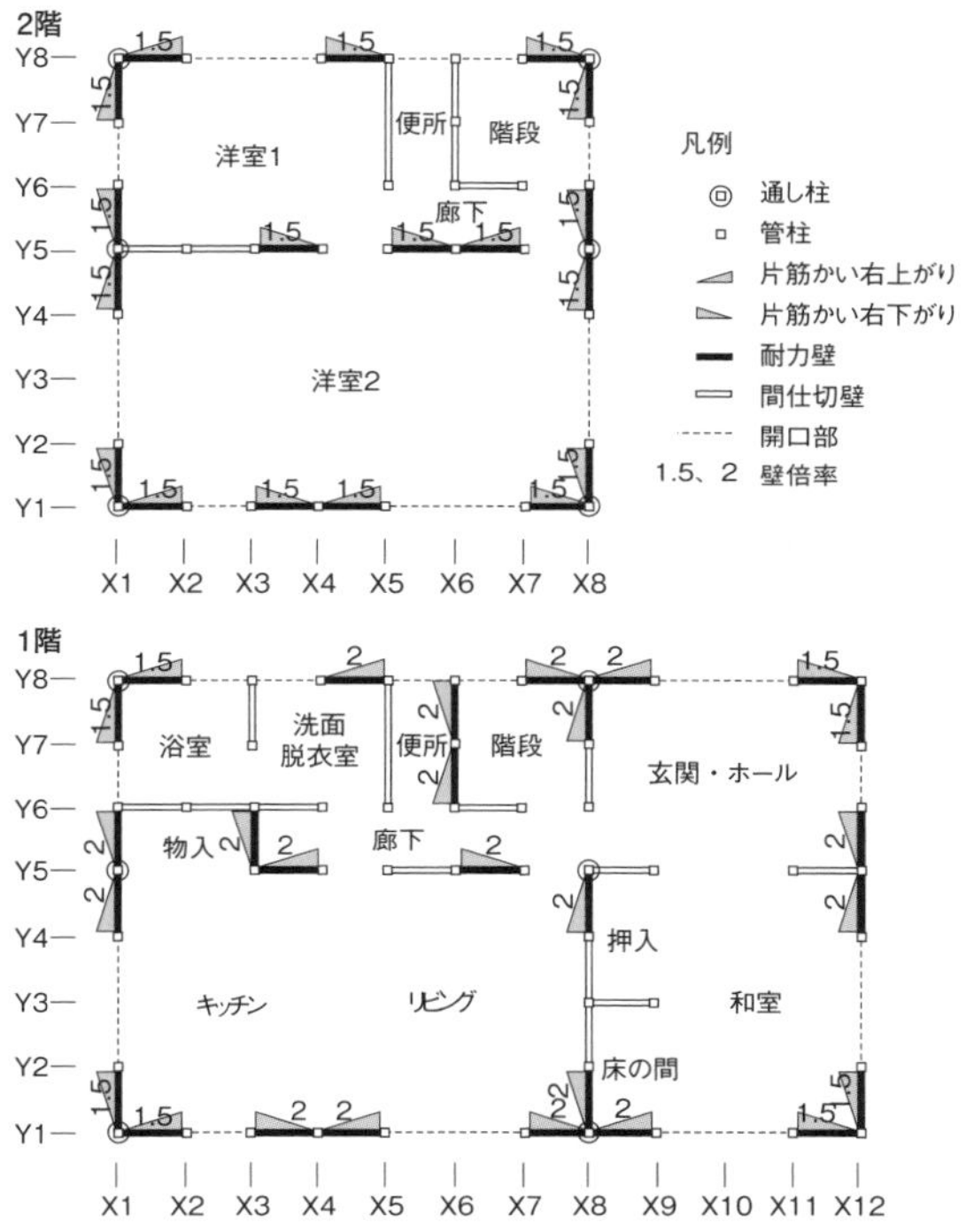

column 現場対策 14

通し柱を使わない方法

建築基準法施行令43条5項では、「階数が2以上の建築物におけるすみ柱又はこれに準ずる柱は、通し柱としなければならない。ただし、接合部を通し柱と同等以上の耐力を有するように補強した場合においては、この限りでない」とある。しかし、すべての木造住宅でこのことが守られてはいないのが実状だ。

では、通し柱を配置しなければならないところを管柱に置き換えた場合、どのような補強が必要になるのだろうか。たとえばホールダウン金物による接合方法など、存在応力(引張り力、鉛直力)を伝えられることを構造計算で確認できた補強方法となる。

通し柱とすることは、構造計画上・施工上の利点があるが、大地震で通し柱と胴差との接合部が折れたという報告は多い。通し柱とする場合は、断面欠損を考慮した補強が必要である。

［飯島敏夫］

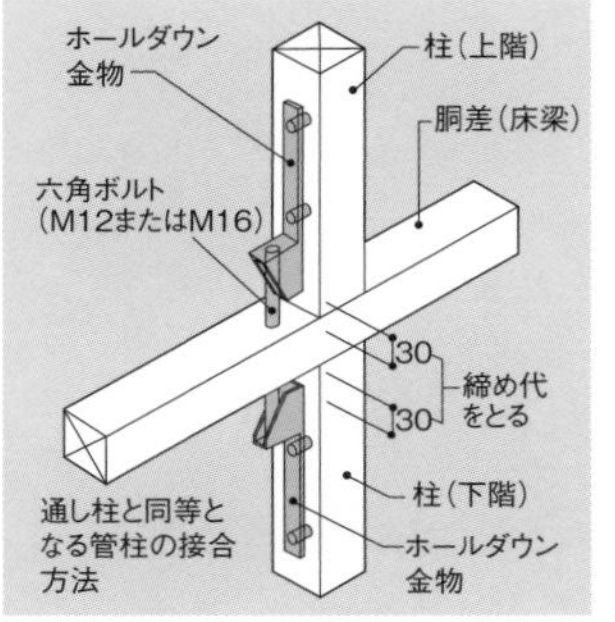

Challenge!!
建築基準法の壁量計算例

平面図（S＝1:200）

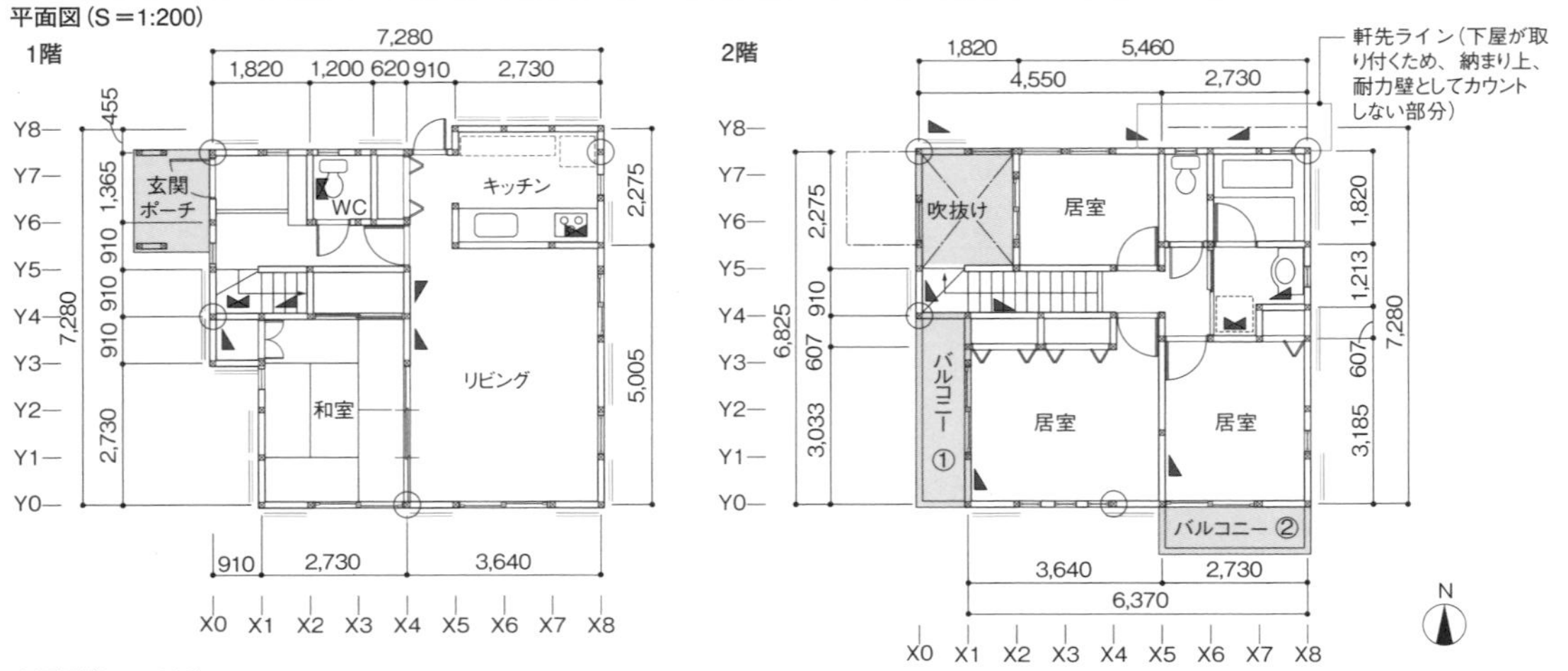

立面図（S＝1:200）

凡例
- 片筋かい45×90㎜、倍率2
- たすきがけ筋かい45×90㎜、倍率4
- 構造用合板9㎜厚、倍率2.5
- 床面積に算入しない玄関ポーチやバルコニー、吹抜け

床面積
1階
4.095×0.91＋3.64×6.825＋2.73×7.28≒48.44㎡
2階
5.46×6.825＋0.91×（3.033＋0.607＋0.91）＋0.91×0.91≒42.23㎡
延床面積
48.44＋42.23＝90.67㎡

モデルプラン計画概要（東京都杉並区）

建物規模				外部仕上げ		令46条関係		耐力壁
床面積	1階 48.44㎡、2階 42.23㎡			屋根	瓦葺き	屋根区分	重い屋根	構造用合板9㎜厚、N50釘@150
延床面積	90.67㎡			外壁	防火サイディング	風圧力に関する指定	なし	筋かい45×90㎜
最高高さ	7.752m	軒高	6.025m					石膏ボード12.5㎜厚、GNF40釘@150

建築基準法をクリアする壁量計算

上図は、建築基準法の壁量計算をクリアしているプランであるが[※1]、適法性のチェックは以下のような流れとなる[※2]。

まず、床面積から地震力に対する必要壁量を、見付け面積から風圧力に対する必要壁量を求める。次に、耐力壁の長さと壁倍率[※3]により存在壁量を求め、それが地震力と風圧力それぞれの必要壁量を上回ることを確認する。その後、4分割法で耐力壁が釣り合いよく配置できているかを確認する。各方向ごとの建物長さを4等分割し、XY両方向の側端部分で必要壁量に対する存在壁量の比(壁量充足率)が1を超えていることが確認できればOKである[※4]。最後に接合部のチェックに進む。建築基準法では筋かい端部と柱頭・柱脚の接合金物を規定の方法で選ばなければならない。

以上のチェック工程ごとに、設計のコツなどを交えながら、壁量の実例計算を解説する。

［齊藤年男］

全体の流れ
- ①：壁量計算
  ↓
- ②：壁の配置のチェック
  ↓
- ③：接合部のチェック

※1：都市近郊の比較的小規模の住宅であるため、基本モジュールは910㎜とし、1Pまたは1／2P（455㎜）をベースに構成しているが、部分的に1／3P（303㎜）を使うなど実際の建物に即した間崩れも想定している

※2：設計時には、ゾーニングの段階から適切な壁と開口部の配置を意識するとよい。具体的には建物規模の目安となる計画床面積に地震力計算用の係数を乗じて必要壁量のボリュームを把握し、耐力壁の種類を想定すれば、各階・各方向に必要な壁のモジュール長さも、概算ながら逆算できる

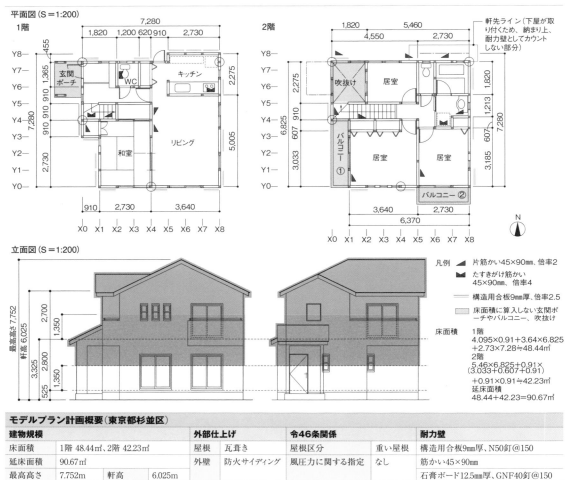

壁量計算

① 床面積や見付け面積などを求める

計算に先立ち、以下の数値類をまとめておく

1階床面積：**48.44㎡**

2階床面積：**42.23㎡**

延床面積：**90.67㎡**

屋根仕上げ材：**瓦葺き（重い屋根）**

X（南北）面1階見付け面積：**43.81㎡**

X（南北）面2階見付け面積：**19.28㎡**

Y（東西）面1階見付け面積：**42.44㎡**

Y（東西）面2階見付け面積：**21.01㎡**

② 必要壁量を求める

地震力に対する必要壁量（各階で求める）

地震力に対する必要壁量＝床面積×床面積に乗ずる値

1階地震力に対する必要壁量

屋根仕上げを瓦としているので「重い屋根」となり、床面積に乗ずる値は22頁**表1**より1階33cm／㎡を選択する

48.44 ㎡×33cm／㎡≒ 1,599 cm

2階地震力に対する必要壁量

1階同様に「重い屋根」なので、床面積に乗ずる値は22頁**表1**より2階21cm／㎡を選択する

42.23 ㎡×21cm／㎡≒ 887 cm

風圧力に対する必要壁量（各階・各方向で求める）

風圧力に対する必要壁量＝見付け面積×見付け面積に乗ずる値

「特定行政庁が特に強い風が吹くとして定めた区域」以外なので、見付け面積に乗ずる係数は22頁**表2**より50cm／㎡

1階X方向の風圧力に対する必要壁量

42.44 ㎡×50cm／㎡＝ 2,122 cm

1階Y方向の風圧力に対する必要壁量

43.81 ㎡×50cm／㎡≒ 2,191 cm

2階X方向の風圧力に対する必要壁量

21.01 ㎡×50cm／㎡≒ 1,051 cm

2階Y方向の風圧力に対する必要壁量

19.28 ㎡×50cm／㎡＝ 964 cm

③ 存在壁量を求める

同じ倍率の耐力壁を方向ごとにまとめ、各階・各方向で壁倍率×壁長さを求める

存在壁量＝壁倍率×壁長さ

構造用合板9㎜厚が壁倍率2.5、筋かい45×90㎜が壁倍率2

1階X方向の存在壁量

2倍が 455 cm（2×455cm＝910cm）

2.5倍が 818.8 cm（2.5×818.8cm≒2,047cm）

910 cm＋2,047 cm＝ 2,957 cm

1階Y方向の存在壁量

2× 546 cm＝ 1,092 cm、

2.5× 682.4 cm＝ 1,706 cm

1,092 cm＋ 1,706 cm＝ 2,798 cm

2階X方向の存在壁量

2倍が 682.5 cm（2×682.5cm＝1,365cm）

2.5倍が 273 cm（2.5×273cm≒683cm）

1,365 cm＋683 cm＝ 2,048 cm

2階Y方向の存在壁量

2× 364 cm＝ 728 cm、

2.5× 470 cm＝ 1,175 cm

728 cm＋ 1,175 cm＝ 1,903 cm

※たすきがけ筋かいは倍率2倍×2として計算している

④ 判定：存在壁量≧必要壁量を確認する

③存在壁量が④必要壁量を上回ることを確認する［※5］

地震力に対する壁量判定

1階X方向：存在壁量**2,957**cm≧必要壁量**1,599**cm

1階Y方向：存在壁量**2,798**cm≧必要壁量**1,599**cm

2階X方向：存在壁量**2,048**cm≧必要壁量**887**cm

2階Y方向：存在壁量**1,903**cm≧必要壁量**887**cm

風圧力に対する壁量判定

存在壁量**2,957**cm≧必要壁量**2,122**cm

存在壁量**2,798**cm≧必要壁量**2,191**cm

存在壁量**2,047**cm≧必要壁量**1,051**cm

存在壁量**1,903**cm≧必要壁量**964**cm

地震力・風圧力に対する必要壁量を存在壁量が上回るのでOK

Point & Memo

Memo

建築基準法にもとづく床面積のことで、玄関ポーチや吹抜け、バルコニーは含まないが、より安全側の設計とする場合は、これらの面積を加えることが望ましい

Point!

見付け面積の注意点

見付け面積は、壁や屋根の厚さや仕上げ、バルコニーや庇などの突出部分も面積に加える。算出に当たっては、これらを考慮した計算で求めるか、立面図上で実測してもよい。このとき、実際の面積を下回らないよう安全側としてやや大きめに算出したい。また、見付け面積は上階の見付け面積を含むが、各階の見付け面積は床高から1.35mまでの面積を除いた面積とする。これは、その階の下半分（床面からおよそ1.35mまで）に加わる風圧力は下階の壁が負担することとしているためである

Point!

風圧力を受ける見付け面

X（南北）面が受ける風圧力は直交するY方向の耐力壁が負担し、Y（東西）面が受ける風圧力は直交するX方向の耐力壁が負担する。耐力壁は長手方向に抵抗できるが壁面方向はまったく効かないからである

Memo

床面積に乗ずる係数

［▶22頁表1］

Memo

見付け面積に乗ずる係数

［▶22頁表2］

※3：1つの建物で使う耐力壁の種類は面材1種類と筋かい1種類の計2種類程度にとどめておく。あまり多くの種類を使うと計算が煩雑になり、わずかなプラン変更でも壁量計算の修正に多大な手間がかかるためである

※4：壁量充足率が1を下回った場合、「小さいほうの壁量充足率／大きいほうの壁量充足率＝壁率比≧0.5」であることを確認できればOKである

※5：まず地震力に対する必要壁量と風圧力に関する必要壁量を比べ、大きいものを採用して存在壁量と比較するという方法でもよい

壁の配置のチェック

4等分割した各側端部分の壁量充足率＞1を確認する

壁の配置のチェックは4分割法を利用する。各階・各方向の建物長さを4等分割し、外側の各側端部分の床面積を求め、それぞれの必要壁量を求める。次に存在壁量を求め、両側の側端部分で存在壁量／必要壁量（壁量充足率）＞1であることを確認する[※1]

1階

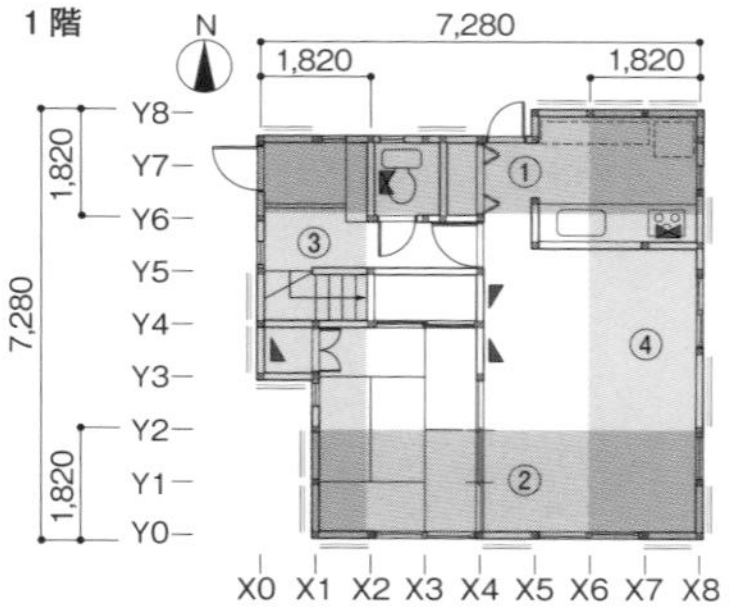

2階

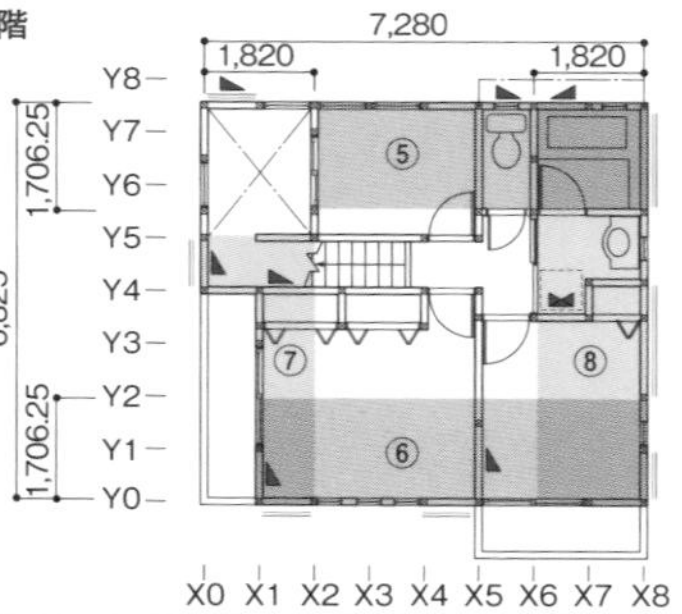

壁量充足率＝存在壁量／必要壁量＞1

1階の検討

①北側端部面積
0.455 × 2.73 ＋ 1.365 × 7.28 ≒ 11.18 ㎡
必要壁量
11.18 ×33≒ 369 cm
存在壁量
2.5 × 91 × 5 ≒ 1,138 cm
壁量充足率
1,138cm／369cm≒3.08＞1　∴OK

②南側側端部面積
1.82 × 6.37 ≒ 11.59 ㎡
必要壁量
11.59 ×33≒ 382 cm
存在壁量
2.5 × 91 × 3 ≒ 683 cm
壁量充足率
683／382≒1.79＞1　∴OK

③西側端部面積
0.91 × 4.095 ＋ 0.91 × 6.825 ≒ 9.94 ㎡
必要壁量
9.94 ×33≒ 328 cm
存在壁量
2.5 × 91 × 4 ＋ 2 × 91 ＋ 4
（倍率2の筋かいたすき掛け部分）× 182 ≒ 1,820 cm
壁量充足率
1,820／328≒5.55＞1　∴OK

④東側端部面積
1.82 × 7.28 ≒ 13.25 ㎡
必要壁量
13.25 ×33≒ 437 cm
存在壁量
2.5 ×（ 91 × 2 ＋ 136.5 ）≒ 796 cm
壁量充足率
796／437≒1.821＞1　∴OK

2階の検討

⑤北側端部面積
1.70625 × 5.46 ≒ 9.32 ㎡
必要壁量
9.32 ×21≒ 196 cm
存在壁量
2.5 × 91 ＋ 2 × 91 × 3 ≒ 774 cm
壁量充足率
774／196≒3.95＞1　∴OK

⑥南側端部面積
1.70625 × 6.37 ≒ 10.87 ㎡
必要壁量
10.87 ×21≒ 228 cm
存在壁量
2.5 × 91 × 2 ＝ 455 cm
壁量充足率
455／228≒1.996＞1　∴OK

⑦西側端部面積
0.91 × 0.91 ＋ 0.91 × 4.55 ≒ 4.97 ㎡
必要壁量
4.97 ×21≒ 104 cm
存在壁量
2.5 × 91 ＋ 2 × 91 × 2 ≒ 592 cm
壁量充足率
592／104≒5.692＞1　∴OK

⑧東側端部面積
1.82 × 6.825 ≒ 12.42 ㎡
必要壁量
12.42 ×21×0.01≒ 2.6 m
存在壁量
2.5 ×（ 182 × 2 ＋ 91 ）≒ 1,138 cm
壁量充足率
1,138／260≒4.377＞1　∴OK

両側の側端部分で壁量充足率＞1を確認できたので、壁の配置のチェックはOKとなる。仮に壁量充足率＜1となる場合は引き続き壁率比を検討する[※2]

※1：壁量計算における端数は、正確には必要壁量は切り上げ、存在壁量を切り捨てると安全側の設計となるが、四捨五入しても小数点第3位（mm）の値のため、大きな影響はないと思われる。また、最近ではパソコンの表計算ソフトを使うことも多く、表示値は四捨五入されているのが一般的である｜※2：側端部分の存在壁量が不足した場合は、新たに筋かいを設置するのではなく、側端以外の部分から筋かいを移動させて対応すれば、筋かいの総量は変わらないので先に行った壁量計算を修正する必要がなく、効率的である

Point & Memo

Point!

4分割時の注意点
平面が不整形の場合も、最外周壁から最外周壁までの長さを4等分する（凹んだところから長さをとることはしない）。1／4の範囲を区切る分割線上に耐力壁がある場合は、存在壁量に算入できる。ただし、壁心が1／4側端部分に含まれていること

Point!

側端部分の床面積算定時の注意点
建築基準法で定められた床面積であり、吹抜けや玄関ポーチを含まない。また、階の床面積の1／8以上の小屋裏物置等がある場合は、次式で求めた床面積aをその階の床面積に加える。ただし、次の条件に該当する場合に限る。
1/8×B＜A＜1／2×Bかつ、物置の最高天井高≦1.4m
a＝h／2.1×A
（a:その階に加える床面積、h:物置の内法寸法の平均値[m]、同一階に2以上ある場合は最大のh、A:物置の水平投影面積の合計[㎡]、B:その階の床面積）

Point!

4分割法の必要壁量の注意点
壁量計算と同様に、求め方は必要壁量＝床面積×床面積に乗ずる値となる。このプランでは、1階は33cm／㎡、2階は21cm／㎡をそれぞれ床面積に乗じている。この側端部面積に乗ずる値は、側端部の範囲を独立した建物と考えたときに適用される値となる。つまり、1階側端部の上部に2階がない場合は「平屋」、わずかでも2階が重なる場合は「2階建ての1階」となる

接合部のチェック

1 柱脚·柱頭の金物を告示から選ぶ

平12建告1460号二号表1および表2に従い、耐力壁両端柱の脚部と頭部の接合方法を選択する。ここでは33頁**早見表**を利用して適切な金物を選んだ［※3］

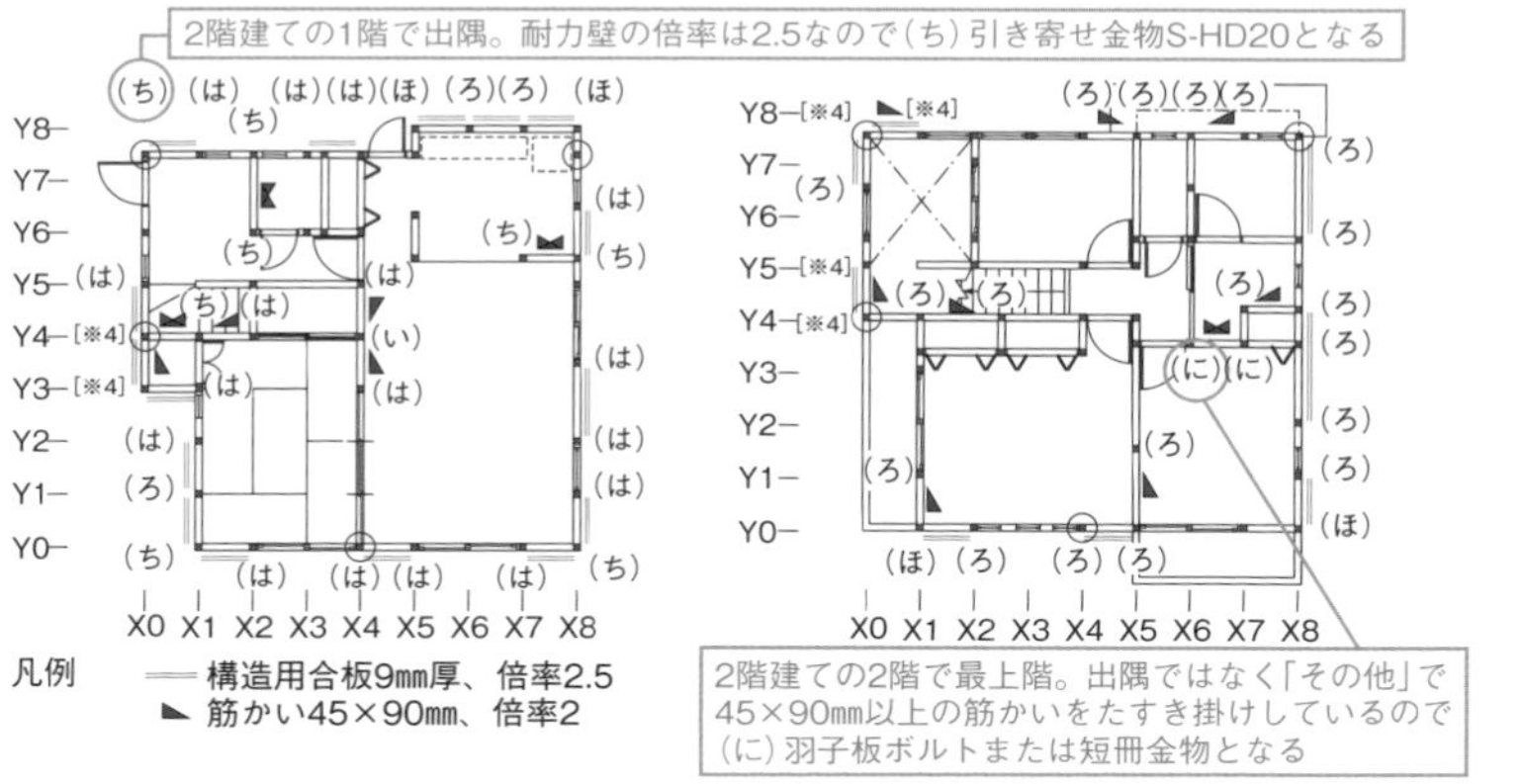

2階建ての1階で出隅。耐力壁の倍率は2.5なので（ち）引き寄せ金物S-HD20となる
Y8 Y7 Y6 Y5 Y4 Y3 Y2 Y1 Y0
X0 X1 X2 X3 X4 X5 X6 X7 X8
凡例
構造用合板9mm厚、倍率2.5
筋かい45×90mm、倍率2
2階建ての2階で最上階。出隅ではなく「その他」で45×90mm以上の筋かいをたすき掛けしているので（に）羽子板ボルトまたは短冊金物となる

2 N値計算で柱脚·柱頭の金物を求める場合

告示1460号第二号のただし書きとしてあるN値計算法で、柱を挟んでいる両耐力壁の倍率差をもとに、柱の柱脚にかかる引抜き力を算出するもの。これによりやや過剰に安全側に耐力の大きな金物であったところの調整などを行うことができる。以下では、同じモデルプランの1階をN値計算した。N値から選択する金物の一覧は36頁を参照

N値の求め方

平屋の柱、2階建ての2階の柱

$$N \geqq A1 \times B1 - L$$

- **N** 接合部倍率（その柱に生じる引抜き力を倍率で表したもの）の数値
- **A1** その柱の両側における耐力壁の壁倍率の差。ただし筋かいの場合、37頁**補正表**の補正値を加える
- **B1** 出隅の場合0.8、その他の場合0.5
- **L** 出隅の場合0.4、その他の場合0.6

2階建ての1階の柱のとき

$$N \geqq A1 \times B1 + A2 \times B2 - L$$

N、A1、B1上に同じ

- **A2** 当該柱の上の2階柱両側の耐力壁の壁倍率の差。ただし筋かいの場合、37頁**補正表**の補正値を加える
- **B2** 出隅の場合0.8、その他の場合0.5
- **L** 出隅の場合1、その他の場合1.6

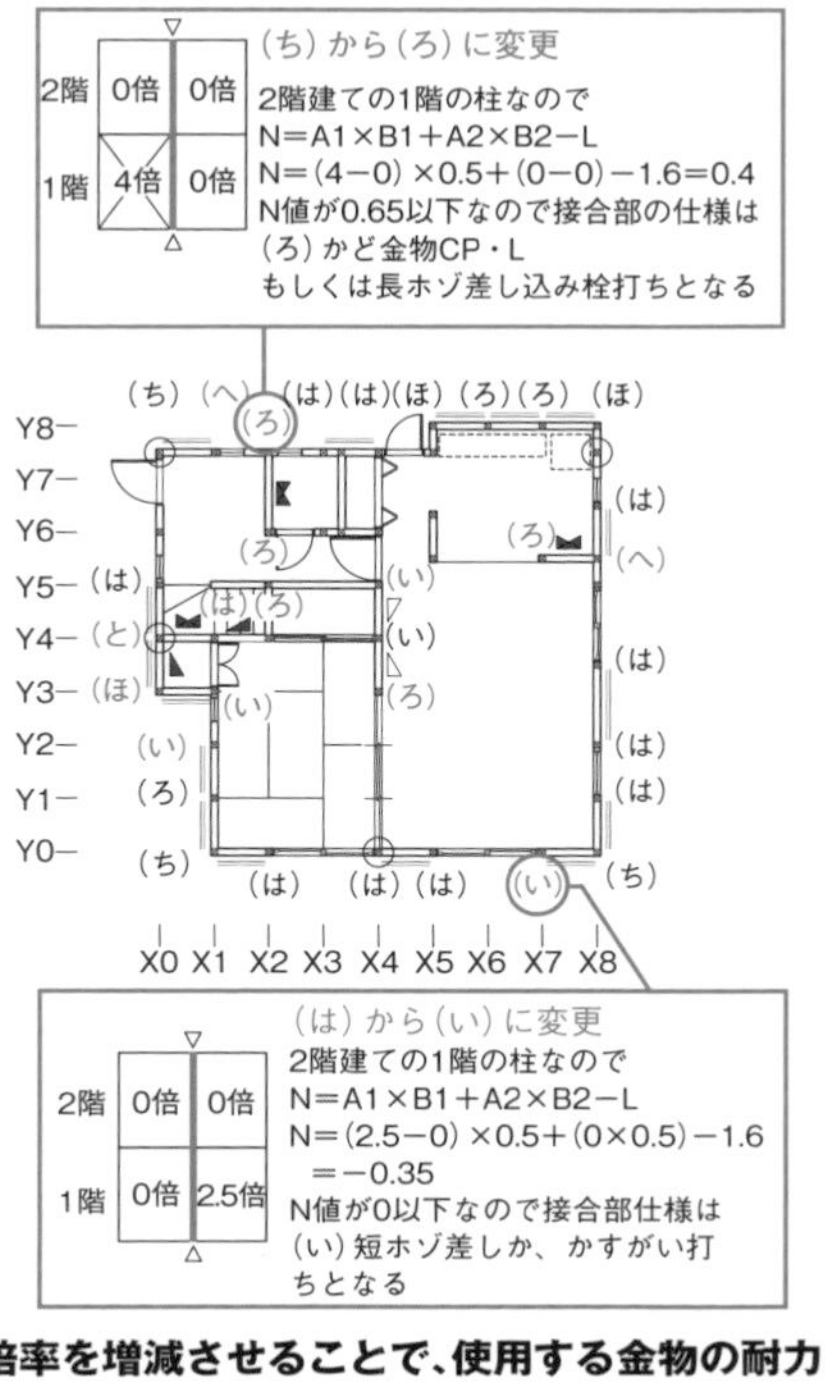

（ち）から（ろ）に変更
2階 0倍 0倍
1階 4倍 0倍
2階建ての1階の柱なので
N=A1×B1+A2×B2−L
N=(4−0)×0.5+(0−0)−1.6=0.4
N値が0.65以下なので接合部の仕様は（ろ）かど金物CP・L もしくは長ホゾ差し込み栓打ちとなる
Y8 Y7 Y6 Y5 Y4 Y3 Y2 Y1 Y0
X0 X1 X2 X3 X4 X5 X6 X7 X8
（は）から（い）に変更
2階 0倍 0倍
1階 0倍 2.5倍
2階建ての1階の柱なので
N=A1×B1+A2×B2−L
N=(2.5−0)×0.5+(0×0.5)−1.6
=−0.35
N値が0以下なので接合部仕様は（い）短ホゾ差しか、かすがい打ちとなる

筋かいの取り付く方向などにより、N値の倍率を増減させることで、使用する金物の耐力を低減することができた［※4］

Point & Memo

Point!

柱脚·柱頭金物を告示から選ぶ際の注意点

平12建告1460号二号表1および表2に従い、耐力壁両端柱の脚部と頭部の接合金物·方法を選択する（32頁参照）。この場合、柱脚·柱頭金物は同一とするが、1階と2階の柱が上下一致している場合で2階柱脚仕様と1階柱頭仕様が異なる場合は、壁倍率の大きいほうに統一するなどの対応も必要

Memo

平12建告1460号にもとづき、使用する筋かいに対応した金物を選択する。計算例では筋かい（45×90㎜）は1種類だけなので、BP·2の金物を使用することを、平面図に記入する。なお、計算例での説明は省略している（筋かい端部の接合部は筋かいの種類を絞り込んでいれば個別に記載する必要はなく、平面図の空欄にその旨を明示すればよい）

Memo

筋かいの向きにより補正値を加える（36頁参照）。筋かいの柱に取り付く向きにより柱に作用する引抜き力が大きくなったり小さくなったりする。そのため、補正値を加える必要がある。N値計算はX·Yの各方向で行い、耐力壁が交差している柱では、いずれか大きいほうのN値をとる

※3：一般に、告示による方法は計算および選択は容易だが、金物仕様がやや過大側になる傾向がある。N値計算による方法は計算がやや煩雑になるが、金物仕様は軽微になる傾向がみられる。手計算で時間をかけずに行う場合は告示仕様、Excelなど市販の計算ソフトなどを用いてパソコンで求める場合はN値計算がよいだろう。また、実際に用いる金物は種類を統一すると、現場での施工や検査が容易になる｜※4：告示1460号二号表1および表2では、壁倍率4.0相当までの軸組に対する金物しか例示されていない。このため、当該柱の金物は、N値計算により求める必要がある

Topics1

持ち出しバルコニーが取り付く壁は？

胴差を持ち出すバルコニーは注意

一般的な施工手順では、軸組の施工中または施工後にバルコニーの床下地合板を胴差上に敷き込んだ後に外壁下地の構造用合板を留め付ける手順が多い。このため持出バルコニー面の外壁部分は、構造用合板の下端が横架材に直接釘打ちできないことになるため、このままでは耐力壁とはみなせない。

上棟工事の手順を変えて外壁構造用合板をバルコニーの床下地合板より先に留め付ける方法がある。その後バルコニー床合板の受け材を外壁合板の外側から留め付けた後に床合板を敷き込む。この場合、壁は耐力壁となるが、性能表示制度を利用する場合には床倍率が得られない。

二つ目は、当該部分の壁を昭56建告第1100号に例示されている床勝ち仕様である。バルコニー床合板の上に30×40又は30×60以上の受け材を所定の釘と間隔で留め付ける。面材種類と受け材のサイズおよび受け材を留める釘間隔の組み合わせで壁倍率が異なる。構造用合板の留め付け釘はこの受け材に向けて打ち付ける。この方法なら性能表示制度における床倍率も利用できる。

［齊藤年男］

図｜持ち出しバルコニーが取り付く壁の納まり

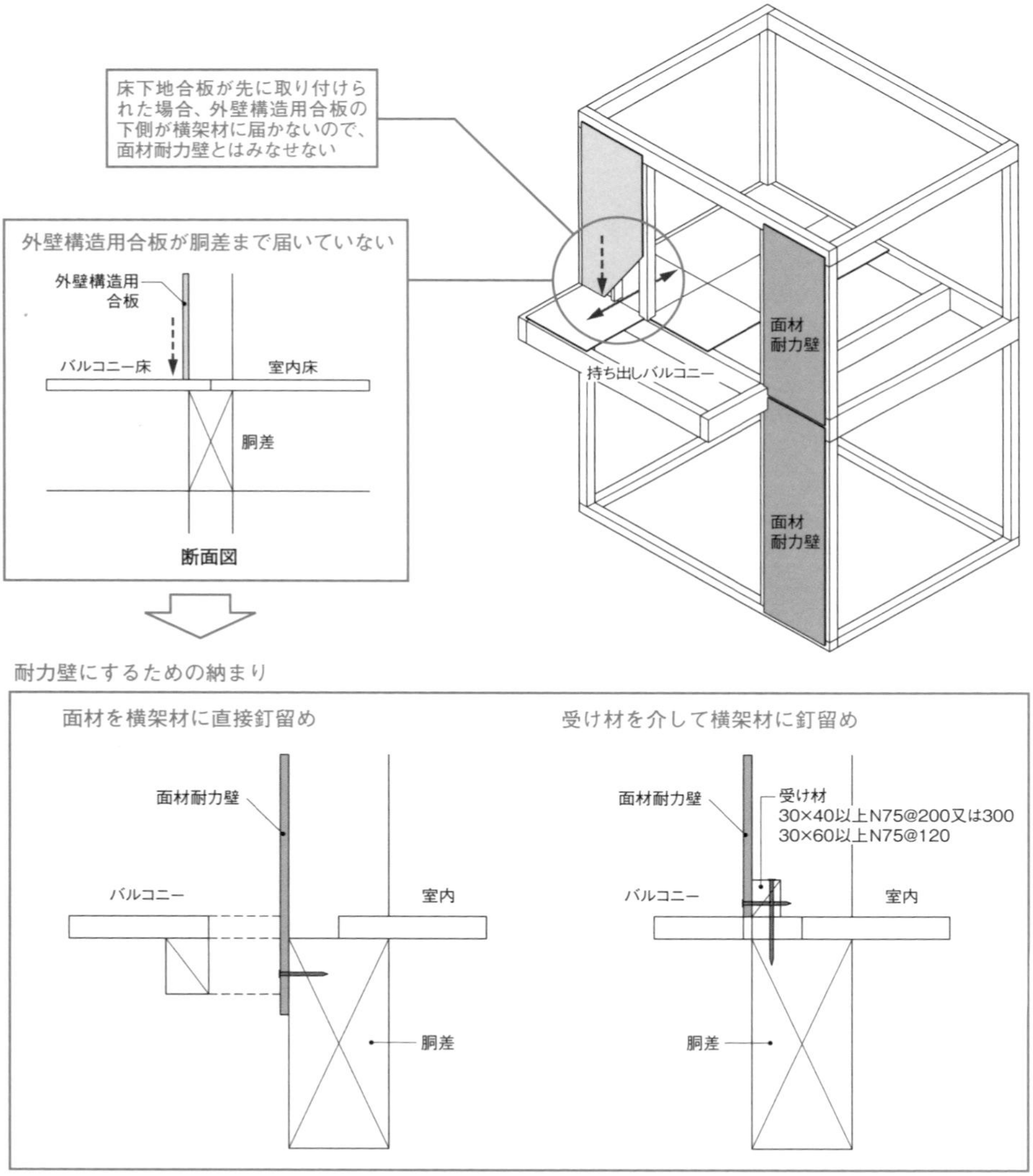

Topics2

下屋が取り付く壁は耐力壁になる?

下屋の垂木と外壁構造用合板が干渉する

2階が1階より小さく、1階屋根が部分的にかかる、いわゆる下屋がある場合には設計時に注意が必要である。一般に図面では各階の平面図が独立して描かれており、2階の平面図に1階の下屋が記入されていない場合もある。このようなときは要注意で、壁量計算時に2階の外壁構造用合板を耐力壁として算入しても、施工の手順上、耐力壁にならないケースが出てくる。一般的な上棟工事の作業手順としては、軸組の施工後に小屋組の施工に入り、野地合板を留め付けた後、外壁の構造用合板の取り付けとなる。また、瓦などの重い屋根材を用いる場合は、野地合板留め付け後にルーフィング張り、瓦荷揚げ・葺き後に外壁合板張りとなる。したがって、下図のように下屋上部の外壁合板は下屋垂木部分までしか張り下げることはできない。下屋が接する2階の外壁を耐力壁として成立させるためにはこの部分の施工手順を変更し、下屋の垂木取り付け前に外壁の構造用合板を留め付けなければならない。そして、構造用合板に垂木掛けを打ち付け、そこに垂木を施工する。または、壁量計算時にゆとりをみて、このような納まりの部分は耐力壁に算入しないようにする。 [齊藤年男]

図1 | 下屋が取り付く壁の納まり

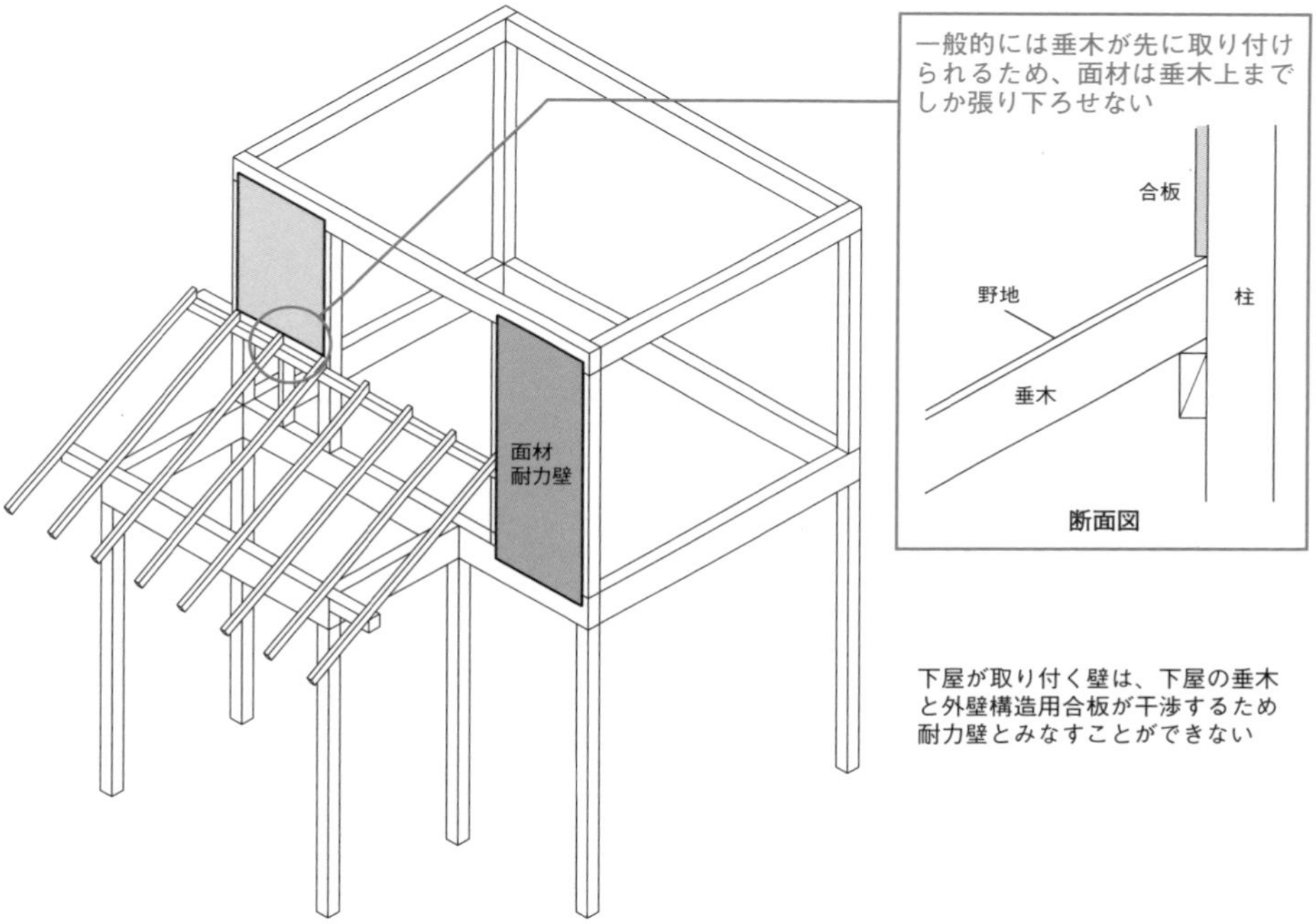

下屋が取り付く壁は、下屋の垂木と外壁構造用合板が干渉するため耐力壁とみなすことができない

図2 | 2階平面図

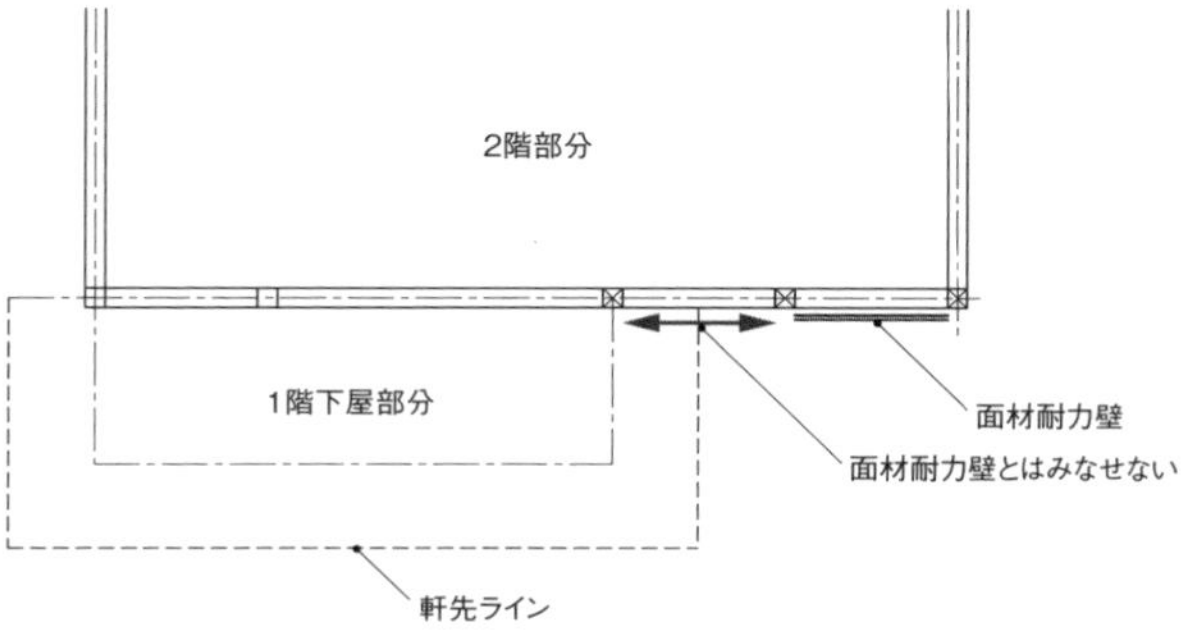

2階の平面図には1階の下屋部分を記載しない場合が多いので、下屋が取り付く壁を面材耐力壁とみなせないことを見逃さないよう、注意が必要

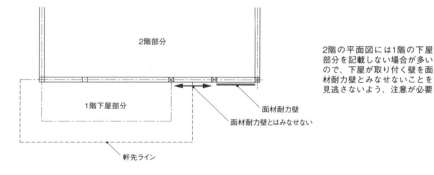

傾斜壁は耐力壁になる？

傾斜角が水平面に対して60°を超えること

傾斜軸組の取り扱いについては、法律や告示では記載されていない。参考となるのは、許容応力度計算を行ううえでの考え方と解説が記載されている「木造軸組工法住宅の許容応力度設計」((公財)日本住宅・木材技術センター刊)である。なお、壁量計算における取り扱いについて記載されているものはない。したがって実際の取り扱いについては、建築主事等とよく相談する必要がある。ここでは、許容応力度計算で用いる考え方をもとに、壁量計算での考え方を整理した。

傾斜軸組を耐力壁とみなせる仕様は、①筋かい軸組、②条文に記載されている面材耐力壁、③面材を直接軸組に打ち付けた床水平構面、の3種類である。

筋かい軸組と面材耐力壁は、令46条および昭56建告1100号に記載されているもので、壁量計算で用いる耐力壁である。床水平構面については、住宅性能表示制度の評価方法基準における仕様のうち、軸材に面材を直接所定の釘で打ち付けたものである。したがって、火打ち材を取り付けた水平構面や、垂木や根太を介して合板が張られたものは、耐力壁とはならない。

傾斜軸組における壁倍率の取扱いについては、傾斜角に応じて壁倍率を補正する必要がある。また、耐力壁として計算する傾斜軸組の両端には、柱を取り付けることが条件となっている。

傾斜軸組の両端に作用する引抜き力は、傾斜軸組として補正する前の壁倍率でN値計算することを勧める。

なお、4分割法や偏心率計算など、壁配置の釣り合いを検討する際には、傾斜軸組上にある耐力壁の作用点は上端横架材とする。

[齊藤年男]

図1｜壁とみなせる傾斜軸組の仕様

①筋かいの場合（θ>60°の場合のみ）

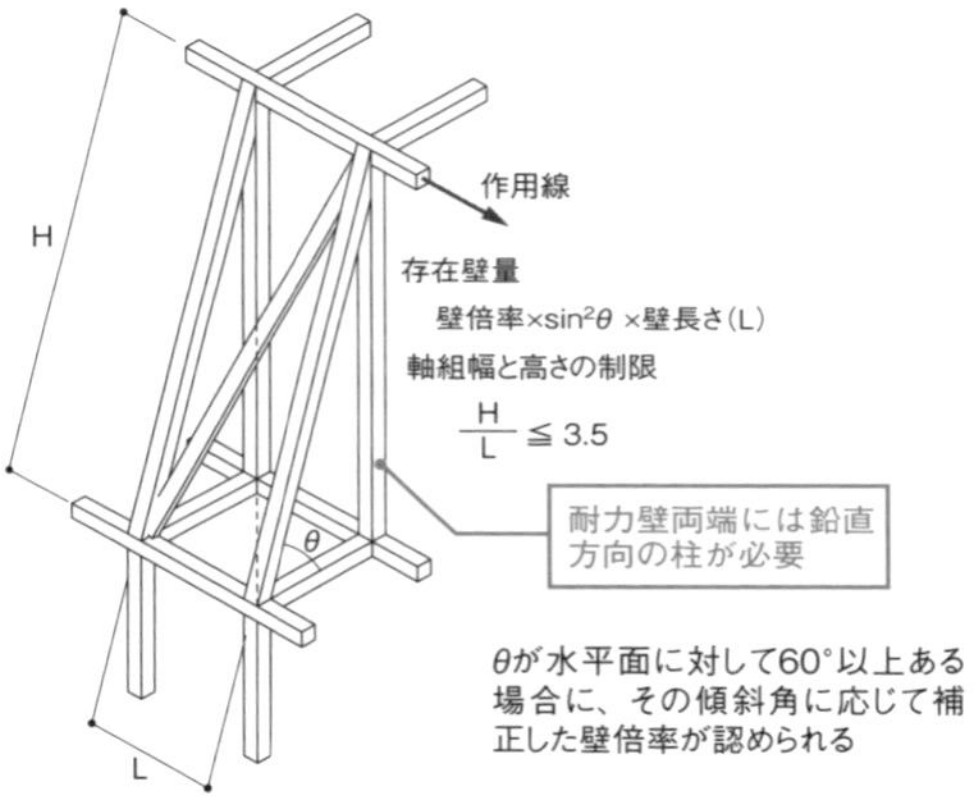
H
作用線
存在壁量
壁倍率×sin²θ ×壁長さ(L)
軸組幅と高さの制限
H/L ≦ 3.5
耐力壁両端には鉛直方向の柱が必要
θ
L
θが水平面に対して60°以上ある場合に、その傾斜角に応じて補正した壁倍率が認められる

②面材耐力壁の場合（θ>60°の場合のみ）

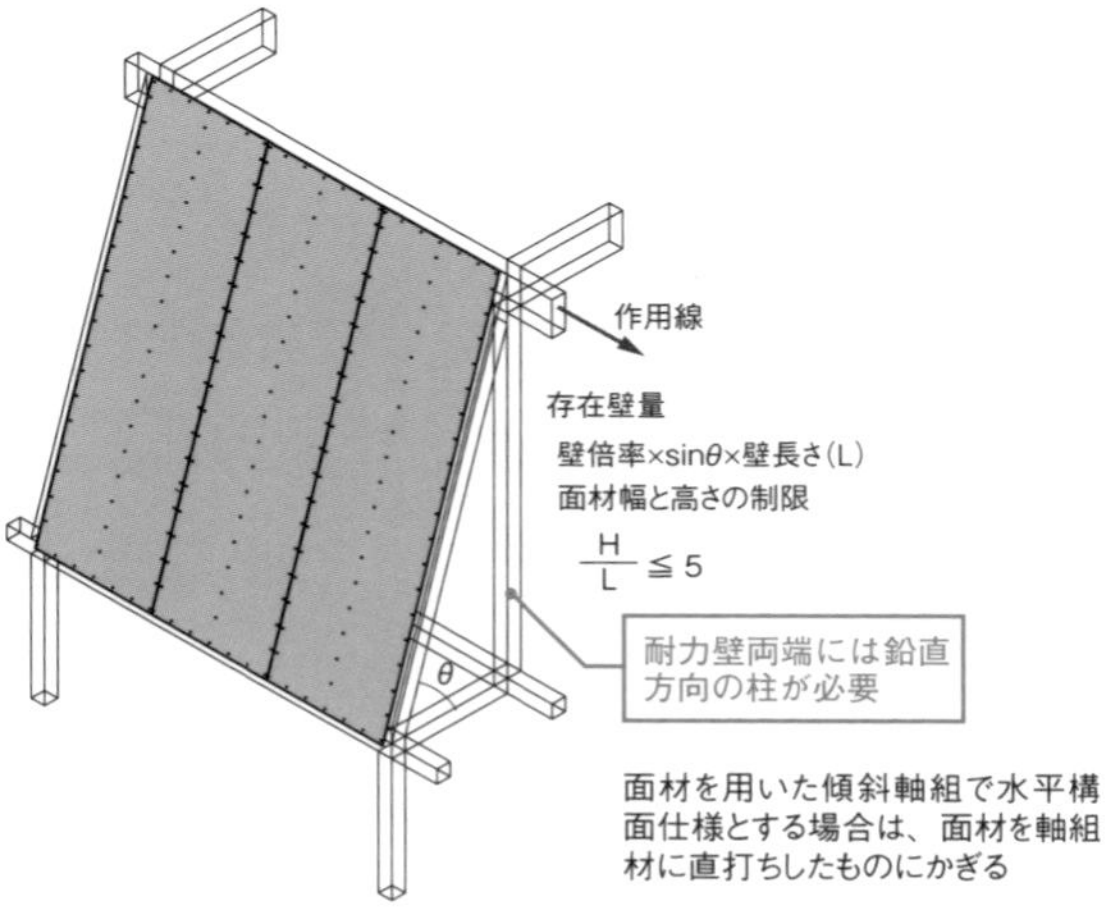
作用線
存在壁量
壁倍率×sinθ×壁長さ(L)
面材幅と高さの制限
H/L ≦ 5
耐力壁両端には鉛直方向の柱が必要
θ
面材を用いた傾斜軸組で水平構面仕様とする場合は、面材を軸組材に直打ちしたものにかぎる

図2｜軸組端部柱の許容引抜き力（N値計算）

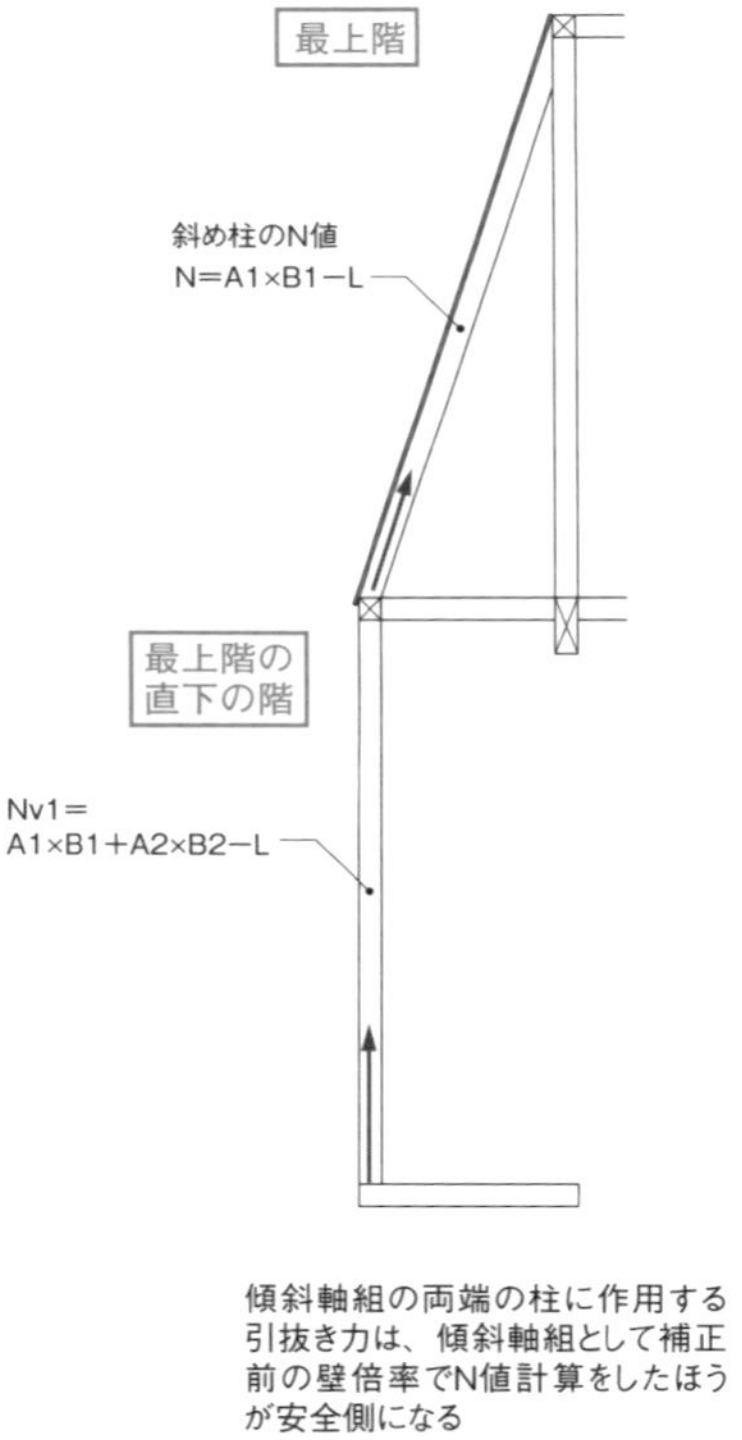
最上階
斜め柱のN値
N=A1×B1−L
最上階の直下の階
Nv1=
A1×B1+A2×B2−L
傾斜軸組の両端の柱に作用する引抜き力は、傾斜軸組として補正前の壁倍率でN値計算をしたほうが安全側になる

Topics4

斜め壁は耐力壁になる？

直交座標との角度に応じて分配する

斜め壁の取り扱いについて特に決められた規定はないが、「木造軸組工法住宅の許容応力度設計」（（公財）日本住宅・木材技術センター刊）に許容応力度計算を行ううえでの取り扱いが記載されている。壁量計算ではこれらの考え方を参考に取り扱うものとするが、最終的には建築主事等の判断によることになるので、留意されたい。

ここでは、耐力壁として取り扱う場合の考え方を述べる。

壁量計算の基本は、互いに直交するX方向とY方向の座標上で、水平力に抵抗するものとして考える。地震や暴風は当然、X方向やY方向に平行に作用するとはかぎらない。軸線に対して斜めに作用する力は、各方向成分に分解して抵抗するものとして計算するため、耐力壁も、必ずしも直交座標系方向になければならないわけではない。したがって、計算上では斜め壁が直交座標系となす角度に応じた割合で壁量分配することで対応する。このとき、X方向に分配した有効壁量とY方向に分配した有効壁量の合計が、斜め壁の有効壁量と一致することが重要である。このため数学的処理として、直交座標系をなす角度に応じて元の有効壁量に$\sin^2\theta$または$\cos^2\theta$を乗ずることとしている。

斜め壁の上に設置する柱・間柱は斜め壁に沿って設置することが原則だ。構造用面材などを用いる場合の納まり上の留意点は、柱および間柱・横架材に規定の釘を規定の間隔で確実に留め付けなければならないこと。斜め壁端部では斜め壁方向に面した柱を添わせることが望ましいが、構造用面材を用いる場合は釘の打ち代を確保して、柱・間柱・横架材に4周を確実に留め付けることも可能である。ただし、筋かいを取り付ける場合は筋かい端部の金物が納まらない場合があるので注意を要する。また、柱頭・柱脚部の接合金物を検討する際には、斜め壁の始点終点部の柱は隅柱として考えるものとする。 ［齊藤年男］

図1 ｜ 斜め壁の分配

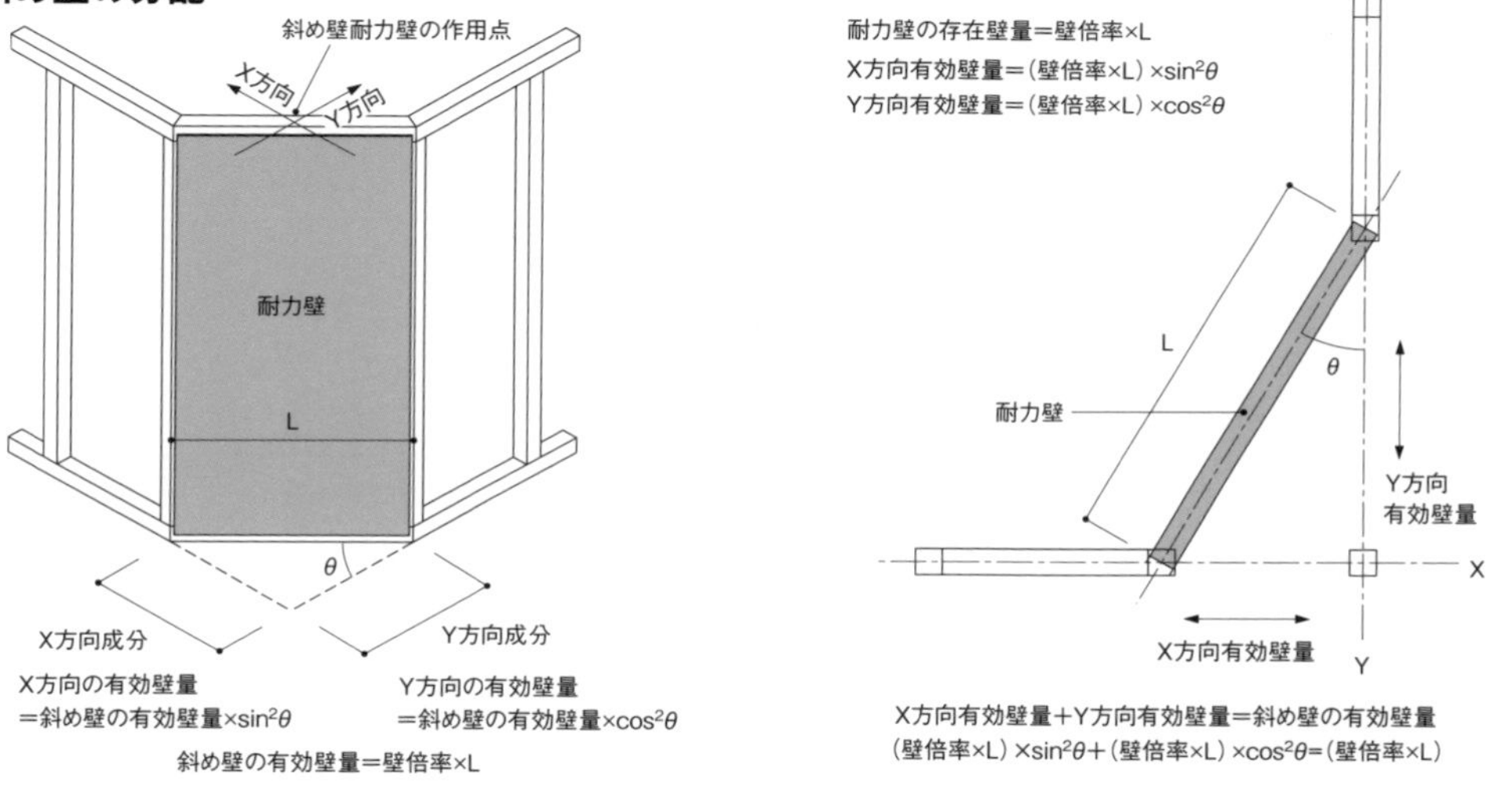

図2 ｜ 斜め壁の端部納まり例（面材を用いた場合）

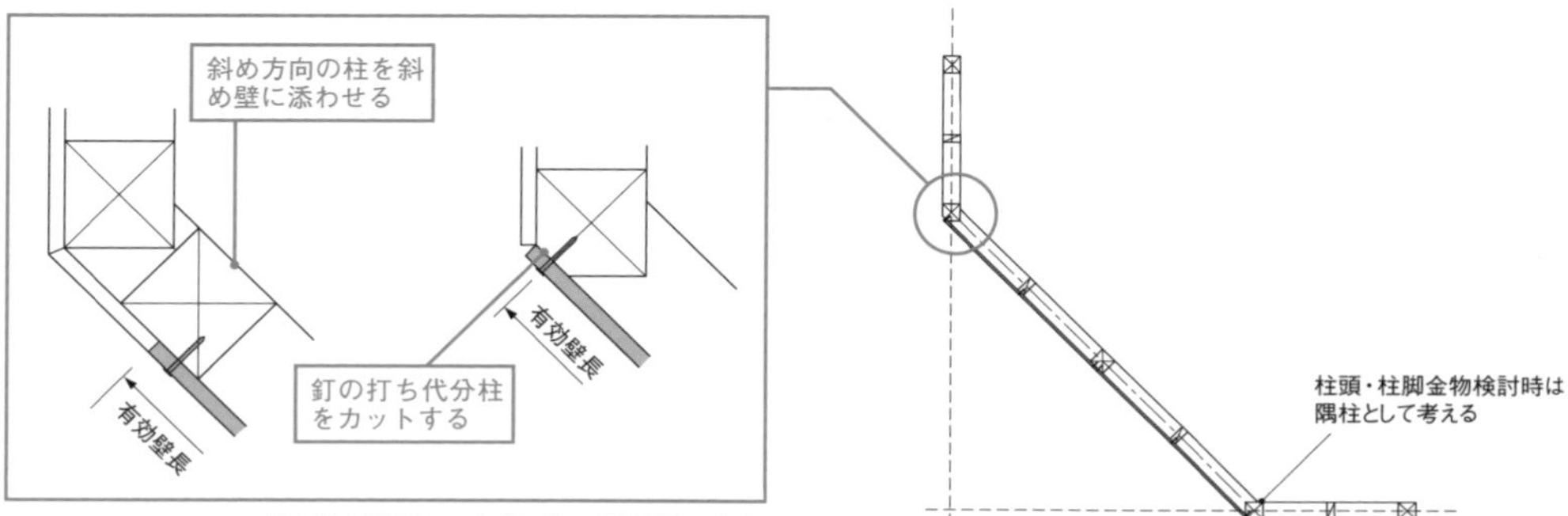

斜め壁の端部は、合板が柱・横架材に確実に留め付けられるよう、柱や梁の角を斜め壁と平行に削るなどの対応が必要

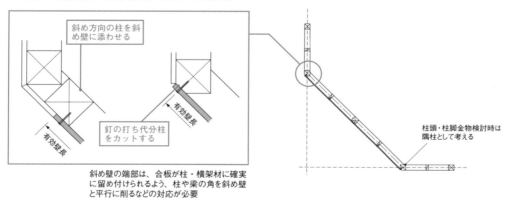

1.5倍耐力の壁量設計

品確法耐震等級2のチェック方法

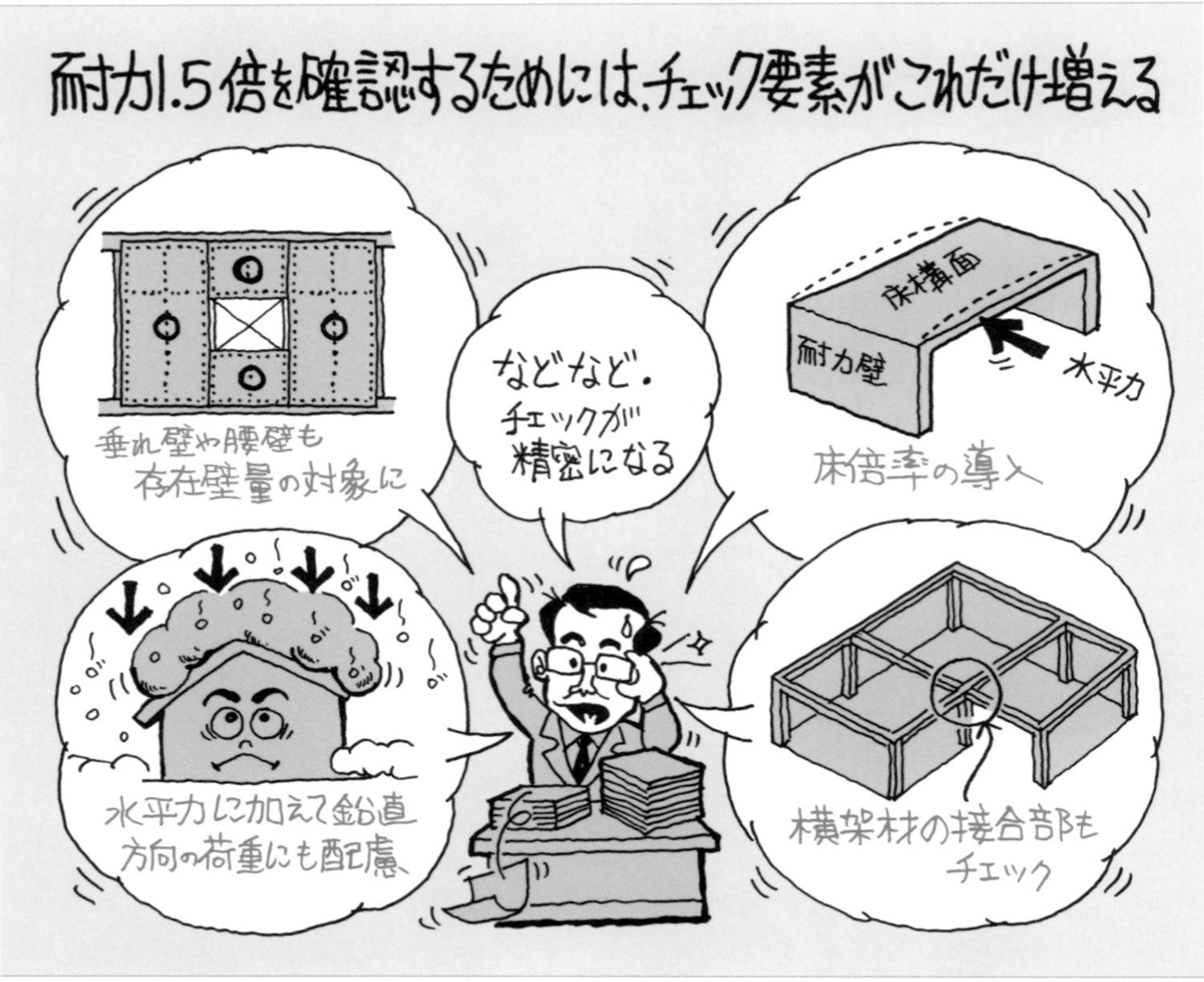
耐力1.5倍を確認するためには、チェック要素がこれだけ増える
垂れ壁や腰壁も
存在壁量の対象に
などなど。
チェックが
精密になる
床構面
耐力壁
水平力
床倍率の導入
水平力に加えて鉛直
方向の荷重にも配慮
横架材の接合部も
チェック

構造計算と同等の精密さ

品確法の壁量設計の考え方にもとづいた、より安全な耐震設計法を解説する。品確法は任意の法律であるが、耐震性能を確認する規定を設けている［※1］。品確法の耐震等級3では、建築基準法が想定する外力の1.5倍の力に耐えることを想定しており、建築基準法と比べて、より精度の高い耐震チェックが可能である［8頁の表1参照］。

品確法の等級2以上のチェックは、構造計算（許容応力度等計算）を簡略化して仕様規定としたものであり、次頁の図のような6項目の確認を行うことによって、より安全な住宅の構造設計を行うことができる。

(1)壁量のチェック

等級2以上は建築基準法の壁量チェック［16頁参照］に加え、準耐力壁等（準耐力壁、垂れ壁、腰壁）を加えた壁量［52頁参照］や積雪および地震地域係数なども考慮に入れているため、建築基準法と比べてより精密である。

(2)壁配置のチェック

建築基準法の規定にもとづく方法であるため、建築基準法の壁配置の方法

表｜これだけ多い品確法のチェック要素

チェック項目	建築基準法	品確法	チェック項目		建築基準法	品確法
壁量計算	○	○	床倍率の導入		×	○
積雪量の導入	×	○	接合部	①筋かい端部の仕口	○	○
地震地域係数の導入	×	○	接合部	②耐力壁の柱頭・柱脚	○	○
地域基準風速の導入	×	○	接合部	③胴差と通し柱	×	○
耐力壁線間距離の導入	×	○	接合部	④水平構面外周の横架材	×	○
2階の応答増幅[※]を考慮	×	○	耐力壁配置のルール		○	○
雑壁(準耐力壁)の考慮	×	○				

※：建物の構造上の特性により、地震時の振動特性が異なる。上層階では、地震波に反応して揺れが増幅し、建物の変形が大きくなる

※1：品確法の住宅性能表示制度は、住宅の性能を共通のルールで表示する制度である。性能評価項目が10項目あり、その1つに「構造の安定」がある｜※2：基礎は軸組と異なり仕様規定に限界がある。地盤の地耐力や建物の重量などによって、基礎の種類（基礎杭、ベタ基礎、布基礎）や各部の寸法などが異なるためである。そこで、それらの条件をもとにスパン表から選択するようになっている。スパン表は、（公財）日本住宅・木材技術センター発行「木造住宅のための構造の安定に関する基準に基づく横架材及び基礎のスパン表」（www.howtec.or.jp）参照

［28頁の4分割法を参照］で解説したとおりである。準耐力壁を加えた壁量を用いて壁配置をチェックすることも可能だが、そこまでは求められていない。

(3)床倍率のチェック

品確法の等級2以上では、耐力壁線で囲まれた床区画ごとに地震力や風圧力に耐えるために必要な床剛性を確保できているかを確認する。耐力壁が十分な強さを発揮するためには、十分な強さの床が必要である。

(4)接合部のチェック

建築基準法による接合部のチェック対象は、柱頭・柱脚や筋かい端部など、耐力壁を構成する軸組の接合部である。品確法ではそれに加えて、床や屋根の水平構面もバラバラにならないように、胴差と通し柱および床や屋根の外周部の横架材の接合部の確認を行う。このことにより、壁の鉛直構面と床・屋根の水平構面の強さを十分に確保することができる。

(5)基礎のチェック

基礎から上の軸組をどんなに強くしても、基礎が弱く、上部からの荷重や地震力などの外力を地盤に伝えられなければ意味がない。品確法では、基礎の仕様をスパン表でチェックすることとしている［※2］。

(6)横架材のチェック

基礎と同様に、横架材のスパン表によってチェックを行う［※3］。

［飯島敏夫］

図｜品確法の等級1と等級2・3の流れ

チェック項目	耐震等級1	耐風等級1	耐震等級2	耐風等級2	耐震等級3
	建築基準法のチェック		品確法のチェック		
1 壁量計算（52～59頁参照）	**建築基準法の壁量**		**品確法の壁量** 建築基準法の存在壁量が必要壁量を満たしていることに加えて、準耐力壁等（52頁参照）などを加えた品確法の存在壁量が目標とする等級の必要壁量を満たしているか		
	存在壁量≧地震力に対する必要壁量	存在壁量≧風圧力に対する必要壁量	存在壁量≧耐震等級2の必要壁量	存在壁量≧耐風等級2の必要壁量	存在壁量≧耐震等級3の必要壁量
2 壁の配置（28～31頁参照）	**建築基準法の壁配置** 各階の各方向で1/4側端部分の壁量充足率＝存在壁量/必要壁量＞1　いずれかが1以下となる場合は壁率比＝小さいほうの壁量充足率/大きいほうの壁量充足率≧0.5を確認				
3 床倍率（60～71頁参照）			**床倍率** 耐力壁線と耐力壁線に挟まれた区画（耐力壁線間距離は、筋かいの場合は8m以下、面材耐力壁のみの場合は12m以下）ごとに存在床倍率を求め、必要床倍率を上回ることを確認		
			存在床倍率≧等級2の必要床倍率		存在床倍率≧等級3の必要床倍率
4 接合部（32～35、72・73頁参照）	**建築基準法の接合部** 筋かい端部、柱頭・柱脚		**品確法の接合部** 建築基準法の接合部 胴差と通し柱の接合部 床・屋根の外周横架材の接合部		
5 基礎 スパン表で確認（※）	**建築基準法の基礎** 各部寸法や配筋などをチェック		**品確法の基礎** 基礎形式ごとに負担荷重や地耐力、上部耐力壁、開口に応じて必要な仕様をスパン表でチェック［※］		
6 横架材 スパン表で確認（※）			**横架材** 負担する荷重や横架材の間隔・長さに応じて必要な断面寸法をスパン表から選択（※）		
終了					

※：スパン表から選択するのみなので、本書では解説およびスパン表の掲載を省略している

column 現場対策 15

実務で耐震等級の取得は何を意味するの？

耐震等級2、3は、その建物が建築基準法が定める地震力の、それぞれ1.25倍、1.5倍の力に対しても倒壊しないことを意味する。同時に、耐震等級2、3を取得するための確認を行うことで、住宅のもつ耐力をより正確に把握できているということに意味がある。

計算例の頁（74～81頁）で紹介しているような一般的なプランの木造住宅は、耐震等級3程度の壁量は確保できているものが多い。しかし、結果として耐力があるものと、耐力を確認して設計しているものとでは、その性格がまったく違うことを認識するべきであろう。当時の基準で震度7（水平加速度800gal超。gal＝cm/S^2）といわれる阪神・淡路大震災の地震力でも、大きな損傷なく住み続けることができる性能を社会が求めていることを設計者は自覚すべきである。

［齊藤年男］

※3：等級1の場合は、建築基準法と同等なので横架材のスパン表によるチェックを行う必要はない。ただし、等級2以上とするためには、スパン表によるチェックが必要である。このスパン表も（公財）日本住宅・木材技術センター発行「木造住宅のための構造の安定に関する基準に基づく横架材及び基礎のスパン表」が参考となるが、製材だけしか取り扱われていない。構造用集成材のスパン表については、日本集成材工業協同組合（http://www.syuseizai.com/）から発行されているので参考にしてほしい

1.5倍耐力の壁量計算①

準耐力壁等とは

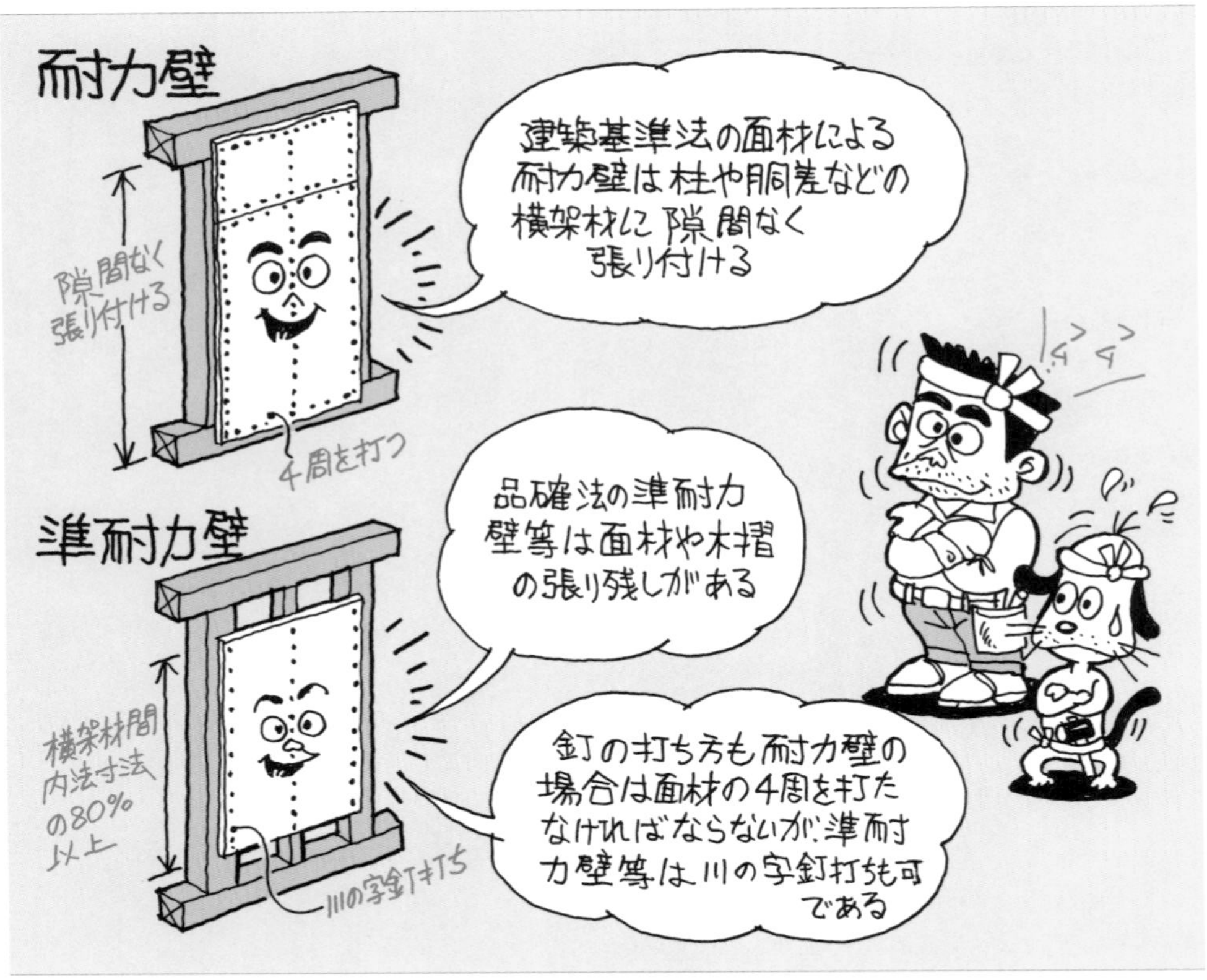

雑壁も有効に

準耐力壁とは、建築基準法の耐力壁には該当しないが、品確法上は有効な壁を指す。品確法の壁量計算では、地震力や風圧力に対する壁量を、耐力壁と準耐力壁の和として求める。

準耐力壁は、上下が横架材まで達する耐力壁とは異なり張り残しがある壁のうち、所定の条件を満たすものをいう（イラスト参照）。

ただし、面材や木摺による壁のみが対象となり、筋かいによる壁は認められない。準耐力壁として認められる材料は今のところ表に記す7種類であり、耐力壁となる材料のすべてが認められるわけではない。

雑壁といわれる垂れ壁、腰壁も実際には耐力要素として有効である場合が多く、これらの要素もカウントされる。

品確法ではこれら準耐力壁と、腰壁等（垂れ壁、腰壁）の2種類を合わせ、「準耐力壁等」という。

準耐力壁の定義とは？

準耐力壁とは、以下の①～⑤の条件すべてに該当する面材、もしくは木摺の壁である［図、※1］。

表｜準耐力壁等となる壁の材料一覧

材料		最低厚さ	規格	釘打ちの方法		建築基準法の壁倍率
				種類	間隔	
構造用合板	屋外壁などで耐候措置なし	特類7.5mm	JAS	N50	15cm以下	2.5
	屋外壁などで耐候措置あり	特類5mm				
	上記以外	5mm				
構造用パネル（OSBなど）		5mm				
パーティクルボード		12mm	JIS			
構造用パーティクルボード		9mm				
構造用MDF		9mm				
石膏ボード（屋内）		12mm		GNF40またはGNC40		0.9
木摺		12mm×75mm※2	—	N50※2	—	0.5

※1：壁の上下に横架材、土台や基礎がない出窓部分の壁は、準耐力壁にならない
※2：住宅金融支援機構「木造住宅工事仕様書」

図｜「準耐力壁等」の種類と定義

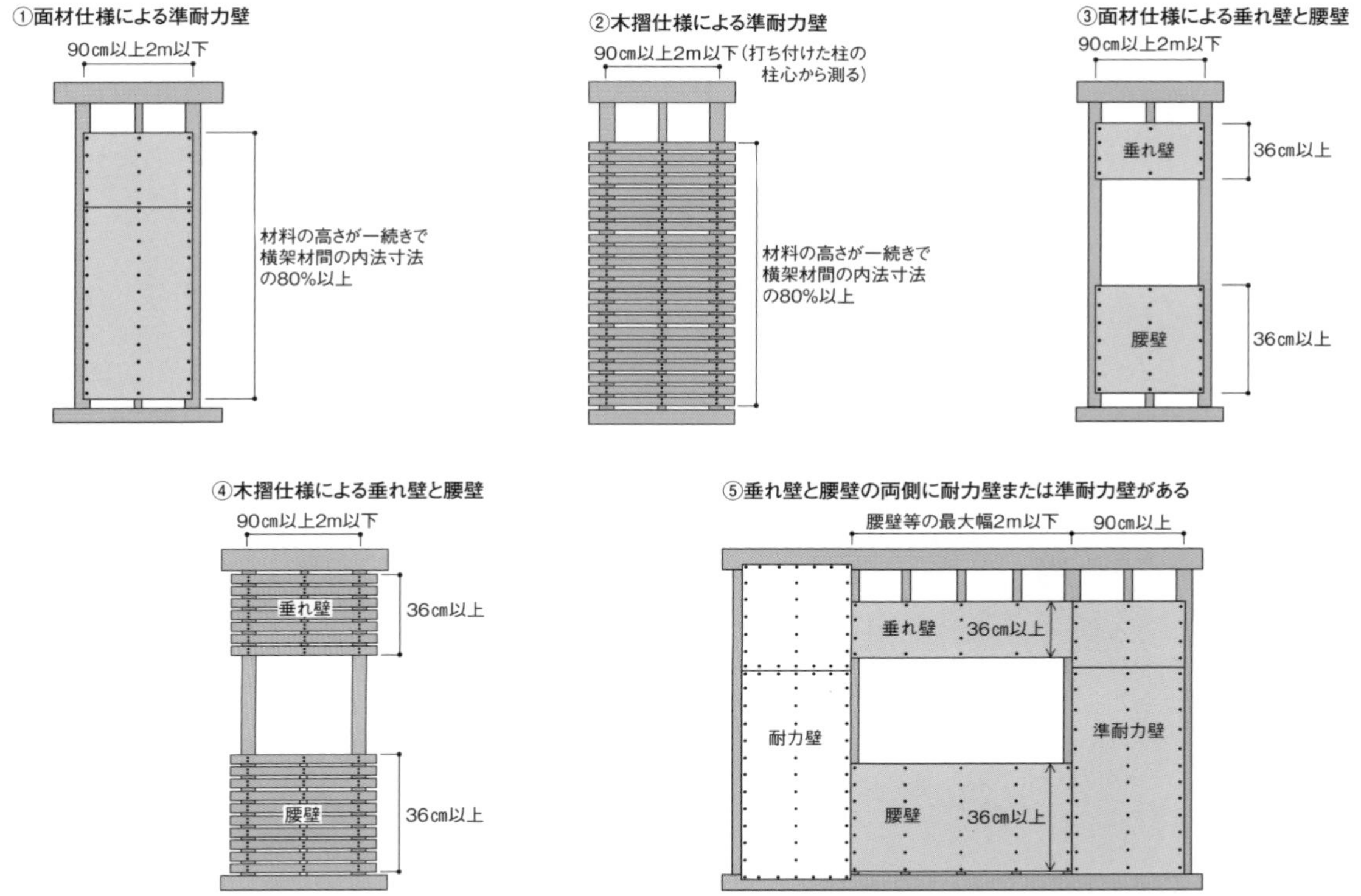

①横架材や縦枠材の上下端に釘打ち（日の字釘打ち）されてなくてもよく、柱・間柱・縦枠材に釘打ち（川の字釘打ち）されている

②材料を軸組に直接釘打ちする［※3］

③材料の最小幅は90cm以上

④材料の高さが一続きで横架材間の内法寸法の80%以上ある

⑤表の材料を用いている

垂れ壁・腰壁の定義とは？

垂れ壁・腰壁とは以下の開口部下枠から床梁に、開口部上枠から上階横架材に打ち付けられた面材や木摺によるもので、①〜⑦の条件すべてに該当するものである［図］。

①材料が柱、間柱、縦枠材に釘打ち（川の字釘打ちで可）されている

②材料が軸組に直接釘打ちされている

③材料の最小幅は90cm以上

④材料の高さが一続きで横架材間内法寸法の80%未満しかないもの

⑤図のように、両側に同種の材料による建築基準法の耐力壁、または品確法の準耐力壁がある

⑥材料の高さが一続きで36cm以上ある

⑦材料の横幅が一続きで90cm以上かつ2m以下である

⑧表の材料を用いている

［飯島敏夫］

column 現場対策 16

準耐力壁等が取り付く柱もN値計算できるのか？

N値の計算は、建築基準法にもとづく耐力壁の柱脚・柱頭の引張り力を算定する計算法である。品確法では、耐震等級2、3の壁量計算を行う場合に準耐力壁等を壁量に算入することができるが、N値計算を行う場合、この準耐力壁等の壁量を考慮した接合部のチェックまでは求めていない。あくまでも、建築基準法の耐力壁にもとづく柱脚・柱頭の接合部のチェックである。これは、準耐力壁等の壁量を考慮しなくても耐力を見込んでいない部分が余力としてあるからである。

ただし、準耐力壁等の倍率を考慮した接合部のチェックを行うことが力学的には正しいことなので、構造計算で詳細な検討を行うのであれば、準耐力壁等についても考慮したい。その際は、「木造軸組工法住宅の許容応力度設計」（（公財）日本住宅・木材技術センター刊）を参照してほしい。　［飯島敏夫］

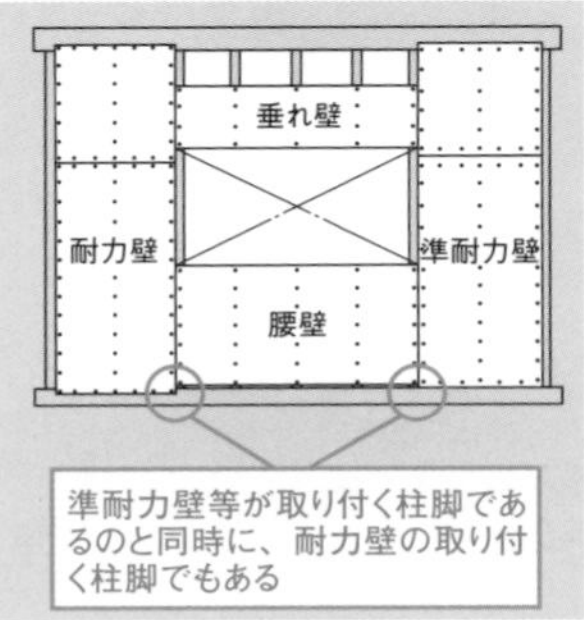

※3：重ね張りの上側の面材、および真壁は認められない。なお、石膏ボードを入隅の柱に留め付ける場合は昭56建告1100号の受け材仕様とする

準耐力壁等の壁倍率

準耐力壁等の壁倍率の求め方

平面プランに耐力壁の位置や種類を書き込むのと同じように、準耐力壁等も書き込めるようにしておきたい。そのためには、開口部の大きさに応じて準耐力壁の種類を整理しておくと、効果的に拾い出すことができる。準耐力壁や垂れ壁・腰壁の壁倍率は、軸組に張られた張り材の実高さによって、下記のように算出する。

1｜面材による準耐力壁と垂れ壁・腰壁の壁倍率の求め方

面材の実高さの合計を横架材間の内法寸法で除し、その値に各材料の壁倍率（基準倍率［※1］）と0.6を乗じる。［※2］

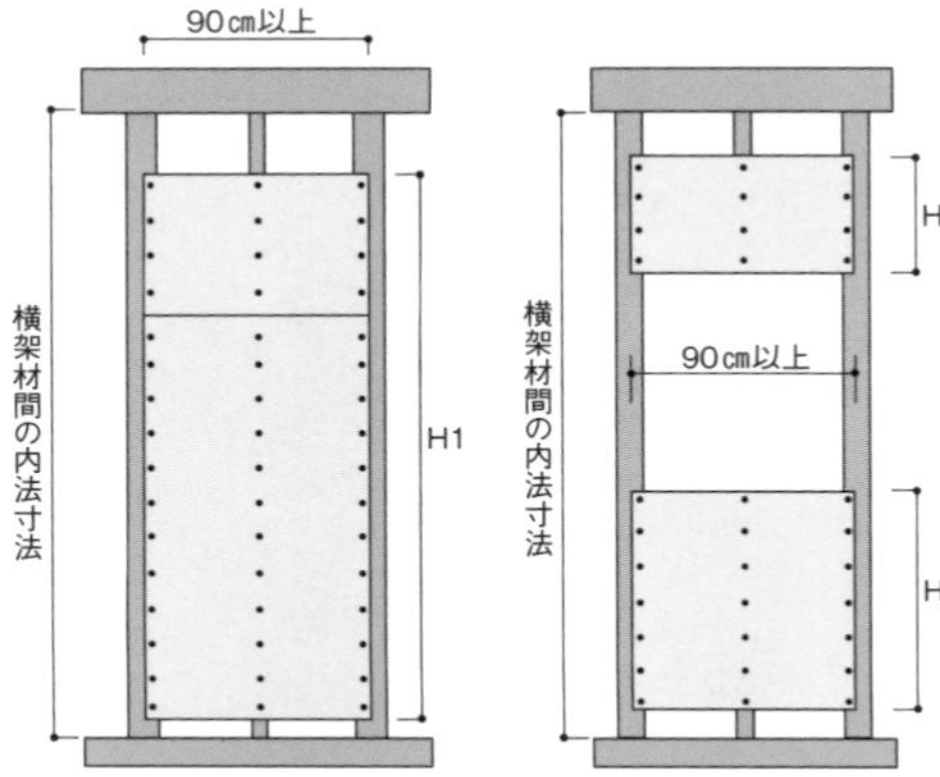

準耐力壁の壁倍率の算定式

$$\frac{\text{H1}}{\text{横架材間の内法寸法}} \times \text{面材耐力壁の壁倍率} \times 0.6$$

垂れ壁・腰壁の壁倍率の算定式

$$\frac{\text{H2＋H3}}{\text{横架材間の内法寸法}} \times \text{面材耐力壁の壁倍率} \times 0.6$$

H1～H3：材料の実高さ

2｜木摺による準耐力壁と垂れ壁・腰壁の壁倍率の求め方

木摺の実高さの合計を横架材間の内法寸法で除し、その値に0.5を乗じる。

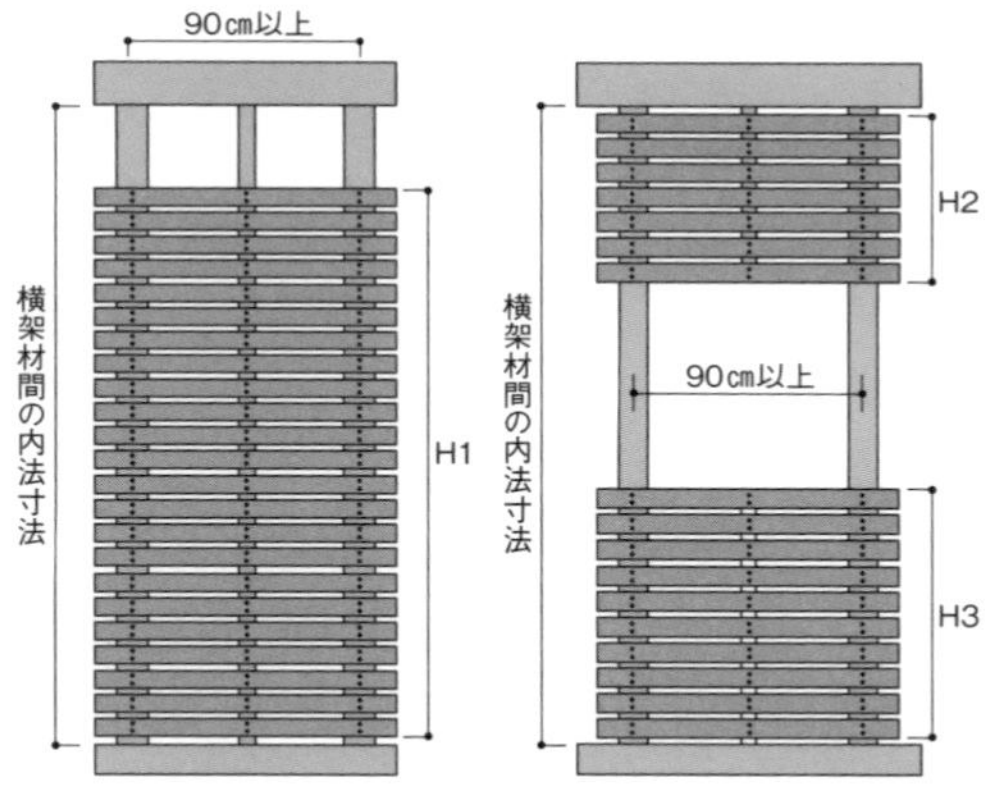

準耐力壁の壁倍率の算定式

$$\frac{\text{H1}}{\text{横架材間の内法寸法}} \times 0.5$$

準耐力壁の壁倍率の算定式

$$\frac{\text{H2＋H3}}{\text{横架材間の内法寸法}} \times 0.5$$

H1～H3：材料の実高さ

木摺を軸組全体に留め付けると建築基準法で定める壁倍率0.5の耐力壁になる。木摺の仕様は、住宅金融支援機構の仕様書によると、断面寸法は12×75㎜以上とし、継手は柱・間柱心で突き付け、5枚以下ごとに乱継ぎとする。留め付けは、板側20㎜程度に目透し張りとし、それぞれN50釘2本を平打ちする。

※1：基準倍率とは耐力壁として用いられる場合の壁倍率。横架材間に張られた場合の耐力壁の壁倍率を表す数値なので、そのまま準耐力壁等の壁倍率としては使えない｜※2：異なる種類の材料の組み合わせで、壁倍率を求めることはできない

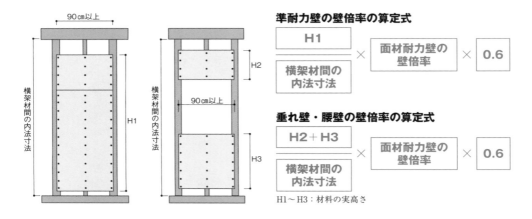

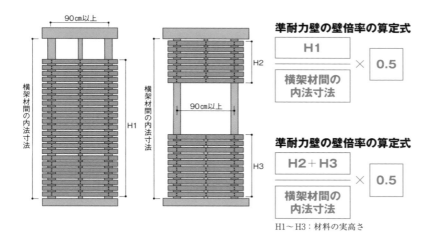

3｜図面から準耐力壁等の壁倍率を算出する方法

図1｜横架材間内法寸法について

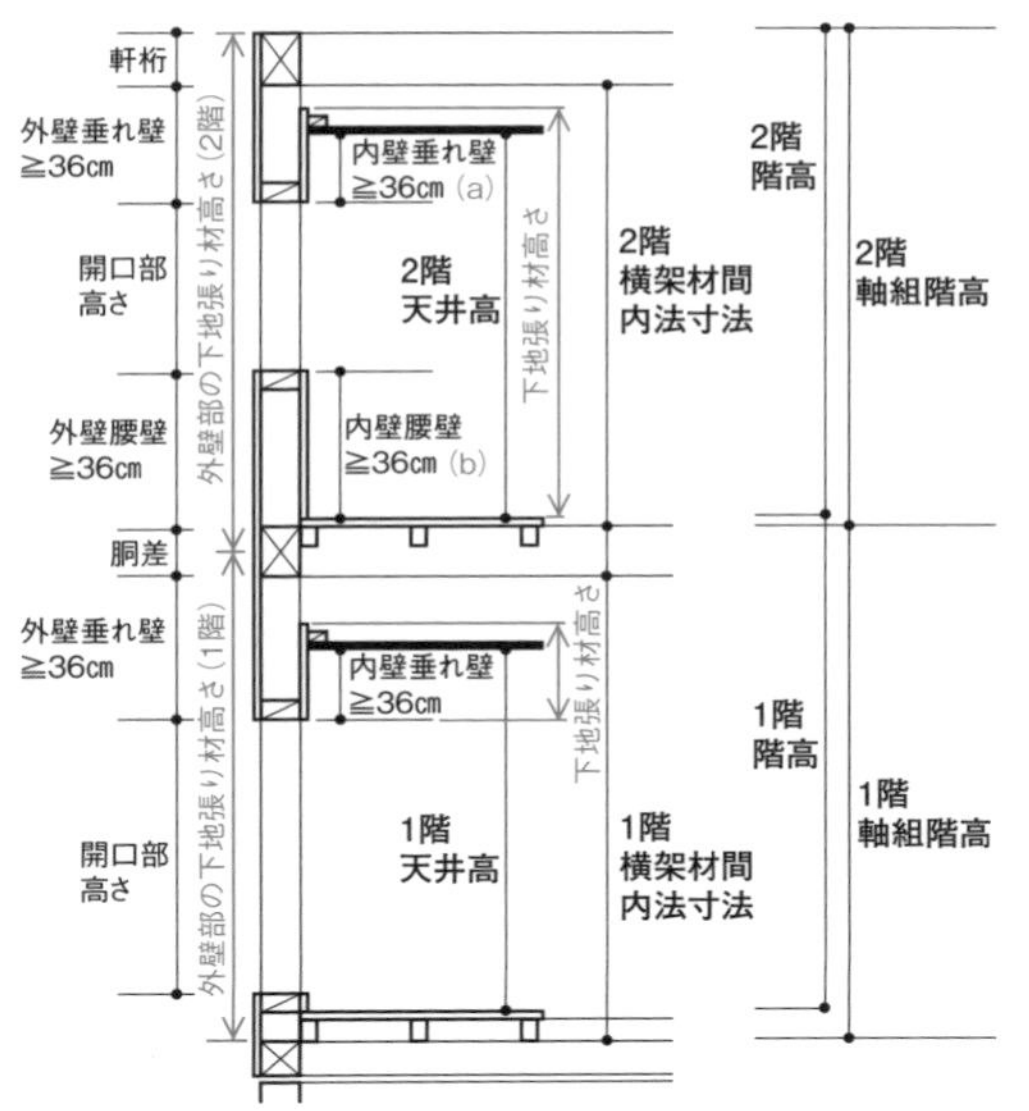

実際の建物では、2階建ての軸組図の図面から、横架材間の内法寸法を拾い出すが、必要な高さ寸法は**図1**のようになる。1階と2階で軸組階高が異なる場合、横架材間の内法寸法も異なるので、面材の高さが同じでも準耐力壁等の壁倍率は異なる数値となる。手順としては、次のようになる。

①「準耐力壁等の種類」「基準倍率」「開口部の種類（表のモデルケースでは掃き出し、腰高〈大〉、腰高〈中〉、小窓、全壁〈開口なし〉に分類した）」「開口部の高さ」を確認する

②張る面材、木摺の高さを確認する

・内部の壁下地（石膏ボードなど）の場合→天井高

・外部仕上げの下地（木摺など）の場合→横架材間の内法寸法

③下地張り材高さから、開口部の高さを引くと下地張り材実高さの合計が求められる

下地張り材高さ − **開口部高さ** ＝ **下地張り材実高さ（図1のa＋b）**

④③の下地張り材の実高さを横架材間の内法寸法で除して、各材料の壁倍率と0.6（面材の場合）を乗じると、それぞれの準耐力壁等の壁倍率を求めることができる。

表｜準耐力壁等の壁倍率算定例（一部）

	①種類	②基準倍率	③開口部の種類	④開口部の高さ（cm）	1階 ⑤下地張り材高さ（cm）	⑥横架材間の内法寸法（cm）	⑦下地張り材実高さ（cm）＝⑤−④	⑧準耐力壁等の壁倍率＝0.6×②×⑦÷⑥
内壁	石膏ボード片面	0.9	掃き出し	200	240	280	40	0.08
			腰高（大）	140	240	280	100	0.19
			腰高（中）	100	240	280	140	0.27
			小窓	60	240	280	180	0.35
			全壁	0	240	280	240	0.46

図2｜下地張り材実高さの算定法

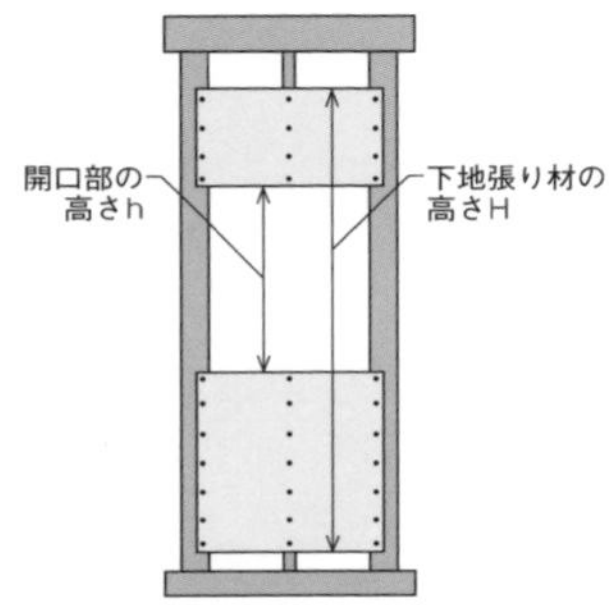

下地張り材実高さ＝H−h

表では内壁の準耐力壁等の拾い出しをしているが、外壁も同じように準耐力壁等の拾い出しを行う。準耐力壁の存在壁量と、建築基準法の耐力壁の存在壁量とを合わせて、品確法の存在壁量とする。［飯島敏夫］

column 現場対策 17

横架材間の内法寸法はどこを計る？

木造軸組構法では、使われる横架材のせいが多種類にわたる。そのため、横架材間の内法寸法もさまざまである。準耐力壁等の計算や柱の小径の確認などで、すべての横架材間の内法寸法を確認するのは一苦労である。そこで、実際の計算では、その建物で使用している梁のサイズの最小値を使うことが多い。そうすることで、より安全側の設計とすることができる。［齊藤年男］

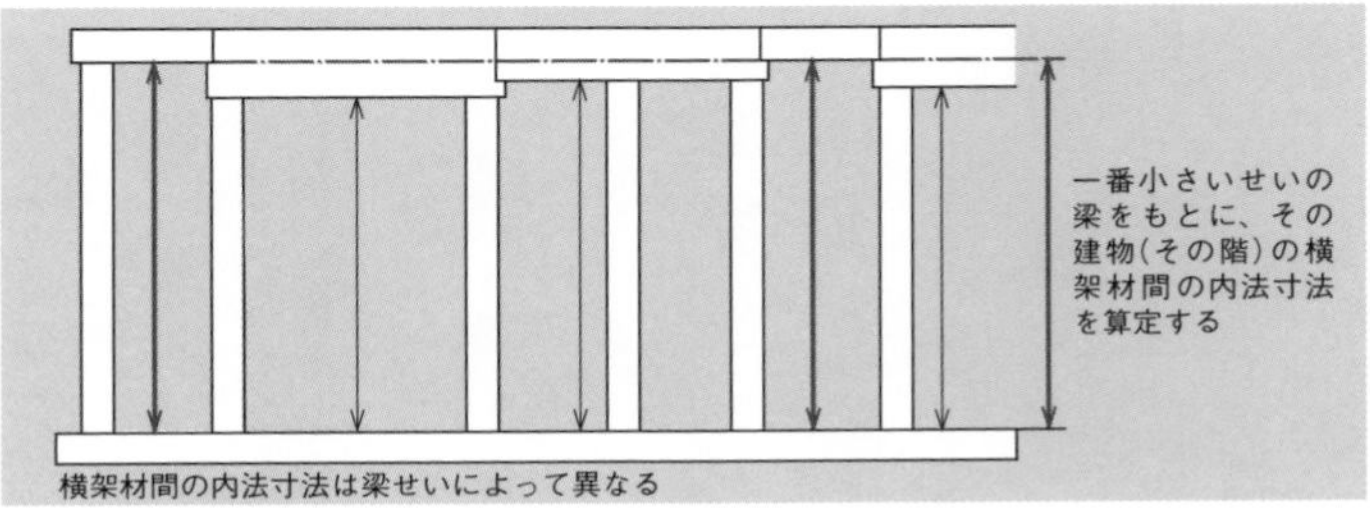

横架材間の内法寸法は梁せいによって異なる

1.5倍耐力の壁量計算③ 品確法の床面積

図1｜品確法の壁量計算の考え方

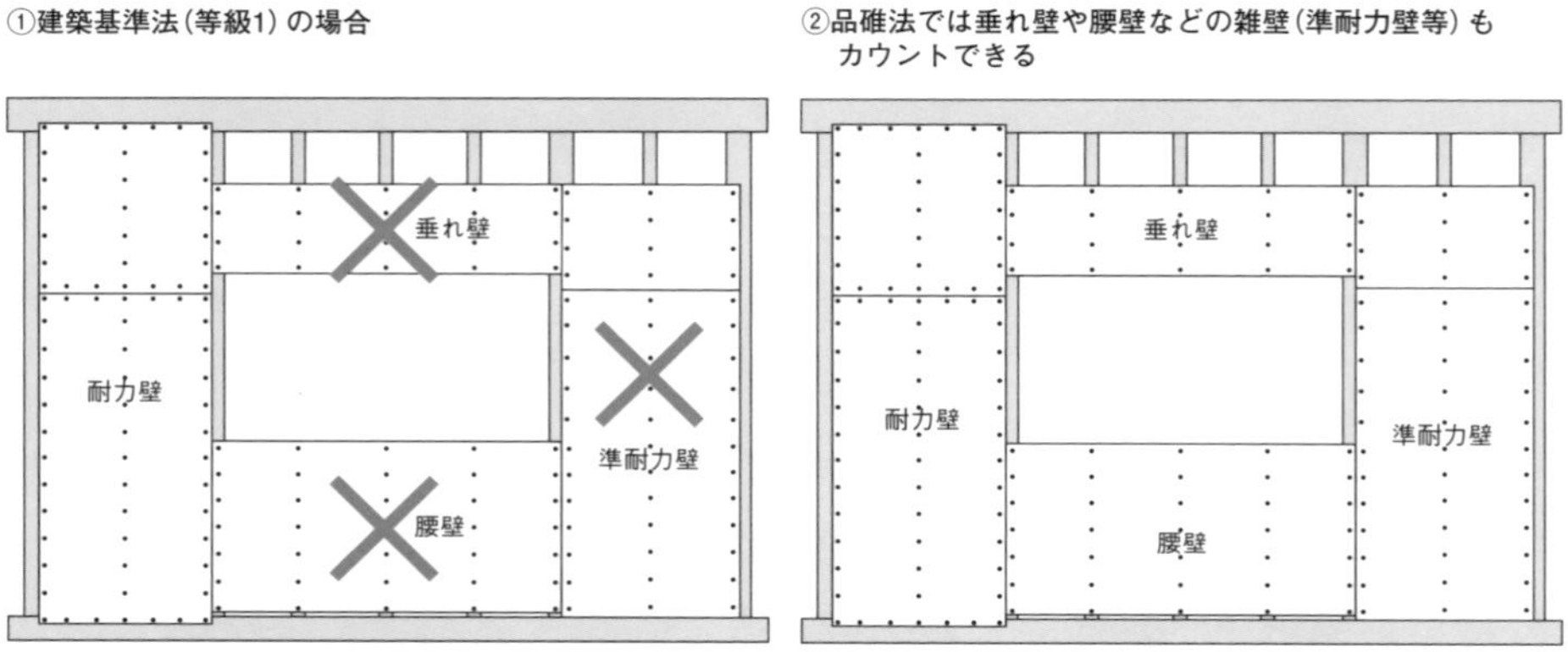

①建築基準法（等級1）の場合

②品確法では垂れ壁や腰壁などの雑壁（準耐力壁等）もカウントできる

注　等級2以上は②となる

品確法の存在壁量 ＝ 耐力壁（建築基準法）の存在壁量 ＋ 準耐力壁等（品確法）の存在壁量

1.5倍耐力を目指す場合は、建築基準法が定める必要壁量を満たしたうえで、品確法の準耐力壁等をカウントする

建築基準法との違い

品確法の壁量計算は建築基準法と比べて、建物がもつ耐力について、より詳細に把握しようとするものといえる。耐力壁に加えて52頁で解説した準耐力壁等（準耐力壁、垂れ壁、腰壁）を壁量計算の対象に含めることが、大きな特徴である。

ただし、品確法の壁量計算は、建築基準法の壁量計算を満足することが前提条件となっている。そのため、等級1の場合は準耐力壁、垂れ壁、腰壁の倍率は壁量にカウントすることなく、耐力壁のみで必要壁量を満たすことが求められる。

等級2以上は、建築基準法の必要壁量を確保したうえで、準耐力壁等の壁量を加えることができる［図1］。

品確法の床面積の求め方

建物にかかる荷重についても、品確法では、建築基準法と比べてより詳細な検討を行うので、必要壁量の数値はより正確で安全側の数値となる。特に、必要壁量を算出するための床面積の求め方は建築基準法とは異なるので、注意が必要である［図2］。

品確法の床面積は、建築基準法では含まれない持ち出しバルコニー、玄関ポーチ、オーバーハング、吹抜け、階段部分などの面積が含まれる。ただし、持ち出しバルコニーはほかの部位と比べて荷重が小さいと考えられるので、バルコニーの床面積に0.4を乗じた数値を1階の床面積に算入するが、建物と一体ではない後付けバルコニーは床面積に算入しない。

壁の配置チェックでの壁量計算用床面積も同じ考え方となる。4等分割時にも、バルコニー、吹抜け、玄関ポーチなどの水平投影面積を考慮することになる［図3］。

同様に、オーバーハングについては、2階の4等分割時だけでなく、1階についてもオーバーハング部分を加えて4等分割する。必要壁量を求める際にはオーバーハングの面積を1階の床面積にも算入する。

2階床の吹抜け部分（階段室も含む）も、4等分割時、必要壁量の算出時にそこに床があるものとして2階の床面積を算定する。

［飯島敏夫］

図2｜品確法の必要壁量用の床面積の求め方

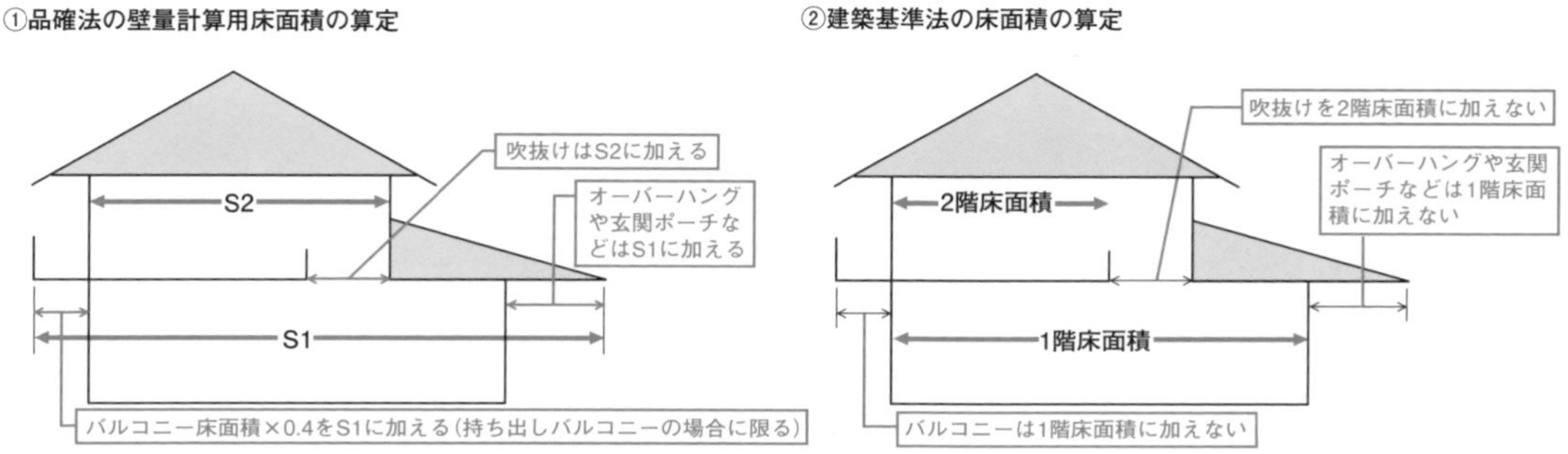

注　品確法の壁量計算では、床面積をS、1階床面積をS1、2階床面積をS2という

図3｜品確法の4分割の面積の取り方

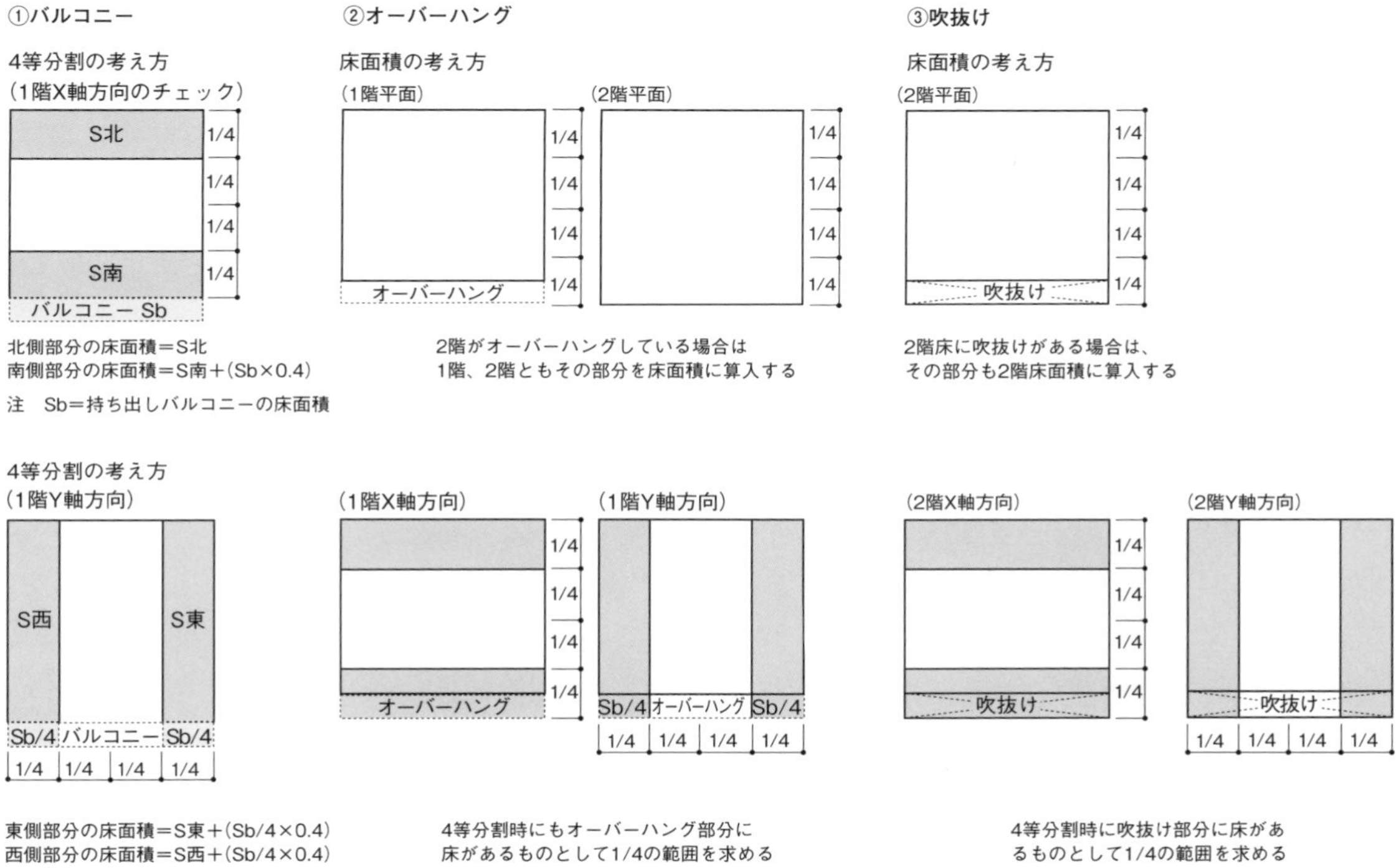

2階がオーバーハングしている場合は
1階、2階ともその部分を床面積に算入する

2階床に吹抜けがある場合は、
その部分も2階床面積に算入する

4等分割時にもオーバーハング部分に
床があるものとして1/4の範囲を求める

4等分割時に吹抜け部分に床があ
るものとして1/4の範囲を求める

column
現場対策 18

建築基準法の床面積の求め方は危険側!?

地震力の計算に用いる床面積は、建築基準法では各階の床面積としているので、吹抜け空間がある場合の2階の地震力の算定では、吹抜け上部に屋根があるにもかかわらず、その重さ相当分の床面積が考慮されない。また、建物と一体型のバルコニーの重量も同じで、厳密にはやや危険側の設定になることがある。

一方、品確法の耐震等級2以上の地震力算定用床面積では、より正確な荷重を把握するため、バルコニーや玄関ポーチなどの水平投影面積を地震力用床面積に算入する。また、最近増加傾向にある小屋裏収納については、天井高さに応じた割合で直下の床面積に算入するほか、本来は1階床面積にも算入することが必要である。これは、前述の地震力算定時に床面積に乗ずる係数（重い屋根と軽い屋根）に小屋裏収納相当分の重量が想定されていないためである。　［齊藤年男］

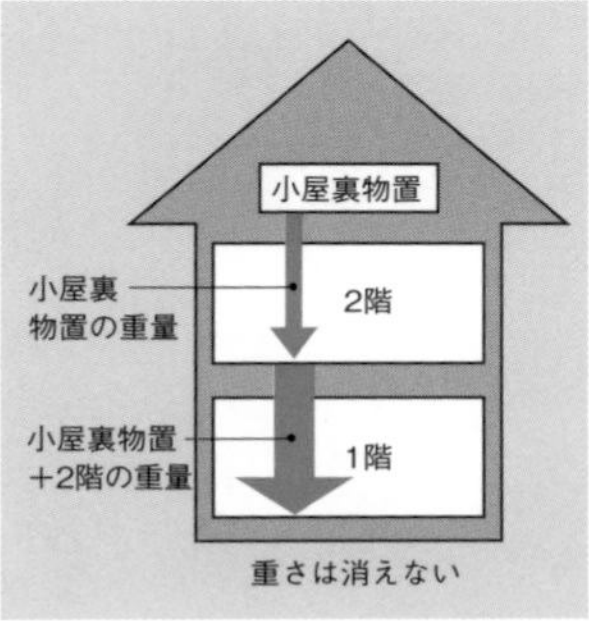

1.5倍耐力の壁量計算④ 品確法の必要壁量

品確法の壁量計算の手順

品確法の壁量計算は、建築基準法と同様に建物の存在壁量を求め、その建物が地震や風に対して必要とする壁量よりも大きいことを各階・各方向で確認する。ただし、品確法の必要壁量は建築基準法と比べて付加される条件が増え、必要壁量を求めるための床面積の算定方法も異なる。ここでは、地震力・風圧力に関する必要壁量の手順を中心に、品確法の壁量計算の流れを説明する。

1｜地震力に対する必要壁量の求め方

地震力に対する必要壁量 ＝ 床面積に乗じる値 × S1またはS2

S1＝1階用の床面積
S2＝2階用の床面積

平屋

床面積に乗じる値 ＝ A × Z

A＝床面積当たりの必要壁量　Z＝地震地域係数

2階建て

床面積に乗じる値 ＝ A × K1またはK2 × Z

K1＝1階用の係数
K2＝2階用の係数

$$Rf = \frac{S2}{S1}$$

$$K1 = 0.4 + 0.6 \times Rf$$

$$K2 = 1.3 + \frac{0.07}{Rf}$$

Rf=2階の1階に対する床面積割合

①基本的な考え方

建築基準法と同様に、床面積（重さ）に比例して耐力壁が増える。

②S1またはS2

品確法にもとづく壁量用の床面積である。建築基準法と異なり、玄関ポーチや吹抜け、下屋、階段室、バルコニー［※1］の面積などを床面積に算入する（56頁参照）。S1は1階の壁量計算用床面積で、S2は2階の壁量計算用床面積である。

③A

「品確法の地震力に対する床面積当たりの必要壁量」で**表1**から選択する。Aは、軽い屋根か重い屋根か、等級区分（耐震等級2、3の場合）、一般地域か多雪区域［※2］かによって増減する。建築基準法の必要壁量と比べて、より詳細に算定することになる（56頁参照）。

④Z

昭56建告1793号で定める地震地域係数である。Zは、地域によって0.7～1と異なるが、最近の大きな地震は予測地域以外でも発生しているので、できれば1としたい。

⑤Rf

1階床面積に対する2階床面積の割合を求める係数。総2階のような2階と1階が同じ床面積（Rf＝1）であれば、K1＝1となる。K2の上限値は下式のように2である。

⑥K1またはK2

1階と2階の床面積のバランスを壁量に反映させるための係数で、左式で求める。Rf（1階床面積に対する2階床面積の割合）が大きいほど1階用のK1が大きくなり、逆に2階用のK2は小さくなる［※3］。2階が1階に比べて極端に小さく、Rf＜0.1の場合はK2＝2とする。つまり、2階が1階に比べて大きくなるほど1階の必要壁量は限りなく増え続け、逆の場合の2階の必要壁量は2倍が限度となる。

表1｜品確法における地震力に対する床面積当たりの必要壁量A（㎝／㎡）

建物の種類		最深積雪量							
		平屋				2階建て			
		0m（一般地域）	1m以下	1.5m以下	2m以下	0m（一般地域）	1m以下	1.5m以下	2m以下
軽い屋根	等級2	18	18+16	18+24	18+32	18 45	18+16 45+16	18+24 45+24	18+32 45+32
	等級3	22	22+19	22+28.5	22+38	22 54	22+19 54+19	22+28.5 54+28.5	22+38 54+38
重い屋根	等級2	25	25+16	25+24	25+32	25 58	25+16 58+16	25+24 58+24	25+32 58+32
	等級3	30	30+20	30+29.5	30+39	30 69	30+20 69+20	30+29.5 69+29.5	30+39 69+39

※1：建物本体に荷重が伝わる持ち出しバルコニー部分の床面積に0.4を乗じた数値を壁量計算用の1階床面積に加える。ただし、2階床組と一体となったバルコニーに限る｜※2：建築基準法86条施行令（積雪荷重）2項で、特定行政庁が国土交通大臣が定める基準にもとづき指定する区域としている。基準とは、垂直積雪量が1m以上の区域で、初終間日数（当該区域中の積雪部分の割合が1／2を超える状態が継続する期間の日数）の平年値が30日以上の区域など（平12建告1455号）

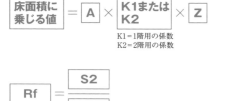

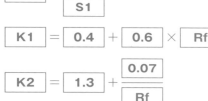

2｜風圧力に対する必要壁量・存在壁量の求め方

風圧力の必要壁量 ＝ 見付け面積 × 見付け面積に乗じる値

見付け面積は、建築基準法で求めた数値と同じである（24頁参照）。しかし、見付け面積に乗じる値は**表2**のように、特に定めがない限り全国一律50cm/m²の建築基準法とは異なり、地域ごとに53～123cm/m²の間で9段階に細分化されている（平成12年の建築基準法改正から導入している）。これを地域基準風速（Vo）という（85頁参照、建築基準法施行令87条2項、平12建告1454号）。

表2｜品確法の見付け面積に乗じる値（cm/m²）

地域基準風速（Vo）	30	32	34	36	38	40	42	44	46
等級2の係数	53	60	67	76	84	93	103	113	123

3｜存在壁量の求め方

品確法の存在壁量 ＝ 建築基準法の耐力壁 ＋ 品確法の準耐力壁等

品確法の存在壁量の計算は、建築基準法の耐力壁と品確法の準耐力壁等による壁量の合計を各階・各方向に求める。準耐力壁等の存在壁量は左のように求める（54頁参照）

準耐力壁等の存在壁量 ＝ 準耐力壁等の壁倍率 × 準耐力壁等の長さ

準耐力壁等の壁倍率 ＝ 耐力壁の壁倍率 × 0.6 × 準耐力壁等の実高さ ／ 横架材間内法寸法

注　木摺による準耐力壁は、基準倍率0.5に（準耐力壁等の実高さ/横架材間内法寸法）を乗じる

4｜判定：存在壁量≧必要壁量を確認する

耐震等級2　存在壁量≧耐震等級2（1.25倍耐力）の必要壁量

耐震等級3　存在壁量≧耐震等級3（1.5倍耐力）の必要壁量

耐風等級2　存在壁量≧耐風等級2（1.2倍耐力）の必要壁量

品確法の壁量計算の判定は、建築基準法と同様に各階・各方向で「存在壁量≧必要壁量」を確認できればよい。等級1は建築基準法の必要壁量を満たすことでOKとなるが、等級2、3では、それぞれの等級で求める必要壁量を上回ることを確認する。なお、耐震等級と耐風等級の等級2以上を目指す場合は、存在壁量が両方の必要壁量を上回る必要がある。

存在壁量が必要壁量を下回る（満たさない）場合は、耐力壁・準耐力壁等を増やすことを検討し、建物の安全性を確保する。

［飯島敏夫］

column 現場対策 19

耐力壁の高さはどこまで低くできるか

北側斜線制限などで母屋下がり屋根とする場合、一部の壁の高さを低くすることになる。その際、耐力壁をどこまで低くできるかというと、標準階高の1／2が限度であろう。階高の耐力壁と階高の1／2の耐力壁が屋根勾配に直交する位置にある場合、階高の1／2では耐力壁の変形角は倍となるため、先行破壊を引き起こしやすくなり、建物の倒壊につながるからである。

［齊藤年男］

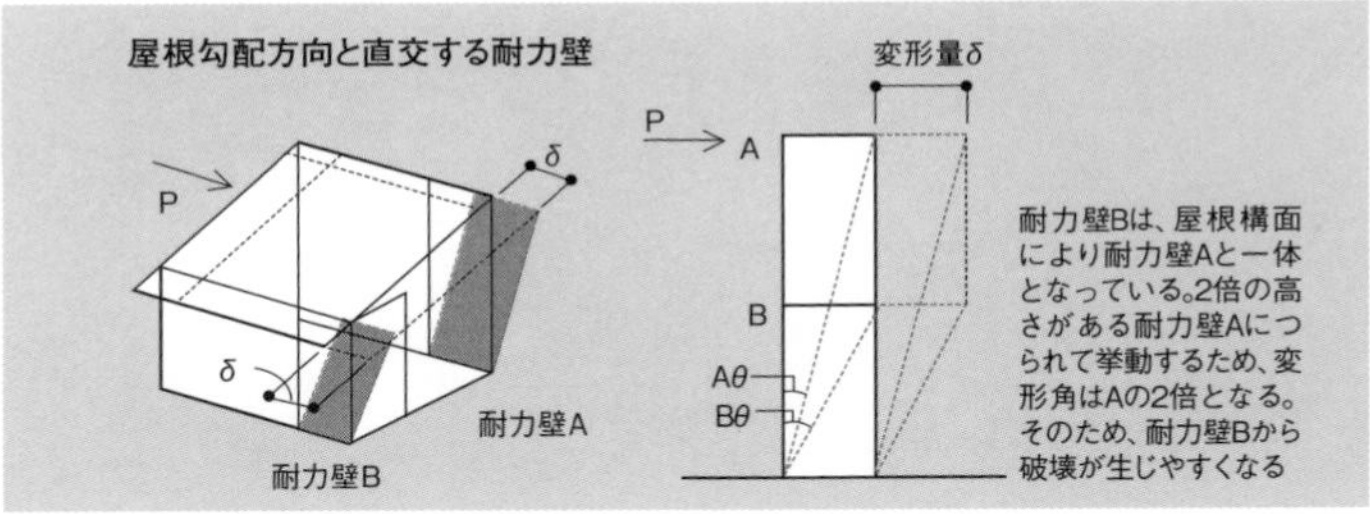

耐力壁Bは、屋根構面により耐力壁Aと一体となっている。2倍の高さがある耐力壁Aにつられて挙動するため、変形角はAの2倍となる。そのため、耐力壁Bから破壊が生じやすくなる

※3：上層階になるほど地震波に反応して揺れが増幅することを考慮している。品確法から新しく考慮されるようになった

床倍率①
水平構面と床倍率

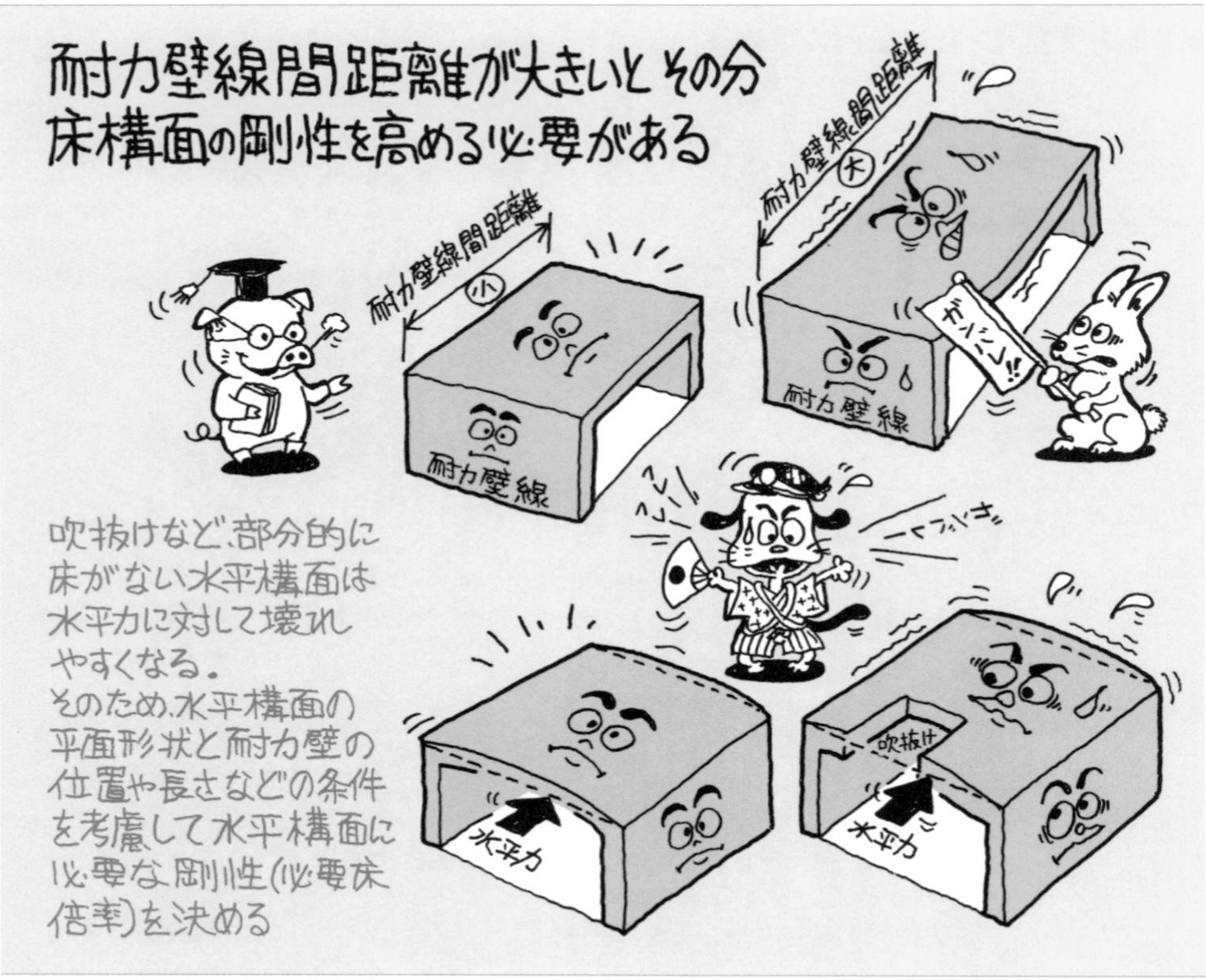

水平構面の役割

地震や台風などの水平力に抵抗するためには、床や屋根などの水平構面を固めて建物全体が一体となる必要がある。水平構面とは、外力に抵抗する水平方向の骨組で、木造軸組構法では屋根・床・火打ち構面の3つから構成される。

建築基準法では、必要な量の耐力壁をバランスよく配置することを定めている。それには前提条件があり、床や屋根の水平構面が、その面内に働く力を耐力壁まで確実に伝達するだけの強さをもつことである。

水平力を受けたときに床と屋根の水平構面が一体となって挙動すれば、その階に配置されているどの耐力壁も水平変形は同じになり、変形量も少なくて済む［図1］。

耐力壁線間距離とは

以上のような理由から、建築基準法では、床組および小屋梁組の隅角には火打ち材等を使用し、小屋組には振れ止めを設けて一体性を確保することが定められている。

品確法では、建築基準法よりも大き

図1｜水平構面の強度・剛性と変形量の関係

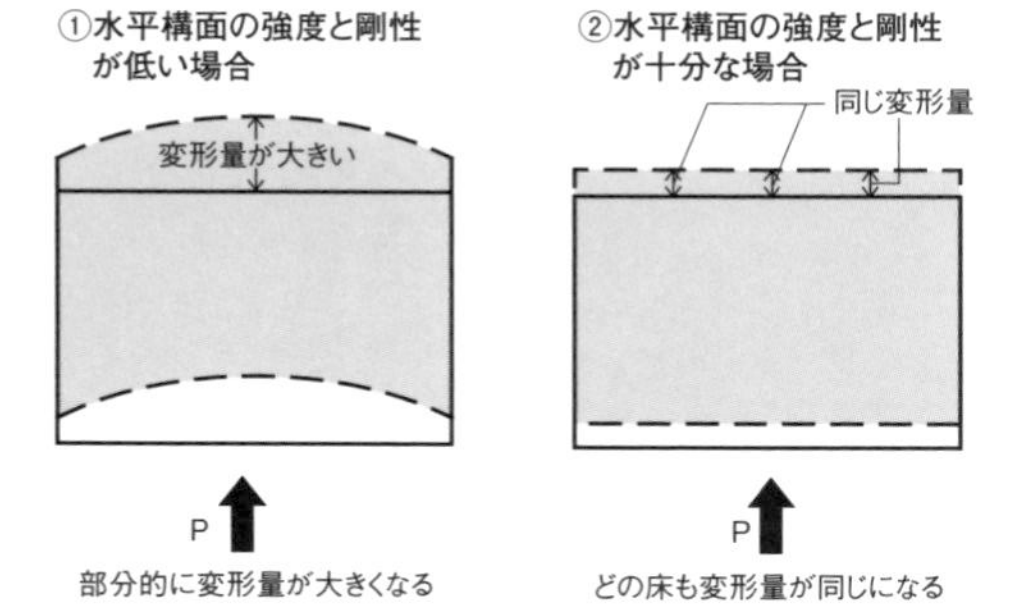

図2｜耐力壁線とは

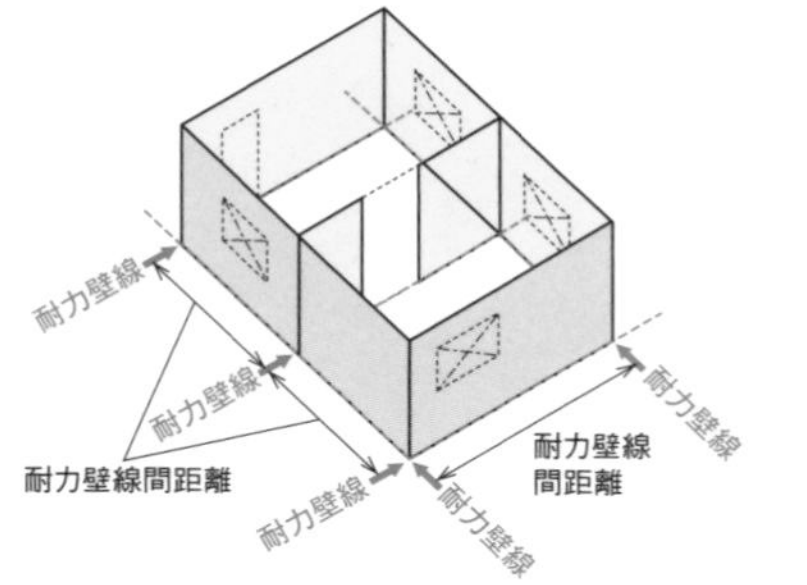

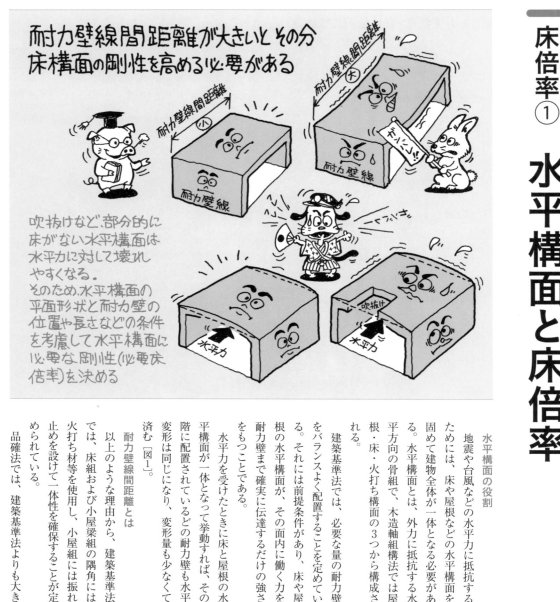

図3｜上下階での耐力壁と必要床倍率の係数

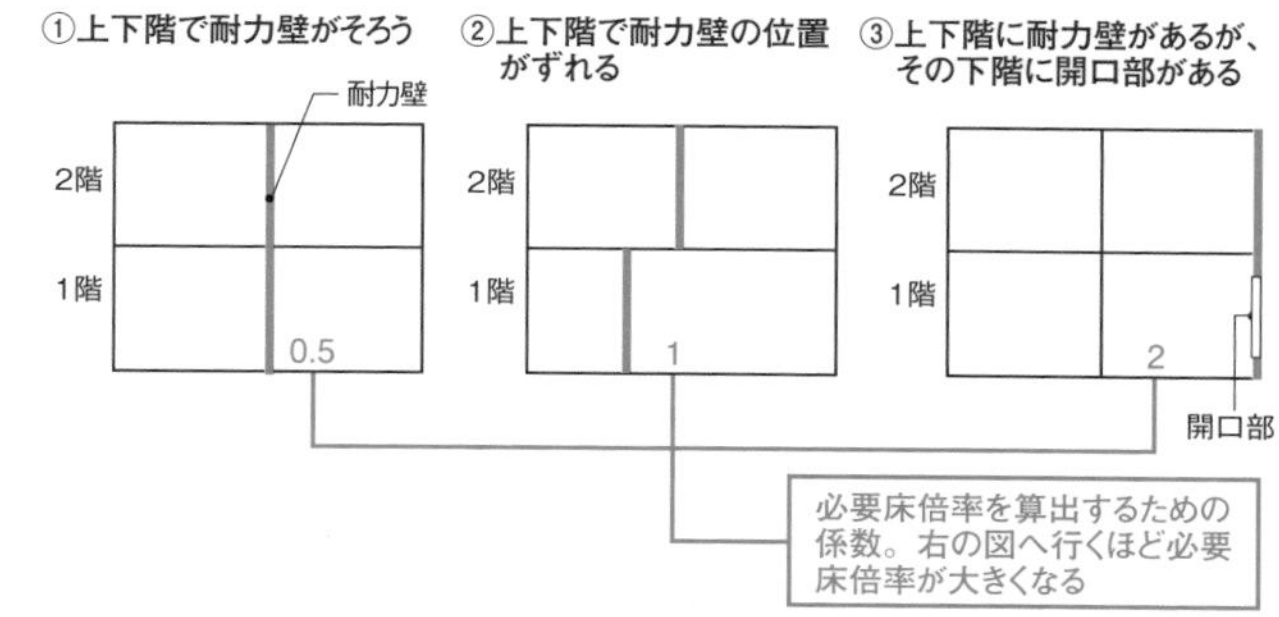
①上下階で耐力壁がそろう
②上下階で耐力壁の位置がずれる
③上下階に耐力壁があるが、その下階に開口部がある
耐力壁
2階
1階
0.5
1
2
開口部
必要床倍率を算出するための係数。右の図へ行くほど必要床倍率が大きくなる

な外力に耐えることを目指しているため、さらに水平構面の強さを精密に確かめる必要がある。

そこで導入されたのが、耐力壁線間距離と床倍率という概念である。耐力壁線とは、耐力壁が十分に配置された外壁と建物内部の通りをいう[図2]。耐力壁線間距離とは隣り合う耐力壁線の間隔であり、その数値が大きくなるほど、水平構面を強くしなければならない。

品確法では耐力壁線間距離が8m以下となるように定めている。ただし、筋かいを用いず、耐力面材など靭性のある壁だけでつくられた場合は、耐力壁線間距離は12m以下まで緩和される。

床倍率のチェック方法

一方、床倍率とは、壁の強さを表す壁倍率と同じように、床の強さ（水平構面の剛性）を表したものである。吹抜けなど部分的に床がない場合や、耐力壁の上下の位置関係がふぞろいになる場合など[図3]、床の水平剛性が問題となることがある。そのため、品確法では建物の平面形状から最低限の床剛性を定めている。それが必要床倍率である。

品確法の床倍率のチェックとは、耐力壁が十分にその強さを発揮し、上階の壁から下階の壁に水平力を伝えられるように、床や屋根が壁に見合う配置と強さになっているかどうかを確かめることである。判定までの流れは図4のとおりで、耐力壁線間距離の確認、必要床倍率の算定、存在床倍率の算定が大きなポイントになってくる。

[飯島敏夫]

図4｜品確法の床倍率チェックの流れ（62頁から手順を解説）

耐力壁線のチェック

- 各通りごとの品確法の存在壁量を求める
- 各通りが耐力壁線となっているかチェック
- 判定：耐力壁線間距離≦8m（面材耐力壁のみは≦12m）

必要床倍率を求める

- 各階・各方向の床区画を設定する
- 各床区画の係数 α を求める
- 各床区画の必要床倍率を求める

存在床倍率を求める

- 屋根・床・火打ち構面の仕様と存在床倍率を整理
- 屋根・床構面の仕様の配列により平均存在床倍率を求める
  - ・床区画に1種類の仕様しかない場合
  - ・複数の仕様が耐力壁線に直交する線で区分されている場合（直交小区画）
  - ・複数の仕様が耐力壁線と平行な線で区分されている場合（平行小区画）
  - ・複数の仕様が耐力壁線と平行な線で部分的に区画されている場合（平行小区画と直交小区画）
- 床区画・直交小区画・平行小区画の水平構面の平均存在床倍率を算出

判定

平均存在床倍率≧必要床倍率 を確認する

column 現場対策 20

出隅部に開口を設ける場合の対応策

上部に2階がある1階の出隅部分に開口を設ける場合は、オーバーハングとして考える。2階の外壁を支える梁は持ち出し梁として鉛直荷重に対する計算をする。また、このとき支点となる位置の断面欠損を考慮する。この場合、2階の隅角部にはなるべく耐力壁を配置しないようにしたい。やむを得ず配置しなければならないときは、それを支える梁の断面は通常より大きくすることが必要になる。　[齊藤年男]

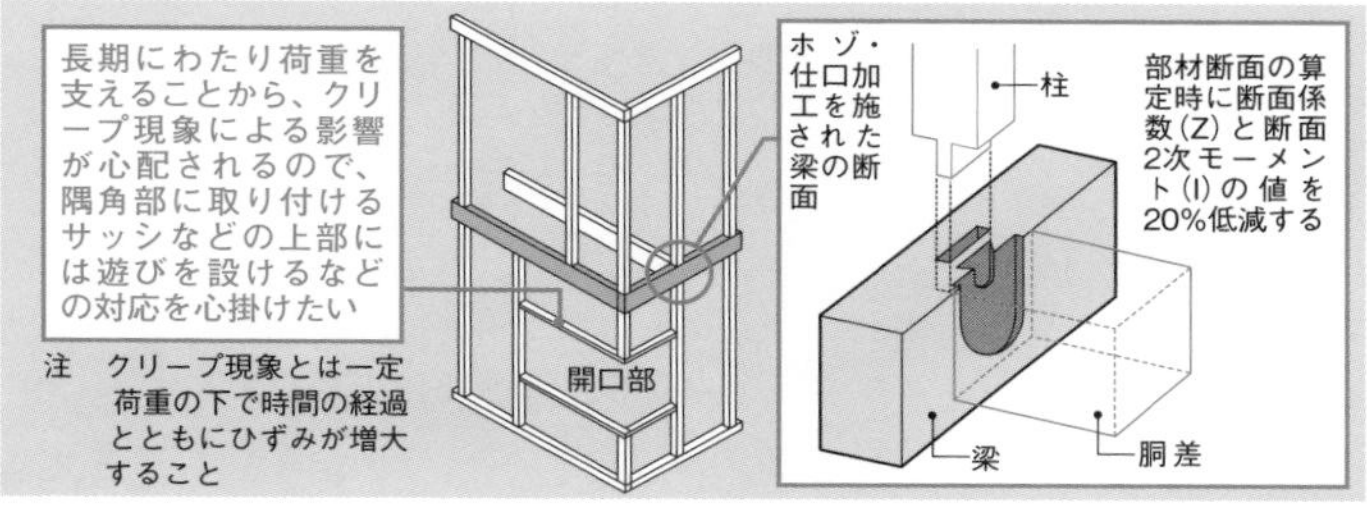
長期にわたり荷重を支えることから、クリープ現象による影響が心配されるので、隅角部に取り付けるサッシなどの上部には遊びを設けるなどの対応を心掛けたい
注　クリープ現象とは一定荷重の下で時間の経過とともにひずみが増大すること
開口部
ホゾ・仕口加工を施された梁の断面
柱
部材断面の算定時に断面係数(Z)と断面2次モーメント(I)の値を20%低減する
梁
胴差

耐力壁線のチェック

耐力壁線間距離のチェック

耐力壁線の条件を整理する
↓
通りの存在壁量を求める
↓
耐力壁線間距離を確認する

耐力壁線の条件を整理し、隣り合う耐力壁線の間隔を確認する。耐力壁線は、66頁で行う床倍率のチェックでの床区画を挟む線となる。どのような耐力壁線で挟まれた床区画かによって、必要床倍率も変わってくるので、各耐力壁線の条件を図面に記入して整理する。

1 | 耐力壁線の条件を整理する（◎か○か×の印を付ける）

耐力壁線の条件

◎印を付ける通り→耐力壁線
その通りの存在壁量≧その通りの床の長さ ×0.6
かつ
その通りの存在壁量≧400cm以上

○印を付ける通り→耐力壁線
各階・各方向の最外周壁線で
◎の条件を満たさないもの

×印を付ける通り→耐力壁線ではない
上記の2点を満たさない通りは
耐力壁線とはみなさない

通りが耐力壁線となるかは、左の条件で決まる。その通りの存在壁量が、「その通りの床の長さ」×0.6、かつ、その通りの存在壁量≧400cm以上を満たす通りは耐力壁線となり、◎印を付ける。「その通りの床の長さ」とは、その通りに直交する方向の最外周の外壁の間隔（その通りにおける建物の長さ）をいう。

次に、各階・各方向の最外周壁線の通りで、前記の条件を満たさない場合、○印の耐力壁線となる。「最外周壁線」とは、線の端から端まですべてが外壁である通りをいう。一部だけが外壁に接する、または、一部が建物内を貫通する通りは最外周壁線とはならない。

さらに、上記2つの条件のいずれにも当てはまらない通りは耐力壁線とはみなさず、×と表記する。

下記に、通りの床の長さと最外周壁線の具体例を示す。

最外周壁線となるケース

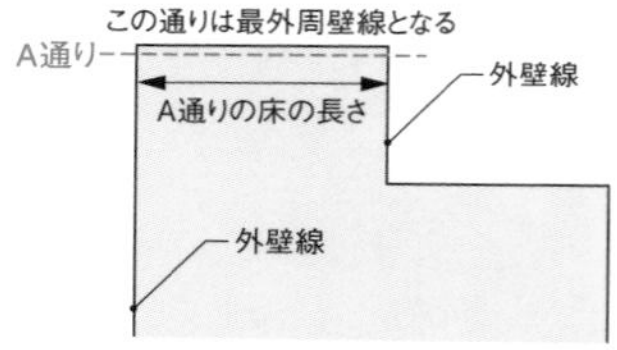

ここでの「A通りの床の長さ」は、通りに直交する2本の外壁線の間隔である。この場合、A通りは、通りの端から端まで外壁に接しているので、「最外周壁線」となる

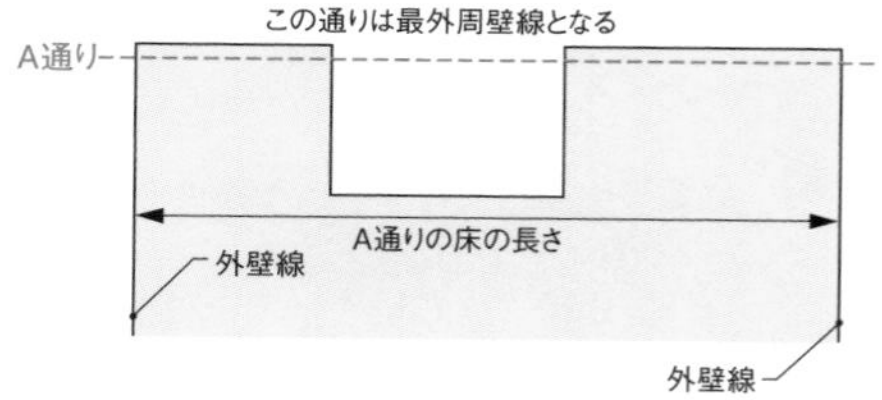

凹型の出っ張りの長さがそろう通りの外壁線が4本直交する場合、「A通りの床の長さ」は、最も離れた外壁線どうしの間隔となる。A通りは、端から端まで外壁に接しているので、「最外周壁線」となる

最外周壁線とならないケース

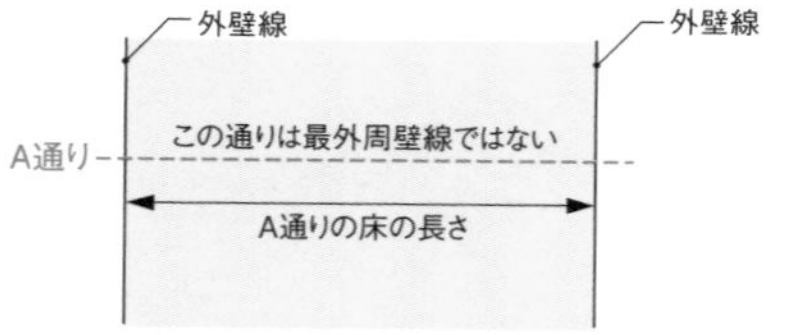

「A通りの床の長さ」は、通りに直交する方向の2本の外壁線の間隔である。ただし、A通りは外壁に接していないので、「最外周壁線」とはならない

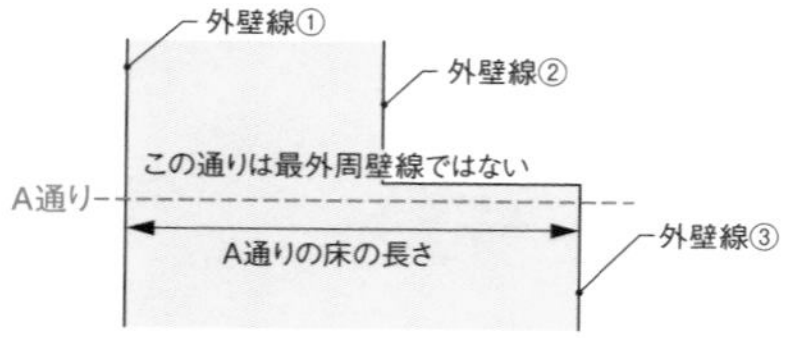

通りに外壁線が3本直交する場合、「A通りの床の長さ」は、最も離れた直交する①と③の外壁線の間隔である。ただし、外壁線②が建物内を貫通しているので、「最外周壁線」とはならない

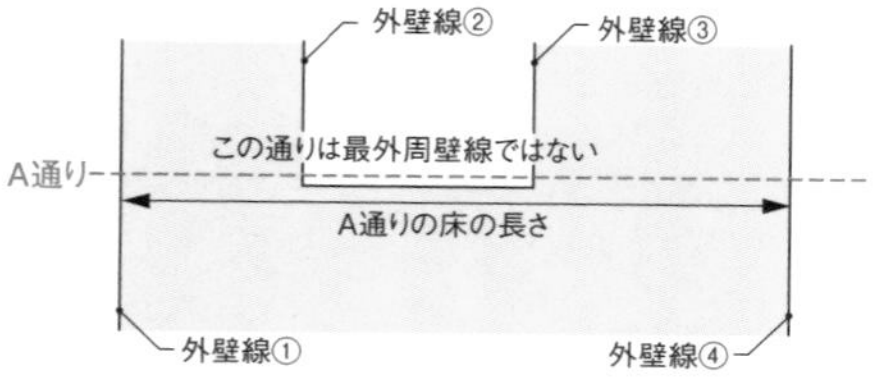

通りに外壁線が4本直交する場合、「A通りの床の長さ」は、最も離れた①と④の外壁線の間隔である。ただし、外壁線②と③が建物内を貫通しているので、「最外周壁線」とはならない

2｜存在壁量を算出する

品確法の存在壁量 ＝ 耐力壁（建築基準法）の存在壁量 ＋ 準耐力壁等（品確法）の存在壁量

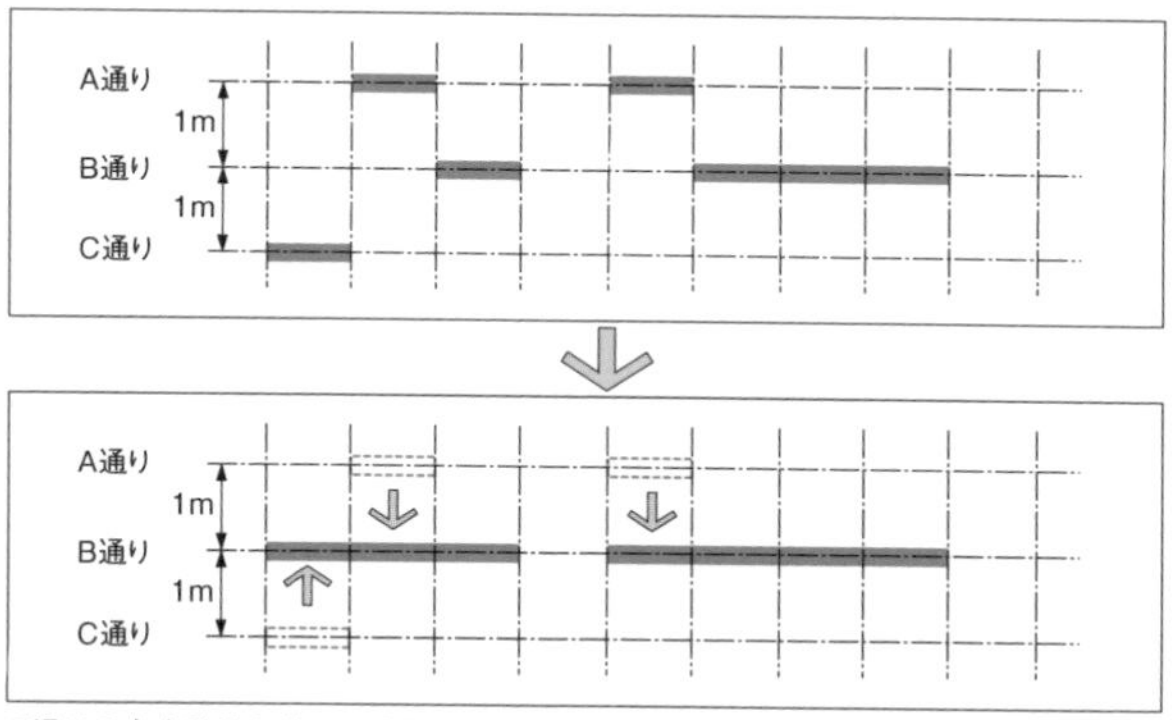

B通りの存在壁量を求める場合、B通りから直交方向に1m以内の両隣のA通り・C通りの耐力壁と準耐力壁等の存在壁量はB通りの上にあるものとみなし、B通りの存在壁量に合算できる

各通りの存在壁量を算出し、1で求めた耐力壁線の条件を満たしているか確認する。存在壁量の求め方は、品確法の存在壁量の求め方と同じで耐力壁と準耐力壁等を合計する（58頁参照）。その際、隣接する通りの耐力壁および準耐力壁等の存在壁量をその通りにあるものとみなして、その通りの存在壁量に合算できる。ただし、以下の条件を満たす場合に限る。

合算できる存在壁量の条件

①左図のようにB通りから直交方向1m以内にある両隣の存在壁量（耐力壁、準耐力壁等）

②存在壁量の多い通りに、少ない通りの存在壁量を合算する

③もともと◎の条件を満たす通り（耐力壁線）は、それ以上の壁量を合算できない

3｜耐力壁線間距離を確認する

耐力壁線間距離≦8m（面材耐力壁のみの建物は12m）

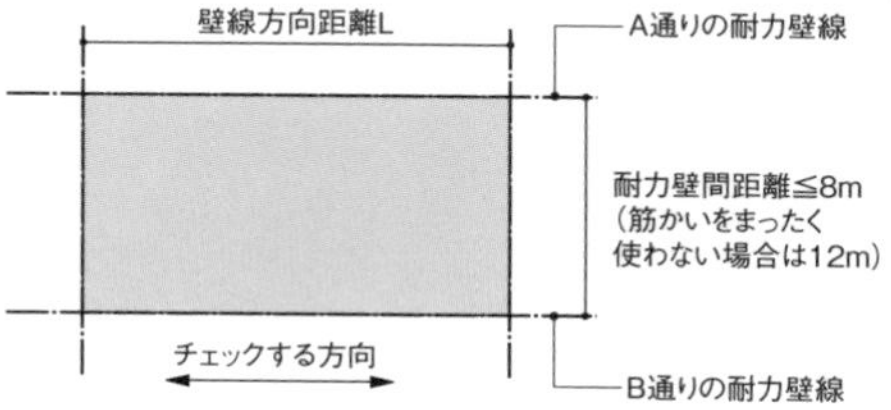

隣り合う「耐力壁線の間隔」は8m以下でなければならない。ただし、筋かいを建物全体でまったく用いない場合は12mまで広くすることができる。これは構造用合板などの構造用面材を使用することによって、筋かいよりも靭性（ねばり強さ）のある建物になるからである。

耐力壁線が◎か○かにより、床区画の必要床倍率が大きくなったり小さくなったりする。そのため、この後の工程でも耐力壁線が◎か○かということにもとづき解説を進めていく。 ［飯島敏夫］

column 現場対策 21

耐力壁線と枠組壁工法の壁線区画の違い

軸組構法の耐力壁線は枠組壁工法（2×4工法）の壁線と類似している。ただし、軸組構法の床倍率計算では2×4工法のように、耐力壁線で囲まれた区画（平13国交告1540号5項六号）ではなく、耐力壁線で挟まれた区画を対象とし、X·Y方向ごとのチェックとなる。2×4工法のような、区画の細長比といった考え方はなく、床倍率計算上は壁線間隔が狭いほど必要床倍率が小さくて済む。 ［齊藤年男］

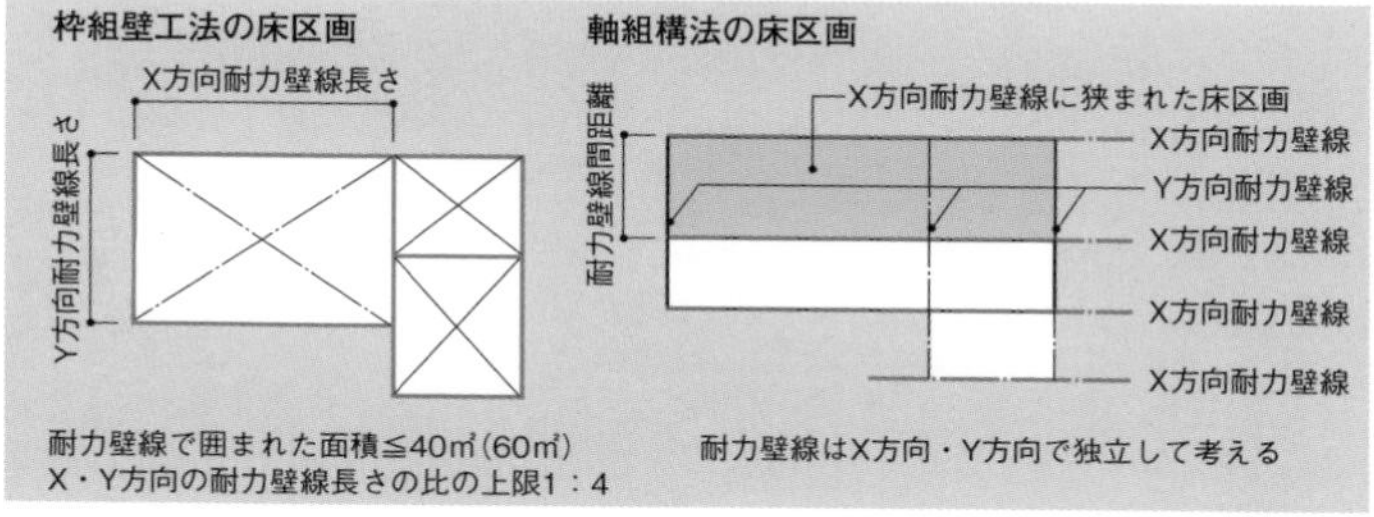

耐力壁線で囲まれた面積≦40㎡（60㎡）
X・Y方向の耐力壁線長さの比の上限1：4

耐力壁線はX方向・Y方向で独立して考える

床倍率③ 床区画の設定

床区画の設定手順

水平構面の構成を確認する
↓
床区画を設定する
↓
各床区画の係数 α を求める

床区画とは、「耐力壁線のチェック」(62頁参照)で設定した各階・各方向の耐力壁線に挟まれた水平構面の範囲の一つひとつをいう。66頁以降で求めていく必要床倍率と存在床倍率は、ここで定めた床区画をもとに算出する。

1｜水平構面の仕組みを確認する

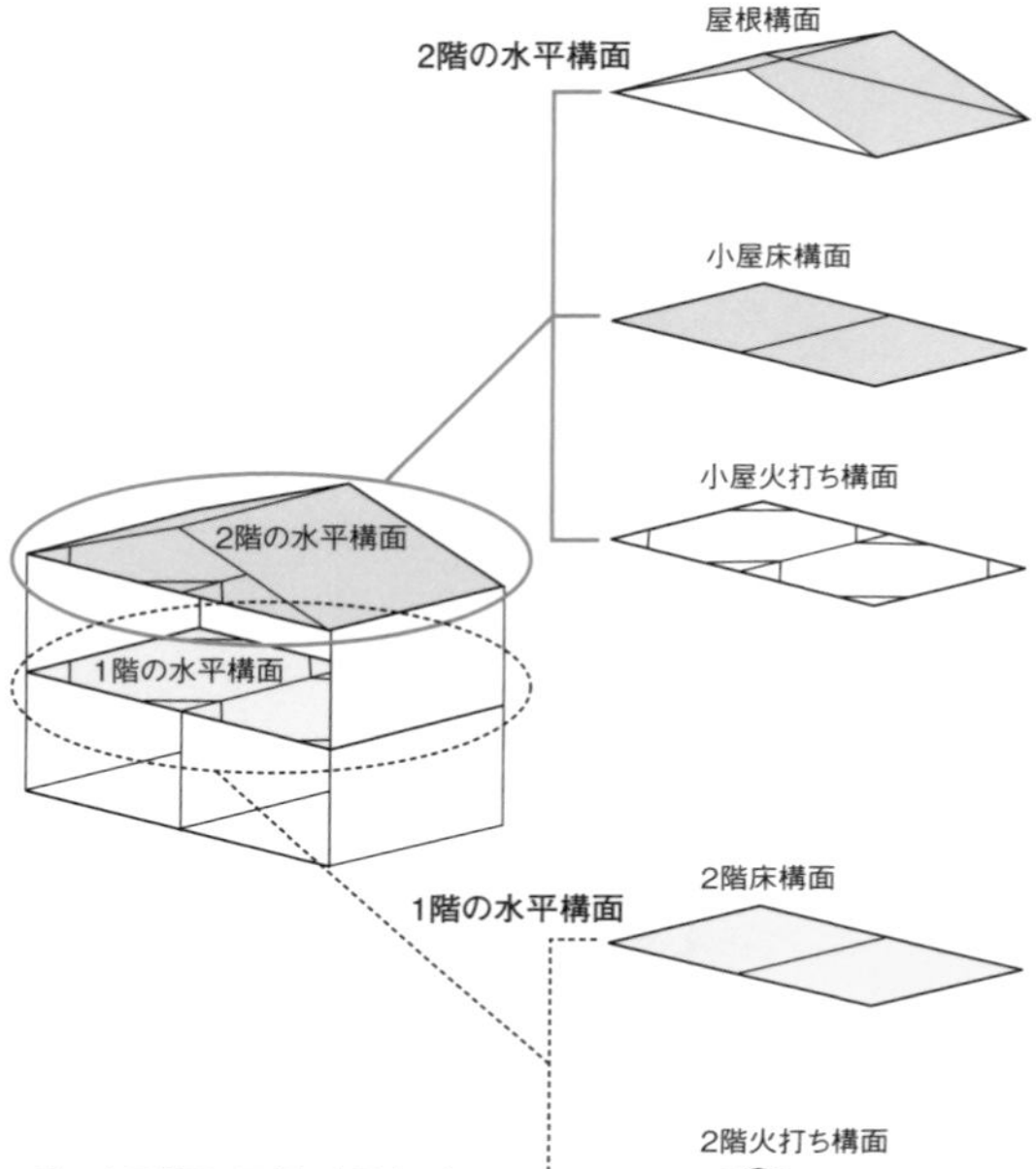

2階の水平構面は屋根・小屋床・小屋火打ち構面の足し合わせとなる。1階の水平構面は2階床・2階火打ち構面の足し合わせとなる

水平構面とは、上階から伝わってきた水平荷重を下階の耐力壁・準耐力壁等に安全に伝達するために必要な構面[※]である。**左図**は2階建ての建物だが、水平構面は「2階の水平構面」と「1階の水平構面」に分けることができる。さらに、2階の水平構面は、「屋根構面」+「小屋床構面」+「小屋火打ち構面」により構成され、1階の水平構面は、「2階床構面」+「2階火打ち構面」で構成される。

屋根構面(2階水平構面)
小屋組上面に屋根勾配なりに打ち付けられた面材、つまり屋根下地による構面

小屋床構面(2階水平構面)
軒桁レベルの横架材間に打ち付けられた構造用合板などによる構面

小屋火打ち構面(2階水平構面)
軒桁レベルの横架材間に水平に取り付けられた火打ちによる構面

2階床構面(1階水平構面)
2階床レベルの横架材に水平に打ち付けられた面材による構面

2階火打ち構面(1階水平構面)
胴差レベルの横架材間に水平に取り付けられた火打ちによる構面

2｜床区画(壁線方向距離Lと耐力壁線間距離 ℓ)を設定する

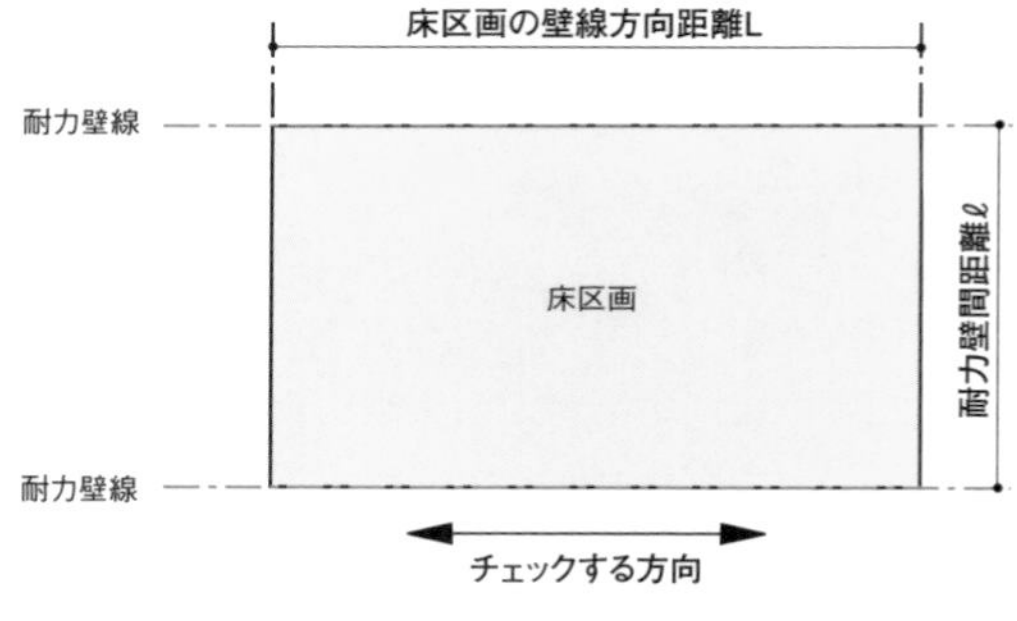

各階・各方向について、耐力壁線に挟まれた1つの範囲を床区画として設定する。床区画ごとの必要床倍率を算出する際には、それぞれの床区画における長さが必要となる。そこで、「床区画をチェックする方向の長さ(壁線方向距離L)」と「床区画をチェックする方向と直交する幅(耐力壁線間距離 ℓ)」を床区画ごとに割り出しておく。

壁線方向距離L
床区画を挟んでいる耐力壁線の方向の床区画の最大長さ

耐力壁線距離 ℓ
床区画を挟んでいる耐力壁線と耐力壁線との間の距離

※：構面とは、複数の部材で構成された外力に抵抗するための平面的な骨組。水平構面は外力に抵抗する水平方向の骨組で、木造軸組構法では屋根・床・火打ち構面の3つで構成される

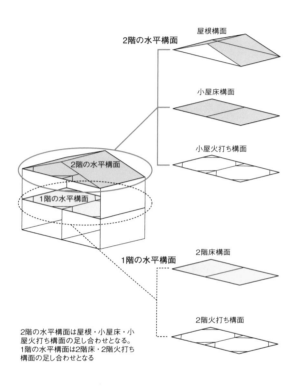

3｜各床区画の係数αを求める

表1｜耐力壁線の条件と係数α

耐力壁線の条件		床区画の両側が◎	床区画の片側が○
	2階建ての 2階または平屋	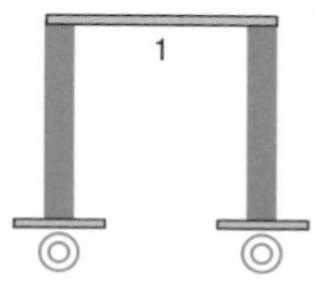	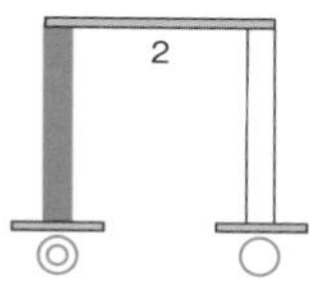
2階建ての1階	床区画の上に上階の 耐力壁線がない	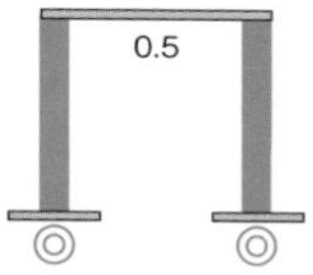	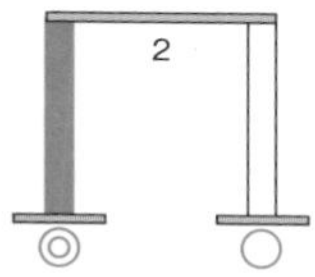
2階建ての1階	床区画の上に上階の 耐力壁線がある	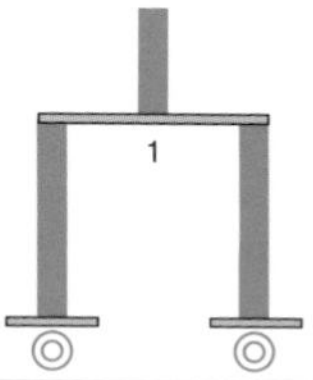	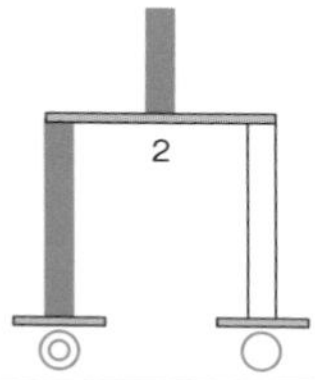

係数αとは、各床区画に関係する上下階の耐力壁線の条件(配置など)を必要床倍率に反映するための係数である。上下階で耐力壁線の位置がずれていると、地震力が加わったときに水平剛性が確保しにくいため、必要床倍率を補正する係数といえる。

係数αは、62頁で図面中の各耐力壁線に描き込んだ◎印と○印をもとに、**表1**および**表2**を参考にしながら選択する(「現場対策22」参照)。**下図**は、耐力壁線の条件とαの関係を2階建ての軸組を使った参考例として示したものである。床区画の片側が○印の場合に係数αが最大の2となっている。このことから、最外周壁線はなるべく◎の条件を満たしているほうが、安全性が高いといえる。

表2｜耐力壁線の条件に応じた係数αの求め方

対象とする床	床区画と耐力壁線の条件		係数α
・2階建ての2階 ・平屋	○の最外周壁線に片側が接する床区画		2
	◎の耐力壁線に両側を挟まれた床区画		1
・2階建ての1階 ・下屋	○の最外周壁線に片側が接する床区画		2
	◎の耐力壁線に両側を挟まれた床区画	床区画の上に上階耐力線がある	1
		床区画の上に上階耐力線がない	0.5

図｜軸組に係数αを当てはめた例

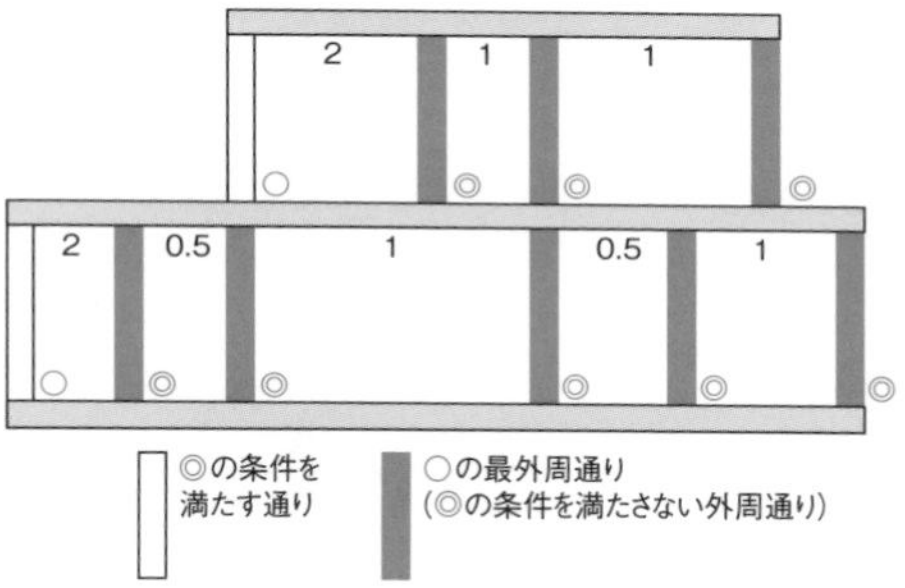

係数αの値が大きいほど必要床倍率の値が大きくなるなど、耐力壁と水平構面の関係を本稿で把握しておく。66頁ではこの係数αを使って、地震力・風圧力それぞれに対する必要床倍率を求めていく。［飯島敏夫］

column 現場対策 22

最外周壁線の◎と○

建物の最外周壁では、耐力壁線の基準を満たしている場合は◎、そうでない場合は○となり、隣り合う耐力壁線間の水平構面の検討時に用いる係数αが異なる。耐力壁線の種類とαの関係で注意したいのが、向かい合う耐力壁線の組み合わせに○－○がないことである。つまり、建物の間口が狭く、外壁にしか耐力壁線がない場合は、最低でもそのどちらか一方は◎となるようにする。［齊藤年男］

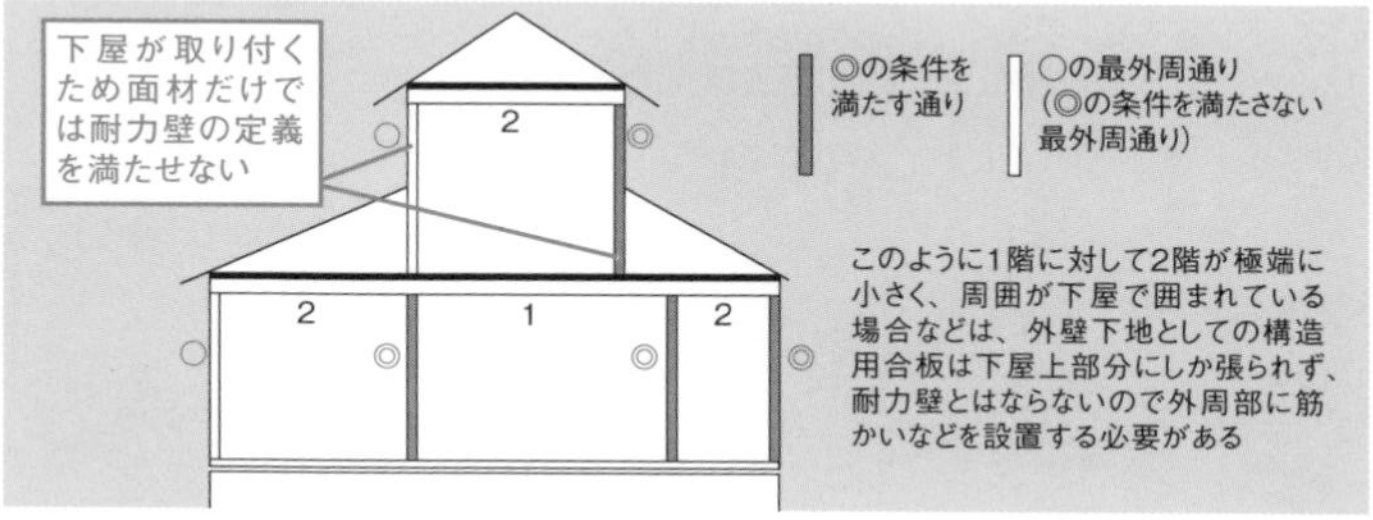

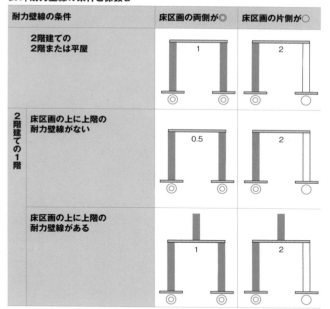

床倍率④ 必要床倍率とは

必要床倍率の算定

地震力に対する必要床倍率を求める
↓
風圧力に対する必要床倍率を求める

必要床倍率は、耐力壁線と耐力壁線に挟まれた床区画の一つひとつについて求めていく。壁量計算と同様に、地震力と風圧力それぞれに対する必要床倍率を求める。下図の床区画Aと床区画Bを例に、その必要床倍率の求め方を解説する。

モデルプラン(2階平面)

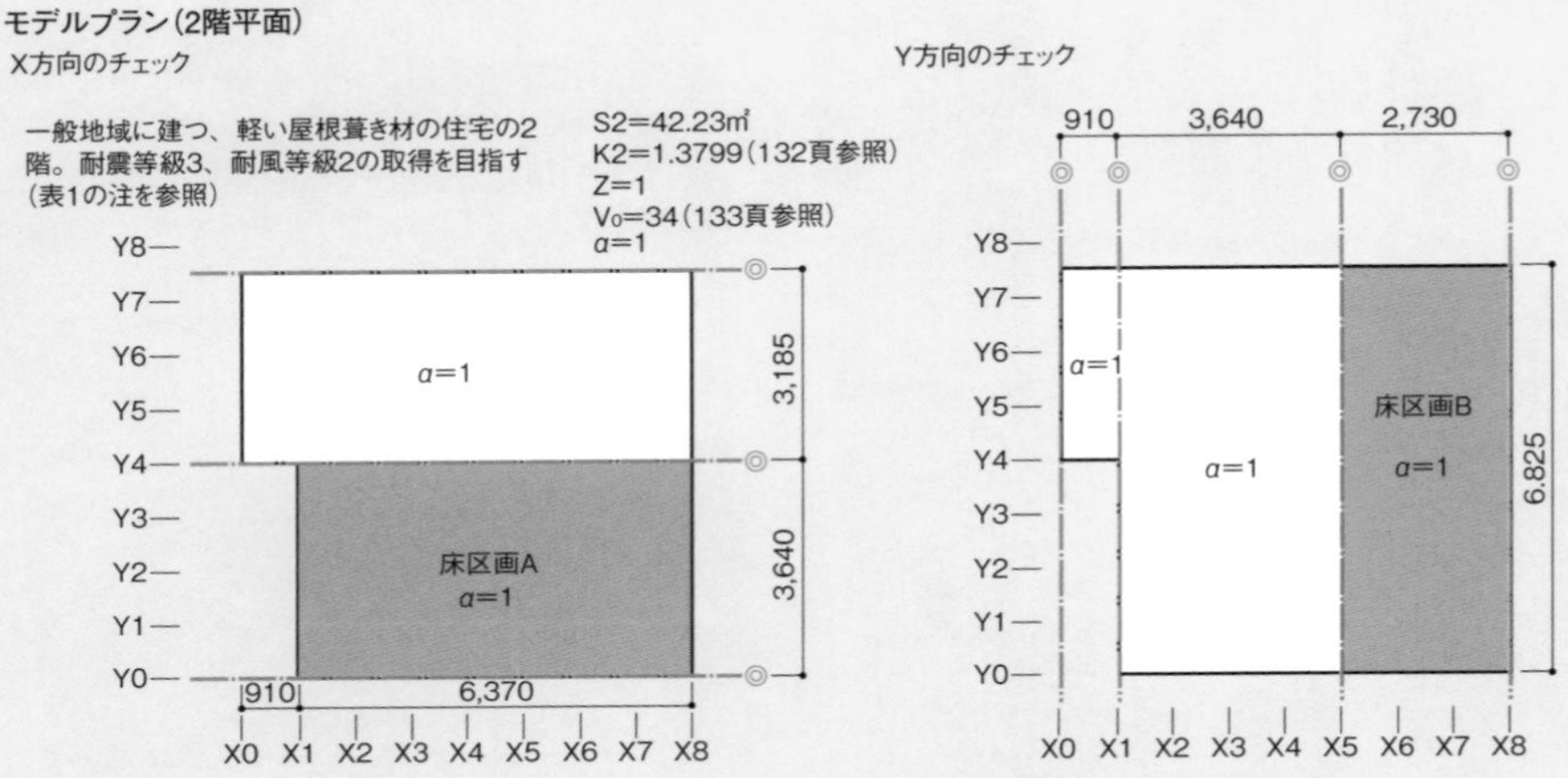

1 | 地震力に対する必要床倍率を求める

$$\text{地震力に対する必要床倍率} = \alpha \times \text{耐力壁線間距離}\,\ell\,(\mathrm{m}) \times \frac{\text{品確法の地震に対する単位面積当たりの必要壁量}}{200}$$

α ＝床区画の係数
200＝壁倍率1の耐力壁長さ1m当たりの基準耐力

耐力壁線で挟まれた床区画ごとに、地震力に対する必要床倍率を上の式で求める。係数 α は耐力壁の位置関係から床区画ごとに求めた係数である(65頁参照)。必要壁量については**表1**に単位面積当たりの必要壁量を求めるための数式を条件(等級2または3、一般地域・多雪区域、重い屋根・軽い屋根、1階・2階)ごとにまとめているので、そこから条件に該当する数式を選択する。「200」は、水平構面に求められる耐力を倍率として表すための係数である。
計算時には、**右図**のように、チェックする床区画の方向の耐力壁線間距離 ℓ と壁線方向距離Lを間違えないように確かめる。

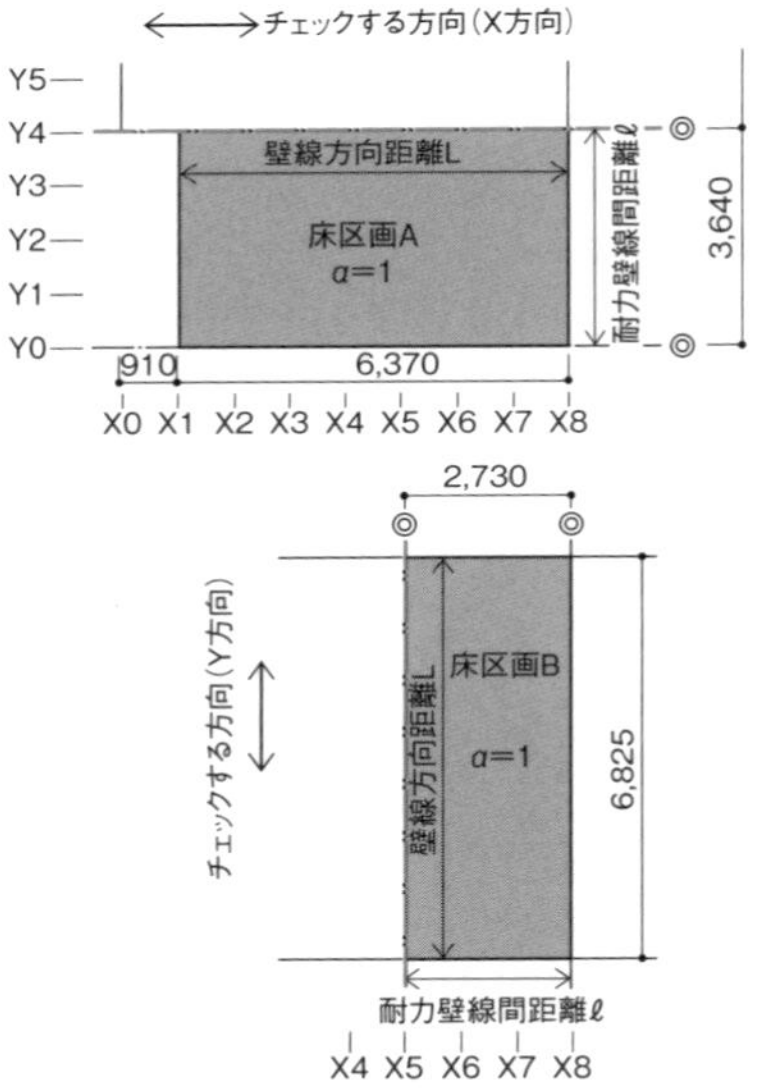

地震力に対する必要床倍率の計算例

床区画Aの必要床倍率

$$= \alpha \times \text{耐力壁線間距離}\,\ell\,(\mathrm{m}) \times \frac{\text{単位面積当たりの必要壁量}}{200}$$

$$= 1 \times 3.64 \times \frac{22 \times 1.3799 \times 1}{200} \fallingdotseq 0.553$$

床区画Bの必要床倍率

$$= \alpha \times \text{耐力壁線間距離}\,\ell\,(\mathrm{m}) \times \frac{\text{単位面積当たりの必要壁量}}{200}$$

$$= 1 \times 2.73 \times \frac{22 \times 1.3799 \times 1}{200} \fallingdotseq 0.414$$

表1｜品確法の地震に対する必要壁量を求める数式

等級2				等級3			
一般地域	1階	軽い屋根	45×K1×Z	一般地域	1階	軽い屋根	54×K1×Z
		重い屋根	58×K1×Z			重い屋根	69×K1×Z
	2階	軽い屋根	18×K2×Z		2階	軽い屋根	22×K2×Z
		重い屋根	25×K2×Z			重い屋根	30×K2×Z
最深積雪量＝1m	1階	軽い屋根	(45×K1＋16)×Z	最深積雪量＝1m	1階	軽い屋根	(54×K1＋20)×Z
		重い屋根	(58×K1＋16)×Z			重い屋根	(69×K1＋20)×Z
	2階	軽い屋根	34×K2×Z		2階	軽い屋根	41×K2×Z
		重い屋根	41×K2×Z			重い屋根	50×K2×Z
最深積雪量＝1.5m	1階	軽い屋根	(45×K1＋24)×Z	最深積雪量＝1.5m	1階	軽い屋根	(54×K1＋29.5)×Z
		重い屋根	(58×K1＋24)×Z			重い屋根	(69×K1＋29.5)×Z
	2階	軽い屋根	42×K2×Z		2階	軽い屋根	50.5×K2×Z
		重い屋根	49×K2×Z			重い屋根	59.5×K2×Z
最深積雪量＝2m	1階	軽い屋根	(45×K1＋32)×Z	最深積雪量＝2m	1階	軽い屋根	(54×K1＋39)×Z
		重い屋根	(58×K1＋32)×Z			重い屋根	(69×K1＋39)×Z
	2階	軽い屋根	50×K2×Z		2階	軽い屋根	60×K2×Z
		重い屋根	57×K2×Z			重い屋根	69×K2×Z

注：K1は1階床面積に乗じる係数（K2は2階）、Zは地震地域係数、S1は品確法の1階壁量計算用床面積（S2は2階）、58頁参照

2｜風圧力に対する必要床倍率を求める

$$\text{風圧力に対する必要床倍率} = \alpha \times \frac{\text{耐力壁線間距離}\,\ell}{\text{壁線方向距離}\,L} \times \text{風圧力の係数}$$

耐力壁線で挟まれた床区画ごとに、風圧力に対する必要床倍率を上の式により求める。また、地域基準風速Vo(85頁参照)と階数に応じた風圧力の係数は、**表2**から条件に当てはまるものを選択する。

表2｜風圧力の係数

地域基準風速(Vo)		30	32	34	36	38	40	42	44	46
平屋		0.75	0.84	0.94	1.07	1.18	1.31	1.45	1.59	1.73
2階建て	1階	1.49	1.68	1.88	2.13	2.36	2.61	2.89	3.17	3.45
	2階	0.75	0.84	0.94	1.07	1.18	1.31	1.45	1.59	1.73

風圧力に対する必要床倍率の計算例

床区画Aの風圧力に対する必要床倍率

$$= \alpha \times \frac{\ell}{L} \times \text{風圧力の係数}$$

$$= 1 \times \frac{3.64}{6.37} \times 0.94 \fallingdotseq 0.537$$

床区画Bの風圧力に対する必要床倍率

$$= \alpha \times \frac{\ell}{L} \times \text{風圧力の係数}$$

$$= 1 \times \frac{2.73}{6.825} \times 0.94 = 0.376$$

ここで求めた地震力・風圧力に対する必要床倍率を、68～71頁で求めた存在床倍率と比較し、存在床倍率が地震力・風圧力に対する必要床倍率のいずれも上回ることを確認する。

［飯島敏夫］

column 現場対策 23

剛床とはどのような仕様の床を指すのか

床を構造の点からみると、柔床と剛床に分けられるが、明確な定義があるわけではない。一般的に、剛床とは、水平構面の剛性が十分期待できるものを指し、各階で耐力壁が一様に同じ寸法だけ変形すると仮定できるものをいう。しかし、そのような意味においては、木造では完全な剛床とすることは難しい。

そこで、品確法では水平構面の剛性を床倍率という値で分類して、必要な床倍率(剛性)以上を確保すればよいとしている。この床倍率からも分かるとおり、火打ち材の水平構面は構造用合板などを用いた面材床に比べてかなり低い倍率となる。建築基準法では火打ち材等の設置を義務付けることで、壁量計算を剛床仮定に乗せているが、火打ち材だけでは床倍率が不足する可能性が大きい。こうした面からも品確法にもとづいた床の計算を行うことが望ましい。

［齊藤年男］

存在床倍率3の剛床の例

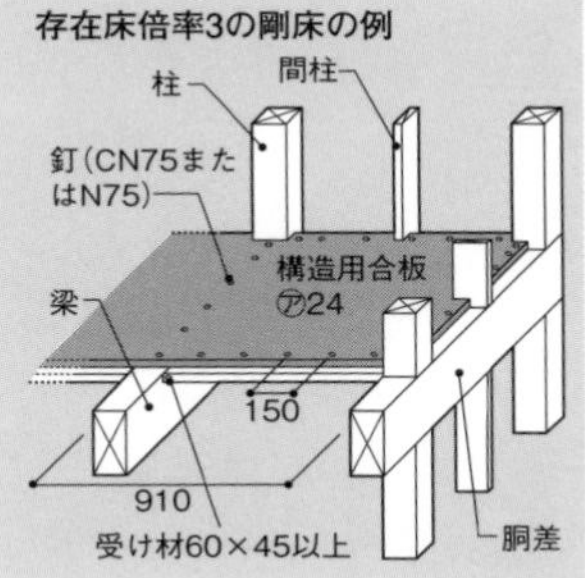

床倍率⑤　存在床倍率とは

壁量計算の基本

建築基準法の壁量計算例

1.5倍耐力の壁量計算の基本

1.5倍耐力の壁量計算例

荷重

梁

柱

基礎

断面算定

存在床倍率の求め方

水平構面の仕様ごとの存在床倍率を整理する

↓

床区画の存在床倍率（床・屋根構面）を算出する

存在床倍率とは、仕様や納まりをもとに、水平構面がどのくらいの強さをもつかを倍率で表したものである。屋根構面・床構面・火打ち構面ごとの存在床倍率を求めるが、屋根・床構面と火打ち構面では求め方が異なるため、ここでは屋根構面・床構面の存在床倍率を解説する。

存在床倍率は床区画ごとに求めていく。ただし、床区画のなかに異なる仕様が存在する場合は、平均存在床倍率［※］を求める。

1｜水平構面の仕様ごとの存在床倍率を整理する

耐力壁線を記入した図面に、床仕様の区分を描き込み、床仕様を整理する。たとえば**右図**では、下屋と構造用合板張りの床と、吹抜けの3種類の床仕様が存在していることをまず確認する。

それぞれの仕様をもとに、**表**から該当する存在床倍率を選択する。なお、吹抜けと階段室は存在床倍率は0となる。

2階の床構面の仕様と耐力壁線（Y方向）

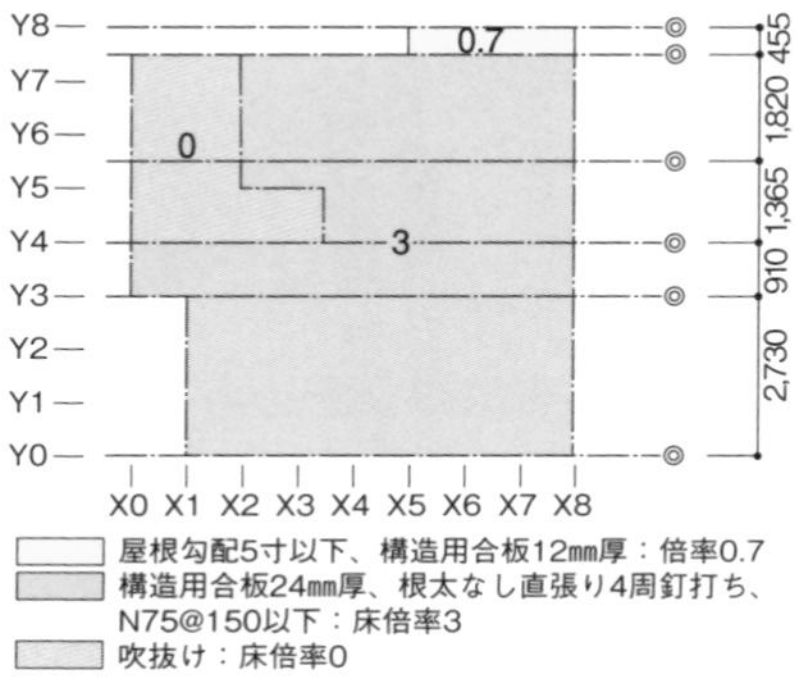

屋根勾配5寸以下、構造用合板12mm厚：倍率0.7
構造用合板24mm厚、根太なし直張り4周釘打ち、N75@150以下：床倍率3
吹抜け：床倍率0

表｜床・屋根構面の存在床倍率

番号	水平構面の仕様		存在床倍率
1	床構面	構造用合板12mm厚以上または構造用パネル1級・2級以上、根太@340mm以下落とし込み、N50@150mm以下	2
2		構造用合板12mm厚以上または構造用パネル1級・2級以上、根太@340mm以下半欠き、N50@150mm以下	1.6
3		構造用合板12mm厚以上または構造用パネル1級・2級以上、根太@340mm以下転ばし、N50@150mm以下	1
4		構造用合板12mm厚以上または構造用パネル1級・2級以上、根太@500mm以下落とし込み、N50@150mm以下	1.4
5		構造用合板12mm厚以上または構造用パネル1級・2級以上、根太@500mm以下半欠き、N50@150mm以下	1.12
6		構造用合板12mm厚以上または構造用パネル1級・2級以上、根太@500mm以下転ばし、N50@150mm以下	0.7
7		構造用合板24mm厚以上、根太なし直張り4周釘打ち、N75@150mm以下	3
8		構造用合板24mm厚以上、根太なし直張り川の字釘打ち、N75@150mm以下	1.2
9		幅180mmスギ板12mm厚以上、根太@340mm以下落とし込み、N50@150mm以下	0.39
10		幅180mmスギ板12mm厚以上、根太@340mm以下半欠き、N50@150mm以下	0.36
11		幅180mmスギ板12mm厚以上、根太@340mm以下転ばし、N50@150mm以下	0.3
12		幅180mmスギ板12mm厚以上、根太@500mm以下落とし込み、N50@150mm以下	0.26
13		幅180mmスギ板12mm厚以上、根太@500mm以下半欠き、N50@150mm以下	0.24
14		幅180mmスギ板12mm厚以上、根太@500mm以下転ばし、N50@150mm以下	0.2
15	屋根構面	3寸勾配以下、構造用合板9mm厚以上または構造用パネル1級・2級・3級、垂木@500mm以下転ばし、N50@150mm以下	0.7
16		5寸勾配以下、構造用合板9mm厚以上または構造用パネル1級・2級・3級、垂木@500mm以下転ばし、N50@150mm以下	0.7
17		矩勾配以下、構造用合板9mm厚以上または構造用パネル1級・2級・3級、垂木@500mm以下転ばし、N50@150mm以下	0.5
18		3寸勾配以下、幅180mmスギ板9mm厚以上、垂木@500mm以下転ばし、N50@150mm以下	0.2
19		5寸勾配以下、幅180mmスギ板9mm厚以上、垂木@500mm以下転ばし、N50@150mm以下	0.2
20		矩勾配以下、幅180mmスギ板9mm厚以上、垂木@500mm以下転ばし、N50@150mm以下	0.1

注：構造用合板などの釘打ちは、特記がない限り、床構面では根太に対して、屋根構面では垂木に対して川の字で打ち付けること

※：平均存在床倍率は、床区画のなかで異なる床仕様がどのように分割されているかで計算方法が異なる。平面図で上下の耐力壁線に挟まれた床の区画があるとして、それが左右に分割されていれば、平均値を採用する。上下に分割されていれば平均値を採用する。原則的に異なる仕様の小区画が2つの耐力壁線にそれぞれつながっている。つまり、いずれの小区画も耐力壁線の両方につながっていない場合は、区画全体の床は一番弱い床の部分の力しか発揮できないので、小区画の存在床倍率で最小のものが平均存在床倍率となる

2｜床区画ごとの存在床倍率を求める

床区画ごとに存在床倍率を求める。ただし、2階床構面と下屋にあたる屋根構面が1つの床区画にまたがるなど、床区画には異なる床仕様が存在する場合がある。それらの異なる床仕様が耐力壁線に対してどのような方向や形状で区分されているかによって、存在床倍率の求め方は異なる。以下に、4つの求め方をまとめる。

①床区画が1つの仕様のみの場合

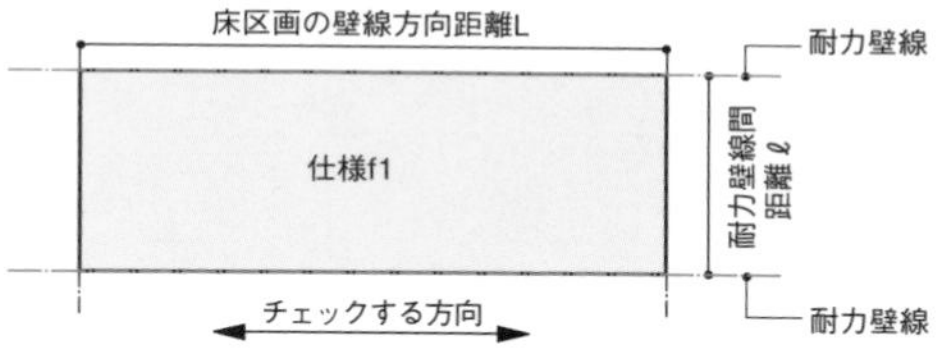

1つの床区画が1種類だけで、吹抜けなども存在しない場合は、小区画には分割せずにそのまま存在床倍率を求める

床区画の平均存在床倍率＝床区画の存在床倍率f1

②複数の仕様が耐力壁線に直交する線で区分されている場合

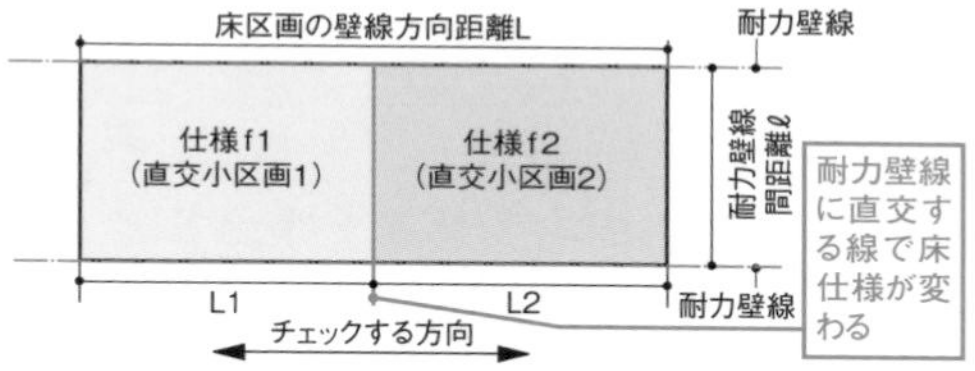

仕様の領域1つずつを「直交小区画」として設定する。それぞれの直交小区画の存在床倍率を平均する。

床区画の平均存在床倍率＝

$$\frac{\left(\text{直交小区画ごとの存在床倍率}\times\text{直交小区画ごとの壁線方向距離}\right)\text{の合計}}{\text{床区画の壁線間方向距離}}=\frac{f1\times L1+f2\times L2}{L}$$

③複数の仕様が耐力壁線と平行する線で区分されている場合

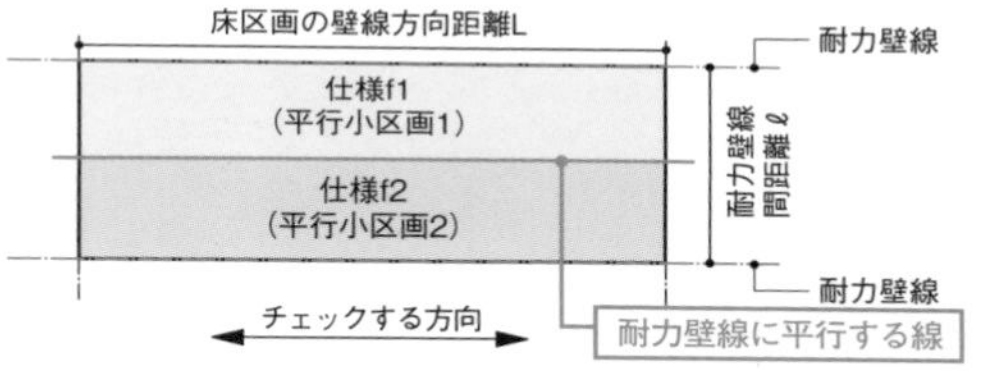

1つの床区画にf1とf2の2つの仕様が耐力壁線と平行な線で区分されている場合は、仕様の領域1つずつを「平行小区画」として設定する。存在床倍率は、そのうち最も小さいものを採用する。

床区画の平均存在床倍率＝平行小区画1と平行小区画2のうち小さい存在床倍率

④複数の仕様が耐力壁線に平行線と直交線で区分されている場合

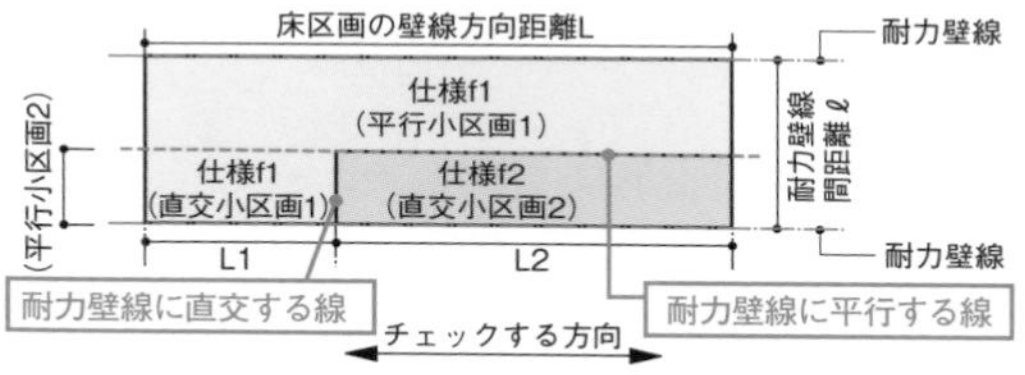

耐力壁線と平行な線で平行小区画1と平行小区画2に分ける。平行小区画2のなかを仕様ごとに直交小区画として設定し、平行小区画2の平均存在床倍率＝(f1×L1+f2×L2)/Lで求める。平行小区画1と平行小区画2のうち、小さいほうの存在床倍率をこの区画の平均存在床倍率とする

床区画の平均存在床倍率＝平行小区画1の存在床倍率と平行小区画2の平均存在床倍率のうち小さいほう

ここで求めた床区画ごとの床・屋根構面の存在床倍率は、70頁の必要床倍率と比較する。ただし、火打ち材が存在する場合は、火打ち構面の存在床倍率を算出し、加算したうえで必要床倍率と比較する。 ［飯島敏夫］

column 現場対策 24

スキップフロアも床倍率として成立する？

スキップフロアは計算上フラットな床として取り扱うことがある。ただし、水平力が分配されなければならないので、段差部に床と同じ仕様の面材を張り、床構面を連続させるなどの対策が必要である。また、スキップフロアを支える上下の柱の小径や、柱の途中にくる隣接の床からの水平力による曲げ応力などを考慮しなくてはならない。それらを踏まえると、筆者の経験上、段差は90cm程度までとしたい。 ［齊藤年男］

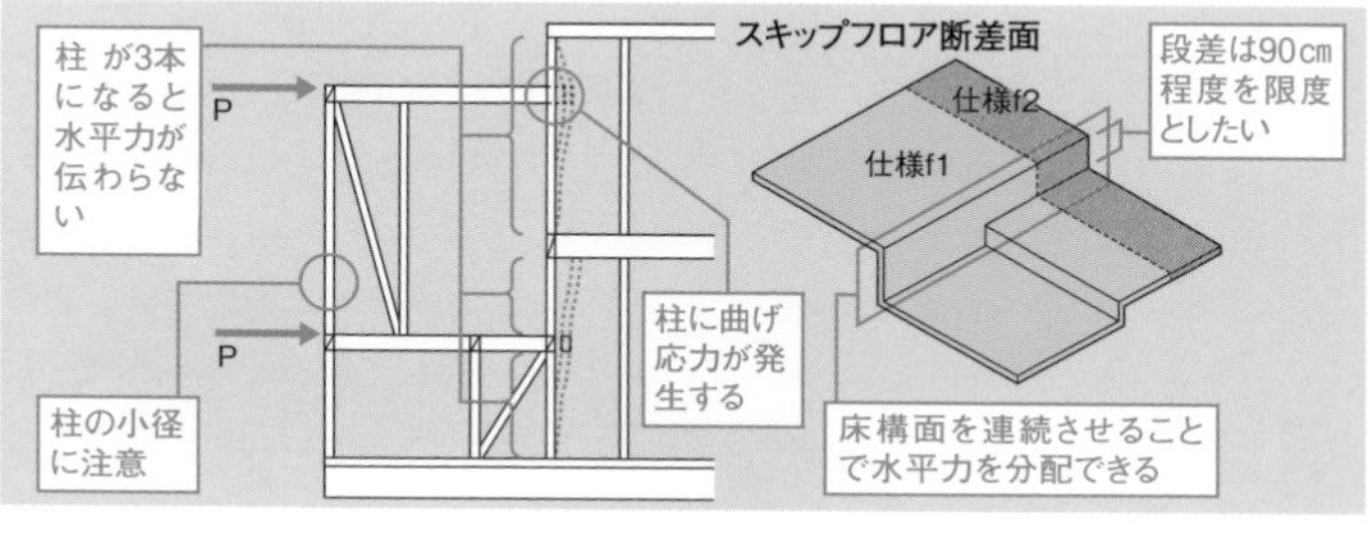

床倍率⑥ 床倍率の判定方法

火打ち構面の存在床倍率の求め方～判定まで

火打ち構面の存在床倍率を求める
↓
水平構面の平均存在床倍率を求める
↓
判定：存在床倍率≧必要床倍率を確認する

床構面・屋根構面の存在床倍率の算定に続いて、火打ち構面の存在床倍率を求める。ただし、床構面・屋根構面で存在床倍率が確保されていれば、この工程は省略できる。床構面、屋根構面、火打ち構面の存在床倍率を合計し、床区画の水平構面の平均存在床倍率を求める。その数値が、66頁で求めた地震力・風圧力に対する必要床倍率より上回っていることを確認する。

1｜火打ち構面の存在床倍率を求める

$$\text{火打ち1本当たりの負担面積} = \frac{\text{床区画の面積}}{\text{火打ちの本数}}$$

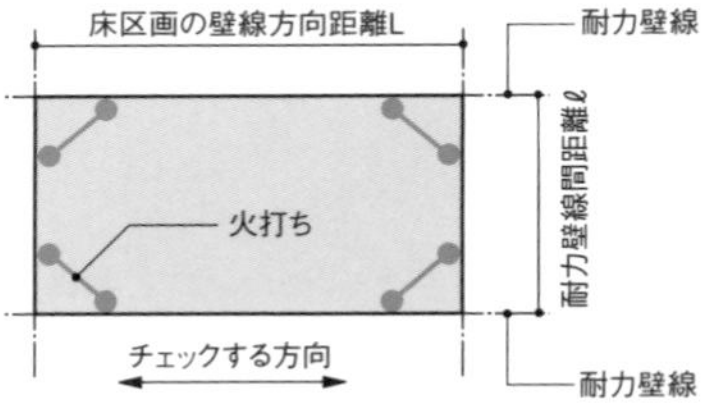

$$\text{火打ち1本当たりの負担面積} = \frac{L \times \ell}{4}$$

火打ち構面の存在床倍率は、火打ち1本当たりの負担面積と火打ちが取り付く横架材のせいをもとに、**表**から選択する。火打ち1本当たりの負担面積の求め方は、左図のように床区画ごとに床区画の面積をその床区画に存在する火打ちの本数で除して求める。そのため、火打ち構面の存在床倍率は、屋根構面の仕様、床構面の仕様や吹抜けの有無に関係なく算定できる。**下図**2点の場合も含めて、火打ち1本当たりの負担面積を求める式は（壁線方向距離L×耐力壁間距離 ℓ）÷4本となる。火打ち材が2つの異なる床区画をまたがって取り付けられる場合、それぞれの床区画において0.5本ずつ算定することができる。

設計時に、梁などの横架材断面寸法がすべて決定していない段階で床倍率の算定を行うこともある。そうした場合は、一番小さな梁せいをもとに火打ち構面の存在床倍率を求めるほうが安全である。

床と吹抜けの火打ち構面

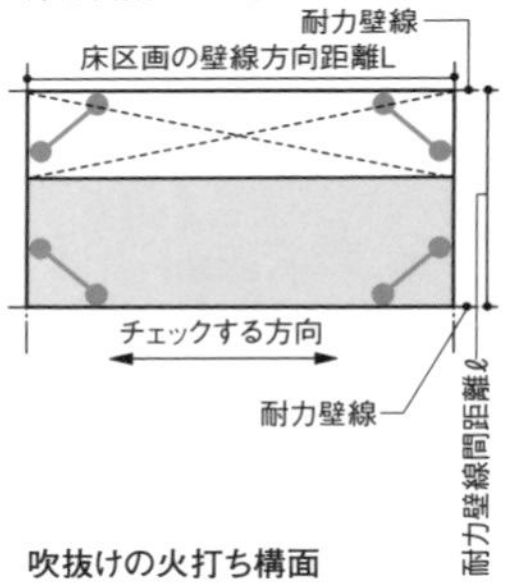

吹抜けの火打ち構面

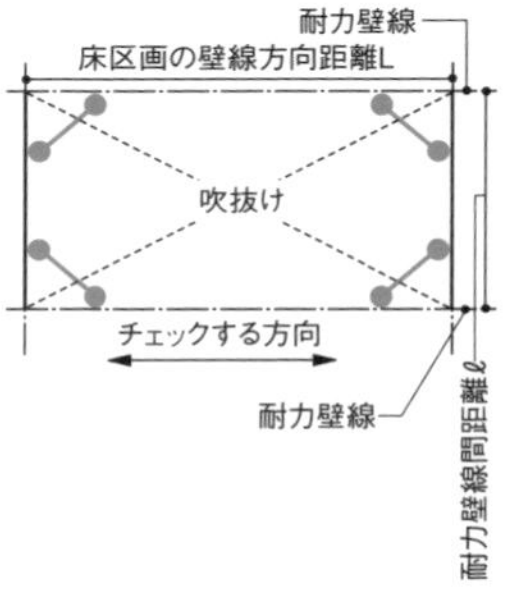

表｜火打ち構面の仕様と存在床倍率

番号	火打ち構面の仕様	存在床倍率
21	火打ち金物、平均負担面積2.5㎡以下、梁せい240㎜以上	0.8
22	火打ち金物、平均負担面積2.5㎡以下、梁せい150㎜以上	0.6
23	火打ち金物、平均負担面積2.5㎡以下、梁せい105㎜以上	0.5
24	火打ち金物、平均負担面積3.3㎡以下、梁せい240㎜以上	0.48
25	火打ち金物、平均負担面積3.3㎡以下、梁せい150㎜以上	0.36
26	火打ち金物、平均負担面積3.3㎡以下、梁せい105㎜以上	0.3
27	火打ち金物、平均負担面積5㎡以下、梁せい240㎜以上	0.24
28	火打ち金物、平均負担面積5㎡以下、梁せい150㎜以上	0.18
29	火打ち金物、平均負担面積5㎡以下、梁せい105㎜以上	0.15
30	木製火打ち90×90㎜、平均負担面積2.5㎡以下、梁せい240㎜以上	0.8
31	木製火打ち90×90㎜、平均負担面積2.5㎡以下、梁せい150㎜以上	0.6
32	木製火打ち90×90㎜、平均負担面積2.5㎡以下、梁せい105㎜以上	0.5
33	木製火打ち90×90㎜、平均負担面積3.3㎡以下、梁せい240㎜以上	0.48
34	木製火打ち90×90㎜、平均負担面積3.3㎡以下、梁せい150㎜以上	0.36
35	木製火打ち90×90㎜、平均負担面積3.3㎡以下、梁せい105㎜以上	0.3
36	木製火打ち90×90㎜、平均負担面積5㎡以下、梁せい240㎜以上	0.24
37	木製火打ち90×90㎜、平均負担面積5㎡以下、梁せい150㎜以上	0.18
38	木製火打ち90×90㎜、平均負担面積5㎡以下、梁せい105㎜以上	0.15

注：21～29の火打ち金物の床倍率は、30～38の木製火打ちの床倍率と同じ値である

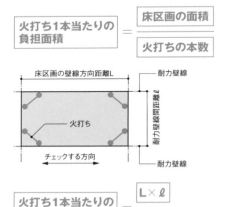

2 | 水平構面の平均存在床倍率を求める

水平構面の存在床倍率 ＝ 屋根構面の存在床倍率 ＋ 床構面の存在床倍率 ＋ 火打ち構面の存在床倍率

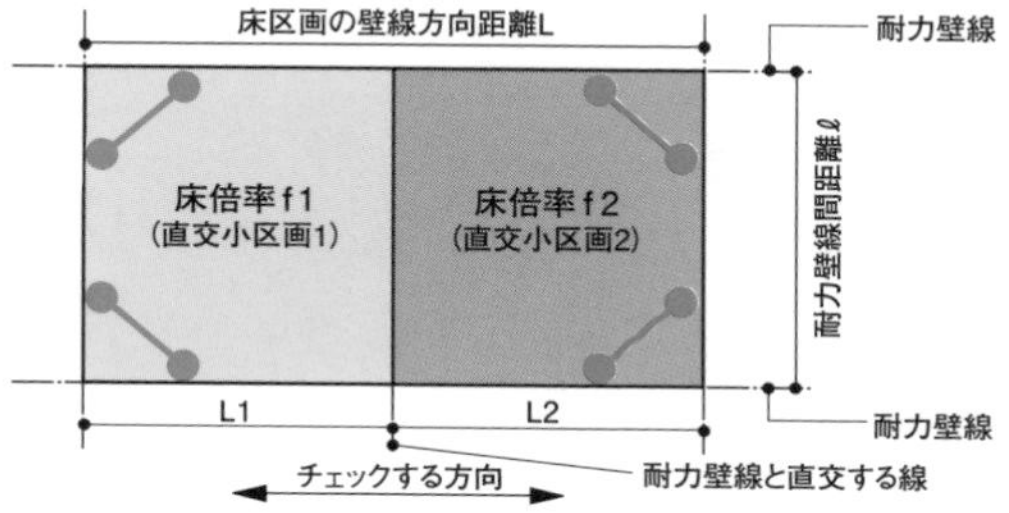

床区画の平均存在床倍率 ＝ $\dfrac{f1 \times L1 + f2 \times L2}{L}$ ＋

$\dfrac{L \times \ell}{4}$ と 梁せい から選択した火打ち構面の存在床倍率(表)

水平構面の存在床倍率とは、左式のとおり屋根・床・火打ち構面の仕様による存在床倍率を合計したものである。

左図のように、1つの床区画のなかに異なる仕様の床構面が存在し、火打ち材も取り付く場合は、まず、床構面の平均存在床倍率を求める。平均存在床倍率は、床区画全体の床の強さを表す数値である。**左図**のような異なる床仕様が存在する場合は、直交小区画を設定する。床仕様ごとに、床倍率に1つの床仕様領域の壁線方向距離を乗じたものを合わせ、床区画全体の壁線方向距離で除する。続いて、火打ち構面の存在床倍率を求める。**左図**の場合は、床区画のなかに4本存在している。そのため、壁線方向距離L×耐力壁間距離 ℓ を4で除して求めた火打ち1本当たりの負担面積と、梁せいの寸法をもとに**表**から存在床倍率を選択する。その存在床倍率と、先に求めた床構面の平均存在床倍率を合わせたものが、**左図**の床区画の平均存在床倍率となる。

3 | 判定:平均存在床倍率≧必要床倍率を確認する

耐震等級2を目標とする場合

平均存在床倍率≧地震力に対する等級2の必要床倍率

耐震等級3を目標とする場合

平均存在床倍率≧地震力に対する等級3の必要床倍率

耐風等級2を目標とする場合

平均存在床倍率≧風圧力に対する等級2の必要床倍率

それぞれの床区画において、66頁で求めた地震力に対する必要床倍率と風圧力に対する必要床倍率のいずれよりも、平均存在床倍率が大きいことを確認する。各階・各方向の床区画でそれぞれの床倍率の確認を行うことで、水平構面全体の剛性を確認する。

平均存在床倍率が必要床倍率を下回る場合は、床の仕様を変更するか、耐力壁線の間隔を再検討する必要がある。また、火打ち材を追加することで、前者の変更よりも簡易に床構面の補強を行うことができるのが、火打ち材のメリットでもある。

［飯島敏夫］

column 現場対策 | 25

水平構面の床倍率足し合わせのポイント

水平構面の存在床倍率では、面材による床構面、火打ち構面、屋根構面の値それぞれ足し合わせることができる。下屋付きの2階建てでは1階下屋部分の床倍率が不足する場合があるが、このとき、各構面の存在床倍率の足し合わせを利用すると水平耐力を確保しやすい。

たとえば、1階下屋となる部分の軒桁上にも2階床と同様に構造用合板を張ることで、構造用合板による床倍率と屋根構面・火打ち構面の倍率を合算することができ、2階床部分より強固な水平構面を形づくることができる。

さらに、構造用合板を張ることで上棟工事中の作業床ができることになり、施工の安全性と作業効率の向上を同時に図ることができるという利点がある。加えて、小屋裏収納としても利用できるので便利だ。

［齊藤年男］

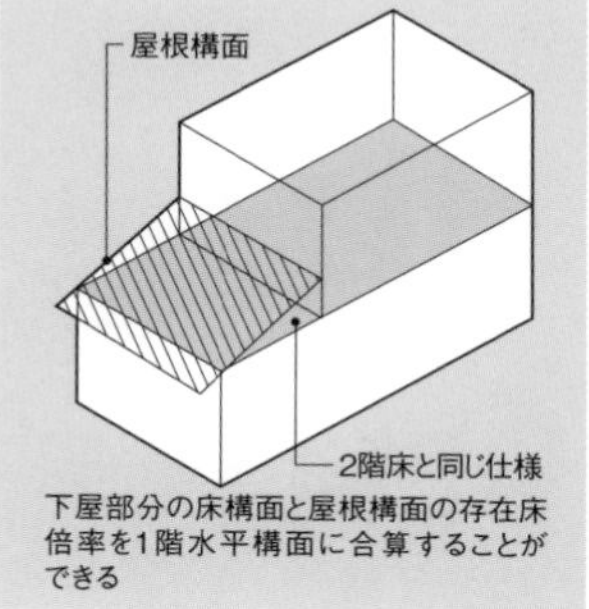

下屋部分の床構面と屋根構面の存在床倍率を1階水平構面に合算することができる

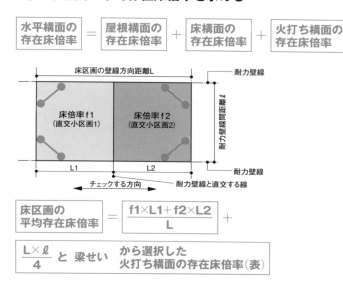

1.5 倍耐力の接合部

横架材の接合方法

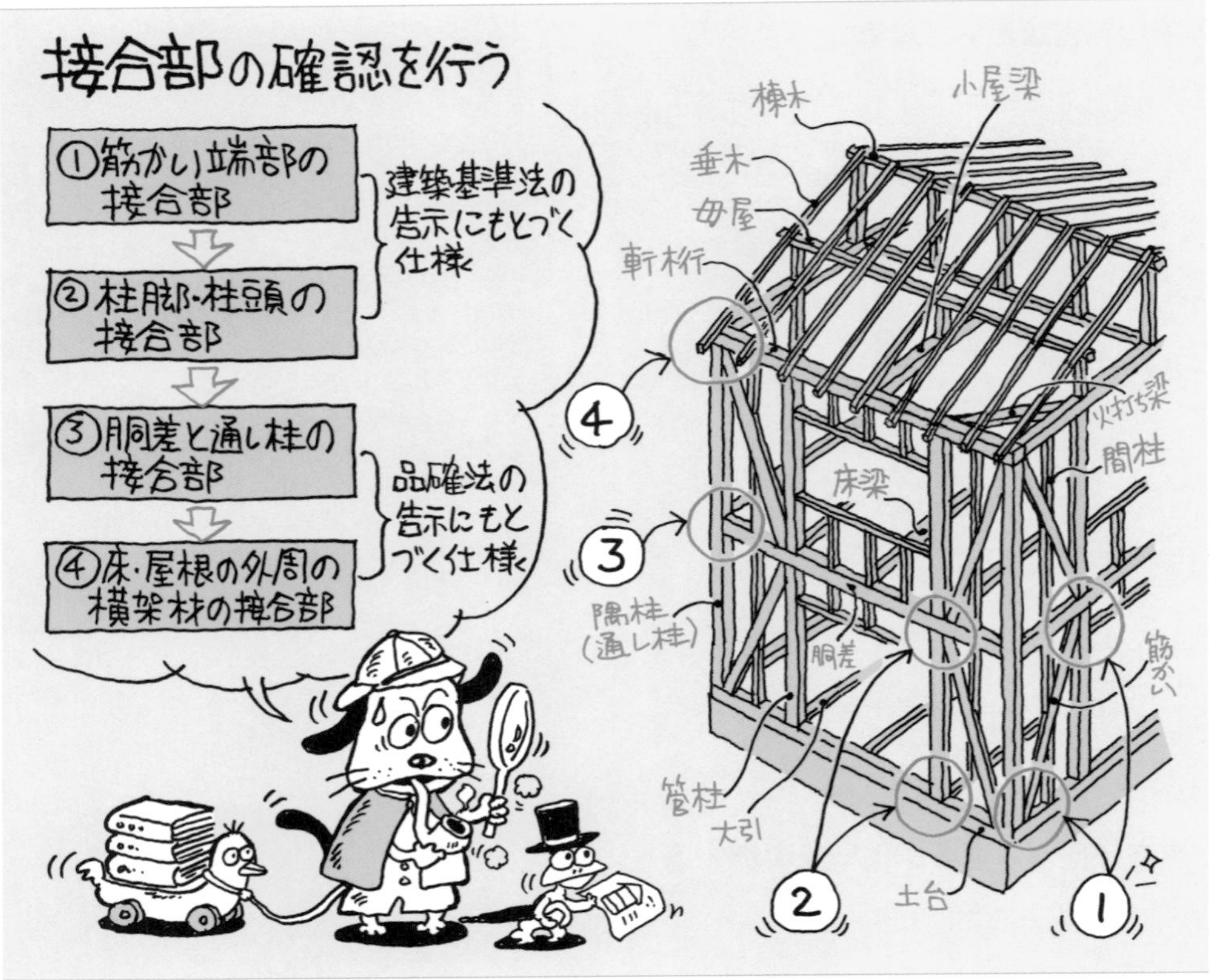

建築基準法の1.5倍の耐力を実現するためには、壁量計算、床倍率のほかに、①筋かい端部の接合部→②柱脚・柱頭の接合部→③胴差と通し柱の接合部→④床・屋根外周の横架材の接合部の4項目をチェックする必要がある。

ただし、①②については、平12建告1460号によって建築基準法でも義務付けられている［32～41頁参照］。

等級2（耐力1・25倍）以上の耐震性能とするために、品確法では③④の確認が義務付けられている。これは、架構のなかで弱点となる、床・屋根を支える横架材の接合部が外れないことを確認するためである。平面凸部の付け根の継手・仕口、下屋の付け根の継手・仕口、壁線間距離（スパン）の長い横架材の継手、通し柱と胴差の仕口などを注意してみていく必要がある。

接合方法と注意点

(1)胴差と通し柱の接合部

通し柱と胴差の取り付き方に応じて、仕口の接合方法を表1から選択する。

(2)床・屋根の外周の横架材の接合部

建物の形状に応じて、各床区画ごとに、床・屋根の外周の横架材の接合部をチェックしていく。図のように下屋の付け根、入隅、耐力壁線間距離が4m超など、接合部の応力が大きくなりがちな個所については、水平構面の継手・仕口を表2の接合部倍率以上にしなければならない。

表2の接合部倍率は、接合部の許容耐力（短期基準耐力）を1・96kN（200kgf／m）×2.7mで除した値で、接合部倍率1は5.3kN（540kgf）である。

表2で求めた必要接合部倍率を超える存在接合部倍率をもつ接合の仕様を表3から選択する。

表3は、Zマーク表示金物を示しているが、Zマーク表示金物同等認定品、性能認定品なども同じように用いることができる。

建築基準法では、平12建告1460号で筋かいの接合部や耐力壁の柱脚・柱頭の接合にN値の計算方法を用いる。このN値と接合部倍率は、床構面のもつ強さによって接合部にかかる力の大きさが変わることを考慮したもので、まったく同じ考え方によるものである［36頁参照］。

［飯島敏夫］

※1：接合部の仕様を、3.2㎜厚の鋼板添え板を用い、柱に対して12㎜径のボルト2本、横架材、布基礎もしくは上下階の連続する柱に対して当該鋼板添え板に留め付けた16㎜径のボルトを介して緊結したもの、またはこれと同等以上の結合方法としたもの

※2：接合部の仕様を、3.2㎜厚の鋼板添え板を用い、柱に対して12㎜径のボルト3本、横架材（土台を除く）、布基礎もしくは上下階の連続する柱に対して当該鋼板添え板に留め付けた16㎜径のボルトを介して緊結したもの、またはこれと同等以上の結合方法としたもの

図｜接合部の応力が大きくなりがちな個所

①下屋の付け根の接合部

ℓ：耐力壁線間距離

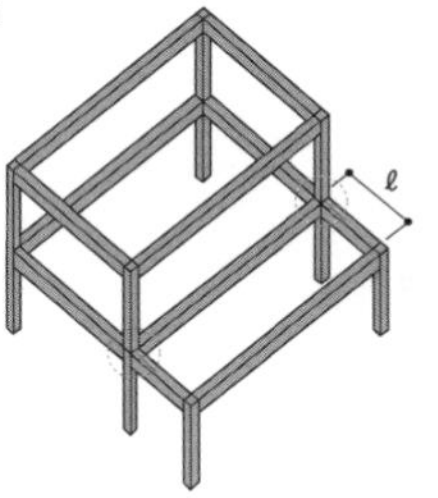

②最外周の耐力壁線から
1.5mを超える位置にある
入隅部の接合部

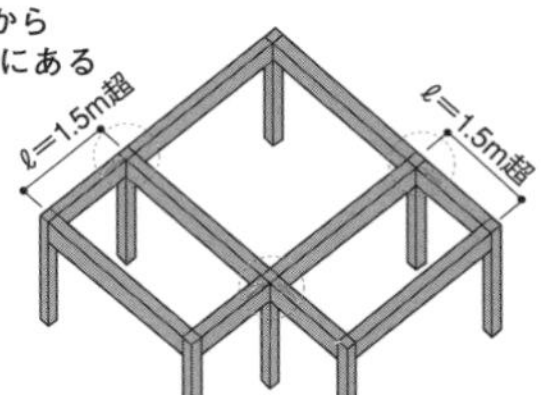

③耐力壁線間距離が4mを超える
床・屋根面の中間にある接合部

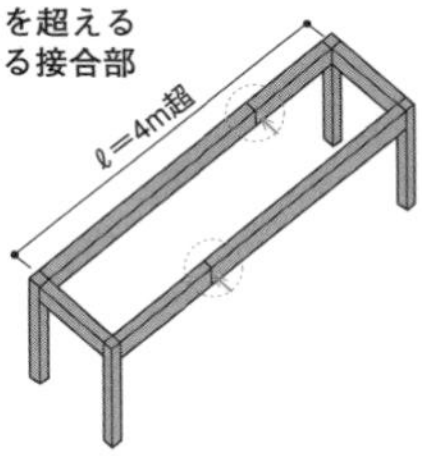

表1｜通し柱と胴差の補強方法

	通し柱と胴差の条件	仕口	参考図
T1	通し柱の片側に胴差が取り付く場合	傾(かた)ぎ大入れ短ホゾ差しとしたうえ、羽子板ボルト、短折り金物または同等以上の接合方法で緊結する	傾ぎ大入れ短ホゾ差し＋羽子板ボルト 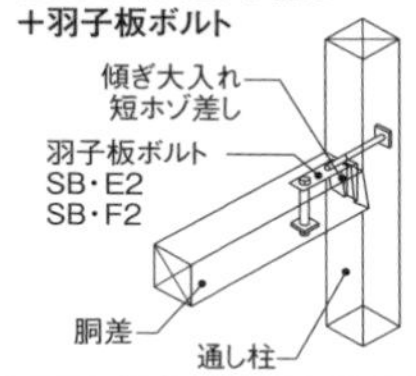 傾ぎ大入れ短ホゾ差し＋短折り金物 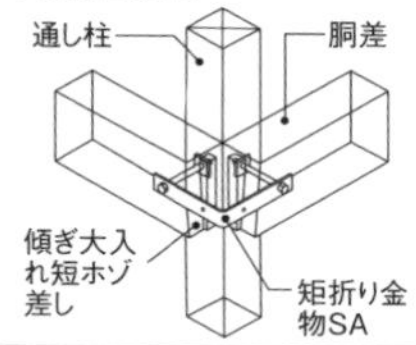
T2	通し柱の両側に胴差が取り付く場合	傾ぎ大入れ短ホゾ差しとしたうえ、短冊金物または同等以上の接合方法で胴差相互を緊結する	傾ぎ大入れ短ホゾ差し＋短冊金物 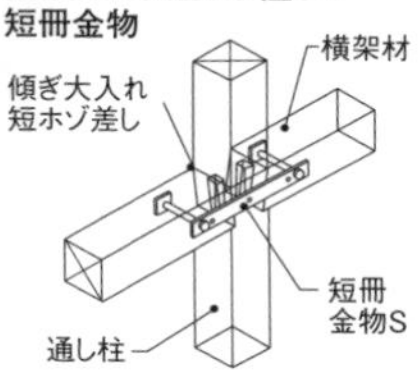
T3	通し柱と胴差の接合部の近くに90㎜角以上の筋かいが取り付く場合（通し柱が建物の出隅にあるか、筋かい壁が外壁を直交して接する場合）	15kN用の引き寄せ金物を水平に用いて緊結する。または同等以上の接合方法とする	15kN用の引き寄せ金物 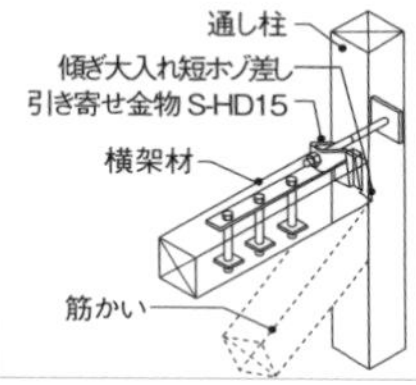

表2｜床・屋根の外周の横架材の接合部倍率

部位	接合部倍率
図①～③の接合部	必要接合部倍率＝耐力壁線間距離 ℓ ×存在床倍率×0.185（0.7以下は0.7とする）
その他の接合部	0.7

表3｜接合部の仕様と接合部倍率

接合部の仕様		接合部倍率
（い）	短ホゾ差し	0.0
	かすがいC	
（ろ）	長ホゾ差し込み栓打ち	0.7
	かど金物CP・L	
（は）	山形プレートVP	1.0
	かど金物CP・T	

接合部の仕様		接合部倍率
（に）	羽子板ボルトSB・E2、SB・F2	1.4
	短冊金物S（スクリュー釘を除く）	
（ほ）	羽子板ボルトSB・E、SB・F	1.6
	短冊金物S	
（へ）	ホールダウン金物S-HD10	1.8［※1］
（と）	ホールダウン金物S-HD15	2.8［※2］

接合部の仕様		接合部倍率
（ち）	ホールダウン金物S-HD20［※3］	3.7
（り）	ホールダウン金物S-HD25［※4］	4.7
（ぬ）	ホールダウン金物S-HD15×2	5.6
（る）	腰掛け蟻＋羽子板ボルト	1.9
	大入れ蟻掛け＋短冊金物	
（を）	腰掛け蟻＋羽子板ボルト×2	3.0
	大入れ蟻掛け＋短冊金物×2	

column 現場対策 26

告示仕様にない引き寄せ金物は使えない？

平12建告1460号の引き寄せ金物に関する記述には、15kN用の引き寄せ金物を2組使用した30kNまでが紹介されている。では、この告示仕様にない引き寄せ金物は、どう選択すればよいか。

（公財）日本住宅・木材技術センターでは、30kNを超える引き寄せ金物や、告示仕様にない接合金物の性能認定も行っている。これらの接合金物は、（公財）日本住宅・木材技術センターのホームページ（http://www.howtec.or.jp/）で紹介されているので、性能や使用条件などを確認することができる（認証・認定／木造建築物用接合金物認定→2-3性能認定制度の項目の一覧表）。このサイトに求める接合金物が見当たらない場合は、実験を行って性能を評価するとともに、材料の品質や防錆処理についても使用環境に応じた仕様を検討しなければならない。［飯島敏夫］

ビス留めホールダウン金物

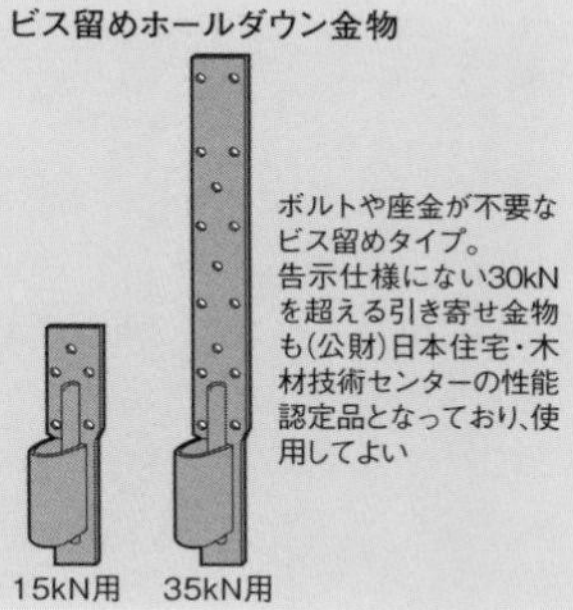

ボルトや座金が不要なビス留めタイプ。告示仕様にない30kNを超える引き寄せ金物も（公財）日本住宅・木材技術センターの性能認定品となっており、使用してよい

※3：接合部の仕様を3.2㎜厚の鋼板添え板を用い、柱に対して12㎜径のボルト4本、横架材（土台を除く）、布基礎もしくは上下階の連続する柱に対して当該鋼板添え板に留め付けた16㎜径のボルトを介して緊結したもの、またはこれと同等以上の結合方法としたもの

※4：3.2㎜厚の鋼板添え板を用い、柱に対して12㎜径のボルト5本、横架材（土台を除く）、布基礎もしくは上下階の連続する柱に対して当該鋼板添え板に留め付けた径16㎜のボルトを介して緊結したもの、またはこれと同等以上の結合方法としたもの

Challenge!!
1.5倍耐力の壁量計算例

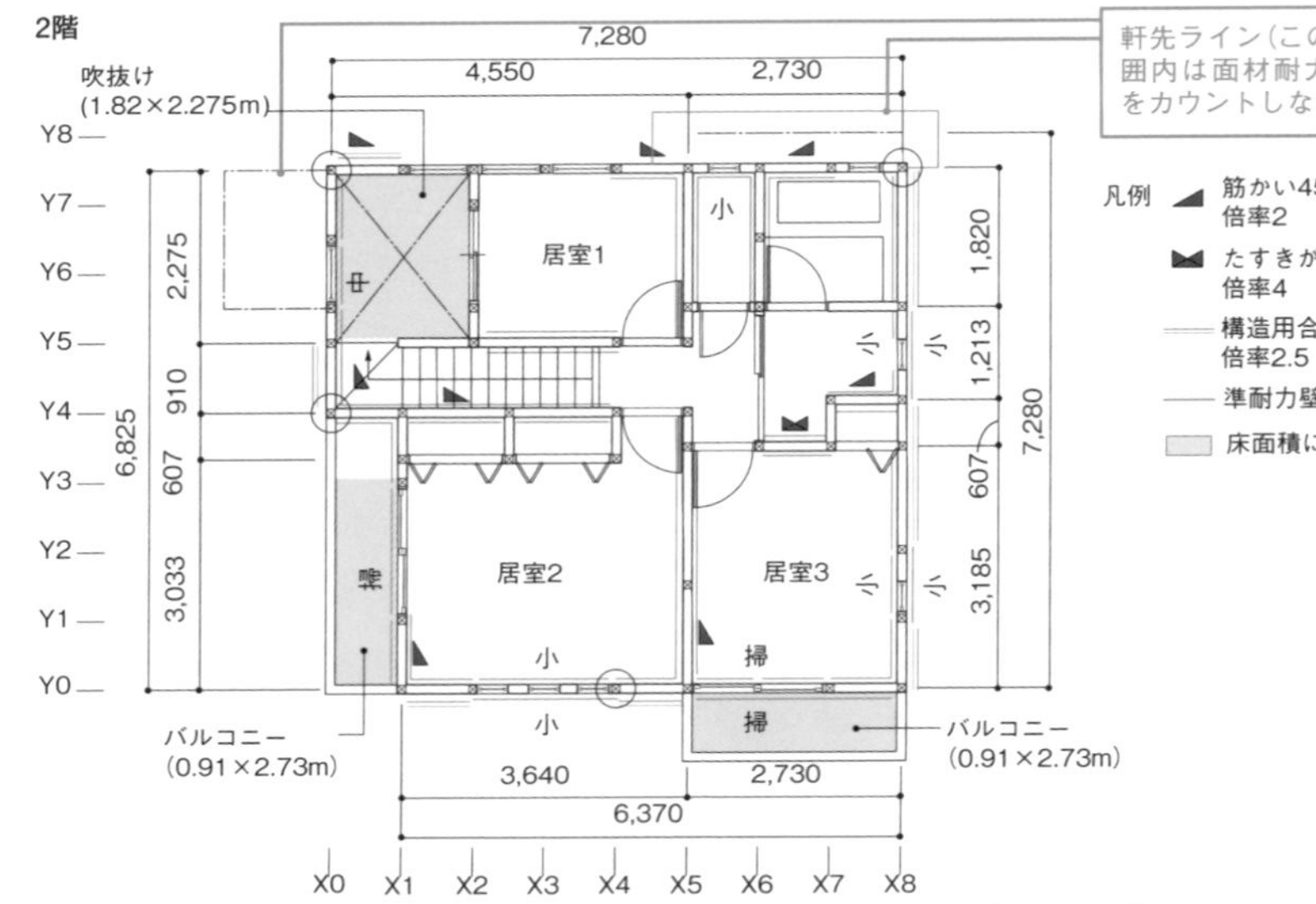

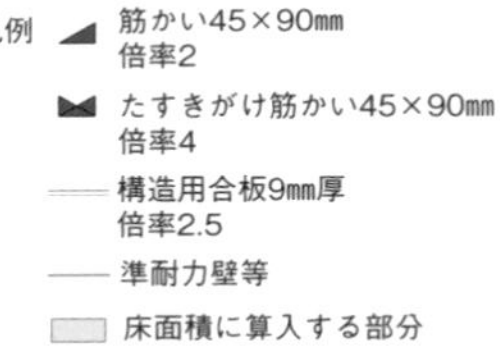

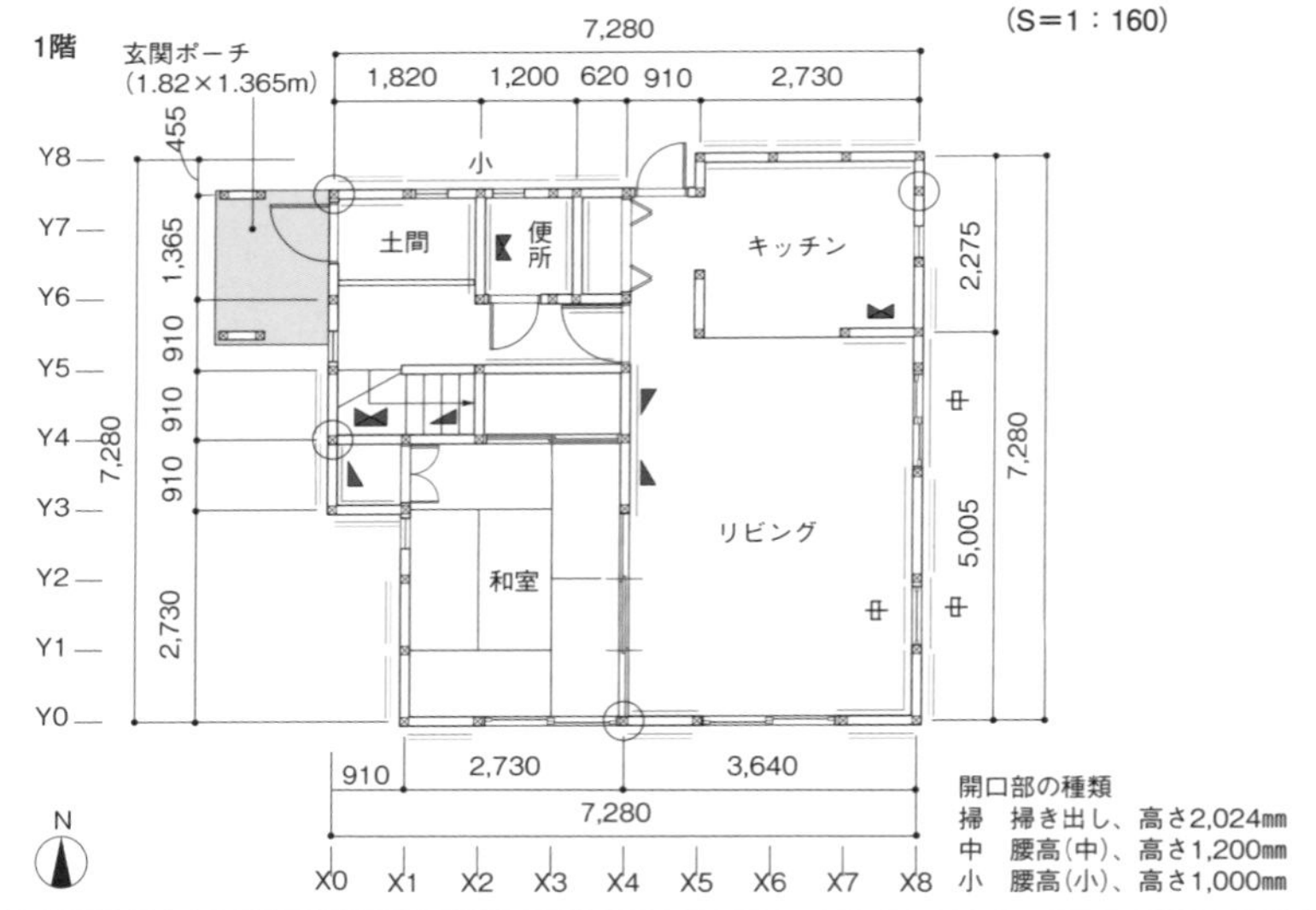

モデルプラン計画概要（東京都杉並区）

建物規模		
床面積	1階	48.44㎡
	2階	42.23㎡
	延床面積	90.67㎡
最高高さ		7.752m
軒高		6.025m
外部仕上げ		
屋根	瓦葺き	
外壁	防火サイディング	
令46条関係		
屋根区分		重い屋根
風圧力に関する指定		なし
耐力壁・準耐力壁等		
構造用合板9mm厚、N50@150		
筋かい45×90mm		
石膏ボード12.5mm厚、GNF40@150		
屋根下地		
勾配:5/10（≒26.5°）		
構造用合板12mm厚		
床構面		
構造用合板24mm厚、N75@150、4周釘打ち		

耐力1.5倍＝壁量1.5倍ではない

上図は、住宅性能表示の耐震等級3、耐風等級2を取得したプランである。ここでは、このプランをもとに、耐震等級3、つまり建築基準法の1.5倍耐力をもつ壁量設計の手順を解説する。

品確法の壁量計算では、建築基準法上の「雑壁」を準耐力壁等という耐力要素として算入できる。耐力壁の配置のチェックは、品確法では求められていない。その後の床倍率のチェックは床構面の剛性と強度を確保できているかを確認するもので、これにより耐力壁の効果をより発揮することができる。

ここで紹介するプランは、42頁の建築基準法の計算例と同じものである。耐震等級3は想定する地震力が1.5倍になるが、準耐力壁等をカウントするため一般地域では実質の耐力壁量増加はそう多くないことが分かる[※1]。建築基準法の計算例と比較して、そのことを確かめてほしい。

［齊藤年男］

※1：多雪区域では積雪時の地震力の増加分が大きく、かなりの壁量増加となる

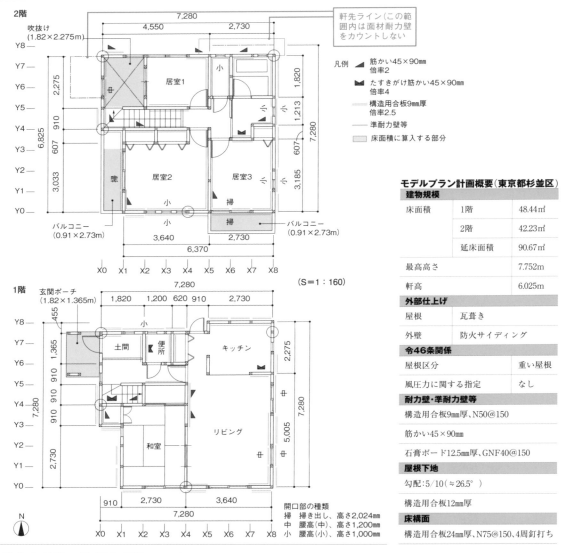

必要壁量の算定

① 計算用の係数･床面積を求める

これからの計算に先立ち、以下の係数類を求めておく

Z（地震地域係数）＝1

Vo（地域基準風速）＝34m／s

S1（1階の床面積）≒52.91㎡

S1＝ 建築基準法1階床面積48.44 ㎡（計画概要より）＋ 玄関ポーチ（1.82m×1.365m） ＋
バルコニー40％（0.91m×2.73m×0.4） ＋ バルコニー40％（0.91m×2.73m×0.4） ≒ 52.91 ㎡

S2（2階の床面積）≒46.37㎡

S2＝ 建築基準法2階床面積42.23 ㎡（計画概要より）＋ 吹抜け（1.82m×2.275m） ≒ 46.37 ㎡

Rf（2階床面積／1階床面積）≒0.876

Rf=S2/S1＝ 46.37 ／ 52.91 ≒ 0.876

K1（1階の必要壁量を求める際に乗ずる係数）＝0.926

K1＝0.4＋0.6×Rf＝0.4＋0.6× 0.876 ≒ 0.926

K2（2階の必要壁量を求める際に乗ずる係数）＝1.38

K2＝1.3＋0.07/Rf＝1.3＋0.07/ 0.876 ≒ 1.38
∴K2＝1.38をそのまま採用する

② 必要壁量を求める

①で求めた床面積に係数を使って必要壁量を計算する

地震力に対する必要壁量（XY方向）を求める

2階

床面積に乗ずる係数＝
A×K2×Z＝ 30 × 1.38 × 1 ＝ 41.4
Aは等級と階数･当該階･積雪量により選択（58頁表1参照）。ここでは等級3、一般地域、2階建ての2階、重い屋根（瓦葺き）なので 30
2階必要壁量＝床面積に乗ずる値×S2
＝ 41.4 cm/㎡ × 46.37 ㎡ ≒ 1,920 cm

地震力に対する2階必要壁量1,920㎝

1階

床面積に乗ずる係数＝
A×K1×Z＝ 69 × 0.926 × 1 ＝ 63.894
Aは前出の同条件で2階建ての1階なので 69

2階必要壁量＝床面積に乗ずる値×S1
＝ 63.894 cm/㎡ × 52.91 ㎡ ≒ 3,380 cm

地震力に対する1階必要壁量3,380㎝

風圧力に対する必要壁量を求める

X方向2階（面積24頁、値59頁参照）

Y面の2階見付け面積＝ 21.01 ㎡
見付け面積に乗ずる値＝ 67 cm/㎡
21.01 ㎡ × 67 cm/㎡ ＝ 1,408 cm

風圧力に対する
2階X方向必要壁量1,408㎝

X方向1階（面積24頁、値59頁参照）

Y面の1階見付け面積＝ 42.44 ㎡
見付け面積に乗ずる値＝ 67 cm/㎡
42.44 ㎡× 67 cm/㎡ ＝ 2,844 cm

風圧力に対する
1階X方向必要壁量2,844㎝

Y方向2階（面積24頁、値59頁参照）

X面の2階見付け面積＝ 19.28 ㎡
見付け面積に乗ずる値＝ 67 cm/㎡
19.28 ㎡× 67 cm/㎡ ＝ 1,292 cm

風圧力に対する
2階Y方向必要壁量1,292㎝

Y方向1階（面積24頁、値59頁参照）

X面の1階見付け面積＝ 43.81 ㎡
見付け面積に乗ずる値＝ 67 cm/㎡
43.81 ㎡× 67 cm/㎡ ＝ 2,936 cm

風圧力に対する
1階Y方向必要壁量2,936㎝

Point & Memo

Point!

床面積算定の注意点
耐力1.5倍の地震力計算用床面積は、建築基準法にもとづく床面積に加えて、玄関ポーチとバルコニーは1階床面積に、吹抜け部分は2階床面積に算入する（56頁参照）

Memo

地震地域係数（Z）：
地域によって0.7〜1と異なるが、ここでは東京都杉並区を想定しているので1とする（58頁参照）［※2］
地域基準風速（Vo）：
地域ごとに30〜46m／sの間で9段階に細分化したもの（建築基準法施行令87条2項、平12建告1454号）。東京都杉並区は34m／秒となっている（85頁参照）
K1、K2：
K1、K2は、1階（K1）と2階（K2）の床面積のバランスを必要壁量に反映するための係数。Rf（2階床面積に対する1階床面積の割合）の値によって、K2は算定方法が異なってくる。Rf＜0.1のときはK2＝2となるが、今回はRf＝0.876なのでK2＝1.38をそのまま採用

Memo

地震力に対する必要壁量は階ごとに床面積に乗じる値を算出し、その数値にS1（2階はS2）を乗じて求める。値は床の単位面積当たりに必要な壁量を表し、左記の算定式による

Memo

風圧力に対する必要壁量は見付け面積に定められた値を乗じて求める。この見付け面積は建築基準法の壁量計算で求めたものと同じ。
Y方向の風圧力に抵抗するためのY方向の必要壁量は、X面の見付け面積に係数を乗じて求める

※2：地震地域係数の値が低い地域でも大きな地震が発生していることから、地域に限らず1としたほうがよい

存在壁量≧必要壁量の確認

① 準耐力壁[※1]等の壁倍率を求める

準耐力壁等の壁倍率＝基準倍率×0.6×面材高さの合計／横架材間内法寸法

階	部位	横架材間内法寸法	下地張り材高さ	種類	基準倍率	開口部の種類	開口高さ	下地材実高さ	準耐力壁倍率	採用壁倍率
2階	外壁	2,700mm	2,700mm	構造用合板	2.5	掃き出し	2,024mm	676mm	0.375	0.3
						腰高(中)	1,200mm	1,600mm	0.833	0.8
						腰高(小)	1,000mm	1,800mm	0.944	0.9
			2,676mm		2.5	全壁	0	2,676mm	1.486	1.4
	内壁	2,700mm	2,500mm	石膏ボード	0.9	掃き出し	2,000mm	500mm	0.100	0.1
						腰高(中)	1,200mm	1,300mm	0.260	0.2
						腰高(小)	1,000mm	1,500mm	0.300	0.3
						全壁	0	2,500mm	0.500	0.5
1階	外壁	2,800mm	2,800mm	構造用合板	2.5	掃き出し	2,024mm	776mm	0.415	0.4
						腰高(中)	1,200mm	1,600mm	0.857	0.8
						腰高(小)	1,000mm	1,800mm	0.964	0.9
						全壁	—	—	—	—
	内壁	2,800mm	2,500mm	石膏ボード	0.9	掃き出し	2,000mm	500mm	0.096	0.0
						腰高(中)	1,200mm	1,300mm	0.250	0.2
						腰高(小)	1,000mm	1,500mm	0.289	0.2
						全壁	0	2,500mm	0.482	0.4

② 存在壁量を求める

建築基準法で求めた存在壁量と準耐力壁等の壁量を合計する

方向	2階	1階
X	建基法で求めた存在壁量 **2,047**cm **準耐力壁等の壁量**(倍率×長さ) 0.9 × 182 cm＝ 163 cm 1.4 × 182 cm＝ 254 cm 0.5 × 1,911 cm＝ 955 cm 0.3 × 364 cm＝ 109 cm 0.1 × 182 cm＝ 18 cm 準耐力壁等の合計 1,499 cm **2階X方向の存在壁量** **2,047＋1,499＝3,546cm**	建基法で求めた存在壁量 **2,957**cm **準耐力壁等の壁量**(倍率×長さ) 0.4 × 1,001 cm＝ 400 cm 0.9 × 182 cm＝ 163 cm 準耐力壁等の合計 563 cm **1階X方向の存在壁量** **2,957＋563＝3,520cm**
Y	建基法で求めた耐力壁量 **1,903**cm **準耐力壁等**(倍率×長さ＝壁量) 1.4 × 182 cm＝ 254 cm 0.9 × 182 cm＝ 163 cm 0.5 × 2,229.5 cm＝ 1,114 cm 0.3 × 182 cm＝ 54 cm 0.3 × 91 cm＝ 27 cm 0.2 × 91 cm＝ 18 cm 準耐力壁等の合計 1,630 cm **2階X方向の存在壁量** **1,903＋1,630＝3,533cm**	建基法で求めた耐力壁量 **2,798**cm **準耐力壁等**(倍率×長さ＝壁量) 0.8 × 273 cm＝ 218 cm 0.5 × 1,046.5 cm＝ 523 cm 0.2 × 91 cm＝ 18 cm 準耐力壁等の合計 759 cm **1階Y方向の存在壁量** **2,798＋759＝3,557cm**

③ 存在壁量≧必要壁量を確認する

前頁で求めた必要壁量と比較する

	地震力に対する存在壁量の判定	**風圧力に対する存在壁量の判定**
2階X方向	存在壁量**3,546**cm＞必要壁量**1,920**cm	存在壁量**3,546**cm＞必要壁量**1,408**cm
2階Y方向	存在壁量**3,533**cm＞必要壁量**1,920**cm	存在壁量**3,533**cm＞必要壁量**1,292**cm
1階X方向	存在壁量**3,520**cm＞必要壁量**3,380**cm	存在壁量**3,520**cm＞必要壁量**2,844**cm
1階Y方向	存在壁量**3,557**cm＞必要壁量**3,380**cm	存在壁量**3,557**cm＞必要壁量**2,936**cm

地震力、風圧力とも存在壁量が必要壁量より多いのでOK

※1：準耐力壁等とは、垂れ壁や腰壁、木摺壁などを指す（52頁参照）。このモデルプランでは外壁下地の構造用合板と内壁下地の石膏ボードが相当する

Point & Memo

Memo

ここでは掃き出し、腰高窓の大・中・小、全壁などに種類分けして拾い出している

Point!

準耐力壁等の壁倍率の求め方

各階の横架材間内法寸法、開口部寸法などから実張り高さを求めて準耐力壁等の壁倍率を計算し、小数点第2位以下を切り捨てる。次に平面図で準耐力壁等として成立するパターンを選び、倍率を書き込んでいく。あらかじめこの作業を行うことで大幅な作業効率の向上が図れる。

下図は2階X1通りでY1〜Y3の掃き出し部分の外壁(準耐力壁)である。下地材張り高さ2,700㎜から開口高さ2,024㎜を引いた下地材実高さは676㎜となり、壁倍率は2.5×0.6×676／2700＝0.375≒0.3となる(55頁参照)

2階の場合

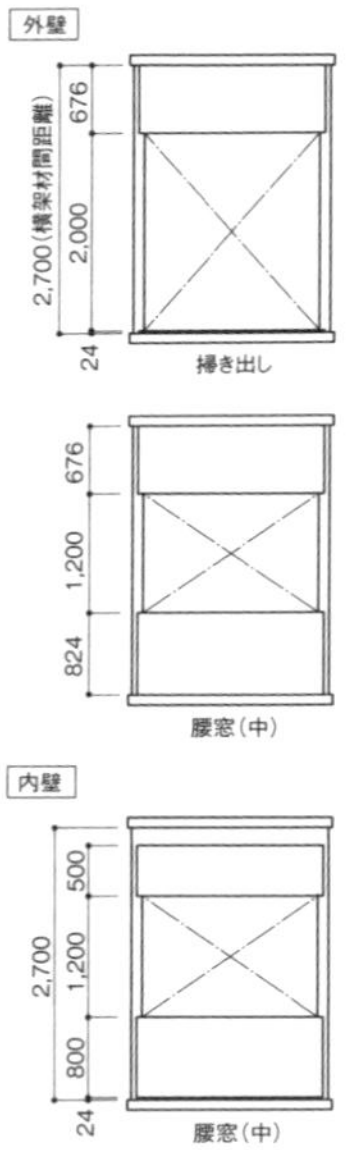

耐力壁線の設定

1 耐力壁線の設定をする

ここからは床倍率をチェックする。水平構面の強さを検討するために、まず耐力壁が一定量以上配置された通りをX、Y方向ごとに確認する

2階X、Y方向の耐力壁線

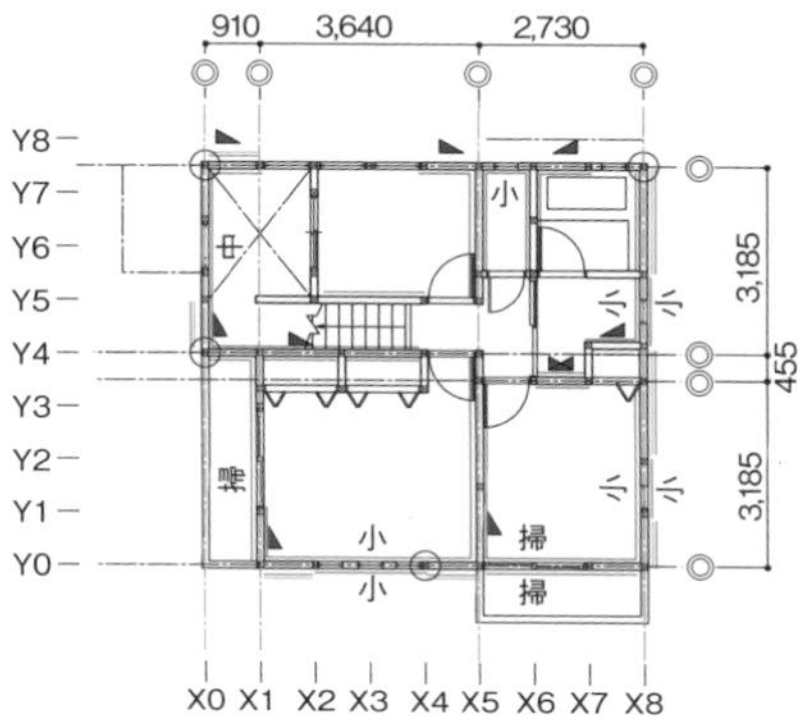

◎：その通りの存在壁量≦その通りの床の長さ×0.6かつ400cmのうちの大きい値
○：各階各方向の最外周壁線で、◎の条件を満たさないもの

1階X、Y方向の耐力壁線

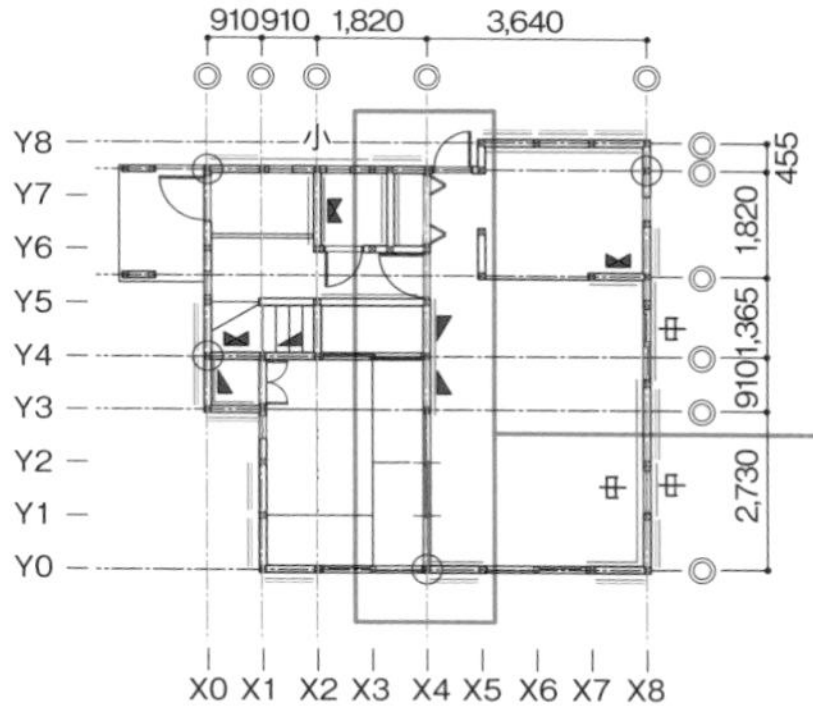

開口部凡例
掃：掃き出し
中：腰高（中）
小：腰高（小）

両側1mの以内の壁は合算できる

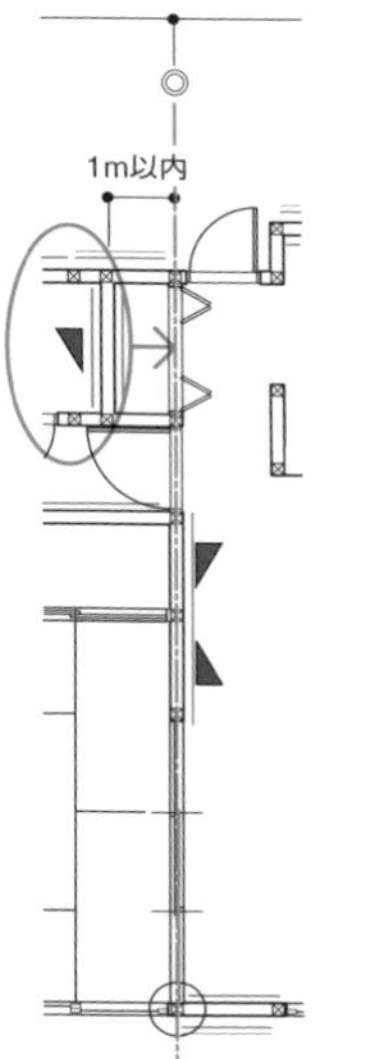

仮定した通りが耐力壁線の条件を満たさない場合でも、その通りの両側1m以内にある耐力壁・準耐力壁等をその通り上にあるものとして合算することができる。この場合、存在壁量の多い通りに少ない通りの存在壁量を合算する。ただし、すでにその通りの存在壁量だけで◎の条件を満たしている通りには合算できないので注意が必要

注：ここではX・Y方向を1つにまとめた図面で耐力壁線を設定しているが、本来は別々の図面で検討するほうが分かりやすい

2 耐力壁線間距離≦8mを確認する

設定した耐力壁線の間隔が、8m以下（靭性のある壁＝筋かいを用いない壁だけでつくられた住宅の場合は12m以下）であることを確認する。このプランでは筋かいを使用しているので、8m以下が適用される

上図で耐力壁線間距離がすべて8m以下と確認できたのでOK

Point & Memo

Memo

地震力や風圧力による水平力は下階の耐力壁で支えなくてはならない。そのために必要な一定量以上の耐力壁量のある通りのことを耐力壁線という（[※2]・62頁参照）。

耐力壁線には次の2種類がある。①その通りの存在壁量≧その通りの床の長さ×0.6かつ400cm（どちらか大きいほう）を◎と表記、②各階各方向の最外周壁線で、①の条件を満たさないものを○と表記

Point!

通りの床の長さ

耐力壁線の通りに直交する2本の外壁線間の距離のこと

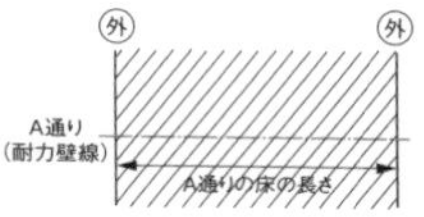

最外周壁線

建物の外壁線のなかで最も外側にあるもののこと。最外周壁線が○の場合は65頁で解説した「α値」が大きくなり「必要床倍率」が大きくなるので注意

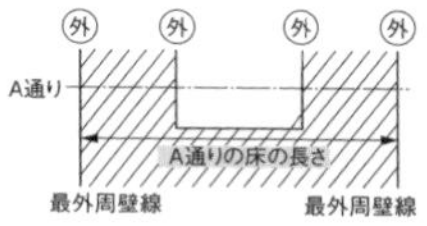

Point!

耐力壁線設定時の注意点

プランを考える際にある程度は壁配置を意識することが大事である。床倍率はほとんど床仕様で決まるため、部分的な変更がしにくい。後述する火打ち材の本数による床倍率の増減は、調整可能な範囲は限られている。耐力壁線間距離が長いほど、高い床倍率が必要。床の仕様を倍率3程度にするなら、床の奥行きにもよるが、耐力壁線間距離は最大でも4.55mとする

※2：準耐力壁等と同様に性能表示制度の計算で追加されたもの。細長比に制限のある枠組壁工法（2×4工法）の耐力壁線とは異なり、細長比ではなく、あくまでX方向、Y方向それぞれの検討を重視するものである

必要床倍率の算定

地震力･風圧力それぞれに対する必要床倍率を求める

係数 α を使って必要床倍率を求める

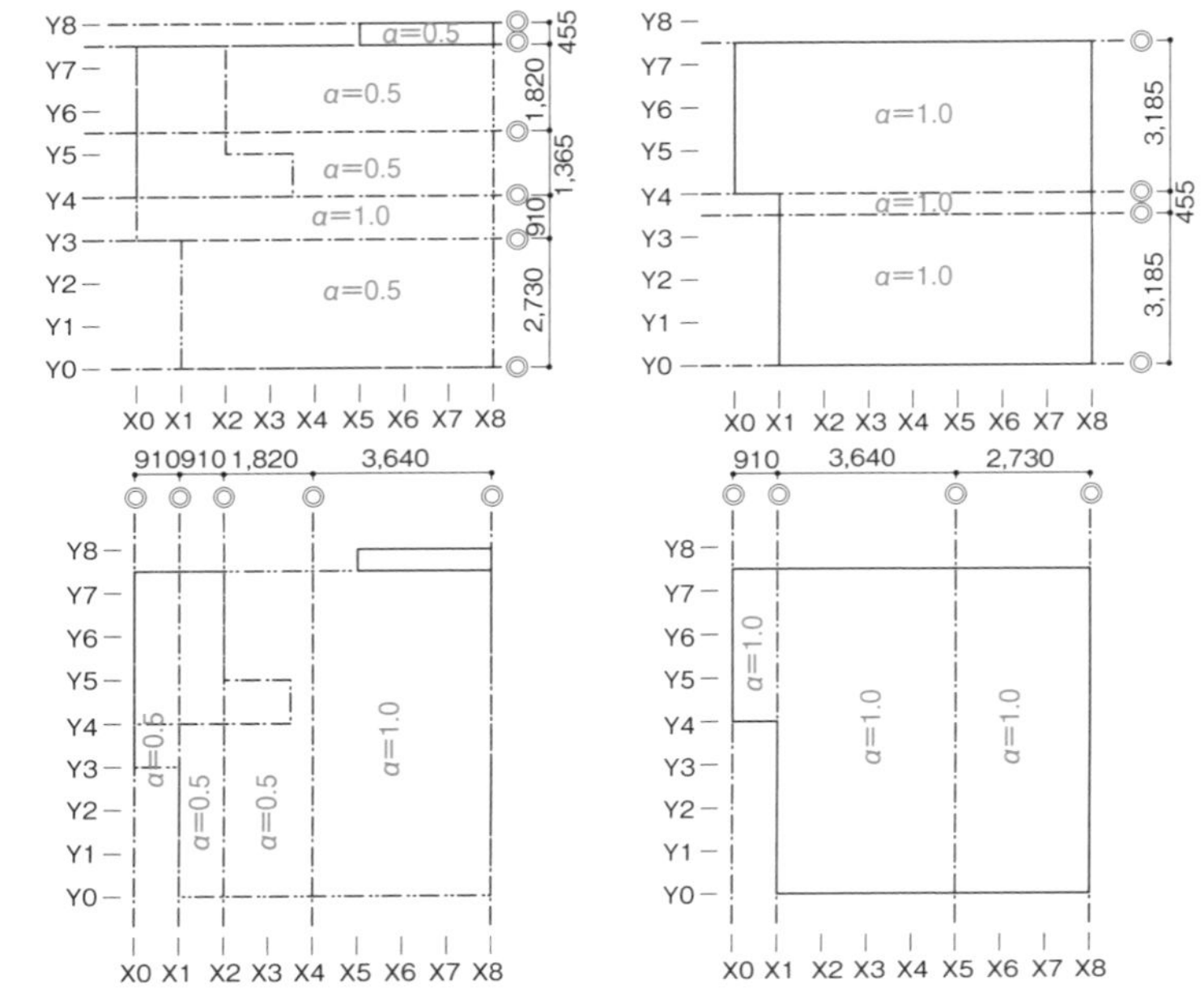

地震力に対する必要床倍率(67頁表1参照)
α×耐力壁線間距離 ℓ×
CE(品確法の地震力に対する
単位面積当たりの必要壁量/200)
単位面積当たりの必要壁量/200は
1階＝69×K1×Z/200≒ 0.319
2階＝30×K2×Z/200≒ 0.207

風圧力に対する必要床倍率(67頁表2参照)
α×耐力壁線間距離 ℓ/壁線方向距離L×
見付け面積に乗ずる値
1階:単位面積当たりの必要壁量× 0.028
2階:単位面積当たりの必要壁量× 0.014
Vo=34のとき、
風圧力の係数:1階＝ 1.88 、2階＝ 0.94

1階	α		CE		ℓ			α		CE		ℓ		L		
Y7.5～Y8	0.5	×	0.319	×	0.455	≒	0.07	0.5	×	1.88	×	0.455	/	2.73	≒	0.157
Y5.5～Y7.5	0.5	×	0.319	×	1.82	≒	0.29	0.5	×	1.88	×	1.82	/	7.28	＝	0.235
Y4～Y5.5	0.5	×	0.319	×	1.365	≒	0.218	0.5	×	1.88	×	1.365	/	7.28	≒	0.176
Y3～Y4	1.0	×	0.319	×	0.91	≒	0.29	1.0	×	1.88	×	0.91	/	7.28	＝	0.235
Y0～Y3	0.5	×	0.319	×	2.73	≒	0.435	0.5	×	1.88	×	2.73	/	6.37	≒	0.403
X0～X1	0.5	×	0.319	×	0.91	≒	0.145	0.5	×	1.88	×	0.91	/	4.095	≒	0.209
X1～X2	0.5	×	0.319	×	0.91	≒	0.145	0.5	×	1.88	×	0.91	/	6.82	≒	0.125
X2～X4	0.5	×	0.319	×	1.82	≒	0.29	0.5	×	1.88	×	1.82	/	6.82	≒	0.251
X4～X8	1.0	×	0.319	×	3.64	≒	1.161	1.0	×	1.88	×	3.64	/	7.28	＝	0.94

2階	α		CE		ℓ			α		CE		ℓ		L		
Y4～Y7.5	1.0	×	0.207	×	3.185	≒	0.659	1.0	×	0.94	×	3.185	/	7.28	≒	0.411
Y3.5～Y4	1.0	×	0.207	×	0.455	≒	0.094	1.0	×	0.94	×	0.455	/	6.37	≒	0.067
Y0～Y3.5	1.0	×	0.207	×	3.185	≒	0.659	1.0	×	0.94	×	3.185	/	6.37	＝	0.47
X0～X1	1.0	×	0.207	×	0.91	≒	0.188	1.0	×	0.94	×	0.91	/	3.185	≒	0.269
X1～X5	1.0	×	0.207	×	3.64	≒	0.753	1.0	×	0.94	×	3.64	/	6.82	≒	0.502
X5～X8	1.0	×	0.207	×	2.73	≒	0.565	1.0	×	0.94	×	2.73	/	6.82	≒	0.376

この必要床倍率は81頁で求める存在床倍率と比較する

Point & Memo

Point!

係数 α の設定

係数 α とは、各床区画の上下階における耐力壁線の配置などの条件を必要床倍率に反映させるための係数。各区画で求めていく。係数 α は床区画の両側にある耐力壁線の条件によって以下のように異なる[※1]

- 対象とする床が2階建ての2階と平屋
  ○の最外周耐力壁線に片側が接する床区画は2
  ◎の耐力壁線に両側を挟まれた床区画は1
- 2階建ての1階および下屋
  ○の最外周耐力壁線に片側が接する床区画は2
  ◎の耐力壁線に両側を挟まれた床区画で床区画の上に上階耐力壁線がある場合は1
  ◎の耐力壁線に両側を挟まれた床区画で床区画の上に上階耐力壁線がない場合は0.5

Memo

ℓ(耐力壁線間距離):
各床区画を挟んでいる耐力壁線と耐力壁線との間の距離を呼ぶ

L(壁線方向距離):
各床区画の耐力壁線に直角方向の最外周壁間の距離を壁線方向距離という。壁線方向距離は、その間の床の有無(吹抜けや階段室、外部空間など)は考慮されない

単位面積当たりの必要壁量/200:
品確法の地震力に対する単位面積当たりの必要壁量とは、75頁②で地震力に対する必要壁量を求める際に、床面積S1･S2に乗じた数値のこと。このプランでは一般地域、重い屋根という条件から、1階＝69×K1×Z。2階＝30×K2×Zとなる

風圧力の係数:
75頁②で風圧力に対する必要壁量を求める際に用いた係数(ここでは67㎝/㎡)に、2階建ての2階または平屋には0.014を、2階建ての1階には0.028を乗じて得た値。
ここでの風圧力の係数＝
1階:67㎝/㎡×0.028＝1.876≒1.88
2階:67㎝/㎡×0.014＝0.938≒0.94

※1:隣り合う耐力壁線の条件が両方とも○の設定がないことに注意が必要。○は最外周壁にしか許されていないが、幅の狭い建物などは中間に耐力壁線がない場合もあり得る。このようなときは少なくとも一方の最外周壁線が◎になるよう、耐力壁を配置しなければならない

存在床倍率（床構面）の算定

床区画ごとに床構面の存在床倍率を求める

床構面（2階床構面と屋根構面）の存在床倍率を求める［※2］。床構面の床倍率は、68頁の表から選択するが、床倍率は耐力壁線で挟まれた床区画ごとに求める

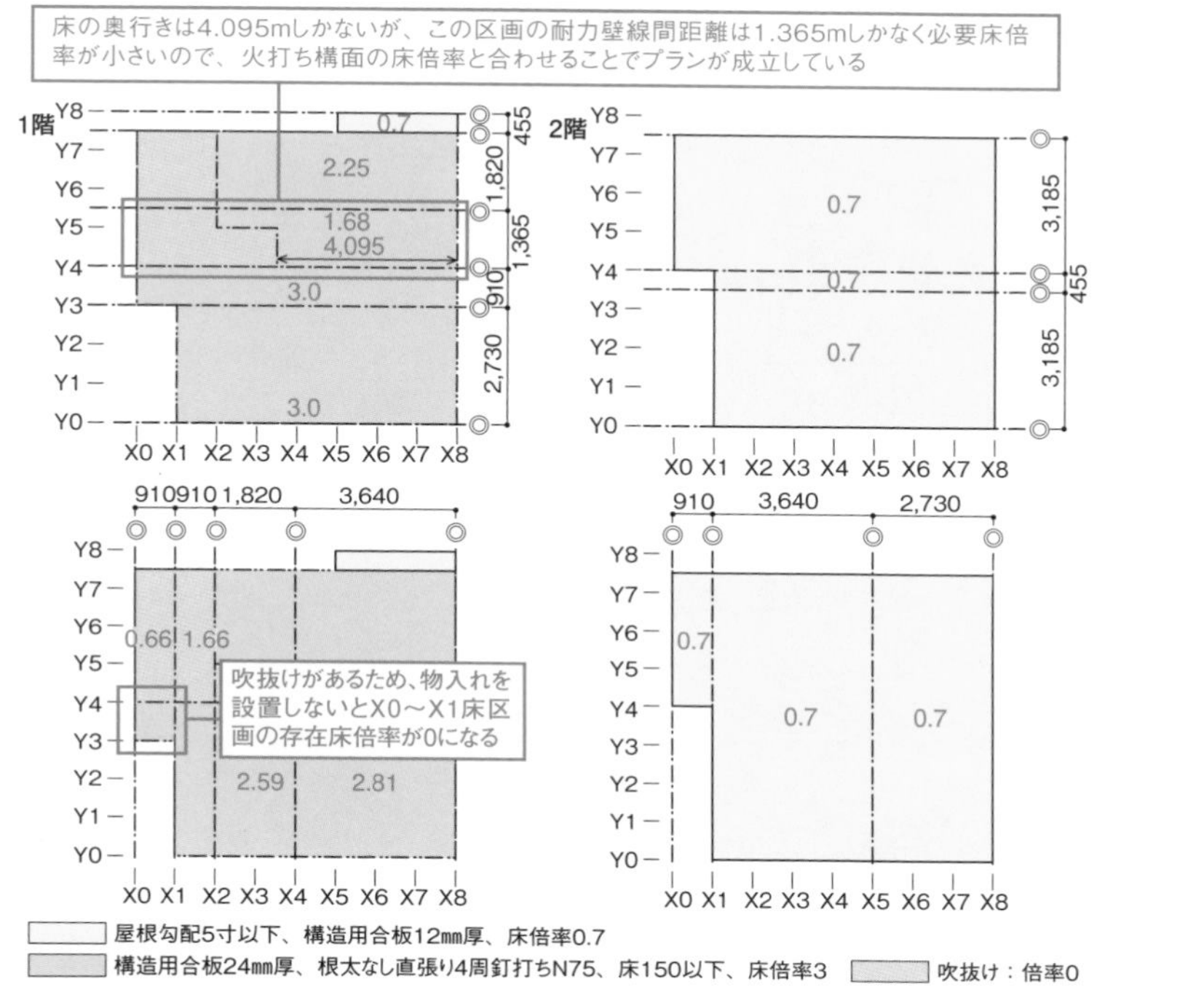

床構面の存在床倍率の算定

- **床区画に1種類のみの仕様＝該当する存在床倍率をそのまま採用**
- **直交小区画＝（直交小区画の存在床倍率×直交小区画ごとの壁線方向距離）の合計／床区画の壁線方向距離**
- **平行小区画＝どちらか小さいほうの存在床倍率**

1階

Y7.5～Y8

0.7

Y5.5～Y7.5

$(0 \times 1.82 + 3.0 \times 5.46) / 7.28 = 2.25$

Y4～Y5.5

$(0 \times 3.185 + 3.0 \times 4.095) / 7.28 \fallingdotseq 1.69$

Y3～Y4

$3.0 \times 7.28 / 7.28 = 3.0$

Y0～Y3

$3.0 \times 6.37 / 6.37 = 3.0$

X0～X1

$(0 \times 3.185 + 3.0 \times 0.91) / 4.095 \fallingdotseq 0.67$

X1～X2

$(0 \times 3.185 + 3.0 \times 3.64) / 6.82 = 1.6$

X2～X4

$(0 \times 0.91 + 3.0 \times 5.91) / 6.82 \fallingdotseq 2.6$

X4～X8

$3.0 \times 6.82 / 7.28 \fallingdotseq 2.81$

2階

Y4～Y7.5

$0.7 \times 7.28 / 7.28 = 0.7$

Y3.5～Y4

$0.7 \times 6.37 / 6.37 = 0.7$

Y0～Y3.5

$0.7 \times 6.37 / 6.37 = 0.7$

X0～X1

$0.7 \times 3.185 / 3.185 = 0.7$

X1～X5

$0.7 \times 6.82 / 6.82 = 0.7$

X5～X8

$0.7 \times 6.82 / 6.82 = 0.7$

この床構面の床倍率は80頁で求める火打ち構面の床倍率と合わせる

※2：存在床倍率は床構面や屋根構面の面材によるものと火打ち材の本数によるものの合計となる

Point & Memo

Point!

1つの床区画に異なる仕様が存在する場合

耐力壁線で挟まれた1つの区画に吹抜けや階段室、仕様の異なる床などが複数存在する場合は平均存在床倍率を求める。

①複数の仕様が耐力壁線に直交する線で区分されている場合：それぞれの仕様で分割し（直交小区画）、その仕様区画ごとの存在床倍率を平均する

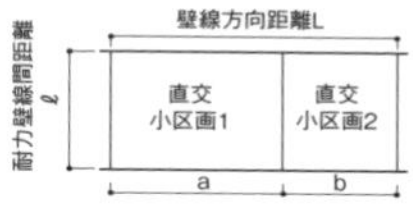

②複数の仕様が耐力壁線と平行な線で区分されている場合：それぞれの仕様で分割し（平行小区画）、それらの存在床倍率のうち最も小さい値がその床区画の存在床倍率となる

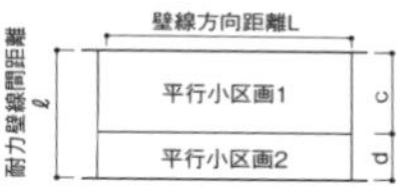

③複数の仕様が部分的に混在する場合：仕様を区分する耐力壁線に平行な線で分割し、平行小区画を設定する。平行小区画のなかで壁線に直交する線で区分されている場合、それぞれの仕様で分割し、直交小区画を設定する。直交小区画のある平行小区画では、直交小区画の存在床倍率を求め、平行小区画の存在床倍率とする。複数の平行小区画のうち最も小さい値を当該床区画の存在床倍率とする

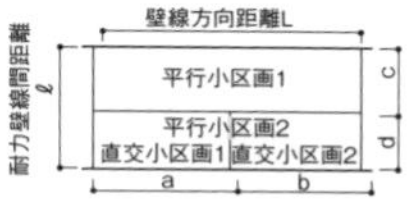

Memo

1つの床区画に複数の仕様が部分的に混在する場合、まず、チェックする方向の耐力壁線と平行な線で区切る。その次に、壁線と直交する線で区切られるところを見つける

存在床倍率（火打ち構面）の算定

床区画ごとに火打ち構面の存在床倍率を求める

火打ち構面の存在床倍率は火打ち1本当たりの負担面積（L×ℓ/火打ち本数）と火打ちが取り付く横架材のせいから、70頁より選択する[※1]。

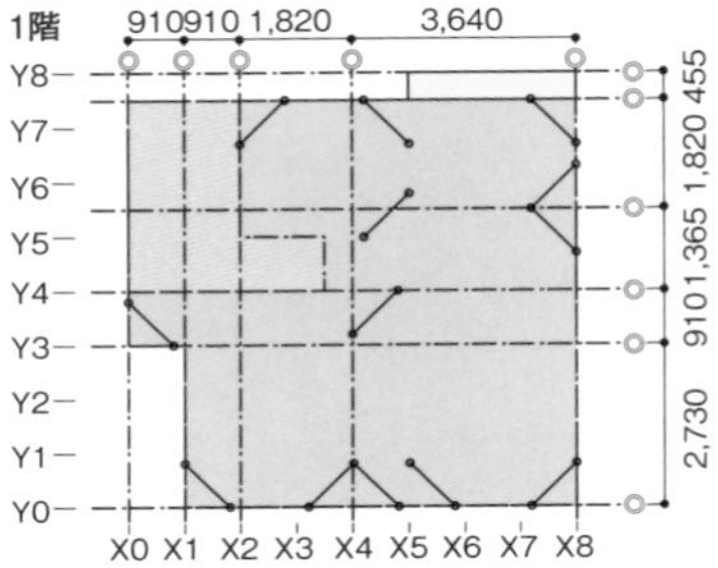

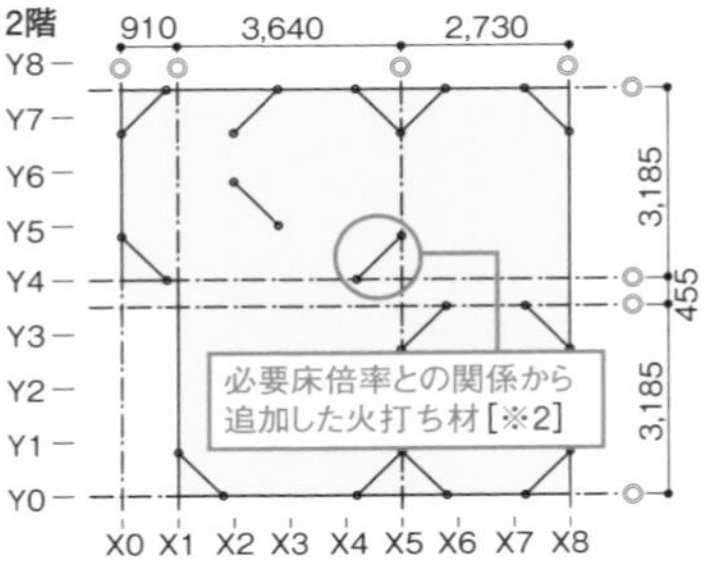

1階

Y7.5～Y8

床区画面積＝ 0.455 m× 2.73 m≒ 1.24 ㎡

火打ち材本数＝0本

火打ち床倍率＝**0**

Y5.5～Y7.5

床区画面積＝ 1.82 m× 7.28 m≒ 13.25 ㎡

火打ち材本数＝4.5本

平均負担面積＝ 13.25 ／ 4.5 ≒ 2.94 ㎡

火打ち床倍率＝**0.3**

Y4～Y5.5

床区画面積＝ 1.365 m× 7.28 m≒ 9.94 ㎡

火打ち材本数＝1.5本

平均負担面積＝ 9.94 ／ 1.5 ≒ 6.63 ㎡

火打ち床倍率＝**0**

Y3～Y4

床区画面積＝ 0.91 m× 7.28 m≒ 6.62 ㎡

火打ち材本数＝2本

平均負担面積＝ 6.62 ／ 2 ≒ 3.31 ㎡

火打ち床倍率＝**0.15**

Y0～Y3

床区画面積＝ 2.73 m× 6.37 m≒ 17.39 ㎡

火打ち材本数＝5本

平均負担面積＝ 17.39 ／ 5 ≒ 3.48 ㎡

火打ち床倍率＝**0.15**

X0～X1

床区画面積＝ 0.91 m× 4.095 m≒ 3.73 ㎡

火打ち材本数＝1本

平均負担面積＝ 3.73 ／ 1 ＝ 3.73 ㎡

火打ち床倍率＝**0.15**

X1～X2

床区画面積＝ 0.91 m× 6.825 m≒ 6.21 ㎡

火打ち材本数＝1本

平均負担面積＝ 6.21 ／ 1 ＝ 6.21 ㎡

火打ち床倍率＝**0**

X2～X4

床区画面積＝ 1.82 m× 6.825 m≒ 12.42 ㎡

火打ち材本数＝2本

平均負担面積＝ 12.42 ／ 2 ≒ 6.21 ㎡

火打ち床倍率＝**0**

X4～X8

床区画面積＝ 3.64 m× 6.825 m＋ 2.73 m× 0.455m ≒ 26.09 ㎡

火打ち材本数＝9本

平均負担面積＝ 26.09 ／ 9 ≒ 2.9 ㎡

火打ち床倍率＝**0.3**

2階

Y4～Y7.5

床区画面積＝ 3.185 m× 7.28 m≒ 23.19 ㎡

火打ち材本数＝8本

平均負担面積＝ 23.19 ／ 8 ≒ 2.9 ㎡

火打ち床倍率＝**0.3**

Y3.5～Y4

床区画面積＝ 0.455 m× 6.37 m≒ 2.9 ㎡

火打ち材本数＝0本

火打ち床倍率＝**0**

Y0～Y3.5

床区画面積＝ 3.185 m× 6.37 m≒ 20.29 ㎡

火打ち材本数＝6本

平均負担面積＝ 20.29 ／ 6 ≒ 3.38 ㎡

火打ち床倍率＝**0.15**

X0～X1

床区画面積＝ 0.91 m× 3.185 m＝ 2.9 ㎡

火打ち材本数＝2本

平均負担面積＝ 2.9 ／ 2 ＝ 1.45 ㎡

火打ち床倍率＝**0.5**

X1～X5

床区画面積＝ 3.64 m× 6.825 m≒ 24.84 ㎡

火打ち材本数＝6本

平均負担面積＝ 24.84 ／ 6 ≒ 4.14 ㎡

火打ち床倍率＝**0.15**

X5～X8

床区画面積＝ 2.73 m× 6.825 m≒ 18.63 ㎡

火打ち材本数＝6本

平均負担面積＝ 18.63 ／ 6 ≒ 3.11 ㎡

火打ち床倍率＝**0.3**

火打ち構面の存在床倍率は次頁で床構面の存在床倍率と合計する

※1：梁せいはすべて105㎜以上としている

※2：地震力に対する必要床倍率が0.75に対して屋根構面だけでは0.7にしかならないので、火打ち構面で0.5以上を確保する必要がある。火打ち構面で倍率が0.5以上となるためには梁せいが105㎜以上で負担面積2.5㎡以下でなければならないため、火打ち材を追加したという経緯がある

Point & Memo

Memo

火打ち材1本当たりの負担面積[※3]は、原則として、耐力壁線で区切られた床構面ごとに求める。
火打ち材が壁線上にある場合それぞれの床区画で0.5本として算入する。
異なる2つの区画に火打ち材がまたがるときは、それぞれの区画で0.5本ずつ数えることができる

Point!

床区画の面積の求め方

床区画の壁線方向距離L×耐力壁線間距離ℓ

Point!

火打ち構面の床倍率[※4]

火打ち構面の床倍率は最大0.8であるが、本数の増減や梁せいにより床倍率をコントロールできるのが特徴。計算を進めていく過程で床倍率がわずかに不足する場合には床仕様や耐力壁線を変更することなく、火打ち構面で対応できる場合があるので便利である。ただし、計算上満足させるためだけに火打ち材を部分的に配置することは好ましくないので、できるだけ均等に配置することが必要

Memo

火打ち構面の存在床倍率を求めるためには、横架材の断面寸法が必要となるが、設計途中でまだ確定していない場合もある。そのようなときは、この時点で一番小さい梁せいにしておけば、安全側で計算することができる

Memo

火打ち構面の床区画面積は面材床の有無には関係ない。火打ち材は、筋かいと同じで、軸材であるため、面材の有無には関係しない。したがって吹抜け部分などが含まれた区画でも、区画内全体で存在床倍率としている。このため、吹抜け部分に火打ち材が設置されていない場合でも吹抜けを含む区画の他の部分に火打ち材があれば、床倍率が存在していることになる

存在床倍率≧必要床倍率の確認

床構面と火打ち構面を合計して存在床倍率を求める

床区画ごとの存在床倍率(床構面[79頁]+火打ち構面[80頁])≧必要床倍率(地震力・風圧力)となっていることを確認する

1階X方向

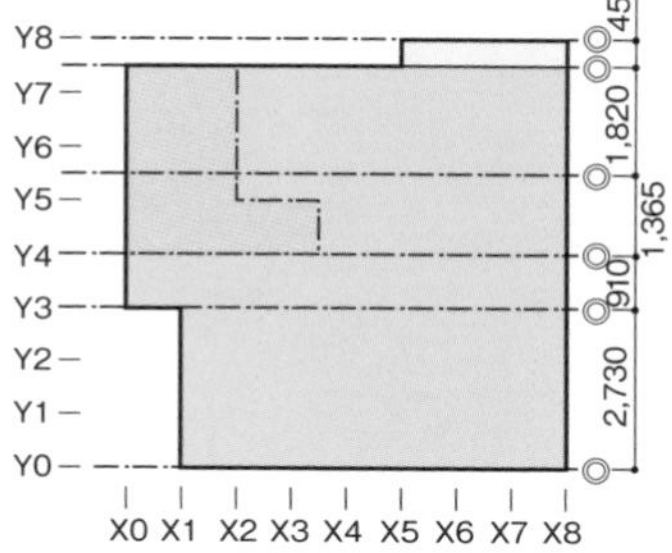

2階X方向

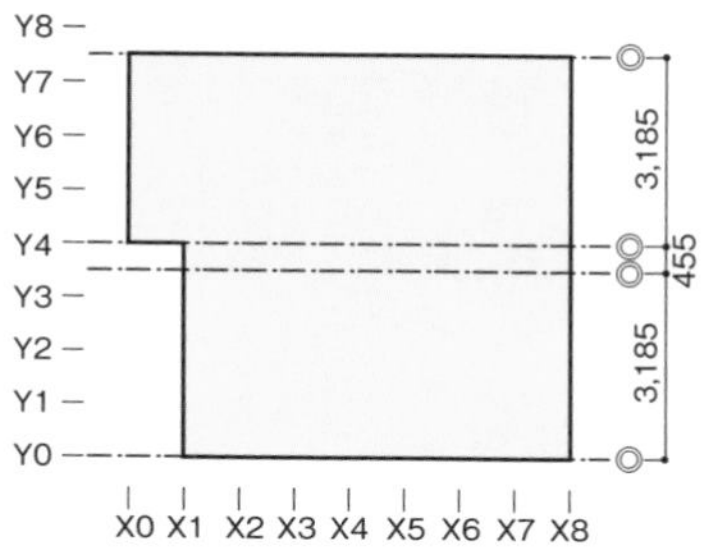

1階Y方向

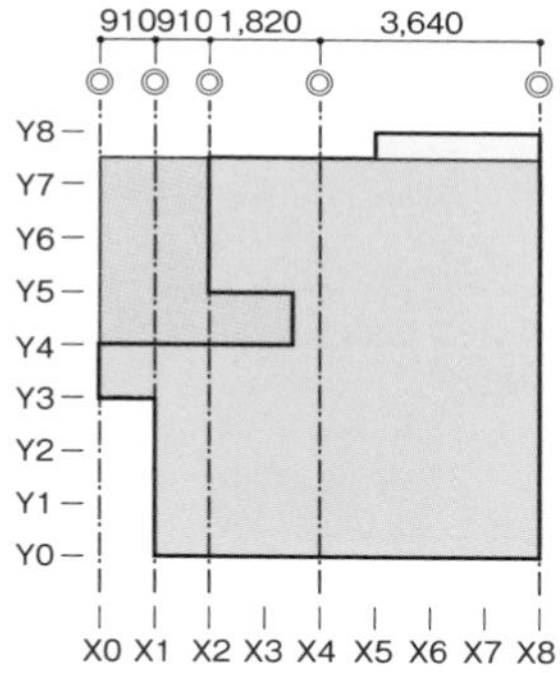

2階Y方向

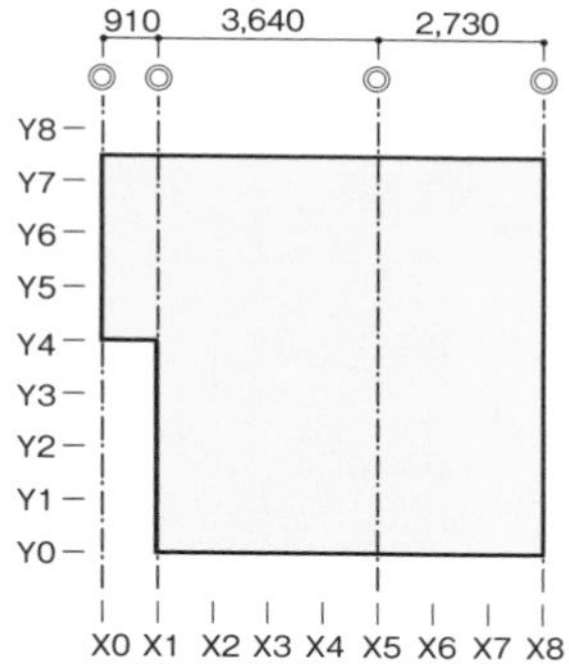

存在床倍率(床構面+火打ち構面)≧必要床倍率(地震力・風圧力)

1階

Y7.5～Y8	0.7	+	0	=0.7	>0.07 0.157	OK
Y5.5～Y7.5	2.25	+	0.3	=2.55	>0.29 0.235	OK
Y4～Y5.5	1.69	+	0	=1.69	>0.218 0.176	OK
Y3～Y4	3	+	0.15	=3.15	>0.29 0.235	OK
Y0～Y3	3	+	0.15	=3.15	>0.435 0.403	OK
X0～X1	0.67	+	0.15	=0.82	>0.145 0.209	OK
X1～X2	1.6	+	0	=1.60	>0.145 0.125	OK
X2～X4	2.6	+	0	=2.6	>0.29 0.251	OK
X4～X8	2.81	+	0.3	=3.11	>1.161 0.94	OK

2階

Y4～Y7.5	0.7	+	0.3	=1.0	>0.659 0.411	OK
Y3.5～Y4	0.7	+	0	=0.7	>0.094 0.067	OK
Y0～Y3.5	0.7	+	0.15	=0.85	>0.659 0.47	OK
X0～X1	0.7	+	0.5	=1.2	>0.188 0.269	OK
X1～X5	0.7	+	0.15	=0.85	>0.753 0.502	OK
X5～X8	0.7	+	0.3	=1.0	>0.565 0.376	OK

存在床倍率が地震力・風圧力に対する必要床倍率を上回ることを確認できたので、床倍率のチェックはOK！
引き続き、接合部(柱頭・柱脚、横架材)のチェック、基礎のチェック、横架材のチェックを行う(ここではその工程を省略している)

Point & Memo

Point!

必要床倍率に満たない!?

平均存在床倍率が必要床倍率に満たない部分があれば、火打ち材を増やすか耐力壁線間距離を狭めるなどの対応が必要となる。計算例では玄関ホールに大きな吹抜けを計画したため、床倍率を増す必要があり、1階和室西面に910×910㎜の収納を配置している。この上部がバルコニーであることから、床倍率3を確保できるので平均存在床倍率が成立している

Point!

耐震等級3とプラン

1.5倍耐力となる耐震等級3を実現するためには、単純に壁を増やすのではなく、計算方法をよく理解してバランスのよい壁配置を心がけることが必要だ。そうすれば通常の間取りでも、無理なく実現できる。品確法は建築基準法と比較して地震力をより正確に把握し、建物の耐力もきちんと評価することで安全性を確認している

※3：火打ち材の有無については、建築基準法施行令46条3項で床組および小屋梁組の隅角には火打ち材を用いることが義務付けられている。火打ち材を省略するには昭62建告1899号に規定された計算により、安全を確認する方法がある。また、㈶住宅金融普及協会から発行されている、木造住宅共通仕様書中に、火打ち材を省略できる方法が記載されているが、その仕様とすれば安全性の確認が不要になるわけではない｜※4：床区画内に吹抜けが存在し、吹抜け部分に火打ち材がない場合や、その床区画内に外壁が雁行して外部空間が存在する場合も、吹抜けや外部空間を含む床区画全体の面積で存在床倍率を求める

Topics5

吹抜けと階段室の床倍率はどうなる?

床倍率を克服しよう!

品確法における性能表示の壁量設計では床構面の考え方が重要である。床倍率の計算は建築基準法と大きく異なる点である。建築基準法では壁量計算の前提が床の固い、いわゆる剛床となっているため、規定では床倍率に触れられていない。しかしながら、剛床の定義が明文化されていないうえに、必ずしも剛床仕様となってはいないのが実状である。性能表示制度では、床の固さについて、壁倍率とほぼ同じ考え方で床倍率という計算を新設しているのが特徴である。そのため、建築基準法では何ら問題としなかった吹抜けや階段室などの面積・配置などにより、床倍率計算が成立しないプランも出てくる。こうした事態に陥らないよう、床倍率の考え方を事前に把握し、プラン段階から考慮することで手戻り作業を避けたいところだ。そこで、プランニング時点で床倍率を考慮した例を以下に示す。

[齊藤年男]

図 | 吹抜けと階段室をもつプランの設計

吹抜けと階段室が重なると、平均存在床倍率が不足する場合がある

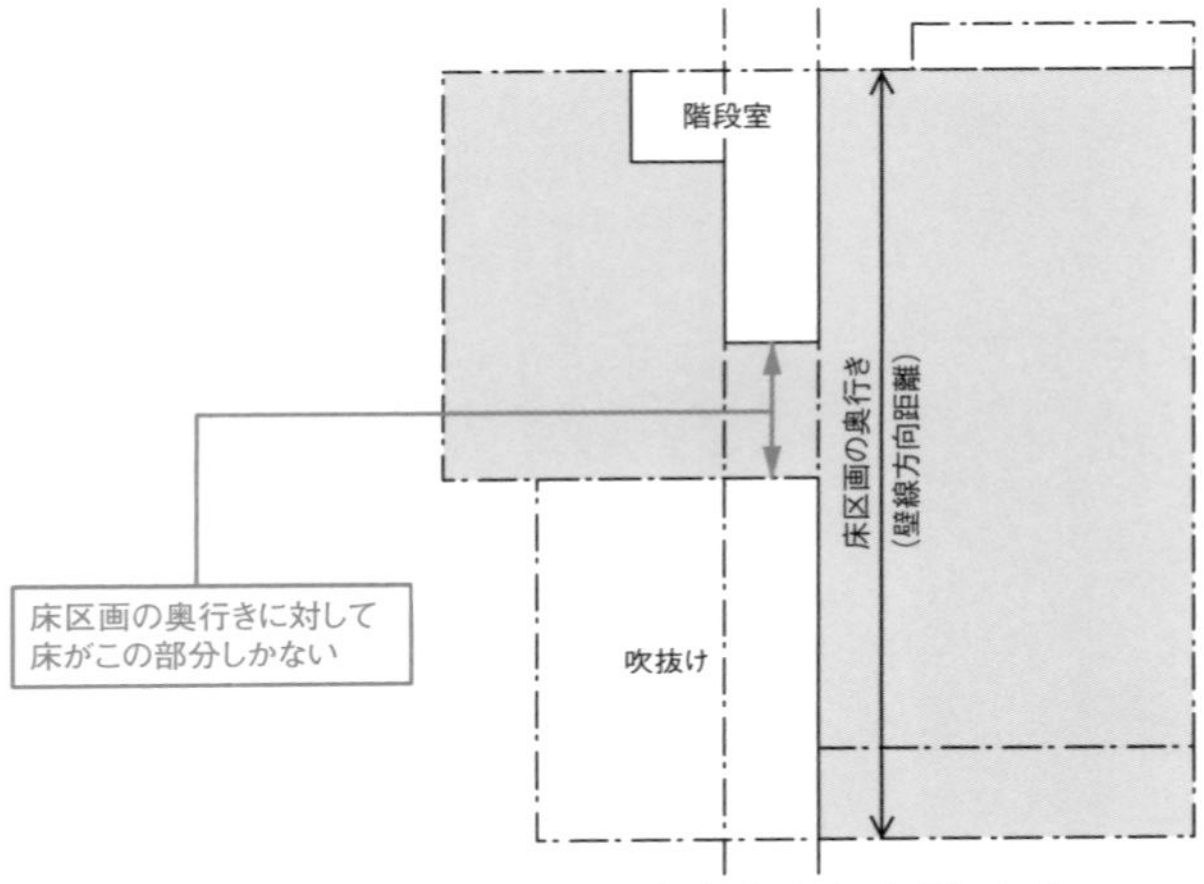

階段室を吹抜けからずらすと、平均存在床倍率を確保しやすい

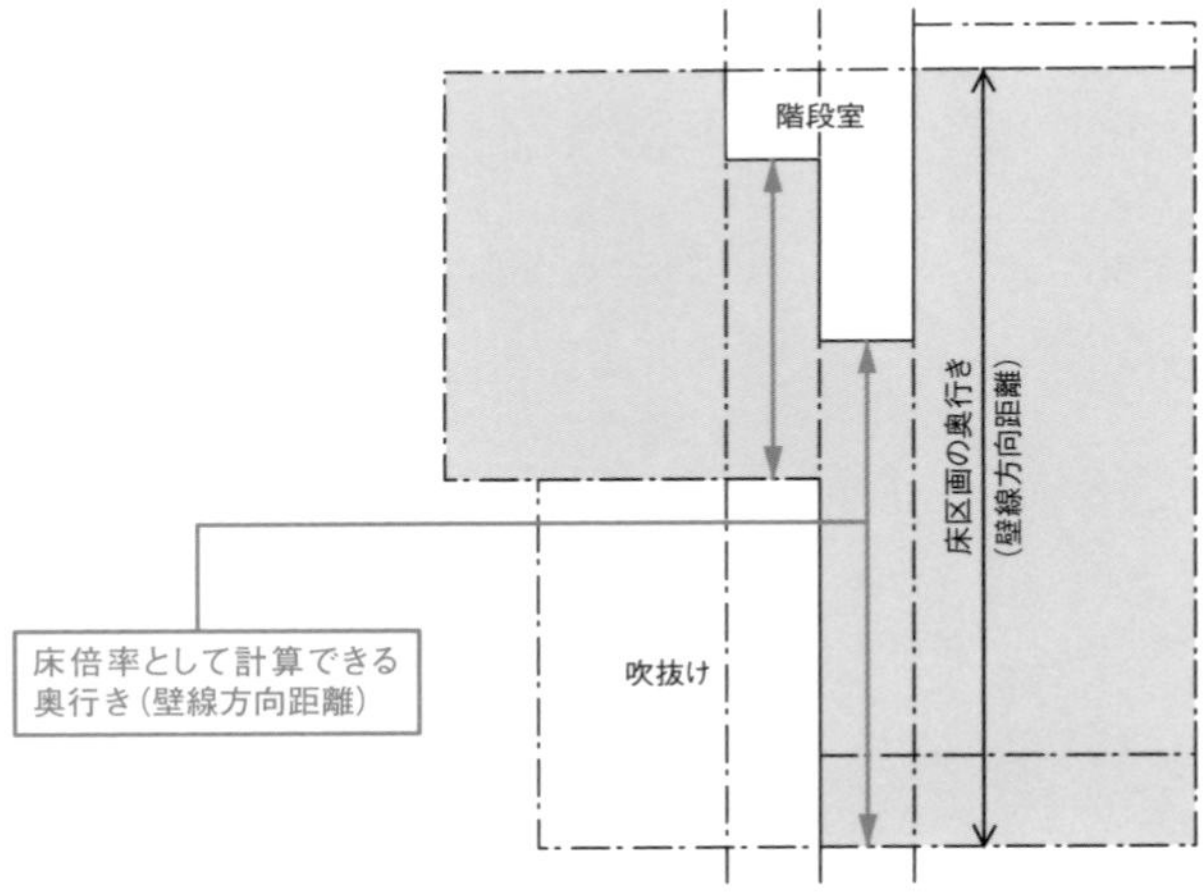

床倍率のチェック
60〜71頁参照

床区画の奥行き長さに着目

吹抜けと階段室はともに床倍率が0であることはすでに説明した。左図のように吹抜けと階段室が平面上同じ床区画内にある場合は、その床区画の奥行きに対して床のある部分が少ないために平均存在床倍率が不足しがちである。

吹抜けと階段室の位置は後から簡単に変更できるものではないため、抜本的なプラン変更になることが多い。このような状況にならないために、あらかじめ階段室と吹抜けが同じ床区画内で重ならないようにプランすることが望ましい

Topics6

3方向外壁に面した吹抜けの床倍率は？

バルコニーの床構面に着目

吹抜けは床構面がなく、面材床による床倍率が0となるため、その床区画における火打ち構面の床倍率のみが存在するが、左図のような場合のX方向Y0〜Y1通りではその区画全体が吹抜けとなるため、火打ち構面の床倍率も存在しない。このままではその床区画の存在床倍率が0となるため、計算が成立しない。

このようなときは、吹抜けに隣接するような持ち出しバルコニーを配置するとよい。持ち出しバルコニーの納まりは、室内の床構面と同じ仕様で持ち出し梁に4周釘打ちされたものに限る。こうすると水平力を最外周の耐力壁線に確実に伝達できるので、持ち出しバルコニーの床構面を床倍率に算入することができる。必要床倍率はRf、K1、吹抜け面積によって異なるが、例題における存在床倍率は3×3.64／7.28=1.5となり、必要床倍率が1.5以下であればよいことが分かる。　［齊藤年男］

図｜3方向外壁に面した吹抜けの設計

①洋室Aにバルコニーがない場合

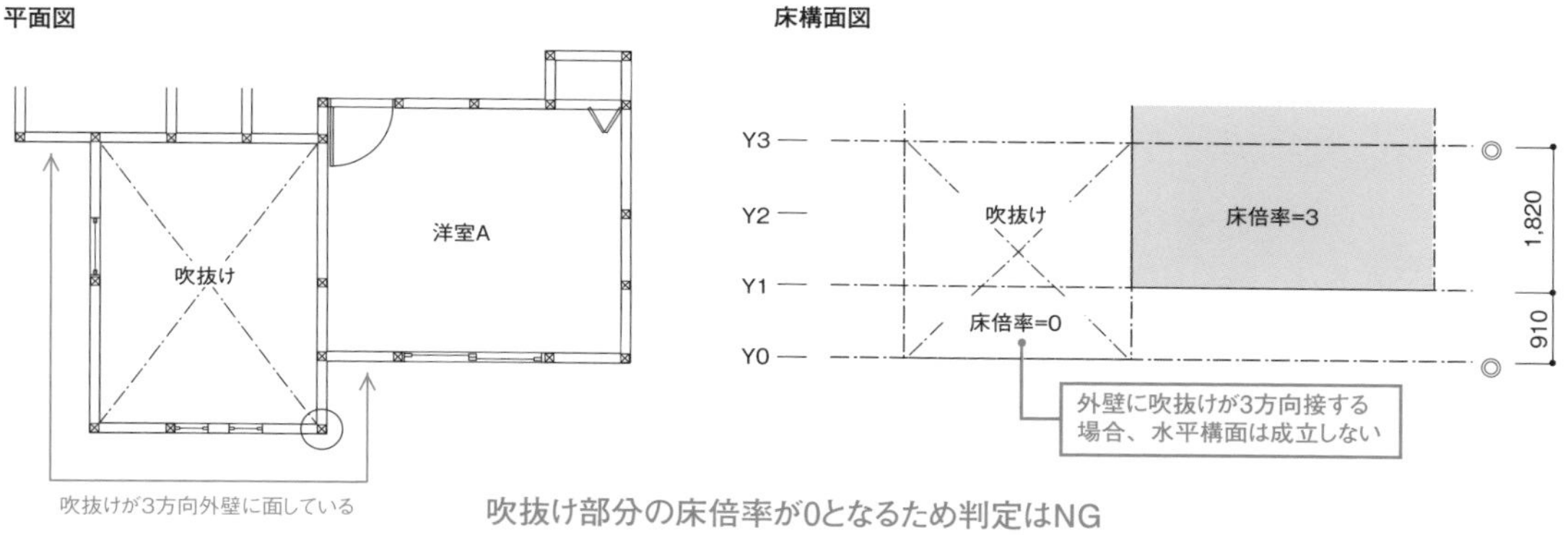

吹抜け部分の床倍率が0となるため判定はNG

②洋室Aに持ち出しバルコニーを設置する場合

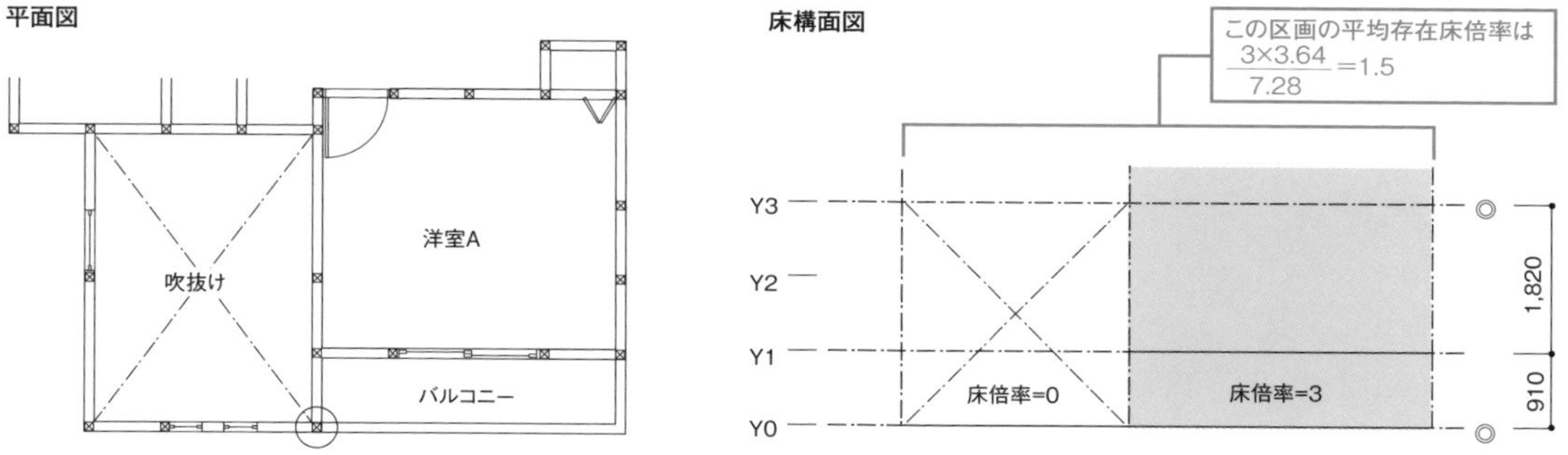

バルコニーの床構面で必要な床倍率を確保しているため判定はOK

Topics7

総2階で階段室が飛び出したプランの床倍率は？

階段室の飛び出しは飛び出部分の床倍率＝0.5

階段室の位置は2階床構面と同じではない。また、水平力に耐えられるような留め付け方をしているわけでもない。したがって、これまでは計算上吹抜けとして扱わざるを得なかったので、計算が成立しなかった。

「木造軸組工法住宅の許容応力度設計（2008年版）」（（公財）日本住宅・木材技術センター刊）では、『本体から突出した階段室については、Ly／Lx≧0.8かつ階段部分が段板と蹴込み板と側板が相互に緊結されて箱状になっている仕様の場合には、当該階段室全体を、単位長さあたりの許容せん断力ΔQa＝0.98kN／m（床倍率0.5相当）の水平構面が存在するものとみなして計算することができる。』と記載された。

この記述は許容応力度計算時に適用されるものだが、壁量計算においても参考にするとよい。最終的には、審査担当者等と相談して決めることになる。

このような対応になる前に、プラン段階で階段室だけ飛び出したプランをつくらないのが鉄則である。実際には階段室に隣接してトイレや収納などの床のある室を設けることで対応する。こうすることで必要床倍率0.627に対して平均存在床倍率1を確保できるので計算は成立する。

［齊藤年男］

図｜総2階で階段室だけが飛び出したプランの設計

総2階で階段室のみ飛び出る場合

平面図

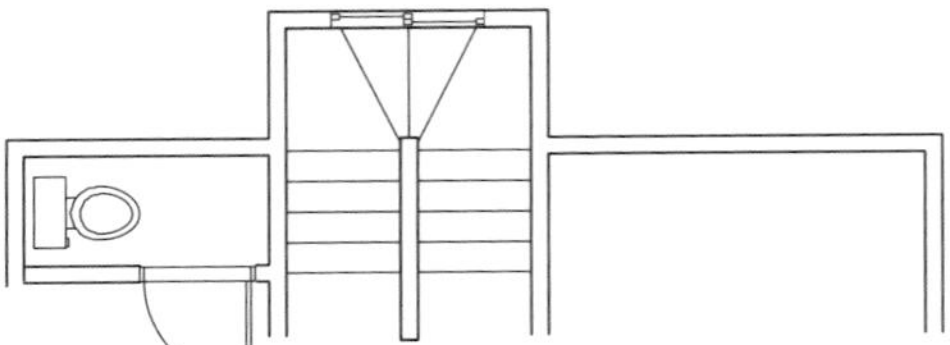

床構面図

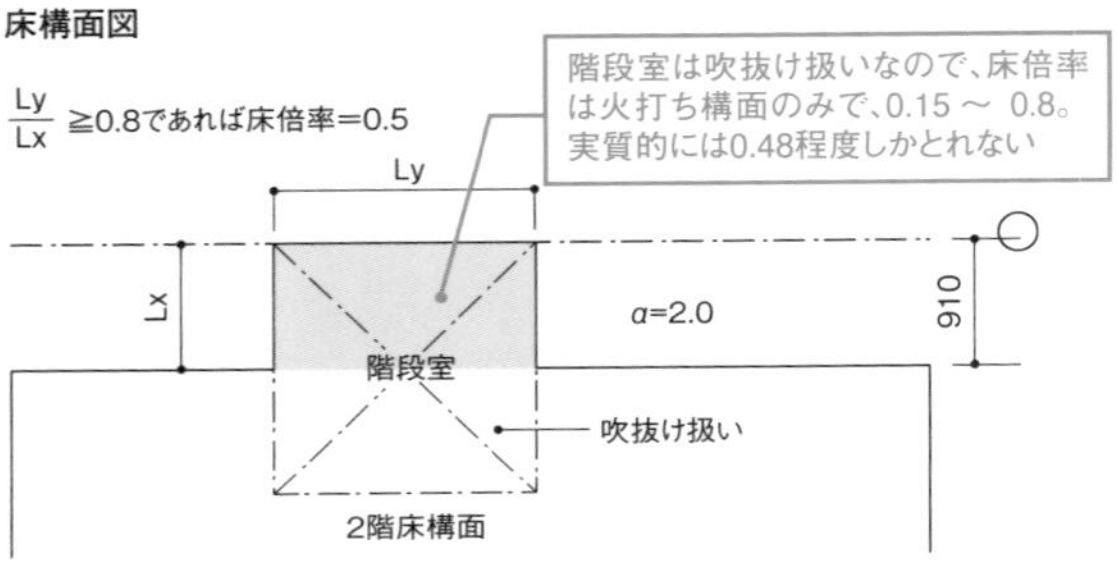
Ly/Lx ≧0.8であれば床倍率=0.5
階段室は吹抜け扱いなので、床倍率は火打ち構面のみで、0.15 〜 0.8。実質的には0.48程度しかとれない
Ly
Lx
α=2.0
910
階段室
吹抜け扱い
2階床構面

総2階と仮定するとRf＝1.0より、K1＝0.4＋0.6×1.0＝1.0となる。地震に対する必要床倍率＝2.0×0.91×69×1.0/200≒0.628となる。したがって、火打ち構面による存在床倍率が0.63以上ないとNGとなる

↓

階段室の床面積が成立せず、判定はNG

階段室の隣りにトイレを配置

平面図

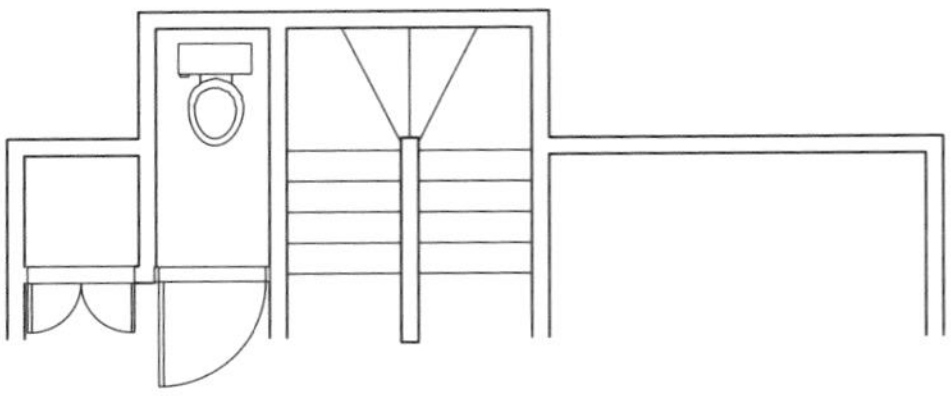

床構面図

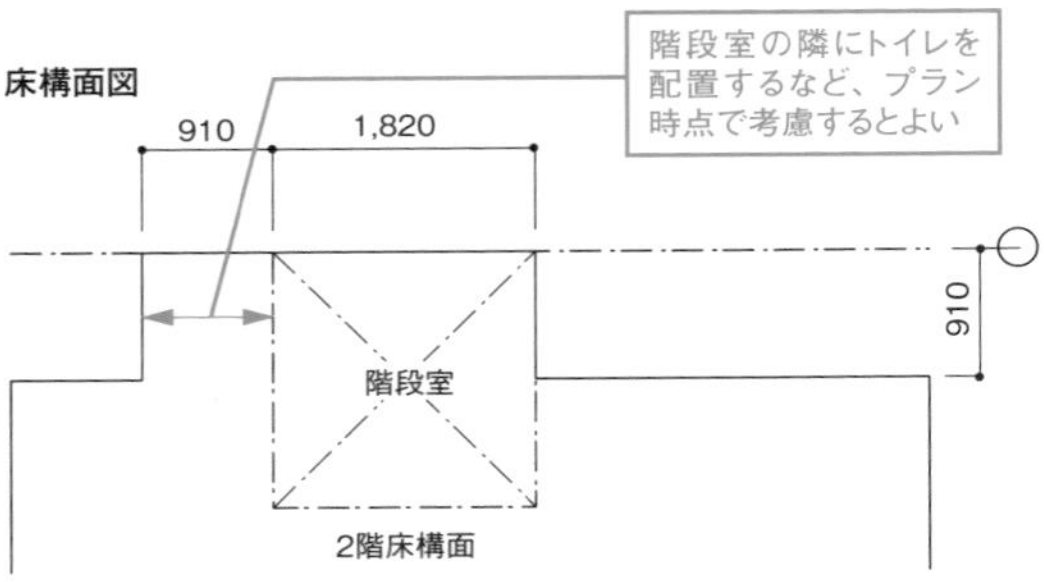
階段室の隣にトイレを配置するなど、プラン時点で考慮するとよい
910
1,820
910
階段室
2階床構面

地震に対する必要床倍率は上記と同じ0.628である。存在床倍率はトイレの床構面の床倍率を3とすると、平均存在床倍率は3×0.91/2.73≒1.0＞0.628となる。よって、火打ち構面を頼らずとも計算が成立する

↓

トイレの床構面で必要な床倍率を確保。判定はOK

地域基準風速[Vo]

平12建告1454号第2

番号	地名		基準風速Vo
(1)	(2)から(9)までに掲げる地方以外の地方		30
(2)	北海道	札幌市/小樽市/網走市/留萌市/稚内市/江別市/紋別市/名寄市/千歳市/恵庭市/北広島市/石狩市/石狩郡/厚田郡/浜益郡/空知郡のうち南幌町/夕張郡のうち由仁町及び長沼町/上川郡のうち風連町及び下川町/中川郡のうち美深町、音威子府村及び中川町/増毛郡/留萌郡/苫前郡/天塩郡/宗谷郡/枝幸郡/礼文郡/利尻郡/網走郡のうち東藻琴村、女満別町及び美幌町/斜里郡のうち清里町及び小清水町/常呂郡のうち端野町、佐呂間町及び常呂町/紋別郡のうち上湧別町、湧別町、興部町、西興部村及び雄武町/勇払郡のうち追分町及び穂別町/沙流郡のうち平取町/新冠郡/静内郡/三石郡/浦河郡/様似郡/幌泉郡/厚岸郡のうち厚岸町/川上郡	32
	岩手県	久慈市/岩手郡のうち葛巻町/下閉伊郡のうち田野畑村及び普代村/九戸郡のうち野田村及び山形村/二戸郡	
	秋田県	秋田市/大館市/本荘市/鹿角市/鹿角郡/北秋田郡のうち鷹巣町、比内町、合川町及び上小阿仁村/南秋田郡のうち五城目町、昭和町、八郎潟町、飯田川町、天王町及び井川町/由利郡のうち仁賀保町、金浦町、象潟町、岩城町及び西目町	
	山形県	鶴岡市/酒田市/西田川郡/飽海郡のうち遊佐町	
	茨城県	水戸市/下妻市/ひたちなか市/東茨城郡のうち内原町/西茨城郡のうち友部町及び岩間町/新治郡のうち八郷町/真壁郡のうち明野町及び真壁町/結城郡/猿島郡のうち五霞町、猿島町及び境町	
	埼玉県	川越市/大宮市/所沢市/狭山市/上尾市/与野市/入間市/桶川市/久喜市/富士見市/上福岡市/蓮田市/幸手市/北足立郡のうち伊奈町/入間郡のうち大井町及び三芳町/南埼玉郡/北葛飾郡のうち栗橋町、鷲宮町及び杉戸町	
	東京都	八王子市/立川市/昭島市/日野市/東村山市/福生市/東大和市/武蔵村山市/羽村市/あきる野市/西多摩郡のうち瑞穂町	
	神奈川県	足柄上郡のうち山北町/津久井郡のうち津久井町、相模湖町及び藤野町	
	新潟県	両津市/佐渡郡/岩船郡のうち山北町及び粟島浦村	
	福井県	敦賀市/小浜市/三方郡/遠敷郡/大飯郡	
	山梨県	富士吉田市/南巨摩郡のうち南部町及び富沢町/南都留郡のうち秋山村、道志村、忍野村、山中湖村及び鳴沢村	
	岐阜県	多治見市/関市/美濃市/美濃加茂市/各務原市/可児市/揖斐郡のうち藤橋村及び坂内村/本巣郡のうち根尾村/山県郡/武儀郡のうち洞戸村及び武芸川町/加茂郡のうち坂祝町及び富加町	
	静岡県	静岡市/浜松市/清水市/富士宮市/島田市/磐田市/焼津市/掛川市/藤枝市/袋井市/湖西市/富士郡/庵原郡/志太郡/榛原郡のうち御前崎町、相良町、榛原町、吉田町及び金谷町/小笠郡/磐田郡のうち浅羽町、福田町、竜洋町及び豊田町/浜名郡/引佐郡のうち細江町及び三ケ日町	
	愛知県	豊橋市/瀬戸市/春日井市/豊川市/豊田市/小牧市/犬山市/尾張旭市/日進市/愛知郡/丹羽郡/額田郡のうち額田町/宝飯郡/西加茂郡のうち三好町	
	滋賀県	大津市/草津市/守山市/滋賀郡/栗太郡/伊香郡/高島郡	
	京都府	全域	
	大阪府	高槻市/枚方市/八尾市/寝屋川市/大東市/柏原市/東大阪市/四條畷市/交野市/三島郡/南河内郡のうち太子町、河南町及び千早赤阪村	
	兵庫県	姫路市/相生市/豊岡市/龍野市/赤穂市/西脇市/加西市/篠山市/多可郡/飾磨郡/神崎郡/揖保郡/赤穂郡/宍粟郡/城崎郡/出石郡/美方郡/養父郡/朝来郡/氷上郡	
	奈良県	奈良市/大和高田市/大和郡山市/天理市/橿原市/桜井市/御所市/生駒市/香芝市/添上郡/山辺郡/生駒郡/磯城郡/宇陀郡のうち大宇陀町、菟田野町、榛原町及び室生村/高市郡/北葛城郡	
	鳥取県	鳥取市/岩美郡/八頭郡のうち郡家町、船岡町、八東町及び若桜町	
	島根県	益田市/美濃郡のうち匹見町/鹿足郡のうち日原町/隠岐郡	
	岡山県	岡山市/倉敷市/玉野市/笠岡市/備前市/和気郡のうち日生町/邑久郡/児島郡/都窪郡/浅口郡	
	広島県	広島市/竹原市/三原市/尾道市/福山市/東広島市/安芸郡のうち府中町/佐伯郡のうち湯来町及び吉和村/山県郡のうち筒賀村/賀茂郡のうち河内町/豊田郡のうち本郷町/御調郡のうち向島町/沼隈郡	
	福岡県	山田市/甘木市/八女市/豊前市/小郡市/嘉穂郡のうち桂川町、稲築町、碓井町及び嘉穂町/朝倉郡/浮羽郡/三井郡/八女郡/田川郡のうち添田町、川崎町、大任町及び赤村/京都郡のうち犀川町/築上郡	
	熊本県	山鹿市/菊池市/玉名郡のうち菊水町、三加和町及び南関町/鹿本郡/菊池郡/阿蘇郡のうち一の宮町、阿蘇町、産山村、波野村、蘇陽町、高森町、白水村、久木野村、長陽村及び西原村	
	大分県	大分市/別府市/中津市/日田市/佐伯市/臼杵市/津久見市/竹田市/豊後高田市/杵築市/宇佐市/西国東郡/東国東郡/速見郡/大分郡のうち野津原町、挾間町及び庄内町/北海部郡/南海部郡/大野郡/直入郡/下毛郡/宇佐郡	
	宮崎県	西臼杵郡のうち高千穂町及び日之影町/東臼杵郡のうち北川町	
(3)	北海道	函館市/室蘭市/苫小牧市/根室市/登別市/伊達市/松前郡/上磯郡/亀田郡/茅部郡/斜里郡のうち斜里町/虻田郡/岩内郡のうち共和町/積丹郡/古平郡/余市郡/有珠郡/白老郡/勇払郡のうち早来町、厚真町及び鵡川町/沙流郡のうち門別町/厚岸郡のうち浜中町/野付郡/標津郡/目梨郡	34
	青森県	全域	
	岩手県	二戸市/九戸郡のうち軽米町、種市町、大野村及び九戸村	
	秋田県	能代市/男鹿市/北秋田郡のうち田代町/山本郡/南秋田郡のうち若美町及び大潟村	
	茨城県	土浦市/石岡市/龍ヶ崎市/水海道市/取手市/岩井市/牛久市/つくば市/東茨城郡のうち茨城町、小川町、美野里町及び大洗町/鹿島郡のうち旭村、鉾田町及び大洋村/行方郡のうち麻生町、北浦町及び玉造町/稲敷郡/新治郡のうち霞ヶ浦町、玉里村、千代田町及び新治村/筑波郡/北相馬郡	
	埼玉県	川口市/浦和市/岩槻市/春日部市/草加市/越谷市/蕨市/戸田市/鳩ヶ谷市/朝霞市/志木市/和光市/新座市/八潮市/三郷市/吉川市/北葛飾郡のうち松伏町及び庄和町	

(3)	**千葉県**	市川市/船橋市/松戸市/野田市/柏市/流山市/八千代市/我孫子市/鎌ヶ谷市/浦安市/印西市/東葛飾郡/印旛郡のうち白井町	34
	東京都	23区/武蔵野市/三鷹市/府中市/調布市/町田市/小金井市/小平市/国分寺市/国立市/田無市/保谷市/狛江市/清瀬市/東久留米市/多摩市/稲城市	
	神奈川県	横浜市/川崎市/平塚市/鎌倉市/藤沢市/小田原市/茅ヶ崎市/相模原市/秦野市/厚木市/大和市/伊勢原市/海老名市/座間市/南足柄市/綾瀬市/高座郡/中郡/足柄上郡のうち中井町、大井町、松田町及び開成町/足柄下郡/愛甲郡/津久井郡のうち城山町	
	岐阜県	岐阜市/大垣市/羽島市/羽島郡/海津郡/養老郡/不破郡/安八郡/揖斐郡のうち揖斐川町、谷汲村、大野町、池田町、春日村及び久瀬村/本巣郡のうち北方町、本巣町、穂積町、巣南町、真正町及び糸貫町	
	静岡県	沼津市/熱海市/三島市/富士市/御殿場市/裾野市/賀茂郡のうち松崎町、西伊豆町及び賀茂村/田方郡/駿東郡	
	愛知県	名古屋市/岡崎市/一宮市/半田市/津島市/碧南市/刈谷市/安城市/西尾市/蒲郡市/常滑市/江南市/尾西市/稲沢市/東海市/大府市/知多市/知立市/高浜市/岩倉市/豊明市/西春日井郡/葉栗郡/中島郡/海部郡/知多郡/幡豆郡/額田郡のうち幸田町/渥美郡	
	三重県	全域	
	滋賀県	彦根市/長浜市/近江八幡市/八日市市/野洲郡/甲賀郡/蒲生郡/神崎郡/愛知郡/犬上郡/坂田郡/東浅井郡	
	大阪府	大阪市/堺市/岸和田市/豊中市/池田市/吹田市/泉大津市/貝塚市/守口市/茨木市/泉佐野市/富田林市/河内長野市/松原市/和泉市/箕面市/羽曳野市/門真市/摂津市/高石市/藤井寺市/泉南市/大阪狭山市/阪南市/豊能郡/泉北郡/泉南郡/南河内郡のうち美原町	
	兵庫県	神戸市/尼崎市/明石市/西宮市/洲本市/芦屋市/伊丹市/加古川市/宝塚市/三木市/高砂市/川西市/小野市/三田市/川辺郡/美囊郡/加東郡/加古郡/津名郡/三原郡	
	奈良県	五條市/吉野郡/宇陀郡のうち曽爾村及び御杖村	
	和歌山県	全域	
	島根県	鹿足郡のうち津和野町、柿木村及び六日市町	
	広島県	呉市/因島市/大竹市/廿日市市/安芸郡のうち海田町、熊野町、坂町、江田島町、音戸町、倉橋町、下蒲刈町及び蒲刈町/佐伯郡のうち大野町、佐伯町、宮島町、能美町、沖美町及び大柿町/賀茂郡のうち黒瀬町/豊田郡のうち安芸津町、安浦町、川尻町、豊浜町、豊町、大崎町、東野町、木江町及び瀬戸田町	
	山口県	全域	
	徳島県	三好郡のうち三野町、三好町、池田町及び山城町	
	香川県	全域	
	愛媛県	全域	
	高知県	土佐郡のうち大川村及び本川村/吾川郡のうち池川町	
	福岡県	北九州市/福岡市/大牟田市/久留米市/直方市/飯塚市/田川市/柳川市/筑後市/大川市/行橋市/中間市/筑紫野市/春日市/大野城市/宗像市/太宰府市/前原市/古賀市/筑紫郡/糟屋郡/宗像郡/遠賀郡/鞍手郡/嘉穂郡のうち筑穂町、穂波町、庄内町及び頴田町/糸島郡/三潴郡/山門郡/三池郡/田川郡のうち香春町、金田町、糸田町、赤池町及び方城町/京都郡のうち苅田町、勝山町及び豊津町	
	佐賀県	全域	
	長崎県	長崎市/佐世保市/島原市/諫早市/大村市/平戸市/松浦市/西彼杵郡/東彼杵郡/北高来郡/南高来郡/北松浦郡/南松浦郡のうち若松町、上五島町、新魚目町、有川町及び奈良尾町/壱岐郡/下県郡/上県郡	
	熊本県	熊本市/八代市/人吉市/荒尾市/水俣市/玉名市/本渡市/牛深市/宇土市/宇土郡/下益城郡/玉名郡のうち岱明町、横島町、天水町、玉東町及び長洲町/上益城郡/八代郡/葦北郡/球磨郡/天草郡	
	宮崎県	延岡市/日向市/西都市/西諸県郡のうち須木村/児湯郡/東臼杵郡のうち門川町、東郷町、南郷村、西郷村、北郷村、北方町、北浦町、諸塚村及び椎葉村/西臼杵郡のうち五ヶ瀬町	
(4)	**北海道**	山越郡/桧山郡/爾志郡/久遠郡/奥尻郡/瀬棚郡/島牧郡/寿都郡/磯谷郡/岩内郡のうち岩内町/古宇郡	36
	茨城県	鹿嶋市/鹿島郡のうち神栖町及び波崎町/行方郡のうち牛堀町及び潮来町	
	千葉県	千葉市/佐原市/成田市/佐倉市/習志野市/四街道市/八街市/印旛郡のうち酒々井町、富里町、印旛村、本埜村及び栄町/香取郡/山武郡のうち山武町及び芝山町	
	神奈川県	横須賀市/逗子市/三浦市/三浦郡	
	静岡県	伊東市/下田市/賀茂郡のうち東伊豆町、河津町及び南伊豆町	
	徳島県	徳島市/鳴門市/小松島市/阿南市/勝浦郡/名東郡/名西郡/那賀郡のうち那賀川町及び羽ノ浦町/板野郡/阿波郡/麻植郡/美馬郡/三好郡のうち井川町、三加茂町、東祖谷山村及び西祖谷山村	
	高知県	宿毛市/長岡郡/土佐郡のうち鏡村、土佐山村及び土佐町/吾川郡のうち伊野町、吾川村及び吾北村/高岡郡のうち佐川町、越知町、梼原町、大野見村、東津野村、葉山村、仁淀村及び日高村/幡多郡のうち大正町、大月町、十和村、西土佐村及び三原村	
	長崎県	福江市/南松浦郡のうち富江町、玉之浦町、三井楽町、岐宿町及び奈留町	
	宮崎県	宮崎市/都城市/日南市/小林市/串間市/えびの市/宮崎郡/南那珂郡/北諸県郡/西諸県郡のうち高原町及び野尻町/東諸県郡	
	鹿児島県	川内市/阿久根市/出水市/大口市/国分市/鹿児島郡のうち吉田町/薩摩郡のうち樋脇町、入来町、東郷町、宮之城町、鶴田町、薩摩町及び祁答院町/出水郡/伊佐郡/姶良郡/曽於郡	
(5)	**千葉県**	銚子市/館山市/木更津市/茂原市/東金市/八日市場市/旭市/勝浦市/市原市/鴨川市/君津市/富津市/袖ヶ浦市/海上郡/匝瑳郡/山武郡のうち大網白里町、九十九里町、成東町、蓮沼村、松尾町及び横芝町/長生郡/夷隅郡/安房郡	38
	東京都	大島町/利島村/新島村/神津島村/三宅村/御蔵島村	
	徳島県	那賀郡のうち鷲敷町、相生町、上那賀町、木沢村及び木頭村/海部郡	
	高知県	高知市/安芸市/南国市/土佐市/須崎市/中村市/土佐清水市/安芸郡のうち馬路村及び芸西村/香美郡/吾川郡のうち春野村/高岡郡のうち中土佐町及び窪川町/幡多郡のうち佐賀町及び大方町	
	鹿児島県	鹿児島市/鹿屋市/串木野市/垂水市/鹿児島郡のうち桜島町/肝属郡のうち串良町、東串良町、高山町、吾平町、内之浦町及び大根占町/日置郡のうち市来町、東市来町、伊集院町、松元町、郡山町、日吉町及び吹上町	
(6)	**高知県**	室戸市/安芸郡のうち東洋町、奈半利町、田野町、安田町及び北川村	40
	鹿児島県	枕崎市/指宿市/加世田市/西之表市/揖宿郡/川辺郡/日置郡のうち金峰町/薩摩郡のうち里村、上甑村、下甑村及び鹿島村/肝属郡のうち根占町、田代町及び佐多町	
(7)	**東京都**	八丈町/青ヶ島村/小笠原村	42
	鹿児島県	熊毛郡のうち中種子町及び南種子町	
(8)	**鹿児島県**	鹿児島郡のうち三島村/熊毛郡のうち上屋久町及び屋久町	44
(9)	**鹿児島県**	名瀬市/鹿児島郡のうち十島村/大島郡	46
	沖縄県	全域	

※詳しくは当該行政庁にお問合せください

第2章

構造計算

構造計算の流れを理解する

重要！ 構造計算のポイント

構造計算とは、部材の強さを検討すること。
部材に作用する力を正確に算定することが重要

①荷重の算定：各部材に作用する固定荷重・積載荷重・積雪荷重・風圧力・地震力を拾う

②部材の強さの検討：各部材に生じる応力度が部材の強さの許容値以下であることを確認する

2011年の震災を経験し、建築物の構造の安全性への関心がより一層高まってきている。構造計算書の提出が義務付けられていない4号建物でも、設計者は建築主に重要事項の説明が義務化されている。その中には構造の安全性に関する記述はないものの、構造の安全性を説明することがますます求められる時代になったのである。

もちろん、いきなり許容応力度計算のような高度な構造計算を行うことは難しいだろう。ただし、梁や柱、基礎の断面算定程度ならば、本章で解説する構造計算の基本をマスターすることで、簡単にクリアすることができる。

構造計算の基本

構造計算とは、部材に加わる複数の荷重に対し部材の安全性を確認する作業である。つまり構造計算は、荷重を「拾う」ことから始まるのである。梁ならば固定荷重[90頁参照]、積載荷重[93頁参照]、積雪荷重[96頁参照]、柱や基礎ならばこのほかに風圧力や地震力[98頁参照]が算定対象となる。

荷重の算定を終えたら、次に部材に生じる応力を計算しやすく整理する。これをモデル化という[102頁参照]。モデル化の方法には、構造の安全性に対する設計者の考え方によっていろいろなやり方がある。ただし、いずれの場合でも、モデル化の結果が本来の数値よりも安全側になるよう考慮する必要がある。

部材の強さと比較する

荷重が整理できたら部材内部に生じる力を求め、最後に部材の強さと比較する。部材の強さは基準強度といい、樹種や材質で数値が異なる[※]。部材の基準強度は、文字どおり、部材の安全性の「基準」となる重要な数値だ。

荷重・部材断面・構造形式が要素となって部材内部に生じる力（応力度）が基準強度から求められる許容値（許容応力度[110頁参照]）以下になっていれば、その断面や部材は安全である、ということになる。許容値を上回っていれば断面を変更するか、樹種を変えて再計算することになる[図1]。

建物全体の荷重概算を知る

構造計算をするうえで、取り扱う部材や部位の荷重が大体どの程度かの感覚をもっていると、計算ミスや無理な計画に事前に気づくことができ、設計の手戻りが少なくてすむ。

図2は総2階の木造住宅を想定して、各部位の単位面積当たりの荷重と床面積を掛け合わせた荷重一覧である。計算しやすいように単純化したプランだが、小規模の木造住宅ならば、おおむねこの程度の荷重になると考えてもらって問題ない。

この建物の総重量は、約721kN（約72t）である。建物を支えるベタ基礎の耐圧盤面積でこの値を除すと、1㎡当たりの建物の重さは約13kNになる。

ちなみに13kNとは、体重65kg、足のサイズが25cmの人が地面に立っていると同程度の重さである。このように身近なものに荷重を置換するのも、荷重の理解を深めるのに役立つだろう。

本章では、梁・柱・基礎の構造計算をマスターすることを目的としている。木構造の基本である壁量計算やN値計算、金物選択などについては前章で述べられているので、それぞれの項目を参照してほしい。

[齊藤年男]

※：基準強度は平12建告1452号に定められている。110頁参照

図1　構造計算の流れ

荷重の算定

①部位の荷重の整理
梁の場合
固定荷重+積載荷重+積雪荷重
柱・基礎の場合
固定荷重+積載荷重+積雪荷重
(+風圧力+地震力)
②荷重のモデル化

部材の強さの検討

①部材に生じる応力の算定
②仮定した断面のときの部材に生じる応力度を算定
③部材の許容応力度を算定
④部材に生じる応力度と許容応力度を比較して、断面の安全性を確認

検討結果

部材に生じる応力度≦許容応力度
……算定終了
部材に生じる応力度>許容応力度
……部材の断面や樹種、プランを変更して、再度荷重の設定から始める

図2　建物の重量の目安

屋根面積=75m^2(軒先、勾配補正を含む)

屋根(瓦)=640N/m^2
母屋　=　50N/m^2
小屋梁　=100N/m^2
天井　=150N/m^2
合計　940N/m^2

①屋根重量:940×75=70,500N

外壁面積=175m^2(1・2階合計、開口は考慮しない)

鉄網モルタル　=640N/m^2
軸組　=150N/m^2
石膏ボード　=100N/m^2
合計　890N/m^2

②外壁重量:890×175=155,750N

内壁面積=105m^2(1・2階合計、開口は考慮しない。天井高は考慮しない)

石膏ボード両面張り
(クロス仕上げも含む)=200N/m^2
軸組　=150N/m^2
合計　350N/m^2

③内壁重量:350×105=36,750N

2階床面積=53m^2

畳床　=　340N/m^2
軸組　=　100N/m^2
天井　=　150N/m^2
積載荷重=1,300N/m^2
合計　1,890N/m^2

④2階床重量:1,890×53=100,170N

1階床面積=53m^2

畳床　=　340N/m^2
軸組　=　100N/m^2
積載荷重=1,300N/m^2
合計　1,740N/m^2

⑤1階床重量:1,740×53=92,220N

基礎底盤面積=53m^2(ベタ基礎、鉄筋コンクリートの比重=2.4)

立上り=　74kN=　74,000N
底盤　=191kN=191,000N
合計　265,000N

⑥基礎重量:265,000N

建物の仕様
・木造2階建て
・延べ面積106m^2
・ベタ基礎

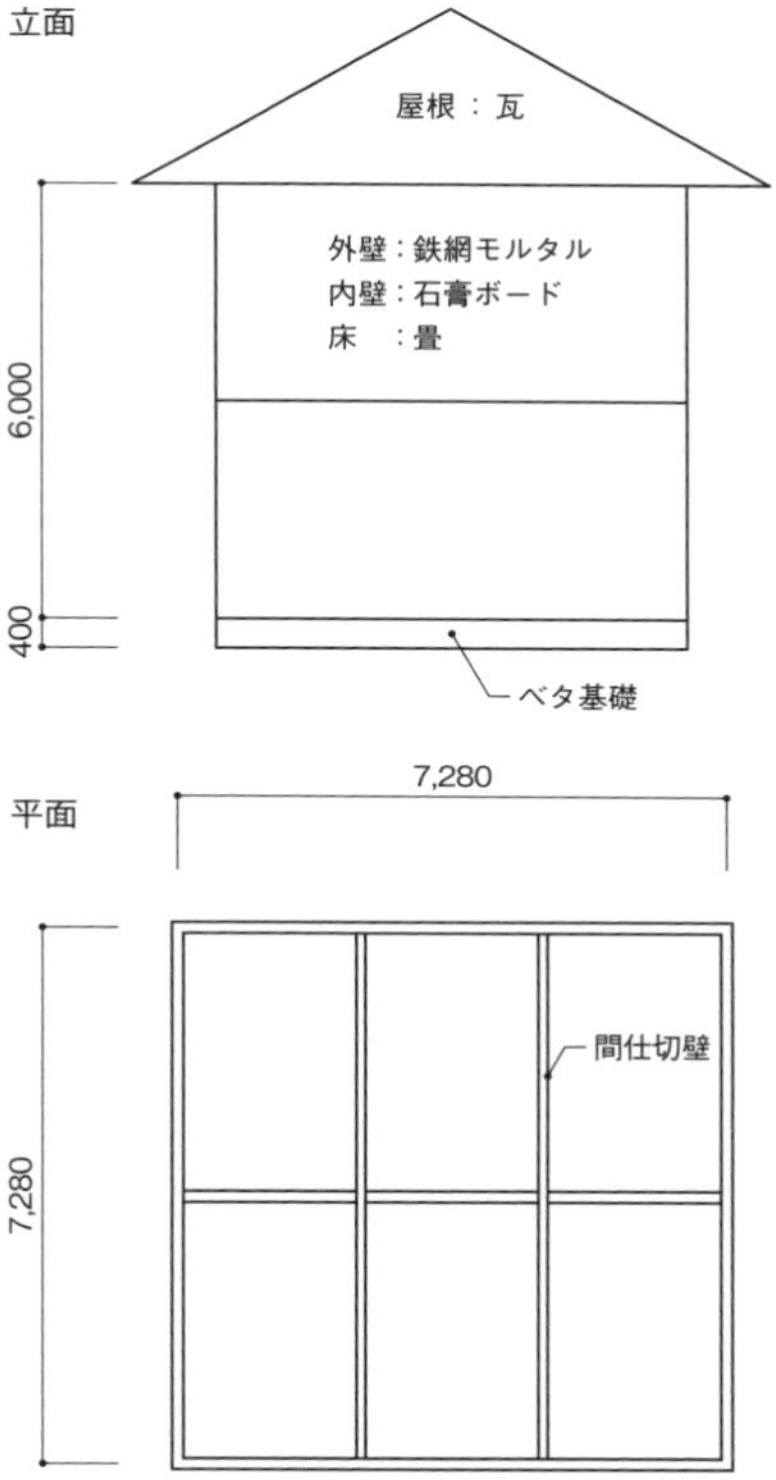

基礎底盤面積=52,998,400mm^2
≒53m^2

建物総重量(①~⑥の合計)
=720,390N
基礎底盤面積当たりの重量
720,390÷53≒13,592≒13kN/m^2

構造計算している建物がイメージしやすいよう上記の数字を頭に入れておくとよいだろう

部位ごとの固定荷重を拾う

重要！ 構造計算のポイント

実際に使用する部材の荷重を拾うのが原則

①メーカーカタログ記載の荷重など、実際の荷重にもとづき構造計算を行う

②ただし、令84条表の数値を用いて構造計算してもよい

③将来のリニューアルを考慮して、できるだけ重量が大きい仕様の荷重を採用する

固定荷重とは、壁や柱、床など、建物を構成する部材の重量のことである。固定荷重を算定するには、実際に使用する部材の荷重を拾うのが原則だが、建築基準法施行令（以下、令）84条に記載されている単位荷重を用いてもよい［表、※1］。

各部位の荷重

(1)屋根荷重［図1］

屋根荷重には、直下の天井や軒裏仕上材の重量が含まれる。また、母屋束スパンが2m超の場合の母屋荷重は、2m以下の場合の2倍になる。

(2)床荷重［92頁図2①］

2階床には仕上材・下地材と床梁、1階天井の重量が、1階床には仕上材・下地材の重量が含まれる［※2］。

仕上材は、フローリングより畳のほうが40N／㎡［※3］重い。

ただし将来のリニューアルなどを考慮すると、実際はフローリングでも重量が大きい畳の荷重を採用したい。また、床梁の重量は、6m超で1.7倍、8m超で2.5倍大きくなる。

(3)壁荷重［92頁図2③④］

内壁の荷重は軸組＋両面室内側仕上げの、外壁の荷重は屋外側仕上げ＋軸組＋室内側仕上げの組合せとなる。

内壁に強化石膏ボードや構造用石膏ボードなど比重の大きい材料を採用するときは、荷重を割り増さなければならない場合もある［92頁参照］。

外壁によく使用される材では、令84条にサイディングの例示がないので、メーカーカタログで製品と取付け部材の重量を確認する。

既調合軽量モルタルは、1：3モルタルに比べてかなり軽量化が図られているが、安全側になるよう令84条の鉄網モルタルの単位荷重としてもよい。

また、バルコニー部の手摺壁は、両面仕上げや下がり壁の分まで荷重を拾うこと。

［齊藤年男］

表　各部の単位荷重一覧（令84条より抜粋）

部位	種別		荷重N／㎡		備考
屋根	瓦葺き	葺き土あり	屋根面につき	980	下地・垂木を含み、母屋を含まない
		葺き土なし		640	
	波形鉄板葺き	母屋に直接葺く場合		50	母屋を含まない
	薄鉄板葺き			200	下地・垂木を含み、母屋を含まない
	ガラス屋根			290	鉄製枠を含み、母屋を含まない
	厚形スレート葺き			440	下地・垂木を含み、母屋を含まない
母屋	支点間距離≦2m		屋根面につき	50	—
	支点間距離≦4m			100	
天井	竿縁		天井面につき	100	吊り木、受木、その他の下地を含む
	繊維板張り、打上げ板張り、合板張り、金属板張り			150	
	木毛セメント板張り			200	
	格縁[※]			290	
	漆喰塗り			390	
	モルタル塗り			590	
床	板張り		床面につき	150	根太を含む
	畳敷き			340	床板・根太を含む
	床梁	梁間≦4m		100	
		梁間≦6m		170	
		梁間≦8m		250	
壁	壁の軸組		壁面につき	150	柱・間柱・筋かいを含む
	仕上げ	下見板張り 羽目板張り 繊維板張り		100	下地を含み、軸組を含まない
		木摺漆喰塗り		340	
		鉄網モルタル塗り		640	
	小舞壁			830	軸組を含む

※：ごうぶち。竿縁天井の竿縁を縦横正方形に組んだ天井

※1：法令の規定はすべての仕様の荷重を網羅しているわけではない。法令に規定のないものはメーカーカタログなどで調べる必要がある

※2：1階床は土台と床束を介して、基礎・地盤へと荷重が伝達されるため、構造の検討が必要なのは大引と根太である

※3：ニュートン（N）とは国際単位系（SI）における力の単位。1N＝1／9.8kgf≒0.102kgf［115頁参照］

図1　屋根の固定荷重(単位荷重)の求め方

①重い屋根(瓦屋根)

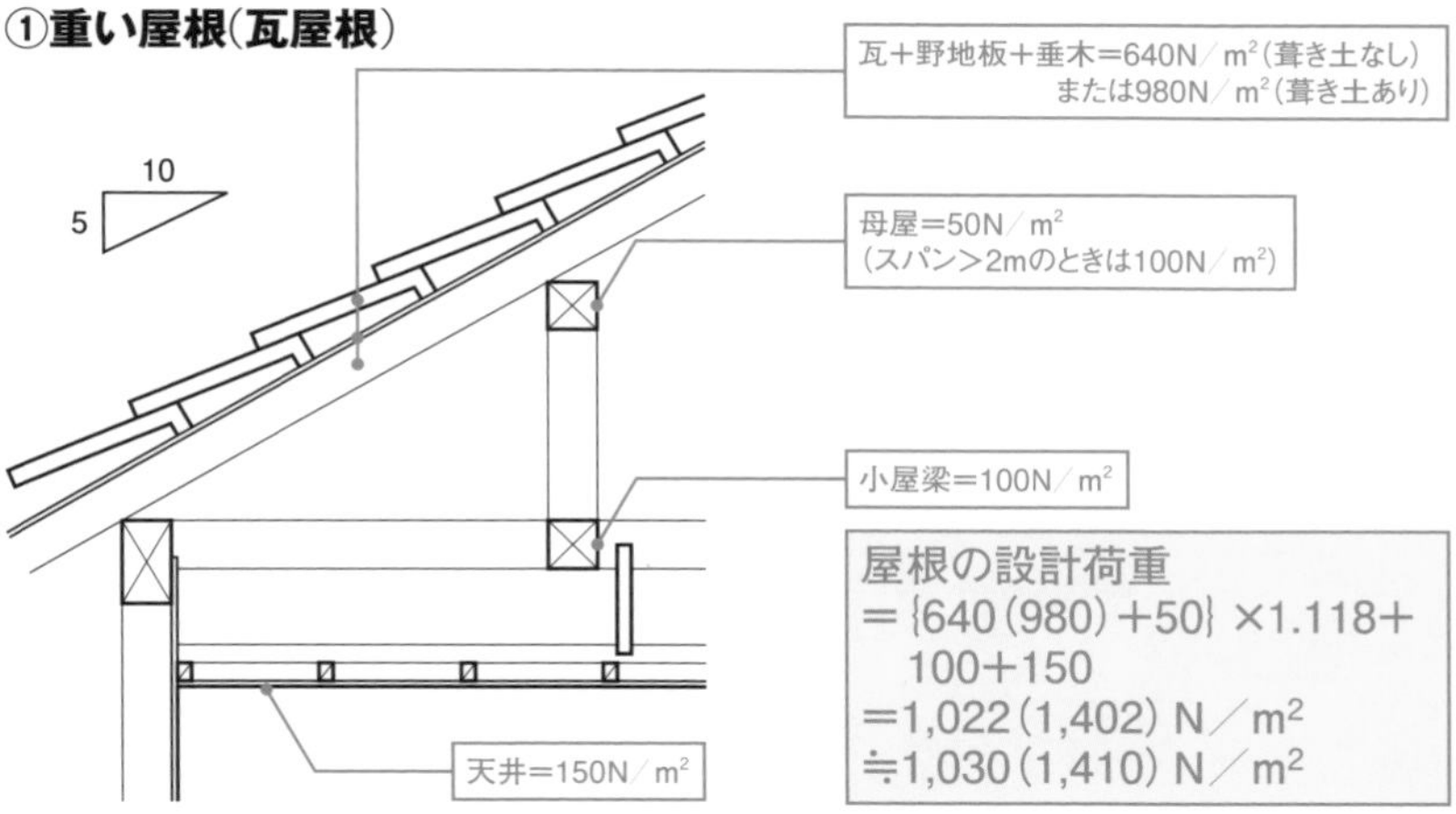

屋根の設計荷重
={640(980)+50} ×1.118+
100+150
=1,022(1,402) N/m^2
≒1,030(1,410) N/m^2

②軽い屋根(薄形スレート屋根)

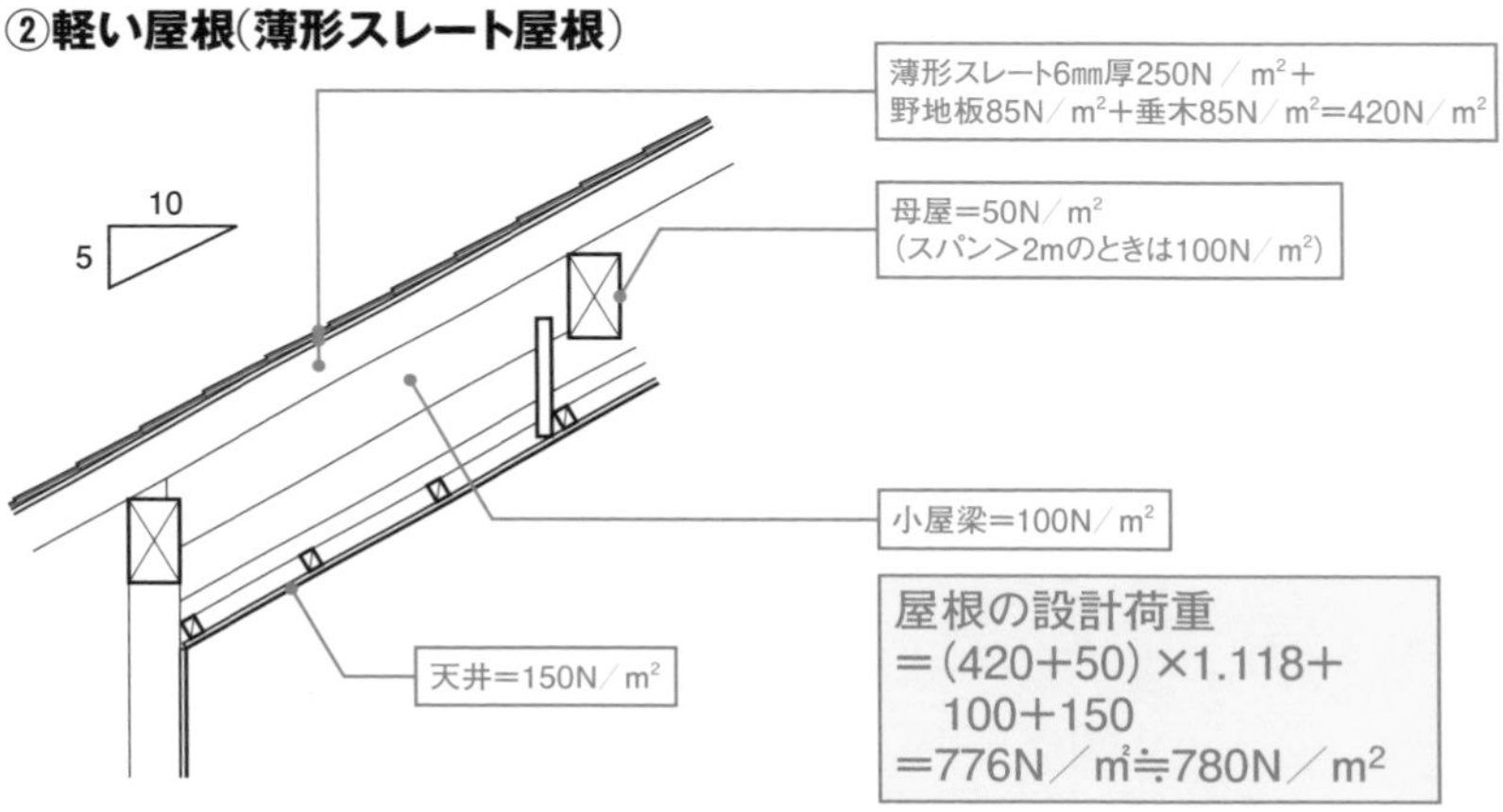

屋根の設計荷重
=(420+50) ×1.118+
100+150
=776N/㎡≒780N/m^2

③軒先部1

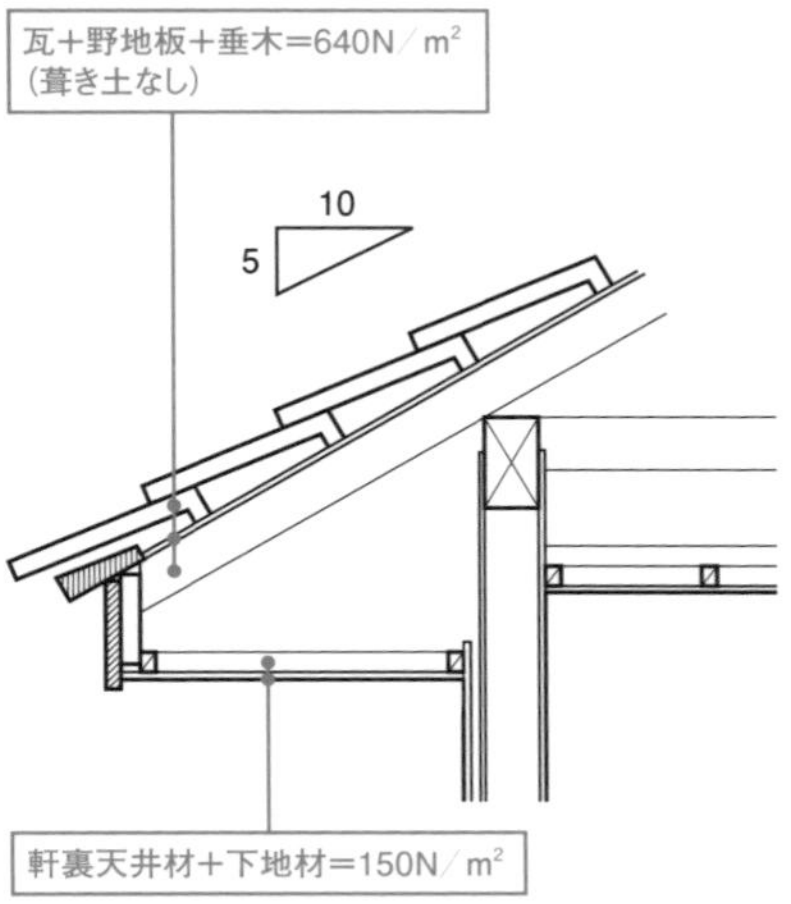

軒先部の設計荷重
=640×1.118+150=866N/m^2
≒870N/m^2

④軒先部2

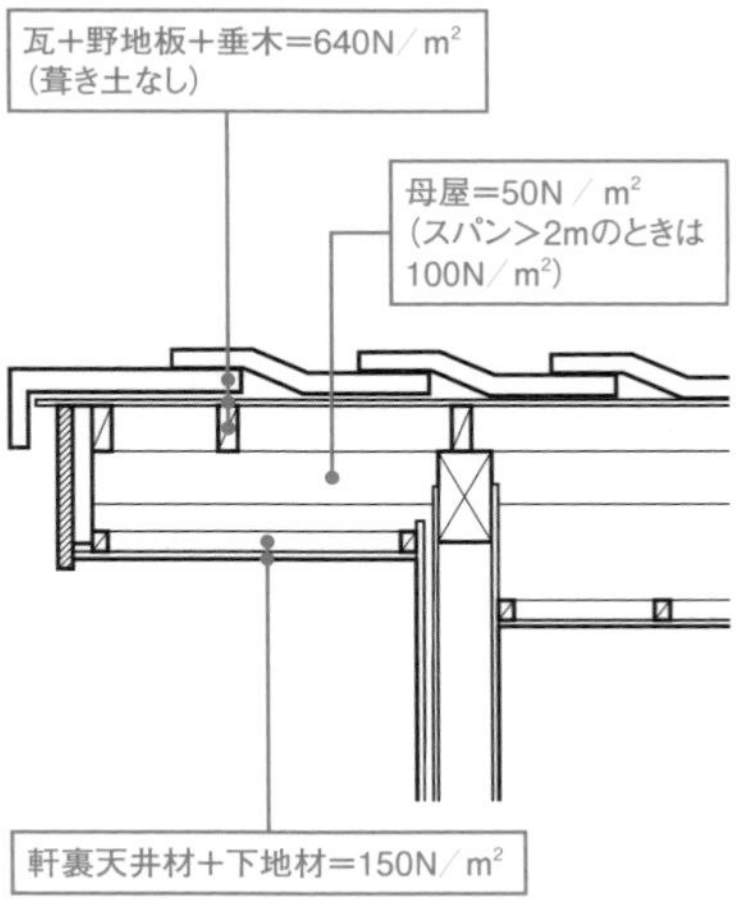

軒先部の設計荷重
=(640+50)×1.118+150=1,034N/m^2
≒1,040N/m^2

Point & Memo

Memo

屋根材の荷重には留付け金具など付属部品も含まれる
屋根面積は水平投影面積より大きいため、勾配補正を行い、実際の面積とする。
水平投影面積 ×tam^{-1}(5/10)≒1.118

Memo

薄形スレート屋根の荷重は、令84条で例示されている厚形スレート葺き(440N/㎡)とほとんど変わらないことが分かる。また、将来、瓦への改装も考えられるので、設計上は瓦葺きとして構造計算したほうが安全である

Point!

令84条に例示がない屋根材の種類と重さ

薄形スレート6㎜厚
:250N/㎡
薄形スレート5.2㎜厚
:210N/㎡
野地板12㎜厚
(密度677kg/㎥)
:85N/㎡
垂木38×89×1,020㎜
(比重0.8)
:85N/㎡

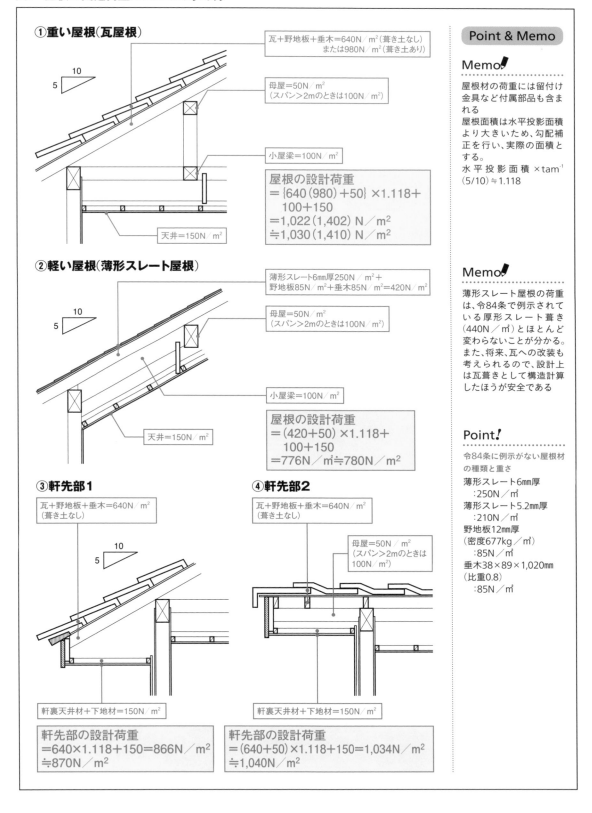

図2 床・壁の固定荷重(単位荷重)の求め方

①床(洋室)

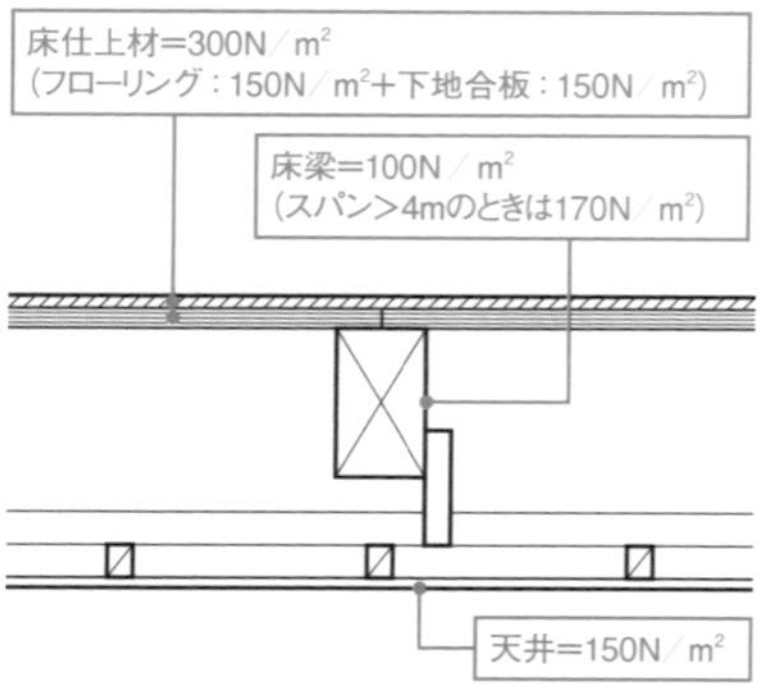

床(洋室)の設計荷重
=300+100+150=550N／m^2

②床(和室)

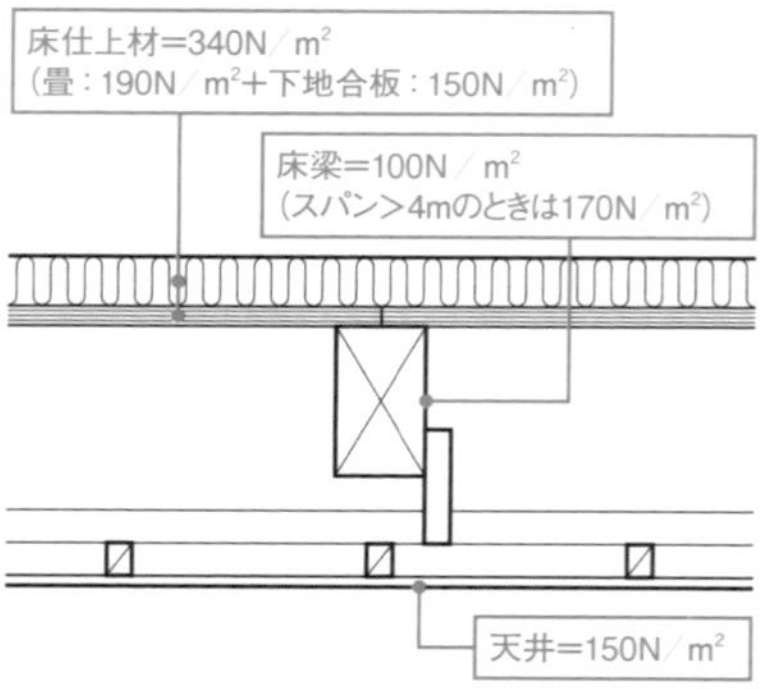

床(和室)の設計荷重
=340+100+150=590N／m^2

③内壁

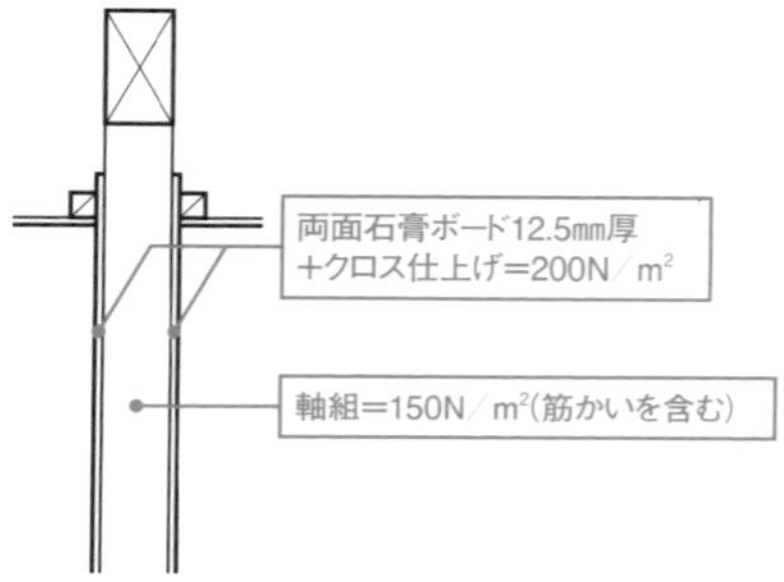

内壁の設計荷重
=200+150=350N／m^2

④外壁

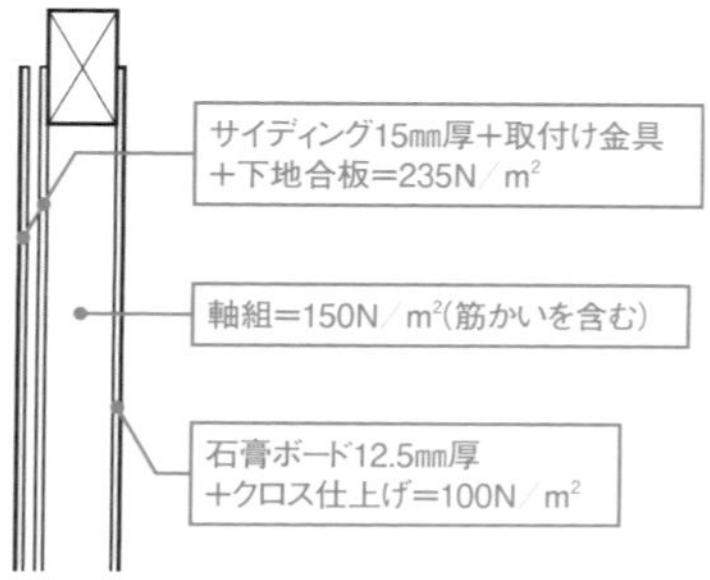

外壁の設計荷重
=235+150+100=485N／m^2

⑤バルコニー部の手摺壁

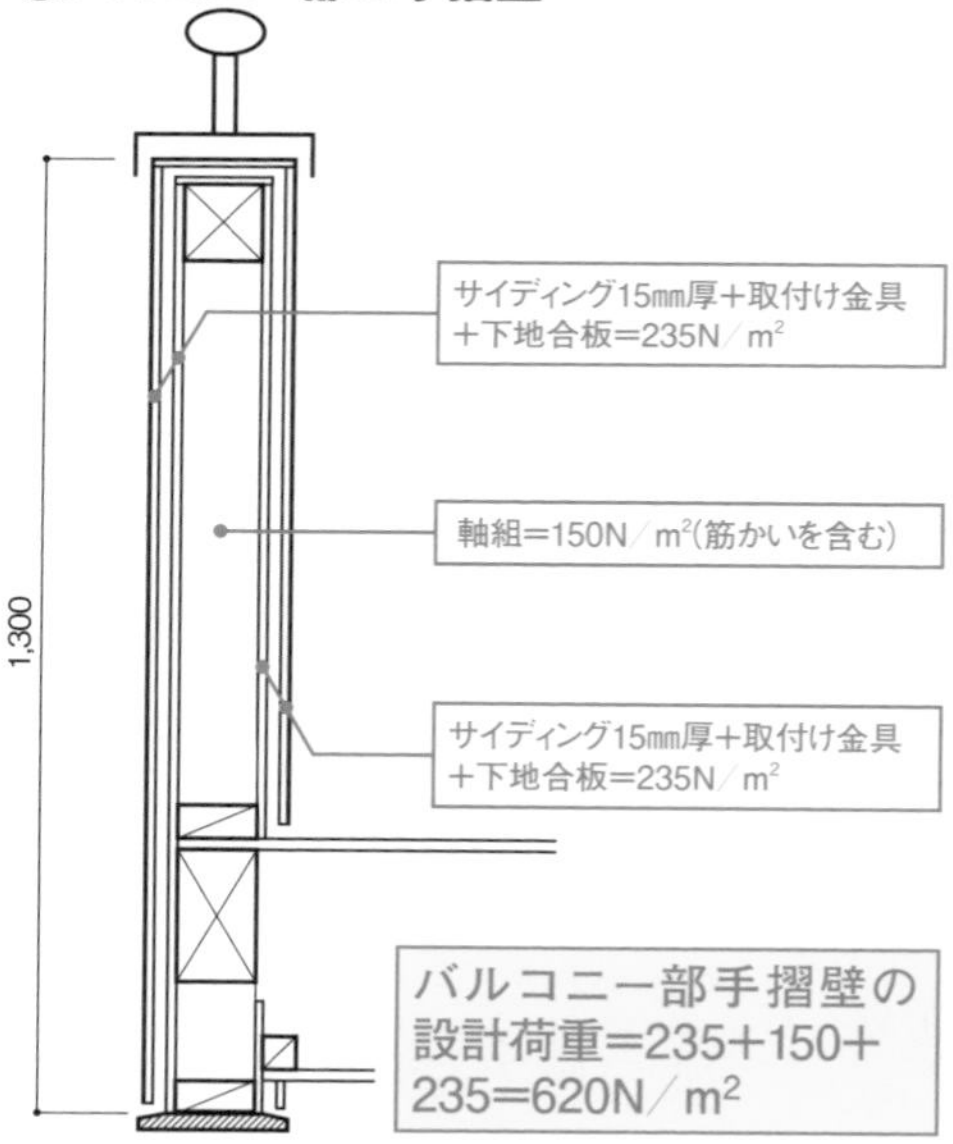

バルコニー部手摺壁の
設計荷重=235+150+
235=620N／m^2

Point & Memo

Memo

増改築時に居室の用途が変わることを考慮して、あらかじめ畳仕上げの重量で構造計算しておくことが望ましい

Memo

計算しやすいよう石膏ボード+クロス=100N／㎡となるようにクロスの重さを設定した

Memo

図中のサイディングの荷重は取付け金具も含めたもの(150N／㎡)。サイディングのみの荷重は下記Pointを参照

Point!

令84条に例示がない
壁材の種類と重さ

普通石膏ボード
(比重0.65以上)
　12.5㎜厚：81N／㎡
　15㎜厚：97N／㎡
構造用石膏ボード
(比重0.75以上)
　12.5㎜厚：93N／㎡
　15㎜厚：113N／㎡
サイディング
(かさ比重[※]0.9以上)
　15㎜厚：135N／㎡
　18㎜厚：162N／㎡
　21㎜厚：189N／㎡
軽量モルタル(25kg／㎥)
　15㎜厚：160N／㎡
1:3モルタル(密度2.3t／㎥)
　20㎜厚：460N／㎡
メタルラス(0.7kg／㎡)
　：7N／㎡
防水紙(JIS A 6005)
　：5N／㎡
下地合板
　：85N／㎡

Memo

計算の簡略化のために、バルコニーの手摺壁は下がり壁の部分まで2重張りされていると考えている。また、このほうが安全側の設計となる

※：粒体や繊維を固めてつくられた物質の、個々の粒子や繊維間にある空間も含めた比重のこと

計算対象に合わせて積載荷重を拾う

重要！ 構造計算のポイント

積載荷重は計算対象で変わる

①建築基準法の規定（住宅の場合）：床用1,800N／㎡、大梁・柱・基礎用1,300N／㎡、地震力用600N／㎡

②重量のある積載物がある場合は、実情に合わせて積載荷重を決める

計算対象を正しく見極める

積載荷重とは、居住者や家具などの荷重のことで、建築基準法施行令（以下、令）85条に具体的な数値が規定されており［表］、通常、この数値をもとに構造計算する。

ただし、固定荷重同様、実際の建物の実情に応じて設計者が積載荷重を設定したほうがより安全側の設計になる。特に本棚やピアノなどの重量があるものが積載される場合や、2階に浴室を設ける場合などは、構造計算の対象部材で荷重の考え方が変わるので注意が必要だ。

たとえば一般的な本棚の場合、本を満載したときの荷重は約5120Nになる［図1、※1］。床の計算では、最も厳しい荷重状態を想定し、本棚の荷重を、それを支える小梁（根太）の本数で除して求められる集中荷重［102頁参照］として扱うことが望ましい。

一方、大梁や柱の場合は、本棚の荷重を本棚の支配面積で除して求められる単位面積当たりの等分布荷重として扱ってもよい。支配面積とは、重量物を置いたときに、重量物の面積に加えて、その周囲に必要な空間を含めた面積のことである。仮に支配面積を1・44㎡と見込むと、単位荷重は3550N／㎡になる。

地震力計算用の積載荷重は、建物全体で均した値なので、本棚を別途、積載荷重に見込む必要はない。

なお、表と次頁図2・3にピアノとユニットバスの荷重の取扱いについてまとめた。併せて参照してほしい。

［齊藤年男］

図1　本棚の荷重

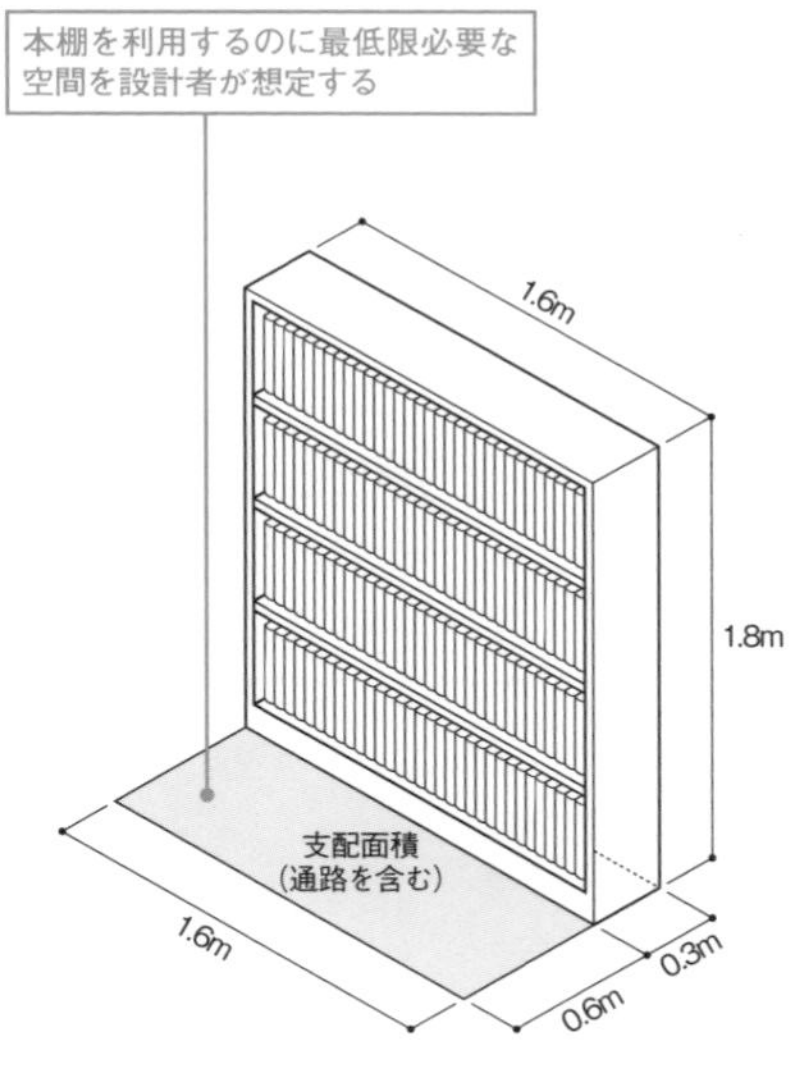

紙の重さを128g／m²と仮定すると、上記寸法の本の1冊当たりの重さは、128g／m²×タテ0.3m×ヨコ0.21m×500枚＝4,032g≒40Nとなる。1段当たりの冊数は1.6m÷0.05m＝32冊なので、本棚4段では40N×32冊×4段＝5,120N。これが本棚の総重量である。
大梁用の単位荷重は、支配面積を1.6m×0.9m＝1.44m²に設定すると、5,120N÷1.44m²≒3,556N／m²となり、令85条の数値よりも大きくなる

表　積載荷重の取扱い

	床版・小梁・根太用	大梁・柱・基礎用	地震力計算用
令85条の数値（住宅の場合）	1,800N／㎡	1,300N／㎡	600N／㎡
本棚	5,120N［※2］	3,550N／㎡［※3］	
アップライトピアノ	1,300N［※4］	1,300N／㎡［※3］	
グランドピアノ	1,300N［※4］	1,150N／㎡［※3］	
ユニットバス（1坪タイプ）	—	2,120N／㎡［※5］	

※1：最も安全側になるよう、百科辞典のような重い本を想定。荷重算出の根拠は図1参照｜※2：この荷重を、本棚を支える小梁（根太）の本数で除した値が、小梁（根太）1本に作用する集中荷重。6本の根太で支えるならば、5,120N÷6本≒860N
※3：支配面積で算出｜※4：アップライトピアノ2,600N、支脚2本、グランドピアノ3,900N、支脚3本と仮定
※5：ユニットバス4,000N＋水3,000Nで算出。集中荷重は、小梁や根太の架け方で変わる（浴室面積で算出）

図2　ピアノの荷重の取扱い

①グランドピアノの荷重の考え方と支配面積

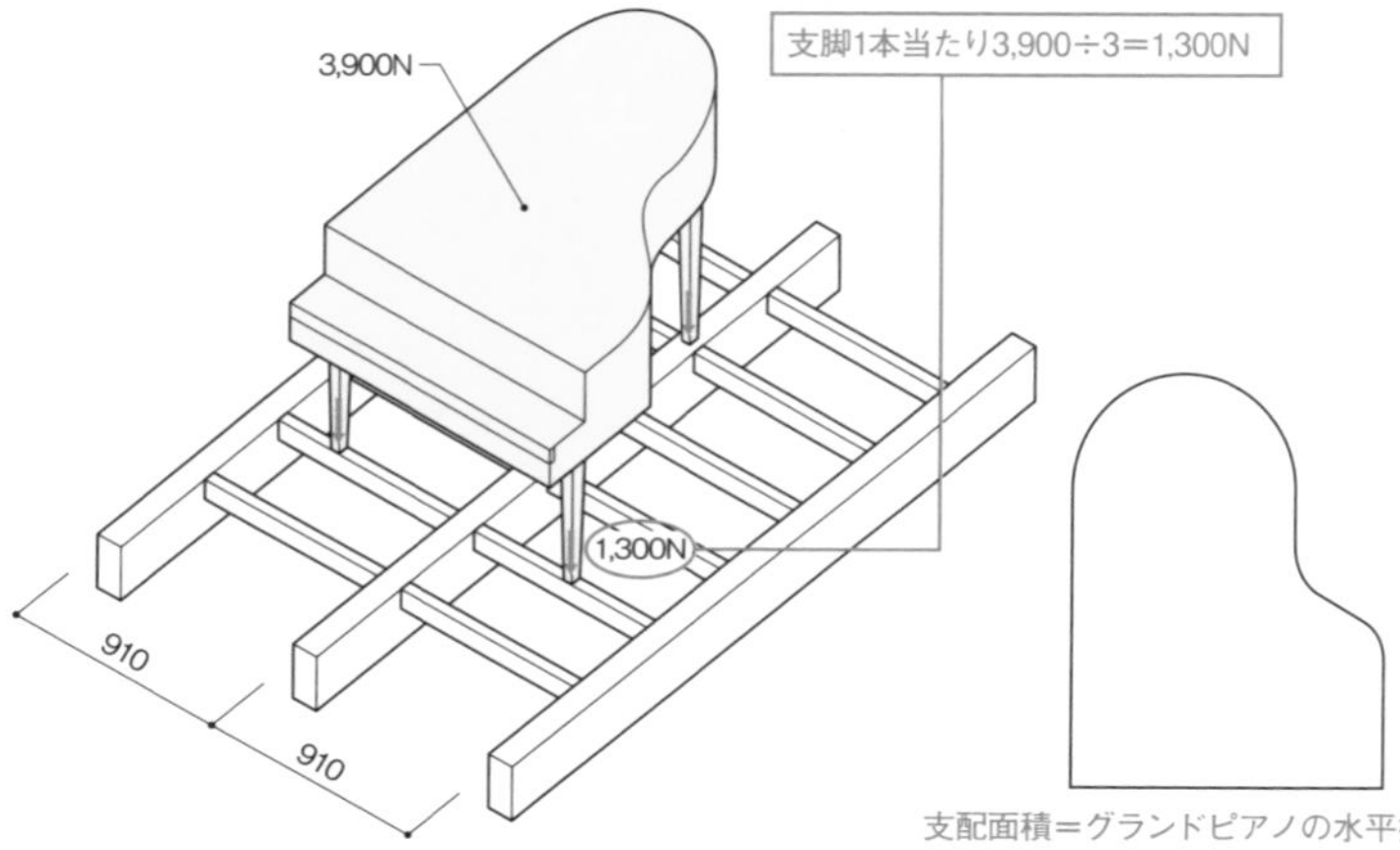

支配面積＝グランドピアノの水平投影面積

②アップライトピアノの荷重の考え方と支配面積

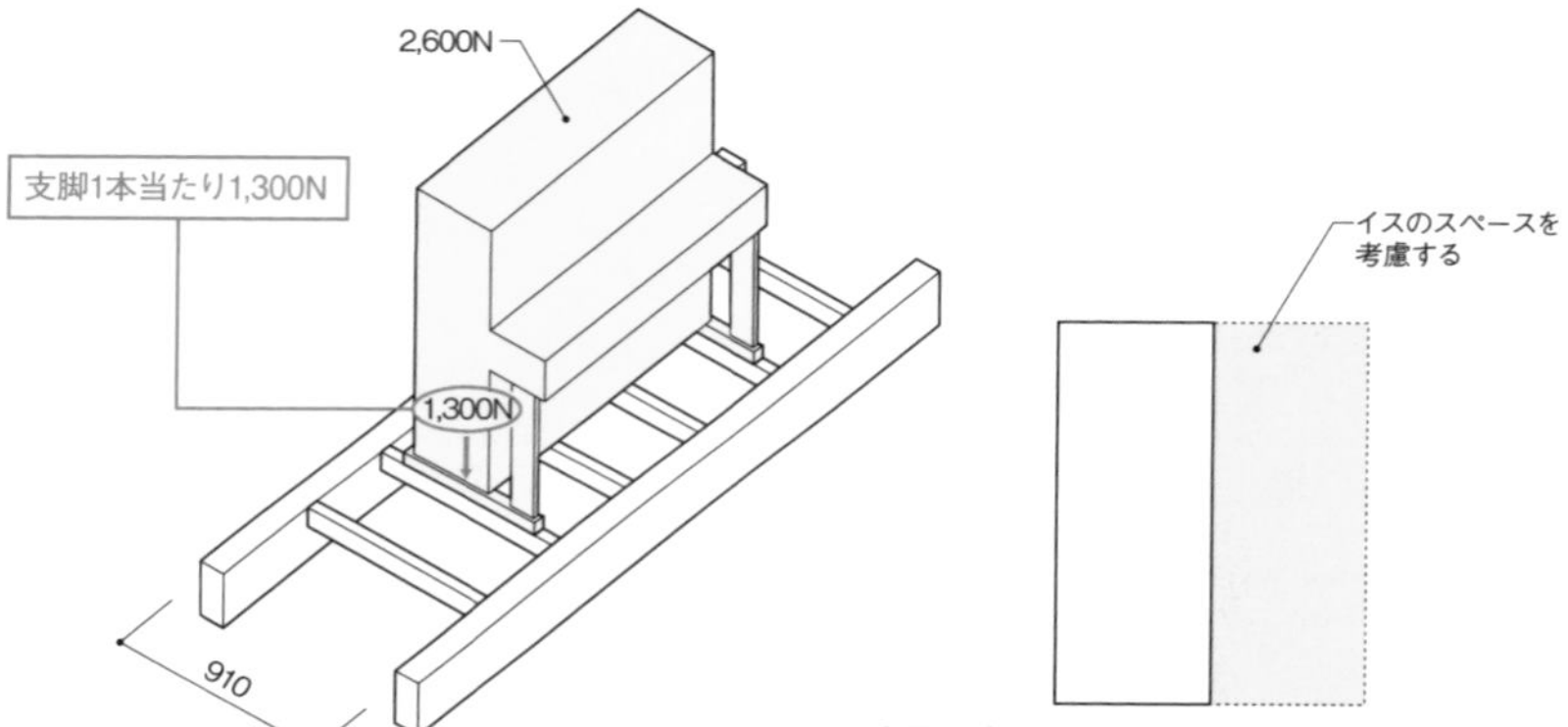

支配面積＝アップライトピアノ水平投影面積×2

1、床版・小梁・根太用の荷重

ピアノの支脚ごとに集中して作用する荷重と考えることが望ましい。令85条の数値と比較し、大きいほうの値を採用する。支脚周囲にほかの重量物があれば、その分の荷重も採用する。ただし、このときほかの積載物の荷重を令85条の数値（1,800N／㎡）とする必要はない。どの程度の荷重を見込むかは、実情に合わせて設計者が判断する。

2、大梁・柱・基礎用の荷重

ピアノの荷重は単位面積当たりの均し荷重として積載荷重に見込む。

グランドピアノは1,150N／㎡程度なので、令85条の数値1,300N／㎡（大梁用）を採用したほうが安全側である。

アップライトピアノは、ピアノの水平投影面積で重量を均すと2,600N／㎡となる。ただし、実際にはイスを置く空間にほかの積載荷重を置くことは想定しづらいので、アップライトピアノの重量の支配面積はおよそ2倍して考えることができる。結果、均し荷重は1,300N／㎡となり、令85条の数値と同じになる。したがって、大梁などの構造計算では、ピアノの荷重を別途見込む必要はない。

3、地震力計算用の荷重

令85条の数値は、建物全体で均された値となっているので、ピアノの荷重を別途積載荷重に見込む必要はない。

Point & Memo

Point!

支配面積はどう決める？

積載物の支配面積の決め方にはルールがない。各設計者が自身の安全の考え方にもとづいて、支配面積を定める

Memo

グランドピアノの仕様は、メーカーや製品で異なる。ここでは重量を約3,900N、水平投影面積を約3.4㎡と想定している

Memo

アップライトピアノの仕様は、メーカーや製品で異なる。ここでは重量を約2,600N、水平投影面積を約1㎡と想定している

図3　ユニットバスの荷重の取扱い

①ユニットバスの重量

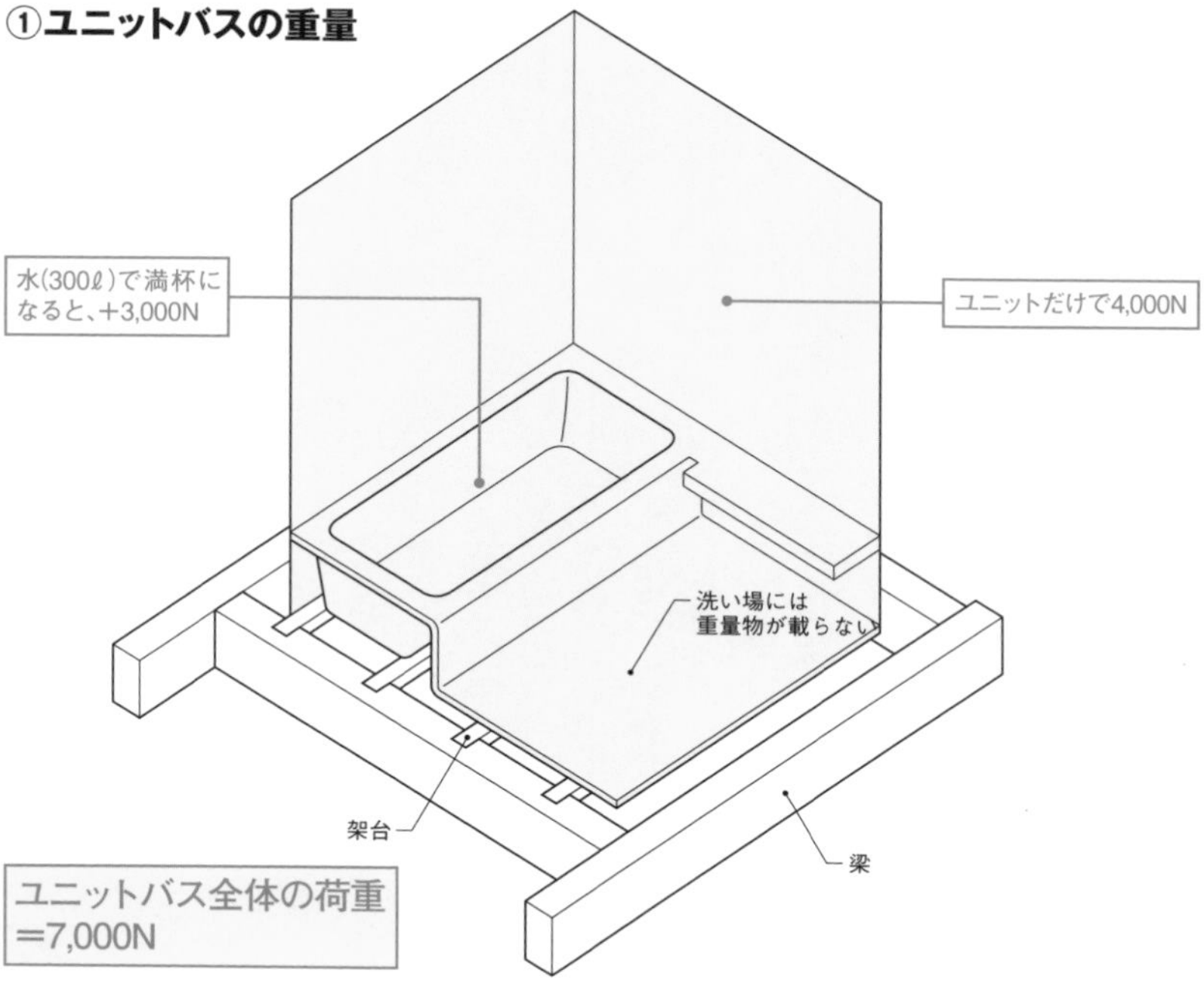

水(300ℓ)で満杯になると、+3,000N
ユニットだけで4,000N
洗い場には重量物が載らない
架台
梁
ユニットバス全体の荷重
=7,000N

②荷重の考え方

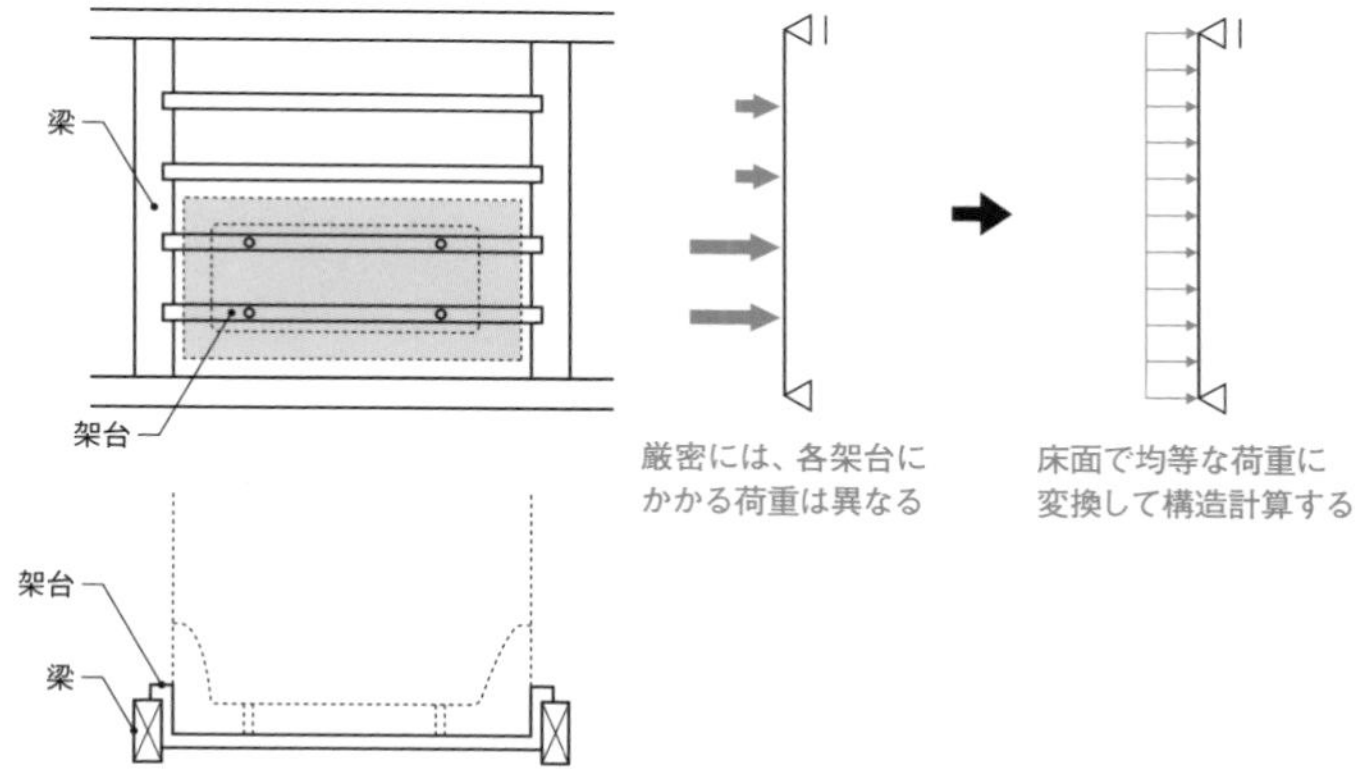

梁
架台
厳密には、各架台にかかる荷重は異なる
床面で均等な荷重に変換して構造計算する
架台
梁

1、床版・小梁・根太用の荷重

ユニットバス(4,000N)は、浴槽に水を満たした場合(300ℓ程度、3,000N)の総重量が7,000N程度である。2階に設置する場合は専用の架台を設けることになるため、床版や小梁、根太の計算は必要ない。

2、大梁・柱・基礎用の荷重

専用の架台を受ける梁にかかる荷重は、洗い場部分と浴槽部分では厳密には異なるが、構造計算を簡略化するため浴室全体での均し荷重として考えても問題ない。浴室が約3.3㎡(1坪)だとすると、洗い場にはほかの重量物が載ることがないので、浴室全体での均し荷重は約2,120N／㎡となり、令85条の数値より大きくなる。したがって、この数値が積載荷重になる。

3、地震力計算用の荷重

令85条の数値は、建物全体で均された値となっているので、ユニットバスの荷重を別途積載荷重に見込む必要はない。

Point & Memo

Memo

ユニットバスの荷重には浴槽満杯にしたときの水の重量も忘れずに考慮すること

Memo

ユニットバスの支配面積は、浴室全体の水平投影面積と考える

積雪荷重を計算する

重要！ 構造計算のポイント

積雪荷重は一般地域と多雪区域では異なる！

①一般地域：積雪量1㎝ごとに1㎡につき20N以上

②多雪区域：特定行政庁が定める

積雪荷重の算定方法

積雪荷重とは、屋根に積もった雪によって建物に作用する鉛直荷重のことである。建築基準法施行令（以下、令）86条に荷重の算出方法が規定されており、積雪の単位荷重に垂直積雪量と屋根形状係数を乗じて求める［図1・2］。

積雪の単位荷重は、一般地域［※1］では、積雪量1cmごとに1㎡につき20N以上である。ただし、特定行政庁が指定した区域（多雪区域［※2］）に関しては、区域ごとで荷重が異なるので、事前に確認しておく。

屋根形状係数は、屋根勾配による低減係数である。ただし屋根に雪止めを設置した場合の係数は1（低減なし）になる。

取扱いが難しい積雪荷重

構造計算では、さまざまな荷重を組み合わせて部材に生じる応力を求める［表］。積雪荷重は、荷重継続時間や区域によって取扱いが変わるので特に注意が必要となる。

一般地域で梁などの横架材の安全性をチェックする場合は、短期荷重に積雪荷重を加えて検討するが、長期荷重には積雪荷重を考慮しなくてよい（令82条）。

一方、多雪区域では短期・長期とも積雪荷重を応力算定の荷重に含めなければならない。

ただし長期荷重においては積雪荷重に0.7を乗じた低減値を加算し、短期荷重においては地震力や風圧力に対する検討時に固定荷重・積載荷重に加え、積雪荷重に0・35を乗じた低減値を加算する。

［齊藤年男］

図1 積雪荷重の概要

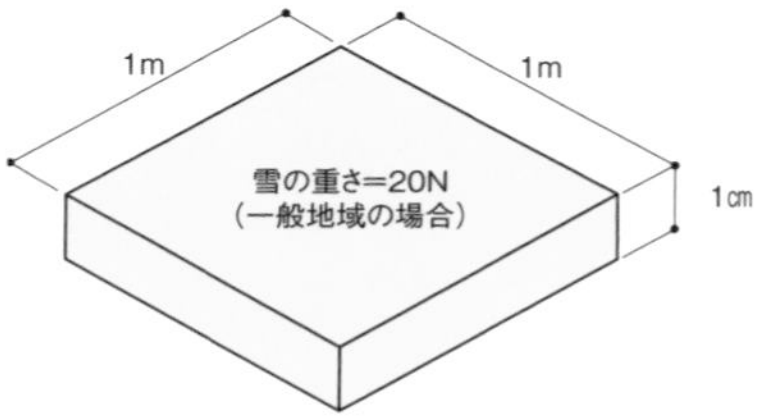

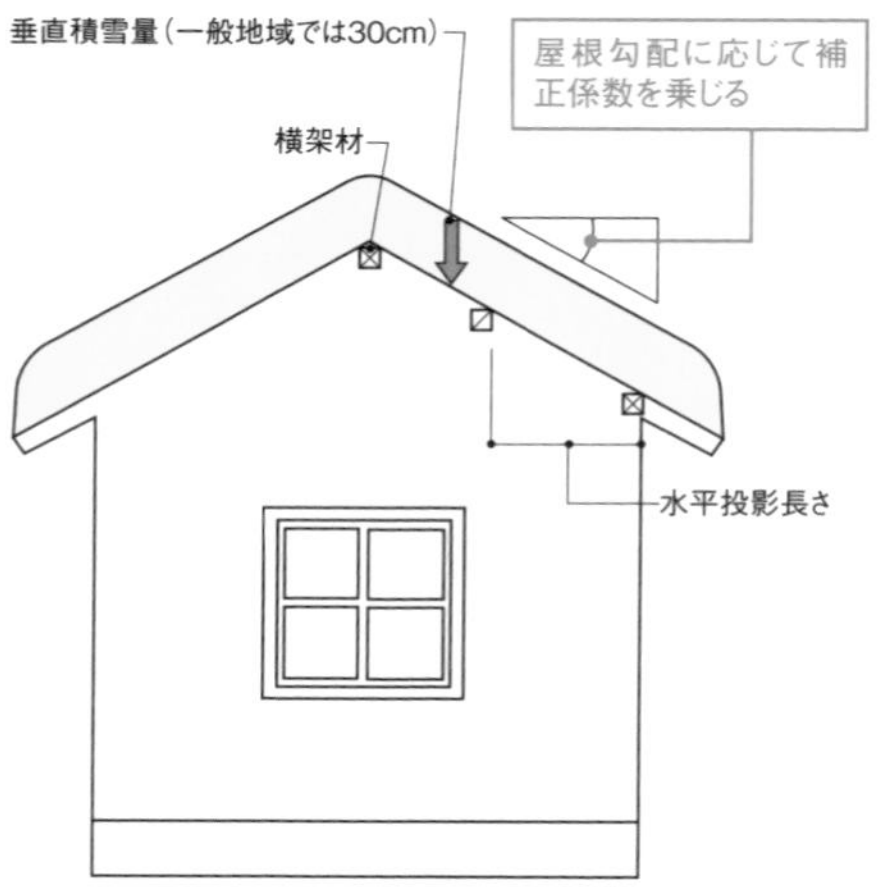

表 荷重の組み合わせ（令82条）

応力の種類	想定する状態	一般	多雪区域
長期	常時	G＋P	G＋P
	積雪時		G＋P＋0.7S
短期	積雪時	G＋P＋S	G＋P＋S
	暴風時	G＋P＋W	G＋P＋W
			G＋P＋0.35S＋W
	地震時	G＋P＋K	G＋P＋0.35S＋K

G：固定荷重による応力　P：積載荷重による応力　S：積雪荷重による応力　W：風圧力による応力　K：地震力による応力

※1：多雪区域以外の、積雪量が少ない地域
※2：垂直積雪量1m以上で、積雪の初終間日数の平均値が30日以上の区域。雪おろしの習慣のある地方は垂直積雪量を1mまで減らして計算することができる（平12建告1455号）

図2 積雪荷重の算出方法(令86条)

①積雪荷重の公式

積雪の単位荷重（一般地域） 20 N／㎡／cm × 垂直積雪量 [　　] cm × 屋根形状係数μb [　　]

＝ 垂直積雪量に応じた積雪荷重Ws [　　] N／㎡

②屋根形状係数μbの公式

屋根勾配	角度(θ)	屋根形状係数μb
1.5	8.53	0.987
2	11.30	0.977
3	16.69	0.951
3.5	19.29	0.935
4	21.80	0.917
5	26.56	0.876
6	30.96	0.830
7	34.99	0.780
8	38.65	0.728
9	41.98	0.674
10	45.00	0.618

勾配が緩いと屋根に雪が残るのであまり低減されない

屋根形状係数$\mu b=\sqrt{\cos(1.5\times\beta)}$
※β＝屋根勾配(単位:°)

Point & Memo

Point!

単位荷重と垂直積雪量は事前に確認！

雪の単位荷重と垂直積雪量は地域によって異なるので、構造計算するにあたって、事前に建設予定地の特定行政庁に確認しておくこと

Memo

屋根形状係数を乗じるのは、屋根勾配60°以下の場合。60°超の場合、屋根から雪が落ちるので屋根形状係数は0(積雪荷重は0)になる

Point!

雪止めがあると屋根形状係数＝1

Memo

3寸勾配(16.69°)の屋根の計算例

$\mu b=\sqrt{\cos(1.5\times16.69)}=0.951$

column 現場対策 27

積雪時の許容応力度

部材の許容応力度[110頁参照]には、大きく長期と短期の2種類がある。ただし、積雪荷重に対する木材の安全性を検討する際は、「中長期／中短期許容応力度」を用いて設計しなければならない(令89条)。

中長期許容応力度とは、長期許容応力度を1.3倍割り増ししたもので、多雪区域での長期荷重に対する部材の検討に用いる。

長期は、荷重が継続する時間を50年と想定している。つまり、「年間を通して部材に応力が生じ続ける状態」のことになるが、多雪区域でも1年中積雪があるとは考えづらい。積雪荷重を長期荷重に見込むと、荷重を過剰に評価することになるので、その分、許容応力度を割り増すのである。

一方、中短期許容応力度とは、短期の許容応力度を0.8倍に低減したもので、一般地域・多雪区域での短期の積雪荷重の検討に用いる。

短期とは地震力や風圧力のように「荷重継続時間が非常に短い状態」を指す。ただし一般地域でも、積雪後数日から数カ月程度は屋根に雪が残るため、応力発生時間は短期に想定されている時間(10分程度)と比べて長くなる。そこでその分、許容応力度が低減されているのである。

[齊藤年男]

地震力と風圧力を計算する

重要！ 構造計算のポイント

吹抜け部の柱の断面算定では水平力も重要！

①吹抜け部の柱や高さのある柱、建物外周の柱（外柱）では水平力の検討も必要

②地震力は階ごとに計算する

③風圧力は各階・各方向で計算する

梁の断面算定［114頁参照］では、固定荷重や積載荷重、積雪荷重などの鉛直荷重に対する安全性を確認する。

一方、柱の断面算定［124頁参照］では、吹抜け部の柱や高さのある柱など、部材の位置や長さ、周囲の部材との関係によって、鉛直荷重のほかに地震力や風圧力などの水平力を検討しなければならない場合もある。そこで以下では、地震力と風圧力の算出方法について簡単にまとめる。

地震力は階ごとに求める

構造計算上、地震力は各階床に作用する力とみなされる。そのため、階ごとに求める。算定式は、地震層せん断力係数［※1］×検討階が負担する建物重量である［図1①・②］。検討階が負担する建物重量は、当該階だけでなく、それより上層にあるすべての階の重量を合算した値である［図1③］。

階の重量とは、上下階の階高1／2の範囲内のものの荷重のことである。たとえば1階の重量ならば、1階階高の上半分の重量＋1階天井荷重＋2階床荷重（固定荷重＋積載荷重）＋2階階高の下半分の重量、である。1階の地震力を求めるときは、同様に求めた2階以上の荷重を加えて計算する。

建物形状によって異なる風圧力

風圧力は各階・各方向で算定する。

風圧力は、建物の見付け面積に速度圧と風力係数を乗じて求める［※2、100頁図2①］。

見付け面積とは風を受ける建物面積のことで、検討階の床面から1.35mを超える部分の建物の垂直投影面積である［※3］。

速度圧は、空気の速さで生まれる圧力のことである。地域ごとに設定された基準風速と検討階の高さで求める［100頁図2②］。

風力係数は、建物の形状による割増し・割引き係数のことで、建物形状や屋根勾配で決まる［100頁図2③④］。

建物に大きな吹抜けがあると、外壁や屋根面が受けた荷重を床（水平構面）を介して面材耐力壁や筋かいに伝達しにくい。このような建物［※4］では、耐力壁線［※5］で挟まれた区画ごとに風圧力を算定しなければならない。区画ごとに求める風圧力を「区間風圧力」と呼ぶ。

また、外壁面から付属物が飛び出ている場合、壁面に加わる風圧力は、付属物が取り付いている壁線（通り）に直接圧力が加わるものとみなして算定する。これを「通り風圧力」と呼ぶ。

［齊藤年男］

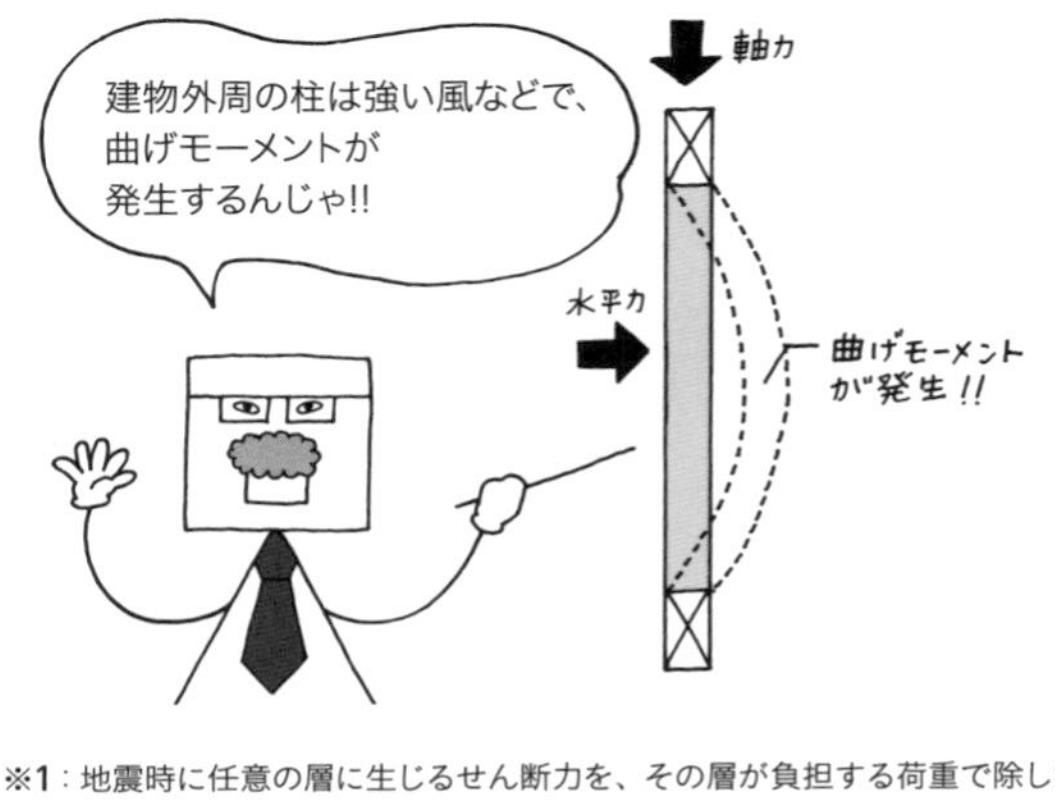
建物外周の柱は強い風などで、曲げモーメントが発生するんじゃ!!
軸力
水平力
曲げモーメントが発生!!

※1：地震時に任意の層に生じるせん断力を、その層が負担する荷重で除した値。算出方法は、建築基準法施行令（以下、令）88条に規定されている

※2：算定方法は令87条と平12建告1454号に規定されている｜※3：1.35mは、木造の建物の階高を2.7mと仮定したときの半分

※4：屋根構面や2階床構面の床倍率2以下の建物。床倍率は、品確法に規定されたもので水平構面の剛性を表したもの｜※5：耐力壁のある通りのこと

図1　地震力の算定式

①地震力の算定式（令88条）

地震層せん断力係数Ci　×　建物重量W　=　地震力EQi

$$\square \times \square_N = \square_N$$

②地震層せん断力係数Ciの算定式

Ci=Z×Rt×Ai×Co

Z ：地震地域係数

Rt：振動特性係数。高さが13m以下の木造住宅は1.0

Ai：層せん断力分布係数

$$Ai=1+\left(\frac{1}{\sqrt{\alpha i}}-\alpha i\right)\times\frac{2T}{1+3T}$$

αi：最上部から当該階（i階）までの重量の和／地上部の全重量

T ：建物の固有周期（T=0.03×当該建築物の高さh[m]）

Co：標準せん断力係数（0.2以上、ただし、著しい軟弱地[第3種地盤]として特定行政庁が指定した地域は0.3以上）

③建物重量の考え方

建物重量：最上部から当該階までの全重量（ΣWi）

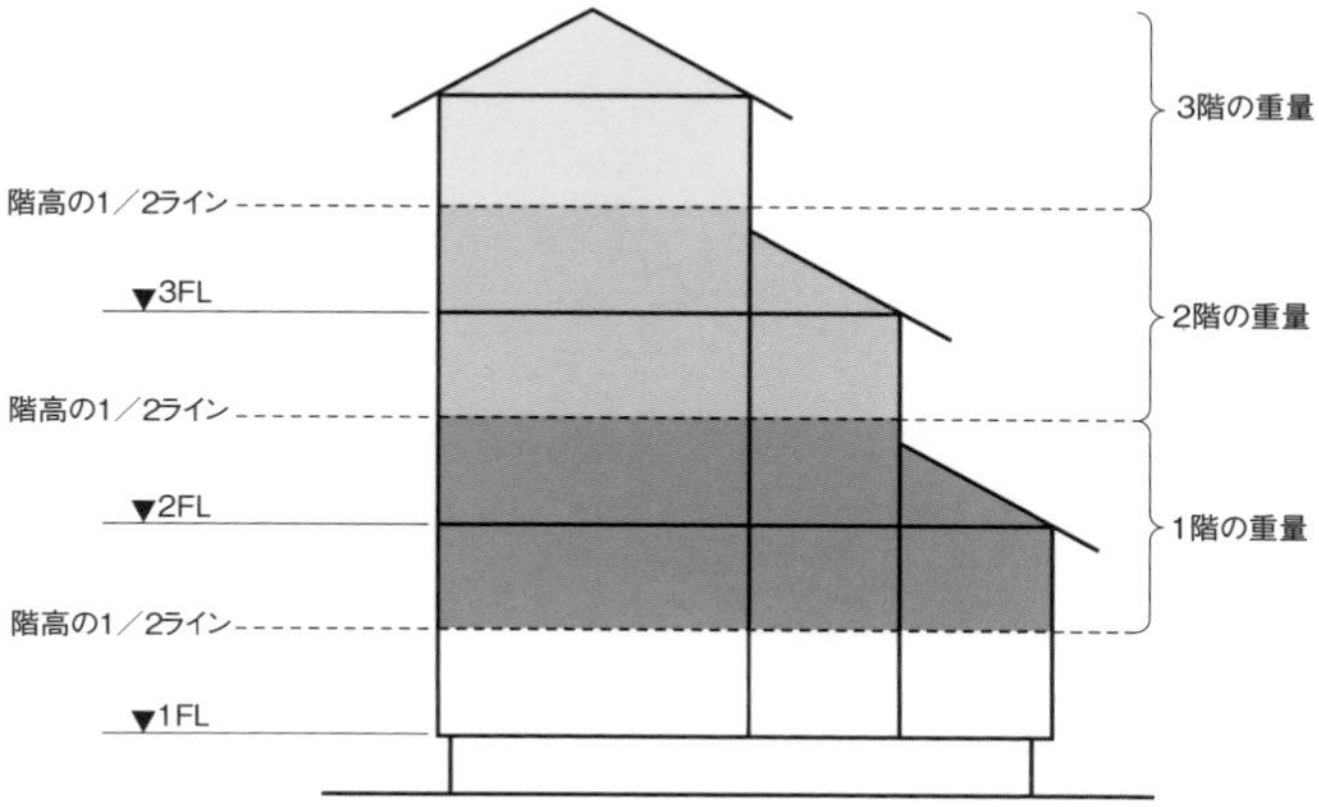

3階建ての場合では

3階の地震力算定用の重量ΣWi=3階の重量

2階の地震力算定用の重量ΣWi=3階の重量+2階の重量

1階の地震力算定用の重量ΣWi=3階の重量+2階の重量+1階の重量

Point & Memo

Point!

建物重量は階ごとに求める。算出方法は③参照

Point!

地震地域係数

昭55建告1793号で地域ごとに0.7～1.0の数値が定められている

振動特性係数

建物の固有周期Tと地盤の種類で算出される数値（昭55建告1793号第2）。高さが13m以下の木造住宅の場合は、建物の固有周期Tが0.4以下となるため、必ず1.0

層せん断力分布係数

昭55建告1793号第3に計算式が定められている。Ai分布ともいう。たとえば木造2階建ての場合、A2=1.21～1.25程度

当該建築物の高さ

勾配屋根（切妻屋根、寄棟屋根など）では、建物最高軒高と建物最高高さの平均高さ

図2　風圧力と風荷重の算定式

①風圧力Qwと風荷重Wの算定式

速度圧q □ N／m² × 風力係数Cf □ ＝ 風圧力Qw □ N／m²

見付け面積Aw □ m² × 風圧力Qw □ N／m² ＝ 風荷重Ww □ N

②速度圧qの算定式(令87条)

速度圧q＝0.6×E×V_0^2

E＝Er²×Gf

Gf：ガスト影響係数（下表）

Er：平均風速の高さの分布を表す係数

H≦Zbのとき、Er＝1.7（Zb／ZG）$^{\alpha}$

H＞Zbのとき、Er＝1.7（H／ZG）$^{\alpha}$

Hは建物の最高高さと軒高の平均、Zb、ZG、α、Gfは地表面粗度区分に応じて下表に掲げる数値（平12建告1454号）

V_0：平12建告1454号に掲げる地域区分に応じた基準風速（30〜46m／sの値）

表　Zb、ZG、α、Gfの数値

		Zb (m)	ZG (m)	α	ガスト影響係数 Gf
地表面粗度区分	Ⅰ	5	250	0.10	2.0
	Ⅱ	5	350	0.15	2.2
	Ⅲ	5	450	0.20	2.5
	Ⅳ	10	550	0.27	3.1

③風力係数Cfの算定式(平12建告1454号第3)

Cf＝Cpe－Cpi

Cpe：閉鎖型および開放型の建物の外圧係数。屋外から当該部分を垂直に押す方向を「＋」とする。屋根勾配に応じて係数で補間する

Cpi：閉鎖型および開放型の建物の内圧係数。閉鎖型建物の場合、0および－0.2。室内から当該部分を垂直に押す方向を「＋」とする

Point & Memo

Point!

ガスト影響係数

風圧力の変動や、建築物の揺れ方によって決まる値。地表面の粗さの要因として、地表の状況と市街地の発展度合いを考え、これに建築物の高さを加味して求める

Point!

地表面粗度区分

海岸線や湖岸からの距離、既にある建物の高さや密度などで判断される地表面の状況を表す基準として、平12建告1454号に定められている。なお、特別な地域を除いて、ほとんどの地域が地表面粗度区分Ⅲに該当する

Point!

住宅の風力係数

一般的な住宅は、閉鎖型の内圧係数を適用できるので、Cpi＝0とする。したがって、風力係数の計算式はCf＝Cpeとなる

④Cpeの算定

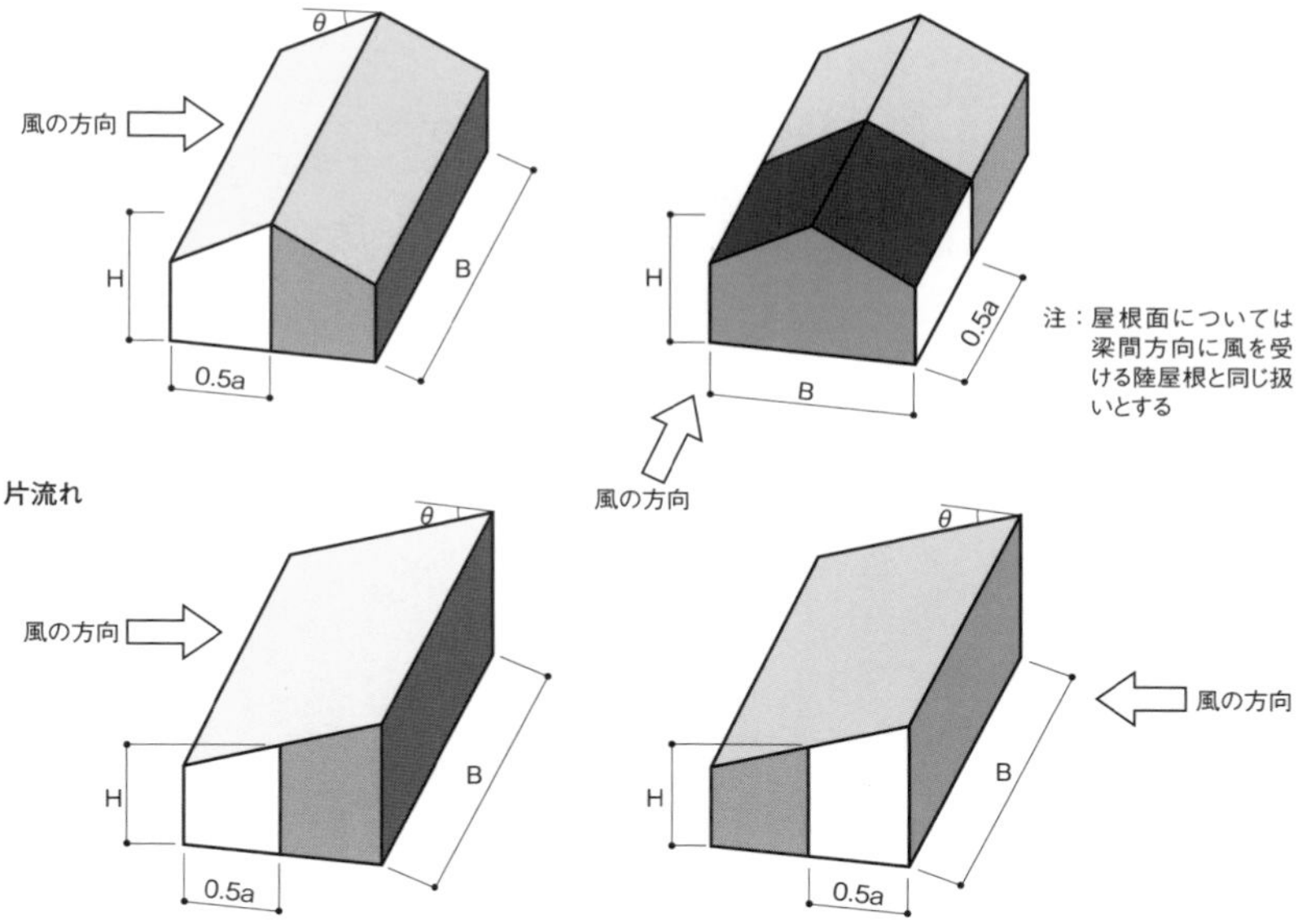

注：屋根面については梁間方向に風を受ける陸屋根と同じ扱いとする

（1）屋根勾配を考慮したCpe（直線補間後）

屋根勾配（寸）	角度θ（°）	風上面		風下面
		正の係数	負の係数	
1.5	8.53	0.000	−1	−0.5
2	11.30	0.013	0.954	
3	16.69	0.066	0.765	
3.5	19.29	0.092	0.674	
4	21.80	0.118	0.587	
5	26.56	0.165	0.420	
6	30.96	0.212	0.280	
7	34.99	0.266	0.200	
8	38.65	0.315	0.127	
9	41.98	0.359	0.060	
10	45.00	0.400	0.000	

3.5寸勾配の計算例

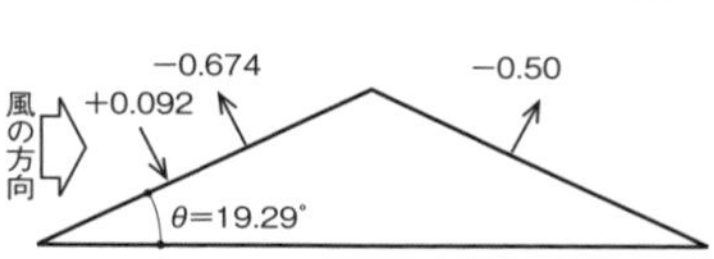

（→）0.092＋（→）0.50＝0.592
（←）−0.674＋（→）0.50＝−0.174
値の大きい「0.592」をCpeに採用

（2）壁のCpe

部位	風上壁面	側壁面		風下壁面
		風上端部より0.5a	左以外の領域	
Cpe	0.8kz	−0.7	−0.4	−0.4

Z≦Zbの場合
$Kz=(Zb/H)^{2\alpha}$

Z＞Zbの場合
$Kz=(Z/H)^{2\alpha}$

H≦Zbの場合
Kz＝1.0

Z：計算する部分の地盤面からの高さ（m）で、軒高または胴差高さ
Zb：100頁表
H：建物の最高高さと軒高の平均

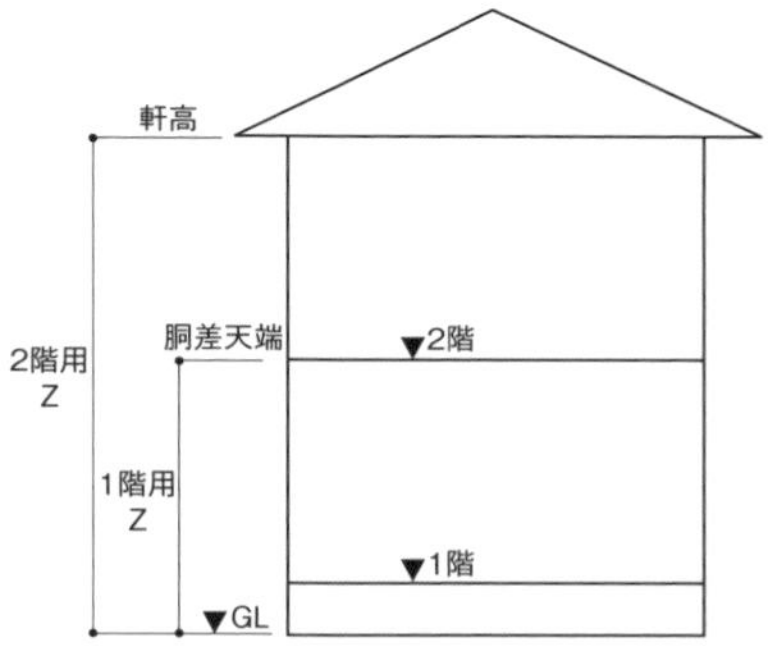

Point & Memo

Memo

平12建告1454号第3には、「10°未満」「10°」「30°」「45°」「90°」の5つの角度におけるCpeが記入されており、これら以外の角度の場合は、直線的な補間が必要となる。ただし、角度が10°未満の正の係数と45°以上の負の係数を用いた計算は省略できる

Memo

a：BとHの2倍の数値のうち、小さいほうの値（m）

Point!

陸屋根のCpe
風上端部より0.5aの領域
＝−1.0
上記以外の領域
＝−0.5

荷重負担面積とモデル化を理解する

重要！　構造計算のポイント

構造計算前に荷重を整理する

①荷重は上から合算と分配を繰り返して求める

②均し荷重×荷重負担面積＝実際の荷重

③計算しやすいように安全側で数値をまるめる

部材が負担する荷重を求める

各部位の単位荷重（均し荷重）を把握したら、次は実際に部材にかかる荷重を拾う作業に進む。その前に、力がどのように部材を流れるかを整理しておこう。

鉛直荷重に限れば、力は屋根から基礎へ、「上から下」に流れるのが基本である［図1］。つまり屋根から順に、各部材が負担する荷重を足し合わせながら下の部材に分配すれば、検討したい部材の荷重を簡単に求めることができるのである。

各部材が負担する荷重の範囲は、「荷重負担面積」で表される。荷重負担面積は、架構方法で大きく異なる。次頁以降では、部位ごとの荷重負担面積の考え方を図に記したので、参考にしてほしい。

計算用に荷重を整理する

部材が負担する荷重には、「等分布荷重」と「集中荷重」がある。等分布荷重とは、部材の一部または全体に一様に加わる荷重で、床や積雪などの荷重である。均し荷重と負担幅（荷重負担面積の部材と直交方向の幅）の積で求められる。一方、集中荷重とは、部材の1点に加わる荷重で、均し荷重に荷重負担面積を乗じて算出する。

構造計算する際は、これらの荷重を実際の状態に即して設定するのが原則である。

ただし実際の荷重状態はとても複雑で、厳密に計算することは難しい。そこで通常、実際の荷重状態で計算するよりも安全側になるよう考慮しながら、計算しやすい荷重状態に置き換えて計算する方法がとられる。これを荷重のモデル化という。

荷重のモデル化では、集中荷重から等分布荷重への置換や複数の荷重の合算などを行う。

［齊藤年男］

図1　力の流れ

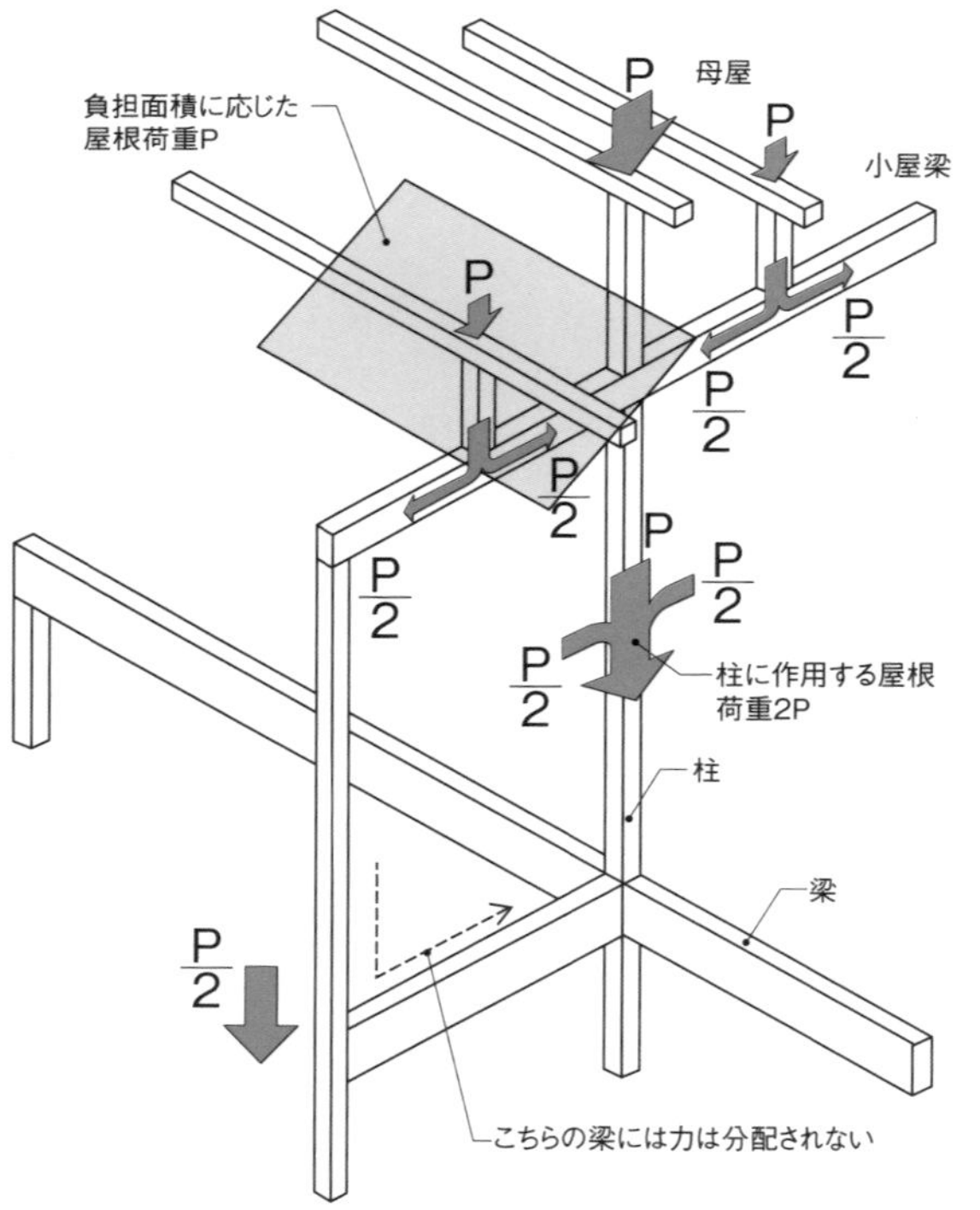

図2　床梁の負担面積とモデル化

負担面積①（根太あり）

根太を支える床面積の1／2の荷重を、根太と直交する床梁が負担する

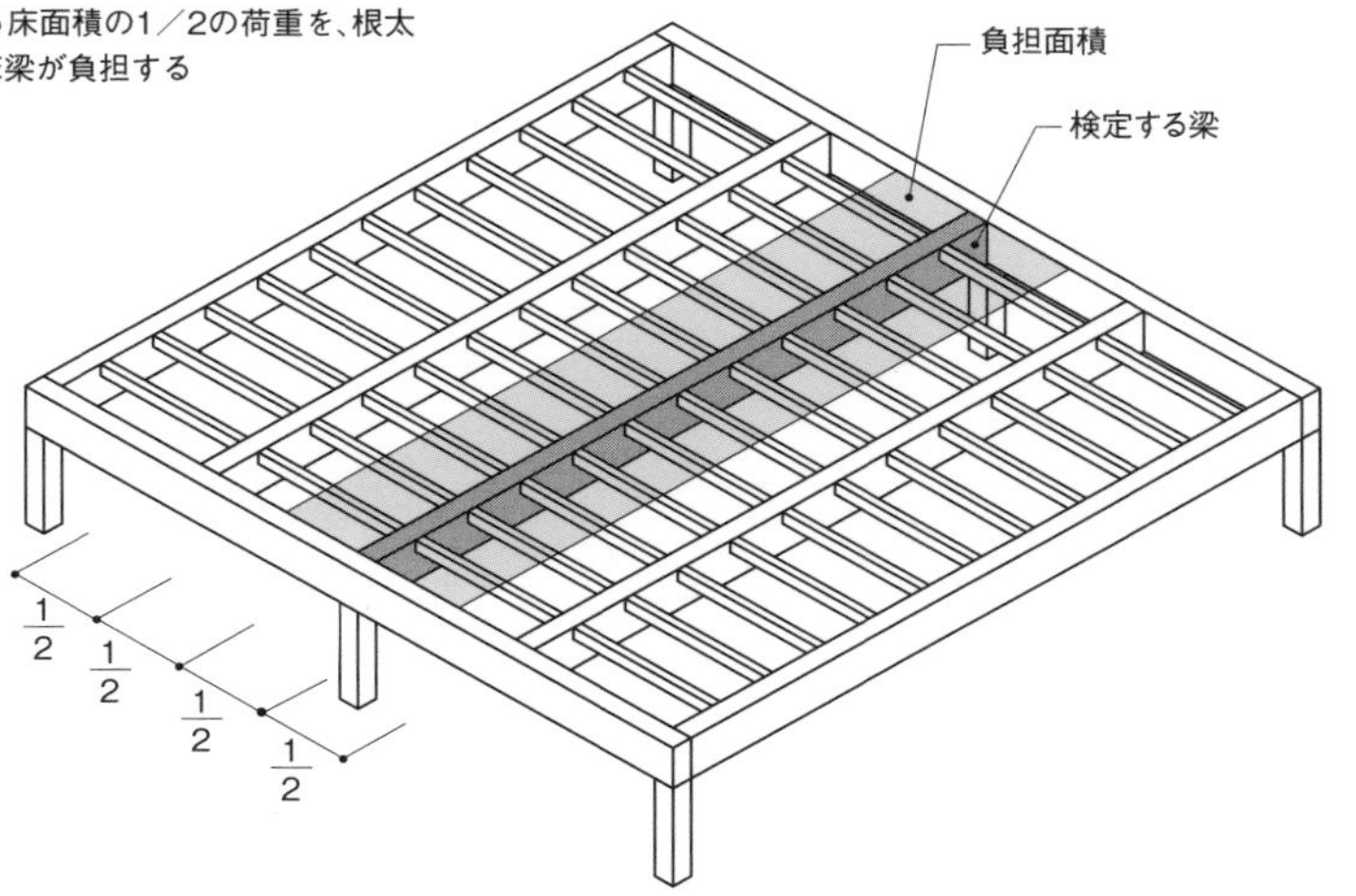

負担面積②（根太なし）

両側にある大梁で囲まれる床の面積の1／2ずつを、スパンの長いほうの梁が負担する

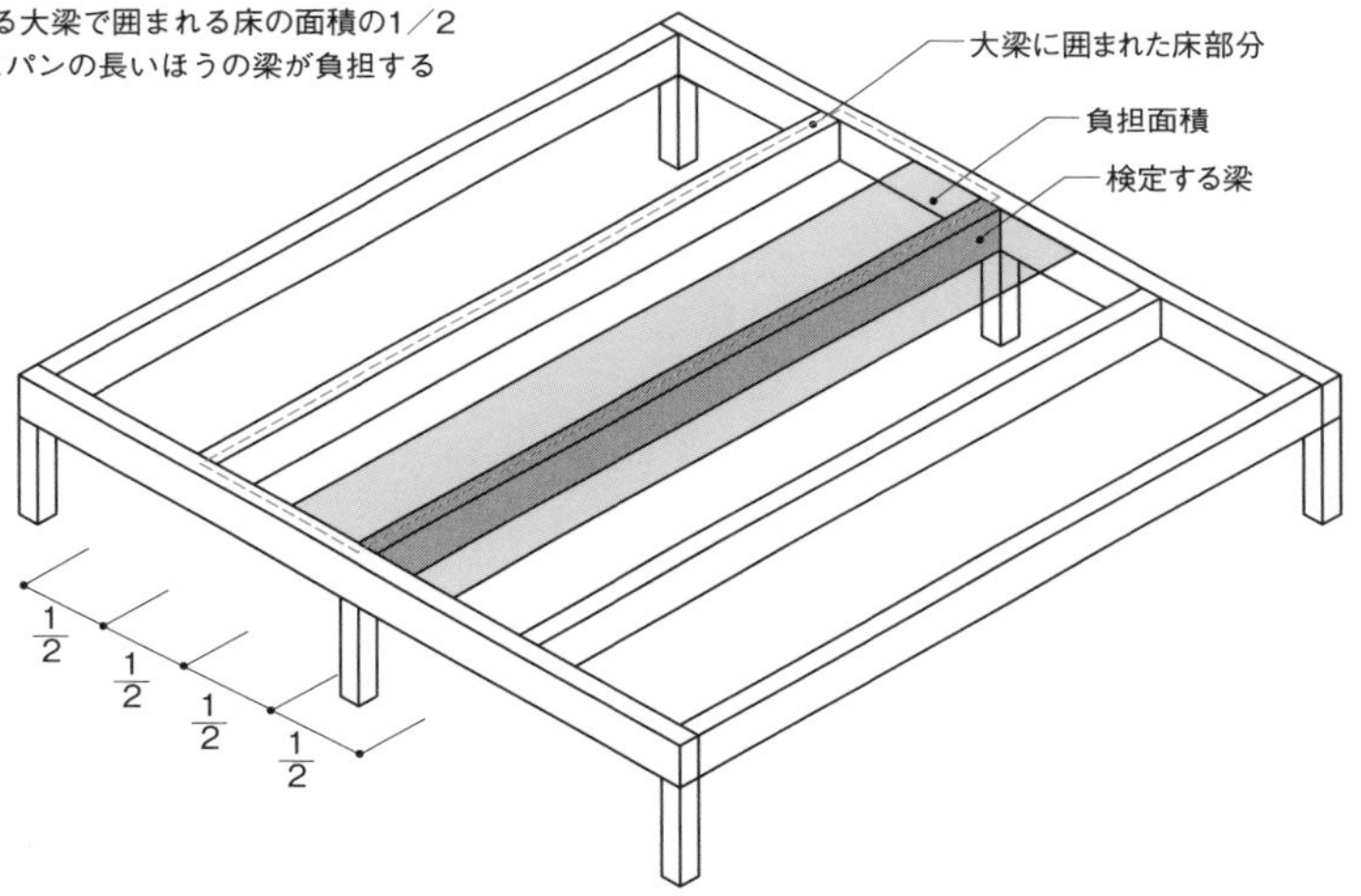

モデル化

根太を設ける床では、床の荷重は根太を介して大梁に伝達される。根太は、通常300〜455㎜間隔で配置され、正確には集中荷重が等間隔で並んでいることになる。ただし、計算を簡略化するために、床梁の設計の際には、一様に並んだ等分布荷重にモデル化して計算することが一般的である。

また、根太を使用せず、直接、構造用合板を留める場合、構造用合板に加わる荷重は、厳密にはS造やRC造と同じ亀甲形に分割される。したがって梁の中央と端とでは荷重が異なることになるが、根太を設ける場合と同様に、一様に並んだ等分布荷重にモデル化したほうが安全側になる

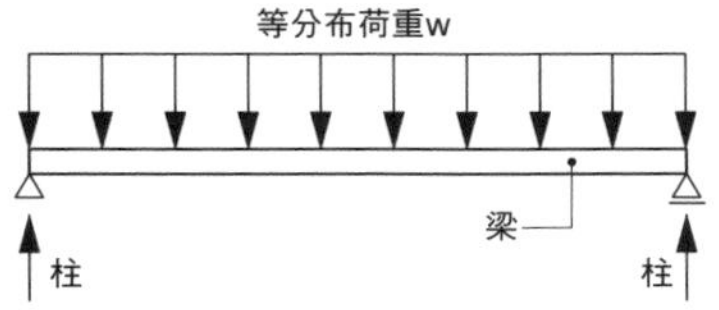

等分布荷重にモデル化

Point & Memo

Point!

実際の荷重の分布

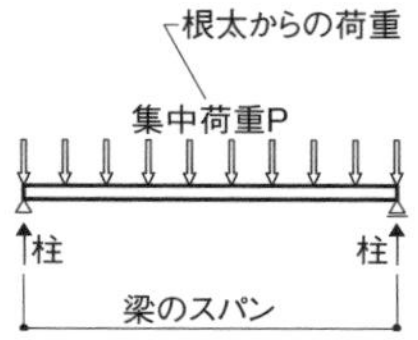

実際の荷重は根太ピッチでの集中荷重となる

Point!

実際の荷重の負担面積とモデル化

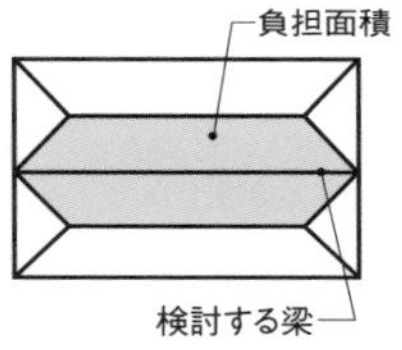

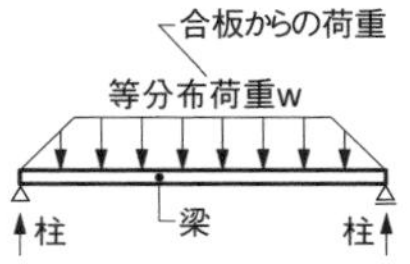

実際の負担面積は亀甲形となる

図3　小梁が架かる大梁の負担面積とモデル化

負担面積

梁A側の床荷重はすべて小梁にかかり、その1／2が検定する梁Bに集中荷重として作用する

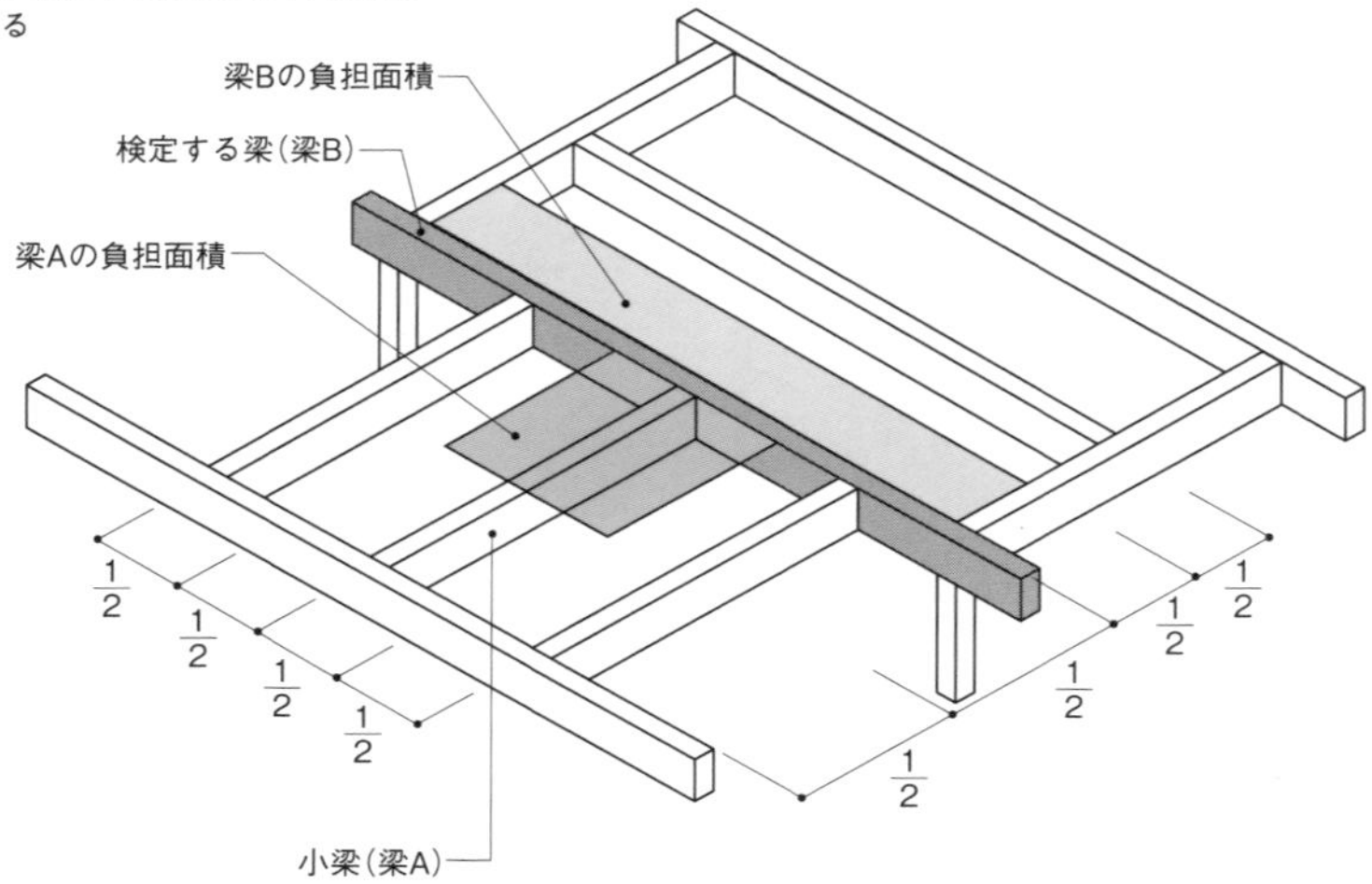

モデル化

小梁が架かる場合、小梁側の床荷重は小梁がすべて負担し、小梁を介して大梁に伝達されると考える。小梁側の荷重は、集中荷重としてモデル化する。

小梁が架からない側の床荷重は、根太なしの床[103頁図2]と同様に等分布荷重としてモデル化する

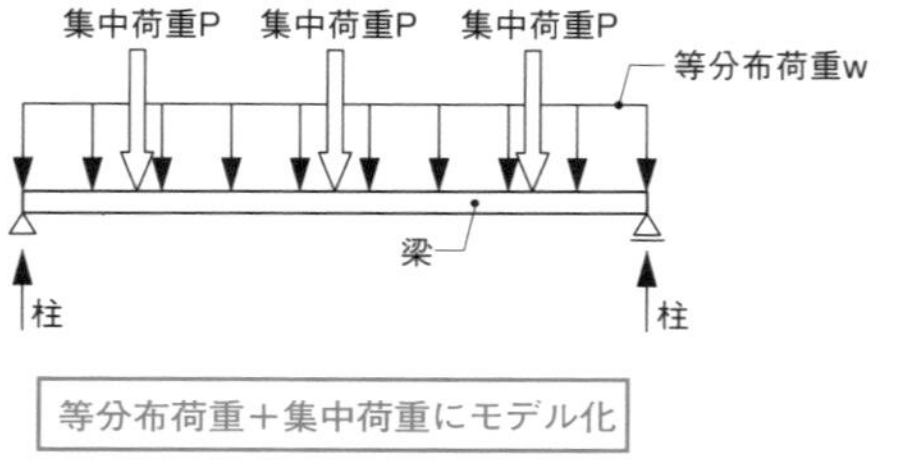

複数の集中荷重の取扱い

集中荷重が複数ある場合、1つにまとめて、梁の中央に作用するものとしてモデル化すると安全側の設計になる

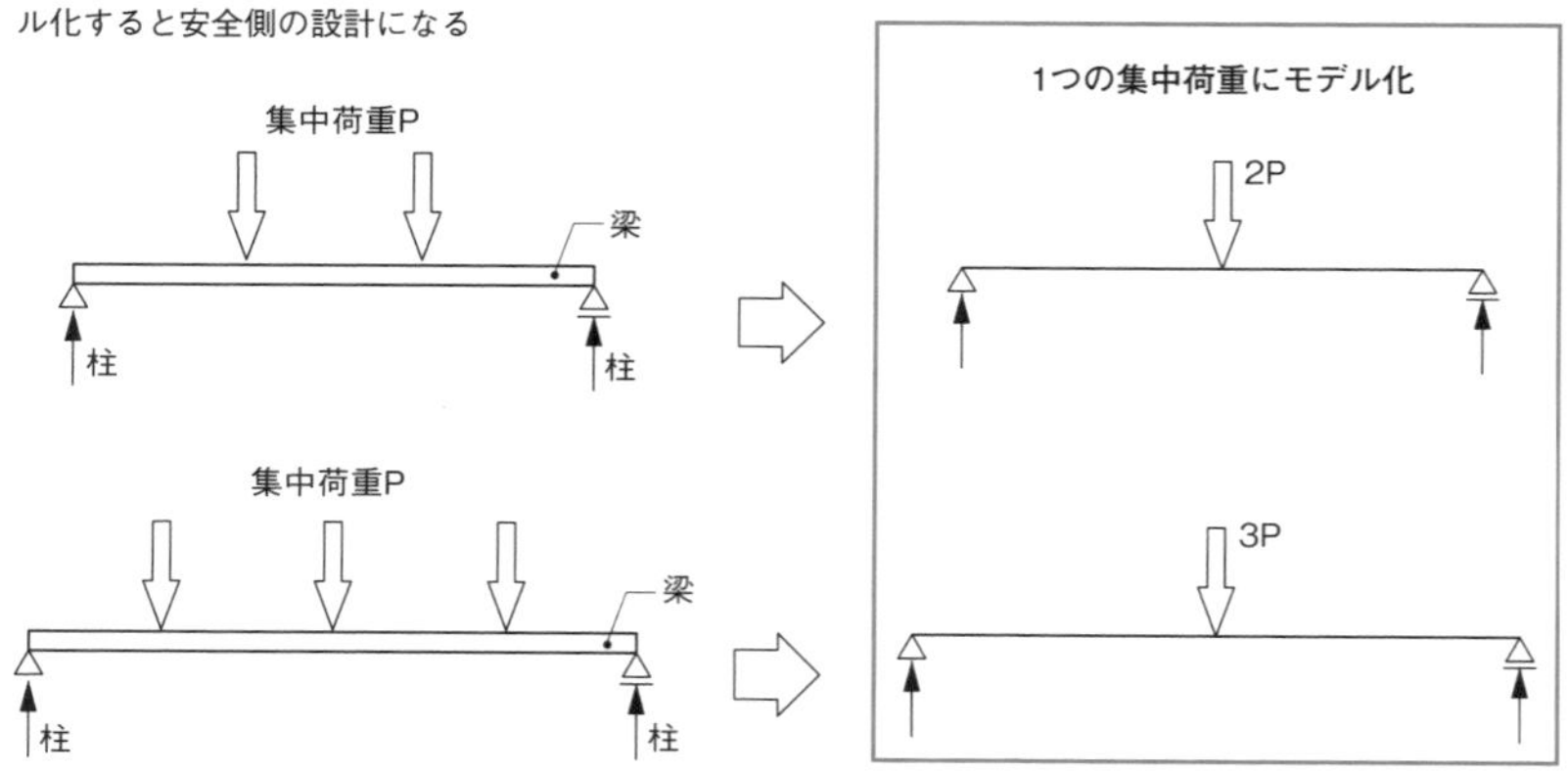

Point & Memo

Memo

通常、根太は小梁に架かるように配置する。床面の荷重は根太を介して小梁に伝わるため、左図のように考える

Memo

さらにモデル化を進めて、等分布荷重を集中荷重に置き換えてもよい
[▶147頁]

図4　垂木の負担面積とモデル化

負担面積

検定する垂木(1スパン)は、垂木スパン(母屋間隔)と垂木間隔で囲まれた面積分の屋根荷荷重を負担している

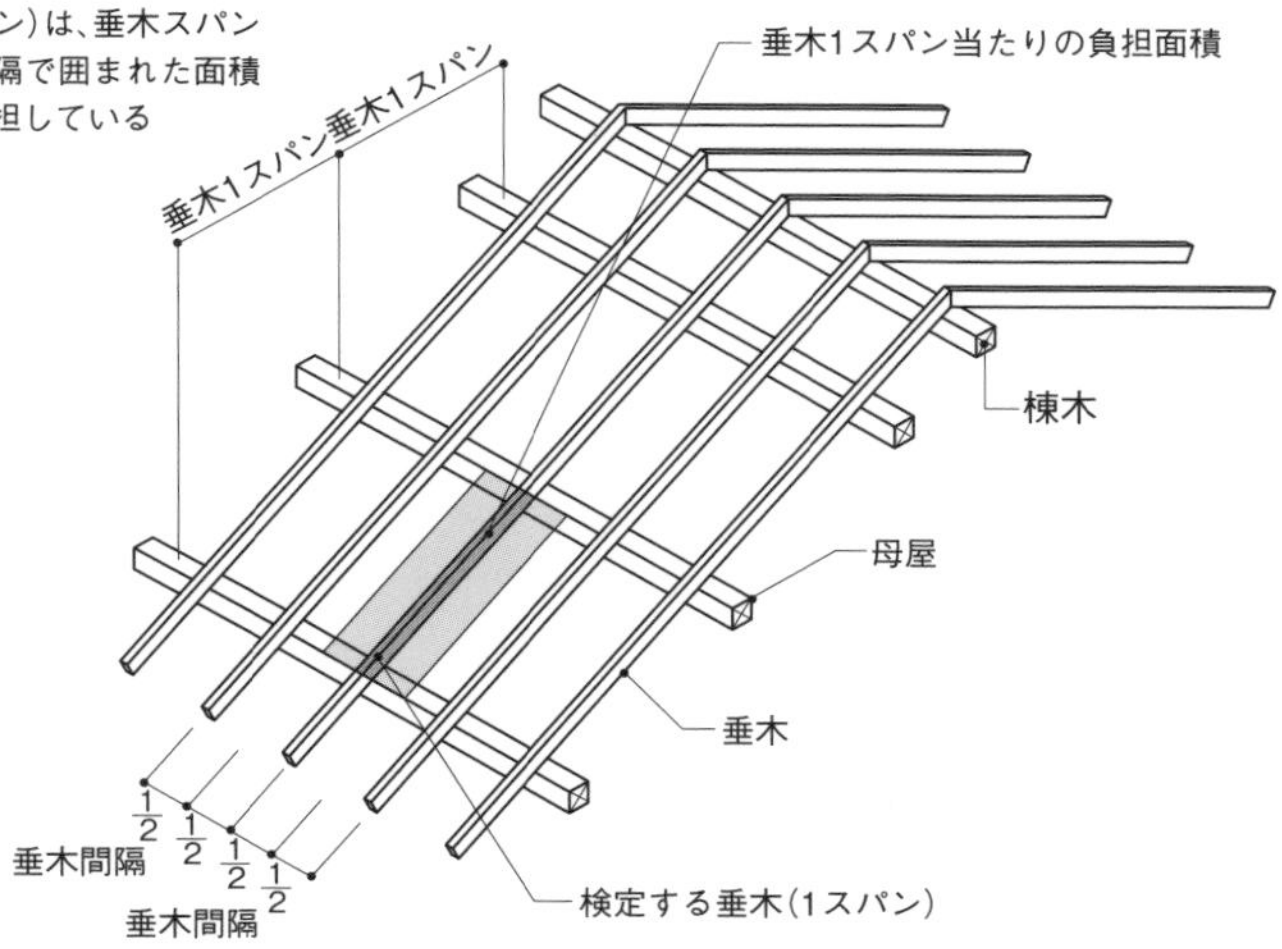

モデル化

勾配屋根では、垂木の水平投影長さに勾配補正係数を乗じて垂木の検討用長さを算出するのが望ましい。軒先部は、厳密には跳ね出した連続梁になるが、安全側になるように単純梁+片持ち梁としてモデル化する

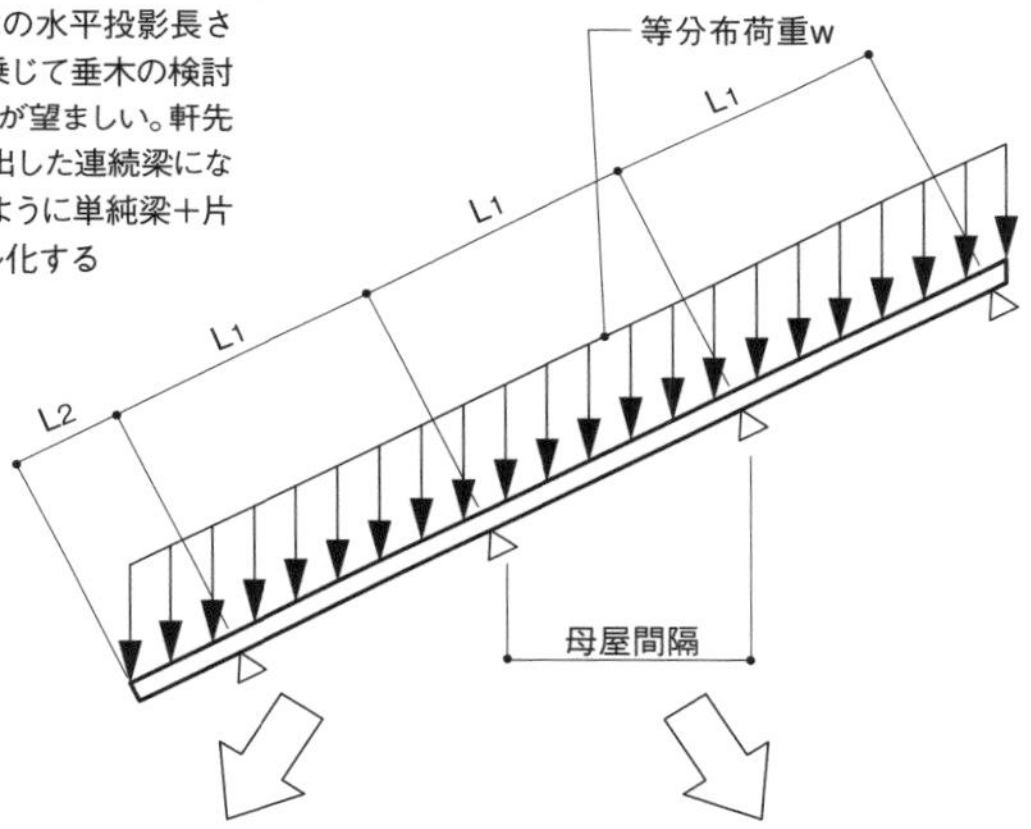

①軒先部

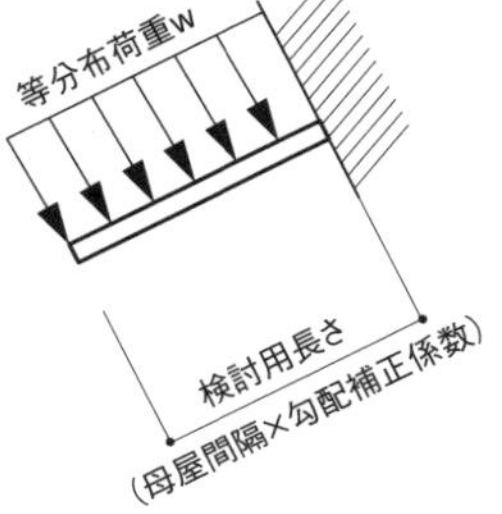

片持ち梁の等分布荷重としてモデル化

②中央部

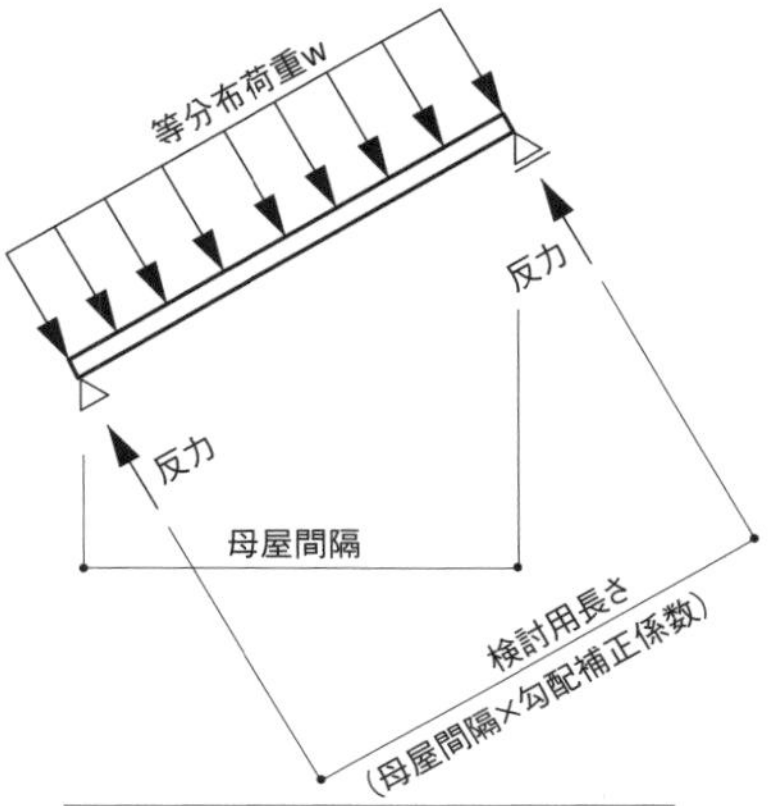

単純梁の等分布荷重としてモデル化

Point & Memo

Memo

垂木の負担面積は1本で考えるのではなく、垂木の荷重が伝わる母屋間隔ごとに算定する

Point!

単純梁と片持ち梁

単純梁は、両端の支点だけで支える静的構造で、一方が回転可能な支点(ピン)、他方が移動支点(ローラー)の梁のこと。片持ち梁は、一端が固定支持され、他方が自由な梁のこと

Point!

勾配補正係数

勾配(寸)	角度(°)	係数
1.5	8.53	1.011
2	11.31	1.020
3	16.70	1.044
3.5	19.29	1.059
4	21.80	1.077
5	26.57	1.118
6	30.96	1.166
7	34.99	1.221
8	38.66	1.281
9	41.99	1.345
10	45.00	1.414

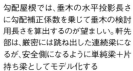

図5　母屋・小屋梁の負担面積とモデル化

母屋の負担面積

母屋スパンと母屋間隔で囲まれた面積分の屋根荷重を負担している

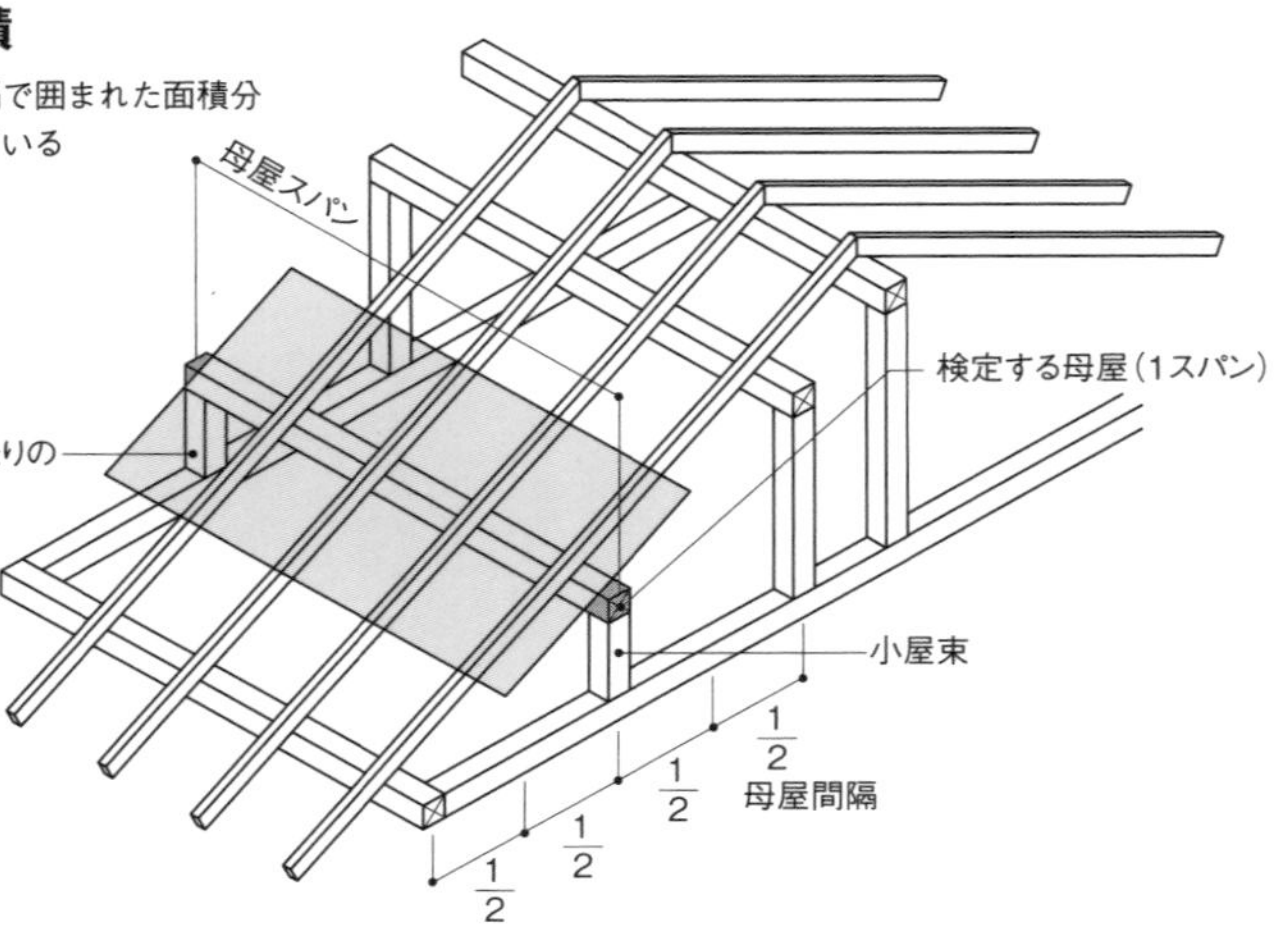

母屋荷重のモデル化

母屋に作用する屋根荷重は、垂木を介して伝達される。垂木は通常、300〜455㎜間隔で配置されるため、厳密には、集中荷重が等間隔で並んでいることになる。ただし、母屋を設計する場合は、母屋に一様に作用する等分布荷重としてモデル化する

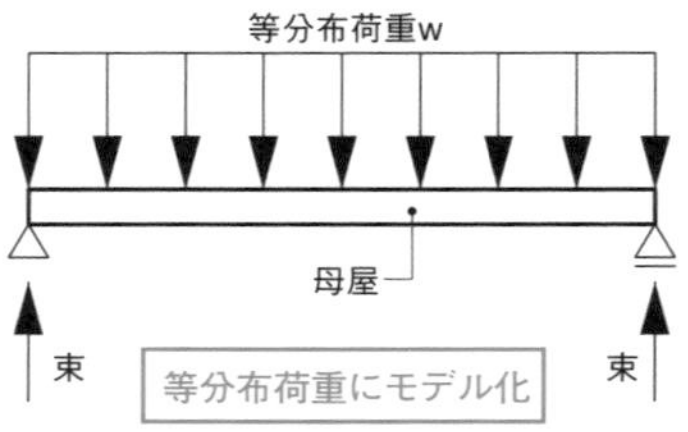

小屋梁（束）の負担面積

小屋梁には小屋束が負担する屋根荷重が集中荷重として作用する。小屋束の負担面積は、母屋間隔と母屋方向の小屋束間の長さで囲まれる面積である

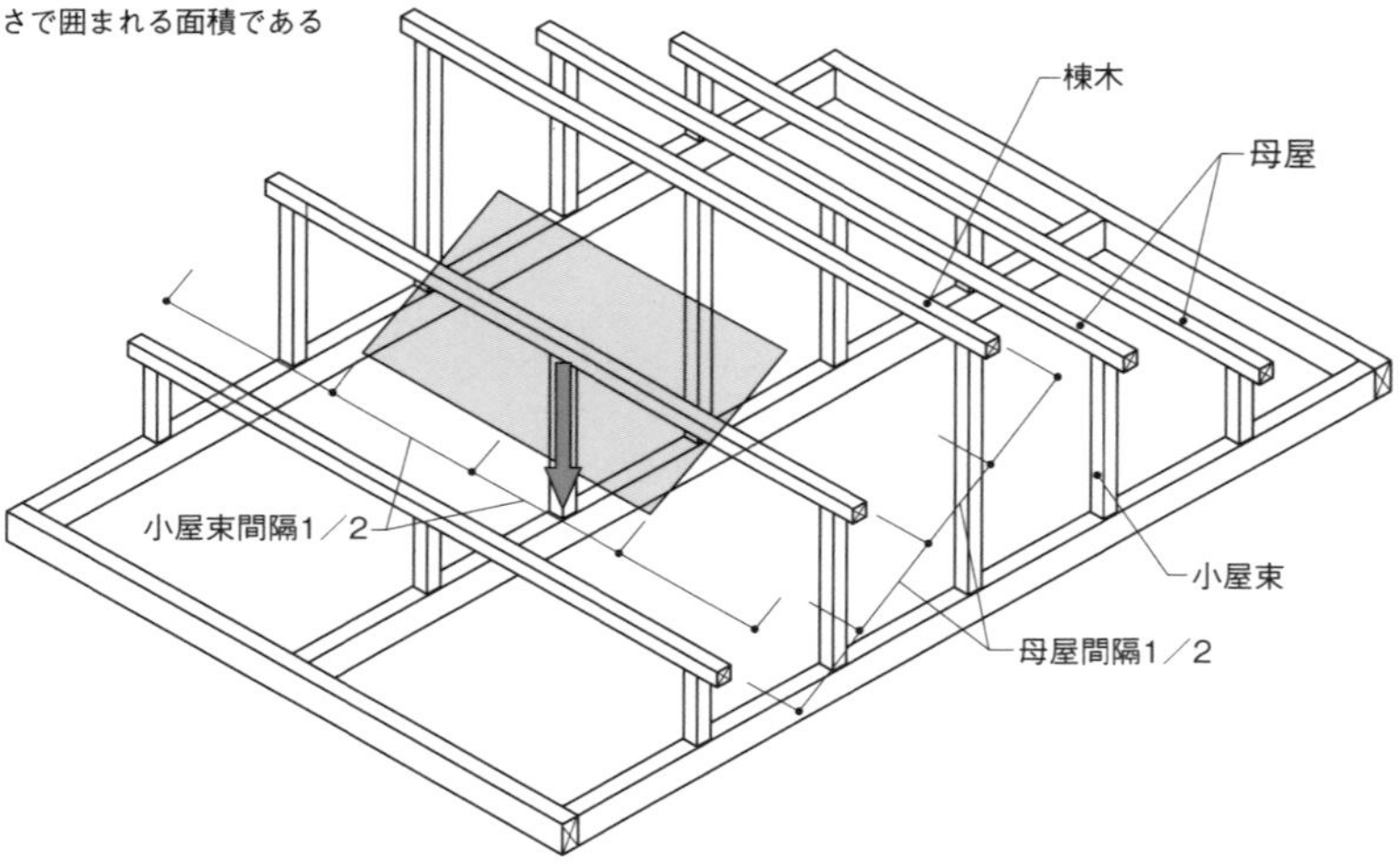

小屋梁荷重のモデル化

小屋梁はスパンや小屋束の位置によって荷重状態が異なるので、実情に合わせた計算が望ましい。ただしスパンごとの最大束荷重を想定してモデル化すると、計算の手間が省ける

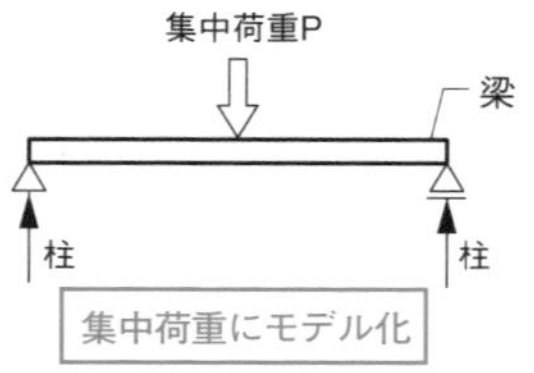

Point & Memo

Memo

母屋が負担する屋根荷重は、母屋を支える小屋束に分配される。したがって母屋の荷重負担面積は小屋束から小屋束までの間となる

Memo

小屋束は母屋から伝わる荷重を小屋梁に伝達する役割を担う。荷重の配分は小屋梁のどの位置に小屋束があるかで変わる

Point!

最大束荷重を想定したモデル化

複数の小屋束の荷重は、合算し1カ所（梁中央）に作用する集中荷重とみなしてモデル化する

Topics8

超速！［部位別］設計荷重の早見表

下記は、部位ごとに必要な荷重をまとめた表である。計算の対象によって積載荷重が異なるため、各部位の荷重は「床用（床版・小梁・根太）」「大梁・柱・基礎用」「地震力計算用」の3種類に分かれている。構造設計では、この荷重を部位の均し荷重として取り扱う。たとえば、和室の床梁を構造計算する場合、該当するスパンの固定荷重と積載荷重の合計を梁の負担幅に乗じることで、梁にかかる等分布荷重を算出することができる。

［齊藤年男］

表　[部位別]設計荷重早見表（N／㎡）

部位	荷重種別		床用（床版・小梁・根太）		大梁・柱・基礎用		地震力計算用
			常時	積雪時	常時	積雪時	
重い屋根（一般部）（屋根勾配5/10の例）	固定荷重	母屋スパン≦2m	—	—	1,030	1,030	1,030
		母屋スパン＞2m	—	—	1,080	1,080	1,080
	積雪荷重（30cm）		—	—	—	680	—
	合計	母屋スパン≦2m	—	—	1,030	1,710	1,030
		母屋スパン＞2m	—	—	1,080	1,760	1,080
軽い屋根（一般部）（屋根勾配5/10の例）	固定荷重	母屋スパン≦2m	—	—	780	780	780
		母屋スパン＞2m	—	—	840	840	840
	積雪荷重		—	—	—	680	—
	合計	母屋スパン≦2m	—	—	780	1,460	780
		母屋スパン＞2m	—	—	840	1,520	840
フローリング	固定荷重	梁スパン　≦4m	300	300	550	550	550
		梁スパン　＞4m	300	300	620	620	620
		梁スパン　＞6m	300	300	700	700	700
	積載荷重		1,800	1,800	1,300	1,300	600
	合計	梁スパン　≦4m	2,100	2,100	1,850	1,850	1,150
		梁スパン　＞4m	2,100	2,100	1,920	1,920	1,220
		梁スパン　＞6m	2,100	2,100	2,000	2,000	1,300
畳床	固定荷重	梁スパン　≦4m	340	340	590	590	590
		梁スパン　＞4m	340	340	660	660	660
		梁スパン　＞6m	340	340	740	740	740
	積載荷重		1,800	1,800	1,300	1,300	600
	合計	梁スパン　≦4m	2,140	2,140	1,890	1,890	1,190
		梁スパン　＞4m	2,140	2,140	1,960	1,960	1,260
		梁スパン　＞6m	2,140	2,140	2,040	2,040	1,340
ユニットバス[※1]	固定荷重	梁スパン　≦4m	—	—	400	400	400
		梁スパン　＞4m	—	—	470	470	470
		梁スパン　＞6m	—	—	550	550	550
	積載荷重		—	—	2,200	2,200	2,200
	合計	梁スパン　≦4m	—	—	2,600	2,600	2,600
		梁スパン　＞4m	—	—	2,670	2,670	2,670
		梁スパン　＞6m	—	—	2,750	2,750	2,750
バルコニー床[※2]	固定荷重	梁スパン　≦4m	300	300	550	550	550
		梁スパン　＞4m	300	300	620	620	620
		梁スパン　＞6m	300	300	700	700	700
	積載荷重		1,800	1,800	1,300	1,300	600
	合計	梁スパン　≦4m	2,100	2,100	1,850	1,850	1,150
		梁スパン　＞4m	2,100	2,100	1,920	1,920	1,220
		梁スパン　＞6m	2,100	2,100	2,000	2,000	1,300
外壁	固定荷重	サイディング	485	485	485	485	485
		鉄網モルタル	790	790	790	790	790
内壁	固定荷重	石膏ボード	350	350	350	350	350
バルコニー手摺壁[※3]	固定荷重	サイディング	620	620	620	620	620
		鉄網モルタル	1,430	1,430	1,430	1,430	1,430

※1：ユニットバスの固定荷重（梁スパン≦4m）の内訳は次のとおり。大梁・柱・基礎用と地震力用は「下地合板150N／㎡+床梁100N／㎡+1階天井150N／㎡」｜※2：バルコニー床の固定荷重（梁スパン≦4m）の内訳は次のとおり。床用は「仕上材・下地合板300N／㎡」、大梁・柱・基礎用と地震力用は「床用+床梁100N／㎡+1階天井150N／㎡」｜※3：バルコニー手摺壁は「両面仕上げ+軸組」として計算している

断面性能の3つの公式を押さえる

重要！ 構造計算のポイント

3つの断面性能を押さえる！

①断面2次モーメントI：部材の曲がりにくさを求めるのに必要
②断面係数Z：曲げモーメントによる断面最外縁の応力度を求めるのに必要
③断面2次半径i：圧縮力による座屈の検討に必要
④欠損による断面性能の低減は、仮定断面算定なら20%

断面性能を知る

断面形状によって、部材の強さや変形の度合いは変わる。

たとえば、同じ断面積の梁でも、梁せいが高いか低いかで、部材の曲がりにくさと強さはまったく異なる。このように形状で決まる部材の性質を「断面性能」という。

断面性能は、部材の強度や変形（たわみ）を求めるのに必要な係数であり、構造計算をする前に必ず整理しておく。

断面性能のうち、木造の構造計算で特に重要なのが次の3つである［図］。

①断面2次モーメントI
②断面係数Z
③断面2次半径i

断面2次モーメントは変形（たわみ）、断面係数は曲げモーメントとそれぞれ関係しており、主に梁などの曲げ部材の構造計算に用いる。一方、断面2次半径は、部材の座屈［※1］と関係し、柱などの圧縮部材の構造計算に用いる。それぞれ値が大きいほど強度や剛性が高くなる。

断面性能は、構造計算のたびに計算してもよいが、製材は流通寸法がほぼ定まっているので、あらかじめ表にまとめておくと手間が省ける［表］。

断面性能の低減

断面性能を求める際に、注意しなければならないのが断面欠損である。木材は仕口・継手の接合部において断面欠損が避けられない。断面欠損がある部材は、その分、断面性能を低減する必要がある。

低減率は、断面欠損の程度によるが、仮定断面の算定ならば一律20%でよいと思われる。複数の小梁が架かる大梁など、当然、欠損が大きくなる場合は、もう少し多めに低減した方がより安全側の設計となる。ただし、通常の構造計算の場合は「木造軸組工法住宅の許容応力度設計」（（公財）日本住宅・木材技術センター刊）を参考にし、断面2次モーメントは10～30%、断面係数は10～40%程度の低減が目安となる。

［多田脩二］

表　一般的な流通材の断面性能

断面寸法 幅b (mm)	断面寸法 せいd (mm)	断面2次モーメントI (mm^4)	断面係数Z (mm^3)	断面2次半径i (mm) [※]
105	105	1,012.9×10^4	192.9×10^3	30.45
105	120	1,512.0×10^4	252.0×10^3	34.8
105	150	2,953.1×10^4	393.7×10^3	43.5
105	180	5,103.0×10^4	567.0×10^3	52.2
105	210	8,103.3×10^4	771.7×10^3	60.9
105	240	12,096.0×10^4	1,008.0×10^3	69.6
105	270	17,222.6×10^4	1,275.7×10^3	78.3
105	300	23,625.0×10^4	1,575.0×10^3	87.0
120	120	1,728.0×10^4	288.0×10^3	34.8
120	150	3,375.0×10^4	450.0×10^3	43.5
120	180	5,832.0×10^4	648.0×10^3	52.2
120	210	9,261.0×10^4	882.0×10^3	60.9
120	240	13,824.0×10^4	1,152.0×10^3	69.6
120	270	19,683.0×10^4	1,458.0×10^3	78.3
120	330	35,937.0×10^4	2,178.0×10^3	95.7

注：断面2次モーメントは100の位以下を、断面係数は10の位以下を切り捨てた
※：$i=0.29\times d$で算出

※1：材に圧縮力がかかったとき、部材の一部が急激にはらむように変形する現象

図　断面性能の公式

算定する断面

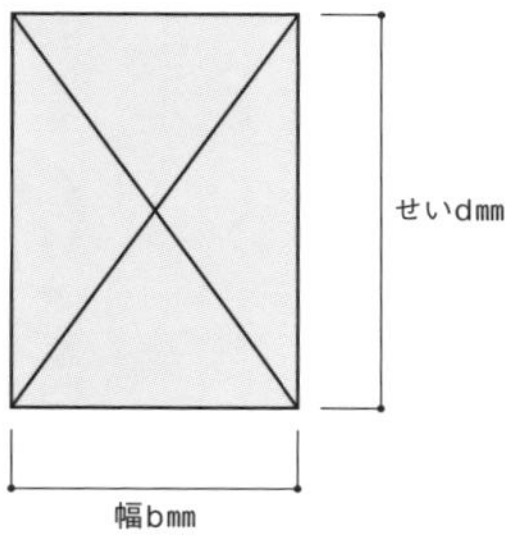

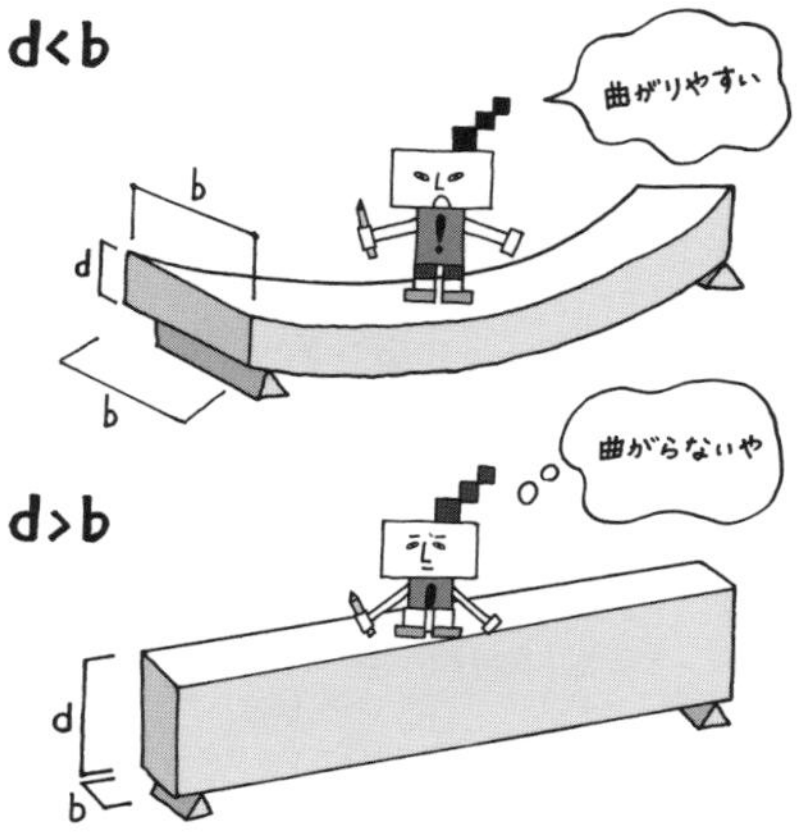

断面2次モーメントの公式

$$\frac{1}{12} \times \underset{\text{幅}b}{\boxed{}}\ \text{mm} \times \underset{\text{せい}d}{\boxed{}}^{3}\ \text{mm}^{3} = \underset{\text{断面2次モーメント}I}{\boxed{}}\ \text{mm}^{4}$$

断面係数の公式

$$\frac{1}{6} \times \underset{\text{幅}b}{\boxed{}}\ \text{mm} \times \underset{\text{せい}d}{\boxed{}}^{2}\ \text{mm}^{2} = \underset{\text{断面係数}Z}{\boxed{}}\ \text{mm}^{3}$$

断面2次半径の公式

$$\sqrt{\frac{\underset{\text{断面2次モーメント}I}{\boxed{}}\ \text{mm}^{4}}{\underset{\text{幅}b}{\boxed{}}\ \text{mm} \times \underset{\text{せい}d}{\boxed{}}\ \text{mm}}} \fallingdotseq 0.29 \times \underset{\text{せい}d}{\boxed{}}\ \text{mm}$$

$$= \underset{\text{断面2次半径}i}{\boxed{}}\ \text{mm}$$

Point & Memo

Point!

曲がりにくさは「せい」が重要

断面2次モーメントは、部材の曲がりにくさに関係している。断面2次モーメントは部材のせいの3乗に比例して大きくなる。つまり、せいが大きいほど部材は曲がりにくくなるのである

Point!

断面2次半径は柱断面の算定に利用

断面2次半径は、柱の座屈性能を求める有効細長比の算出に利用する

[▶125頁]

Memo

$\sqrt{(1/12 \times b \times d^{3}) \div (b \times d)}$

$= \sqrt{1/12 \times d^{2}}$

$\fallingdotseq 0.29 \times d$

部材の許容応力度を求める

重要！ 構造計算のポイント

断面算定の基準値は「許容応力度」

①許容応力度＝基準強度×安全率

②部材がもつ強さを基準強度（材料強度）という

③基準強度には「圧縮」「引張り」「曲げ」「せん断」「めり込み」の5種類がある

許容応力度は断面算定の基準値

断面算定とは、一言でいえば部材の局部に発生する応力（これを応力度という）に対して、材料の安全性を確認することである。このときの応力度の許容値が「許容応力度」である。

部材の許容応力度は、基準強度（材料強度）［※1］に安全率（係数）［表1］を乗じて求める。基準強度とは、材料の強さを示す指標のことである。

長期と短期

許容応力度は、荷重継続時間により長期と短期の2つに分けられる［表2］。長期許容応力度は固定荷重や積載荷重などの常時作用する荷重に対する検討に、短期許容応力度は地震・風などの検討時に用いる。

ただし、積雪時は、長期許容応力度を1.3倍、短期許容応力度を0.8倍した値で部材断面を検討しなければならない［97頁column参照］。

基準強度は樹種・材種で変わる

基準強度には「圧縮」「引張り」「曲げ」「せん断」「めり込み」の5種類があり、樹種ごとに建築基準法で数値が決められている（平12建告1452号、平13国交告1024号）。

樹種以外にも、材の種類（製材・集成材）で基準強度は変わる［※2］。

建築構造に用いられる製材は、大きく2つに分けられる。1つが日本農林規格（JAS）が認定する通称「JAS材」である。JAS材にはさらに「目視等級［※3］」と「機械式等級［※4］」の区別がある。もう1つは「無等級材」であり、基準強度が異なる「無等級」にも基準強度が決められており、広く流通している。

集成材は、材を構成する挽き板（ラミナ）の種類（同一等級・異等級）や、配置（対称構成・非対称構成）で基準強度が決まる［※5］。

［多田脩二］

表1　許容応力度を求めるための安全率

設定条件＼基準強度		圧縮(Fc)	引張り(Ft)	曲げ(Fb)	せん断(Fs)	めり込み(Fcv) 土台	めり込み(Fcv) それ以外
長期	常時	1.1／3				1.5／3	1.1／3
	積雪時	1.43／3					1.43／3
短期	地震・風	2／3				2／3	2／3
	積雪時	1.6／3					1.6／3

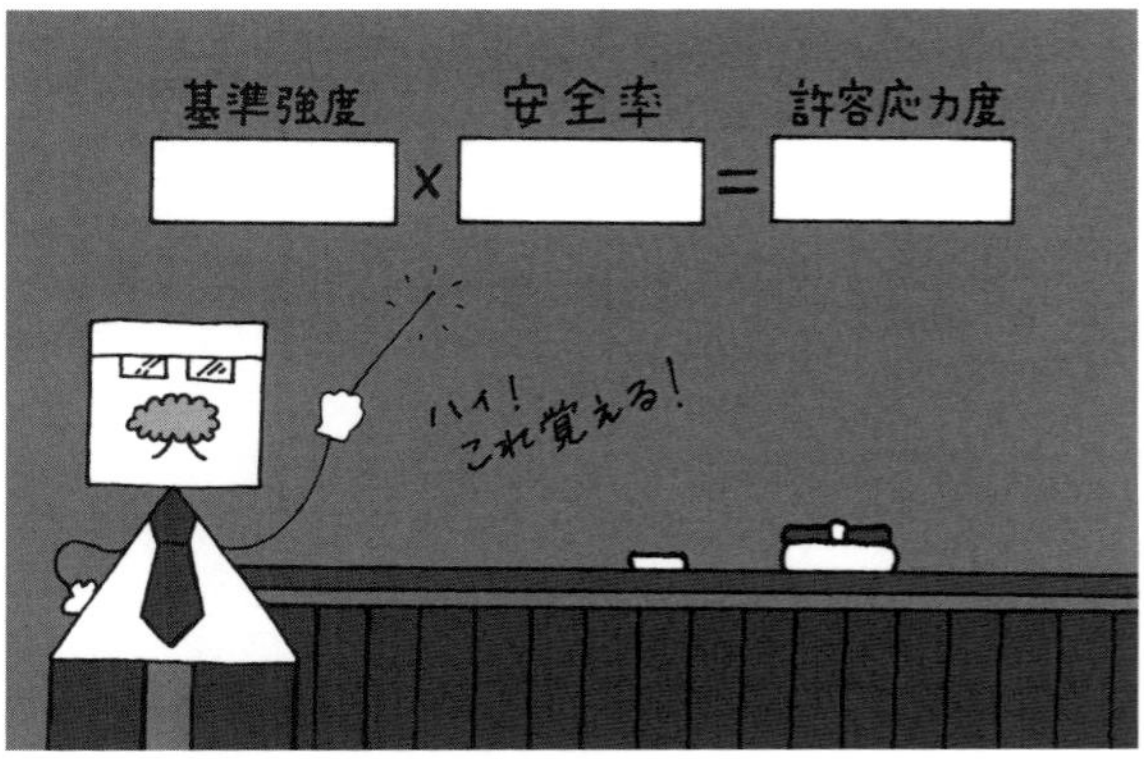
基準強度
×
安全率
=
許容応力度
ハイ！
これ覚える！

※1：代表的な樹種（無等級材）の基準強度（Fc：圧縮、Ft：引張り、Fb：曲げ、Fs：せん断、単位：N／㎟）

ベイマツ	Fc＝22.2	Ft＝17.7	Fb＝28.2	Fs＝2.4
ヒノキ	Fc＝20.7	Ft＝16.2	Fb＝26.7	Fs＝2.1
スギ	Fc＝17.7	Ft＝13.5	Fb＝22.2	Fs＝1.8

表2　製材の許容応力度早見表

樹種			等級	長期許容応力度（N／㎟）								短期許容応力度（N／㎟）	
				常時				積雪時				地震・風時	積雪時
				圧縮（fc）	引張り（ft）	曲げ（fb）	せん断（fs）	圧縮（fc）	引張り（ft）	曲げ（fb）	せん断（fs）	圧縮・引張り曲げ・せん断	圧縮・引張り曲げ・せん断
JAS構造材機械式等級		ベイマツ	E70	3.52	2.64	4.40	0.88	4.57	3.43	5.72	1.14	常時の2／1.1倍	地震・風時の0.8倍
			E90	6.16	4.62	7.70		8.00	6.00	10.01			
			E110	9.02	6.82	11.22		11.72	8.86	14.58			
			E130	11.66	8.80	14.52		15.15	11.44	18.87			
			E150	14.30	10.78	17.82		18.59	14.01	23.16			
		ヒノキ	E50	4.18	3.08	5.06	0.77	5.43	4.00	6.57	1.00		
			E70	6.60	4.84	8.14		8.58	6.29	10.58			
			E90	9.02	6.82	11.22		11.72	8.86	14.58			
			E110	11.44	8.58	14.08		14.87	11.15	18.30			
			E130	13.86	10.34	17.16		18.01	13.44	22.30			
			E150	16.28	12.10	20.24		21.16	15.73	26.31			
		スギ	E50	7.04	5.28	8.80	0.66	9.15	6.86	11.44	0.85		
			E70	8.58	6.38	10.78		11.15	8.29	14.01			
			E90	10.34	7.70	12.76		13.44	10.01	16.58			
			E110	11.88	9.02	14.96		15.44	11.72	19.44			
			E130	13.64	10.12	16.94		17.73	13.15	22.02			
			E150	15.18	11.44	18.92		19.73	14.87	24.59			
無等級材	針葉樹	アカマツ、クロマツ、ベイマツ		8.14	6.49	10.34	0.88	10.58	8.43	13.44	1.14		
		カラマツ、ヒノキ、ヒバ、ベイヒ		7.59	5.94	9.79	0.77	9.86	7.72	12.72	1.00		
		ツガ、ベイツガ		7.04	5.39	9.24	0.77	9.15	7.00	12.01	1.00		
		エゾマツ、スギ、スプルース、トドマツ、ベイスギ、ベニマツ、モミ		6.49	4.95	8.14	0.66	8.43	6.43	10.58	0.85		
	広葉樹	カシ		9.90	8.80	14.08	1.54	12.87	11.44	18.30	2.00		
		クリ		7.70	6.60	10.78	1.10	10.01	8.58	14.01	1.43		

注1：本書ではめり込みの検討をしないため、めり込みは省略した
注2：安全側を考慮し、数字はすべて小数点第3位以下を切り捨てとした

※2：同じ樹種でも、さまざまな要因で強度にばらつきが出る。告示の数値は、ばらつきを考慮し、おおむねの強度の下限値を採用している
※3：構造用製材のうち、節や丸身など、材の欠点を目視により測定し、等級区分したもの。甲（1〜3級）と乙（1〜3級）に分かれる
※4：構造用製材のうち、機械でヤング係数を測定し、等級区分したもの。E70〜E150の間で分類される。Eはヤング係数
※5：集成材の基準強度は「2020年版　建築物の構造関係技術基準解説書」（一般財団法人建築行政情報センター）にまとめてある

梁の応力と変形量を確認する

重要！ 構造計算のポイント

梁の断面は「応力」と「変形（たわみ）」で決まる

①仮定断面算定時は、単純梁なら「曲げモーメント」のみ、片持ち梁なら「曲げモーメント」＋「せん断力」を検討

②許容変位量算出時は、変形増大係数2を変位量に乗じる

部材にかかる荷重を拾い、部材の断面性能と許容応力度が整理できたら、次のステップは、部材の内部に生じる「応力」と「変形（たわみ）」を確認することになる。

応力の算定方法

応力とは、内力《ないりょく》とも呼ばれ、外力が加わったときに部材を変形させようとする力のことである。

応力には、「曲げモーメント」「せん断力」「軸力」［※1］の3つがある。梁の断面算定では、曲げモーメントとせん断力が部材の耐力の許容範囲内（許容応力度内）かを検討する。

ただし、検討する梁が単純梁［※2］ならば、梁断面は曲げモーメントで決まることが多い。梁の仮定断面算を算定するのであれば、すべてを検討するのではなく、曲げモーメントのみ検討しておけば十分だ［※3］。

曲げモーメントやせん断力に関しては、架構や荷重の形式によって算出式が異なる。仮定断面の算定によく使用する公式を表1にまとめたので参照していただきたい。

変形（たわみ）の算定方法

変形（たわみ）とは、ある外力が部材に加わったときの部材の変位量のことである。たわみの量には、「ヤング係数」と「断面2次モーメント」が大きく関係している［表1］。

ヤング係数は材質による曲がりにくさを表す指標で、木材の種類によって値が異なる［表2］。

一方、断面2次モーメントは断面の形状による曲がりにくさを表す指標である［109頁参照］。

ヤング係数と断面2次モーメントをかけ合わせた値を「曲げ剛性」と呼び、値が大きいほど部材は変形しにくい。

部材のたわみの許容値は、基・規準でさまざまな許容値が定められている。筆者の経験上、木造の梁では変形がスパンに対して1／600以下かつ20㎜以下に収まれば、その断面を採用しても問題ないと考えることができる［※4］。

たわみの算定時に注意しなければならないのが「クリープ現象」である。クリープ現象とは、荷重状態が一定であるにもかかわらず、時間の経過とともに変形量が累進的に増大する現象のことである。木材の場合、変形量に部材のクリープを見込んだ係数（変形増大係数［※5］）2を乗じた値が、許容たわみ値以下に収まるよう断面を設定しなければならない。

連続梁はどう扱うか？

支持する柱が3本以上ある梁を連続梁といい、応力と変形の算定の公式が単純梁と異なる。

連続梁と単純梁を比較すると、発生する最大応力は同じでも、変形は連続梁のほうが有利になる。したがって略算時は、単純梁に置き換えて変形（たわみ）を計算するとよいであろう［※6］。

［多田脩二］

表2　主な製材のヤング係数

材種	ヤング係数（N／㎟）
スギ［※］	7,000
ヒノキ	9,000
ベイマツ	10,000

注：基準弾性係数は、信頼水準75％における50％下限許容限界値
※：スギのヤング係数は産地によって異なる。ここでは一般的な値を採用した

※1：「軸力」は柱の断面算定に用いる。柱の断面算定は124頁参照｜※2：両端の支点だけで支える静的構造で、一方が回転可能な支点（ピン）、他方が移動支点（ローラー）の梁のこと｜※3：スパンが長い梁や荷重が重い場所の梁は、梁端部の仕口に生じるせん断力によって断面が決まる場合があるので注意が必要である｜※4：建築基準法の基準は、「梁せいD／梁の有効長さL＞1／12」かつ「δ≦L／250」（平12建告1459号）

表1　応力・たわみの公式

（w：等分布荷重　P：集中荷重　L：スパン　E：ヤング係数　I：断面2次モーメント）

架構の種類	応力の種類	荷重の条件		応力図	公式
①単純梁	曲げモーメントM	等分布荷重	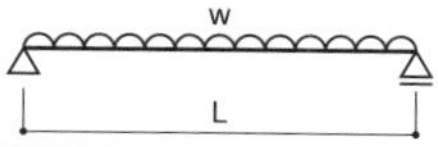	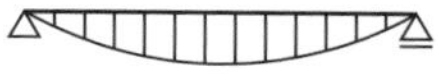	$M=\frac{wL^2}{8}$
		集中荷重	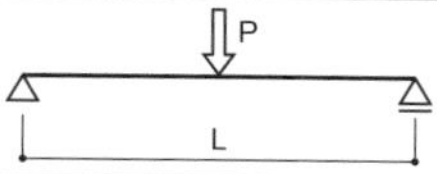	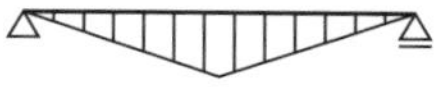	$M=\frac{PL}{4}$
	せん断力Q	等分布荷重	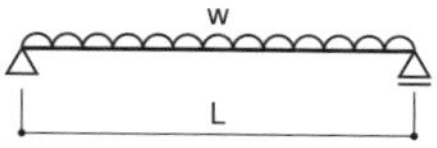	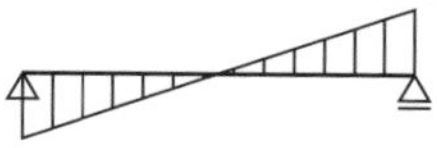	$Q=\frac{wL}{2}$
		集中荷重	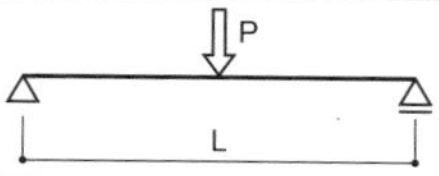	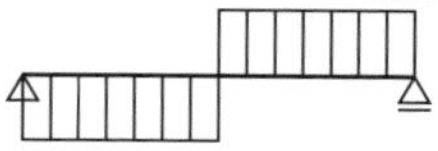	$Q=\frac{P}{2}$
	たわみδ	等分布荷重	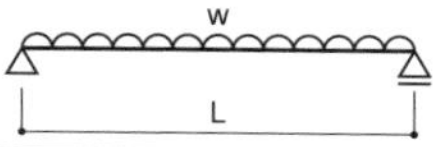	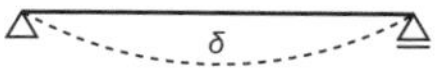	$\delta=\frac{5wL^4}{384EI}$
		集中荷重	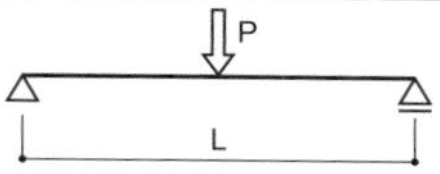	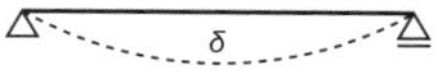	$\delta=\frac{PL^3}{48EI}$
②片持ち梁	曲げモーメントM	等分布荷重	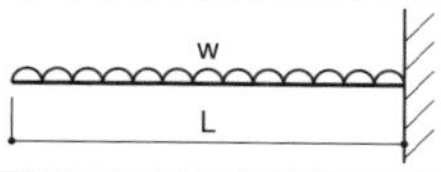	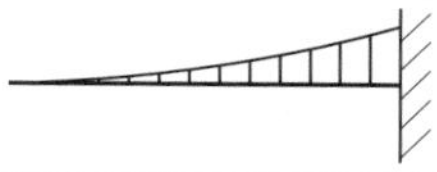	$M=\frac{wL^2}{2}$
		集中荷重	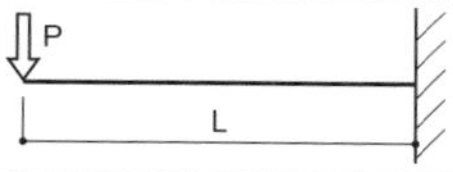	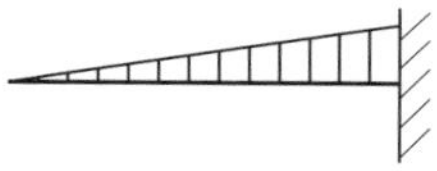	$M=PL$
	せん断力Q	等分布荷重	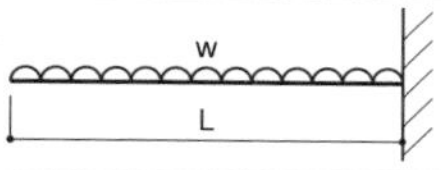	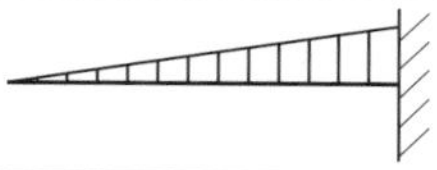	$Q=wL$
		集中荷重	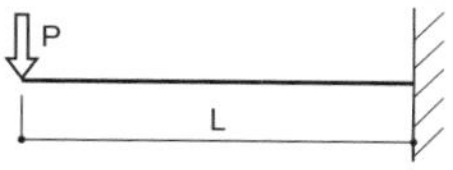	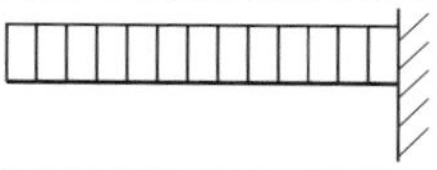	$Q=P$
	たわみδ	等分布荷重	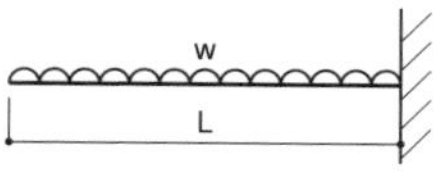	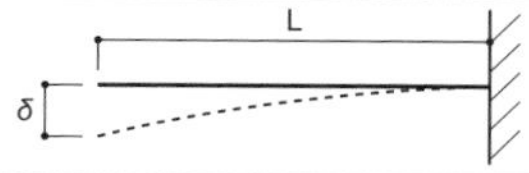	$\delta=\frac{wL^4}{8EI}$
		集中荷重	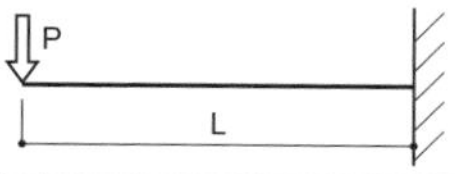	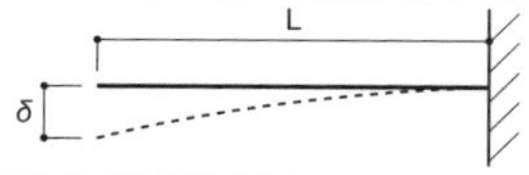	$\delta=\frac{PL^3}{3EI}$

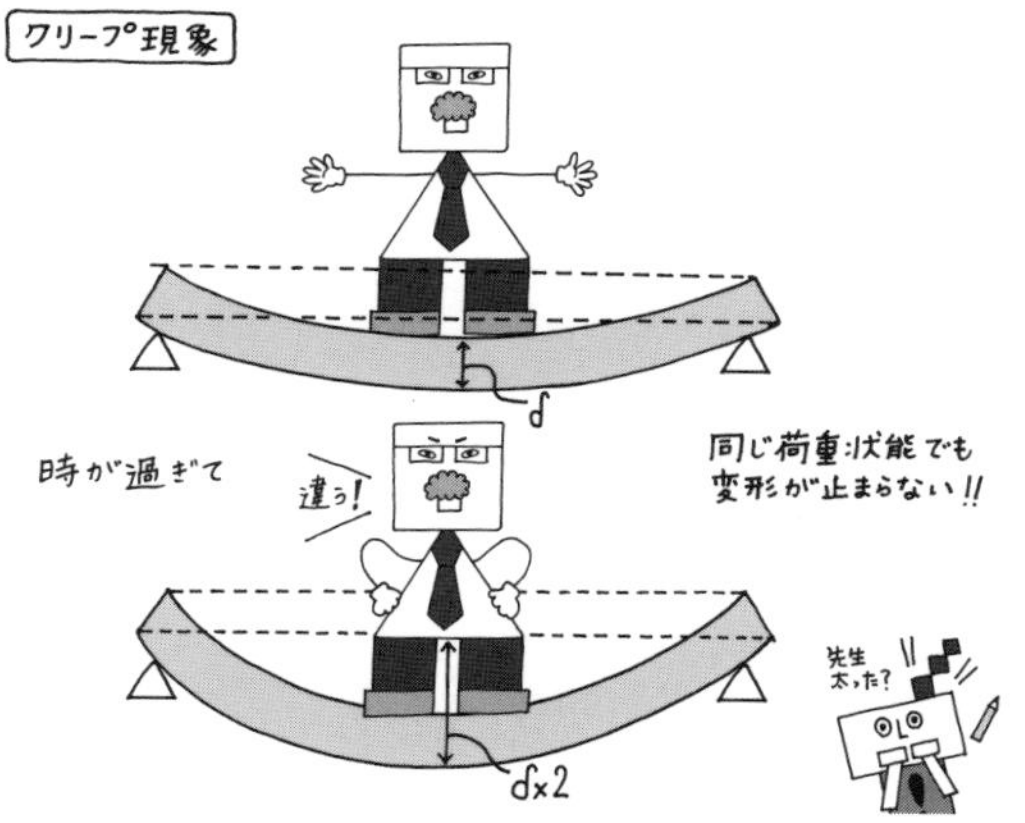

図　連続梁の取扱い

①連続梁の応力図

②2本の単純梁に置換した応力図

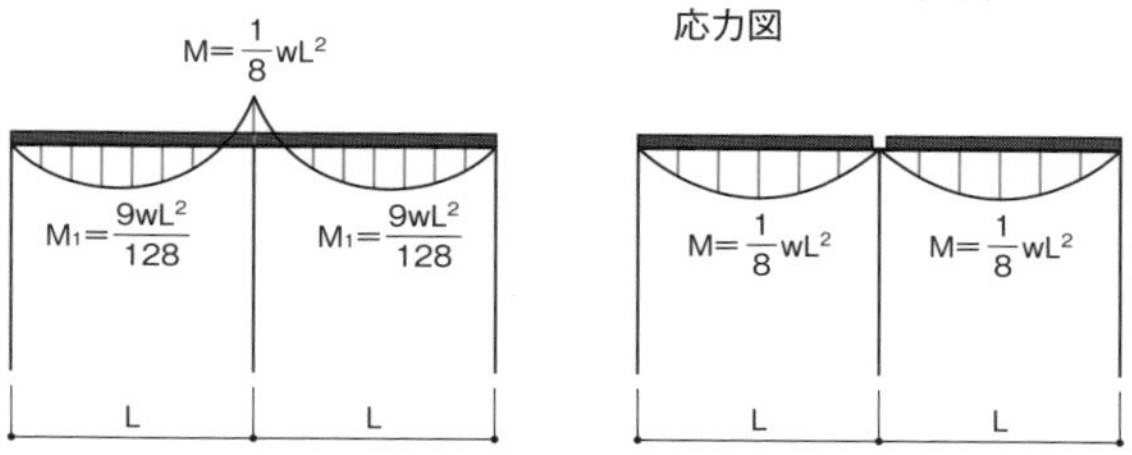

1本の連続梁を2本の単純梁に分けて、それぞれ応力を算定する

※5：構造形式によって建築基準法で決められた変形しやすさを表す係数（平12建告1459号）。クリープ係数ともいう。木造の床梁の場合は係数=2

※6：ただし単純梁として計算すると断面が過大になる場合は、連続梁として変形（たわみ）を算定する

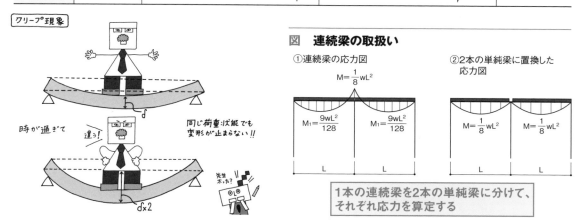

梁の仮定断面を算定する

重要！ 構造計算のポイント

梁断面はたわみと曲げを検討する

①スパンで決まるたわみから断面のあたりをつける

②許容たわみ値の目安は「スパンの1／600以下かつ20㎜以下」（変形増大係数2を考慮した値）

③曲げ応力度≦長期許容曲げ応力度　ならばOK

単純梁の断面算定

梁の断面算定とは、部材に生じる応力以上の耐力を部材が有するかを確認する作業である。応力の算出方法は前項[112頁参照]で取り上げたので、ここでは応力を用いた断面算定の流れを解説しよう。

単純梁[※1]の断面算定の手順は大きく次の3つからなる。

①部材情報の整理

構造計算をする前に部材情報を整理する必要がある。整理する項目は、荷重条件（等分布荷重・集中荷重）と材料特性（算定する梁部材のスパン、材料の基準強度、許容応力度、ヤング係数など）である。

荷重条件によって、断面算定に使用する計算式が異なるので、荷重の整理が特に重要である[113頁参照]。

等分布荷重と集中荷重が同時に生じる場合は、集中荷重の位置で検討式が複雑に変わる。計算しやすいよう、いずれかの荷重にまとめる。

仮定断面の略算時は、等分布荷重にスパン1／2を乗じて集中荷重に置換し、もとの集中荷重と足してスパンの中央に作用しているものとして考えるとよい[118頁図3]。

②たわみの検討

梁の断面算定で検討する項目は、「曲げモーメント」と「たわみ」である[※2]。ただし木造では、たわみの許容値以下に部材断面を収めると、応力も問題ない場合が多い。そのため仮定断面の算定では、はじめにたわみの検討を行い、断面のあたりをつけることが有効だ。

クリープを考慮して、許容たわみ値に、変形増大係数2[※3]を乗じて求めた、「スパンの1／600」かつ20㎜以下を目安に設定する。

まず、仮定したスパンの1／600の変形が20㎜以内に収まるかを確認する。

次にたわみの公式を利用して、スパンから決まる必要断面2次モーメントを算出する。流通材の断面性能表[108頁参照]から、必要断面2次モーメント以上の性能をもつ断面を選び、仮定断面とする。

採用したい断面が決まっていれば、その断面の断面2次モーメントを計算し、必要断面2次モーメント以上かを確認してもよい[※4]。

③曲げモーメントの検討

たわみの制限を満たす仮定断面をもとに断面係数を求め、曲げモーメントの検討を行う。断面係数で曲げモーメントを割ると応力度が求められるので、これを曲げの長期許容応力度[111頁参照]と比較し、許容応力度以下に数値が収まっていれば、その断面を採用することができる。

[多田脩二]

断面性能表があれば
仮定断面のどれくらい
安全率があるのか
一目瞭然
どれがいいかな…

※1：梁の両端の支点だけで支える静的構造で、一方が回転可能な支点（回転端）、他方が移動支点（移動端）の梁のこと｜※2：通常の構造計算ではせん断応力も検討するが、単純梁の場合、せん断応力はたわみと曲げモーメントをクリアしていれば問題ないことが多いため、仮定断面算定時は省略してもよい。ただしスパンが長かったり、荷重が大きくなる場合は、仕口端部のせん断を検討する必要がある｜※3：構造形式によって建築基準法で決められた変形しやすさを表す係数（平12建告1459号）。クリープ係数ともいう。木造の床梁の場合は係数＝2

表　数値を書き込んで条件を整理しよう(単純梁の断面算定スーパーチェックシート)

チェック項目			数値	備考
応力検定用荷重の情報	床の単位荷重(N／㎡)	①固定荷重		算定方法は90〜92頁参照
		②積載荷重		令85条に規定された荷重を用いる。通常、応力の検討は1,300N／㎡、たわみについては800N／㎡として断面を検討するが、安全側に1,300N／㎡とする(93〜95頁参照)
		③合計		算定式:①+②
	④床の負担幅(m)			算定方法は102〜106頁参照
	⑤等分布荷重合計(N／m)			算定式:③×④　※単位変換に注意
	⑥柱・小梁の負担面積(㎡)			柱126頁、小梁104頁をそれぞれ参照
	⑦集中荷重合計(N)			算定式:③×⑥ 集中荷重が複数ある場合は、すべてを足し合わせて、梁スパンの真ん中に作用すると仮定。モデル化は102〜106頁参照
検定する部材の情報1	⑧梁スパン(㎜)			柱心間(梁心間)の距離
	⑨部材の種類			—
	⑩曲げ基準強度Fb			110頁欄外注参照
	⑪長期許容曲げ応力度fbL			算定式:1.1／3×⑩
	⑫せん断基準強度Fs			跳出し梁の検討時に使用。110頁欄外注参照
	⑬長期許容せん断応力度fsL			跳出し梁の検討時に使用。120〜122頁参照 算定式:1.1／3×⑫
	⑭ヤング係数E(N／㎟)			変形増大係数2またはヤング係数で考慮する場合は、⑭×0.5
検定結果による情報	⑮必要断面2次モーメントIn(㎜⁴)			—
検定する部材の情報2 [たわみの検討後]	仮定断面	⑯幅b(㎜)		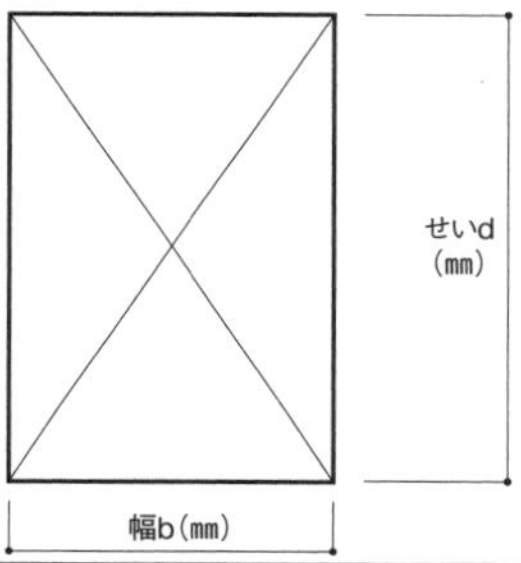
		⑰せいd(㎜)		
	⑱断面2次モーメント			算定式:⑯×⑰^3÷12
	⑲断面積(㎟)			跳出し梁の検討時に使用。120〜122頁参照 算定式:⑯×⑰
	⑳仮定断面の断面係数Z(㎜³)			算定式:(⑯×⑰^2÷6)×0.8 低減値20%を考慮

column 現場対策 28

計算数値の単位置換をマスターする

構造計算で厄介なのが単位の変換だ。建築基準法は国際単位系(SI単位系)であるニュートン(N)を使っているが、いまでも多くの設計者が、重さの感覚をつかみやすいキログラム(kg)やトン(t)などの重量単位系を用いているだろう。

せっかく構造計算の公式を覚えても、単位の置換でつまづいては元も子もない。そこで構造計算でよく使う単位置換を左表にまとめた。最低限、これだけ覚えておけば、単位置換でのミス防止に役立つだろう。　[多田脩二]

表　力の単位変換早分かり

重量単位系⇔SI単位系	SI単位系⇔SI単位系
1kgf　=9.8N	1kN　=1,000N
1tf　=9.8kN	1kN／m=10N／㎝ =1N／㎜
1kgf／㎠=9.8×10^{-2}N／㎟	
1kgf／㎡=9.8×10^{-6}N／㎟	1kN／㎡=1×10^{-3}N／㎟
1tf／㎡=9.8kN／㎡	1N／㎡=1×10^{-6}N／㎟

※4：許容たわみ値は基・規準で異なる。建築基準法以上であるならば、どの許容値を採用するかは、設計者の安全に対する考え方次第である。本章の数値は「木質構造設計規準・同解説」(日本建築学会刊)の「スパンの1／300、かつ2.0㎝」を採用した。ちなみに、平12建告1459号の規定は「スパンの1／250」である

図1 単純梁の断面算定式1(等分布荷重)

たわみの検討

①スパンから決まる許容たわみ量δの確認

スパンL □ mm ÷ 600（たわみ制限） = 許容たわみ量δ □ mm ≦ 20mm

②必要断面2次モーメントInから仮定断面の決定

5 × 等分布荷重w □ N／mm × スパンL □^{4} mm^4

÷ (384 × ヤング係数E □ N／mm^2 × 許容たわみ量δ □ mm)

= 必要断面2次モーメントIn □ mm^4

③流通材の断面性能表と比較

あらかじめ用意した断面性能表で、必要断面2次モーメント以上の断面2次モーメントをもつ断面を探す。これを「仮定断面」とする

曲げモーメントの検討

①曲げモーメントMの算出

等分布荷重w □ N／mm × スパンL □^{2} mm^2 ÷ 8 = 曲げモーメントM □ N・mm

②曲げ応力度σbの算出

曲げモーメントM □ N・mm ÷ (断面係数Z □ mm^3 × 0.8（断面欠損低減）) = 曲げ応力度σb □ N／mm^2

③許容曲げ応力度fbLとの比較

曲げ応力度σb □ N／mm^2 ≦ 許容曲げ応力度fbL □ N／mm^2 の場合、OK

Point & Memo

Memo

この公式は、床だけを負担し、ほかの柱や小梁の荷重がかからない大梁の断面算定に使用する

Memo

単純梁＋等分布荷重の公式

[▶113頁・表1]

Memo

ヤング係数表

[▶112頁・表2]

Memo

断面性能表

[▶108頁・表]

Point!

許容応力度と比較するために応力度を求める

Memo

断面係数＝b×d^2÷6
(b:梁幅　d:梁せい)
または、断面性能表

[▶108頁・表]

Memo

長期許容曲げ応力度
＝基準強度Fb×1.1／3
または、
許容応力度早見表

[▶111頁・表2]

図2　単純梁の断面算定式2(集中荷重)

たわみの検討

①スパンから決まる許容たわみ量δの確認

スパンL　　たわみ制限　　許容たわみ量δ

□ mm ÷ 600 ＝ □ mm ≦ 20 mm

②必要断面2次モーメントInから仮定断面の決定

集中荷重P　　スパンL

□ N × $□^{3}$ mm^3

ヤング係数E　　許容たわみ量δ

÷(48 × □ N／mm^2 × □ mm)

必要断面
2次モーメントIn

＝ □ mm^4

③流通材の断面性能表と比較

あらかじめ用意した断面性能表で、必要断面2次モーメント以上の断面2次モーメントをもつ断面を探す。これを「仮定断面」とする

曲げモーメントの検討

①曲げモーメントMの算出

集中荷重P　　スパンL　　曲げモーメントM

□ N × □ mm ÷ 4 ＝ □ N・mm

②曲げ応力度σbの算出

曲げモーメントM　　断面係数Z　　断面欠損低減　　曲げ応力度σb

□ N・mm ÷ (□ mm^3 × 0.8) ＝ □ N／mm^2

③許容曲げ応力度fbLとの比較

曲げ応力度σb　　許容曲げ応力度fbL

□ N／mm^2 ≦ □ N／mm^2 の場合、OK

Point & Memo

Memo

天井露しの小屋梁に小屋束が載る場合や、床板が載らない大梁の断面算定に用いる。柱の軸力や小梁が負担する重量(せん断力)は集中荷重として扱う

Memo

単純梁＋集中荷重の公式
[▶113頁・表1]

Memo

ヤング係数表
[▶112頁・表2]

Memo

断面性能表
[▶108頁・表]

Point!

許容応力度と比較するために応力度を求める

Memo

断面係数＝b×d^2÷6
(b:梁幅　d:梁せい)
または、断面性能表
[▶108頁・表]

Memo

長期許容曲げ応力度
＝基準強度Fb×1.1／3
または、
許容応力度早見表
[▶111頁・表2]

図3　単純梁の断面算定式3(等分布荷重+集中荷重)

1種類の荷重に置換して検討する

等分布荷重と集中荷重のどちらにモデル化してもよいが、略算ならば、等分布荷重を集中荷重へ置換し検討したほうが計算が簡単である。算定する等分布荷重に検討するスパンの1／2を乗じて求めた集中荷重と、もともとの集中荷重を足し合わせた荷重で検討する

等分布荷重w □ N／mm × スパンL □ mm ÷2＝ 集中荷重P □ N

Point & Memo

Memo

現実には、集中荷重が梁のスパン中央にかかることはほとんどなくどちらかの支点に近寄っているので、中央へかかると仮定すると安全側になる

図4　2つの荷重を分けて検定する方法(a≦L／2)

①たわみ検討用の必要断面2次モーメント算定式

5× 等分布荷重w □ N／mm × スパンL □^{4} mm^4 ÷(384× ヤング係数E □ N／mm^2 × 許容たわみ量δ □ mm)

＋ 集中荷重P □ N × 集中荷重作用点a □ mm ×(3× スパンL □^{2} mm^2 −4× 集中荷重作用点a □^{2} mm^2)

÷(48× ヤング係数E □ N／mm^2 × 許容たわみ量δ □ mm)＝ 必要断面2次モーメントIn □ mm^4

②曲げモーメント算定式(P＞w×L×(L−2a)の場合)[※]

等分布荷重w □ N／mm × 集中荷重作用点a □ mm ×(スパンL □ mm − 集中荷重作用点a □ mm)÷2

＋ 集中荷重P □ N × 集中荷重作用点a □ mm ×(スパンL □ mm − 集中荷重作用点a □ mm)÷ スパンL □ mm

＝ 曲げモーメントM □ N・mm

③曲げモーメント算定式(P≦w×L×(L−2a)の場合)[※]

等分布荷重w □ N／mm × スパンL □^{2} mm^2 ÷8＋ 集中荷重P □ N × 集中荷重作用点a □ mm ÷2

＋ 集中荷重P □^{2} N^2 × スパンL □^{2} mm^2 ÷(2× 等分布荷重w □ N／mm × スパンL □^{2} mm)

＝ 曲げモーメントM □ N・mm

※：集中荷重と等分布荷重の作用する位置と荷重の大きさの関係で、曲げモーメントの算定式が異なる。P:集中荷重（N）　w：等分布荷重（N／mm）　L：梁スパン（mm）　a：集中荷重作用点（mm）

Topics9

スパン表で単純梁の断面を略算する

スパンから負担できる荷重を決める

普段使用する樹種や断面が決まっているのなら、スパン表をつくると断面を略算する際の手間を軽減できる。

下図は、たわみや曲げの公式[※、116〜118頁参照]を使って作成した単純梁のスパン表である。材はベイマツとスギの2種類。幅105㎜の梁材で、6種類のせいを用意した。検討の手順は次のようになる。

①検討する梁スパン(m)を設定する

②検討するスパンが負担可能な単位長さ当たりの荷重(N／m)を求める

③単位長さ当たりの荷重を梁の負担幅[103〜104頁参照]で除し単位面積当たりの荷重(N／㎡)を求める。これを設計荷重(N／㎡)[107頁参照]と比較し、単位面積荷重≧設計荷重ならば断面を採用することができる

なお、単位長さ当たりの荷重からスパンを決めることも可能だ。検討方法は片持ち梁のスパン表の項[123頁参照]で解説したので、確認してほしい。

[多田脩二]

図1｜ベイマツのスパン表

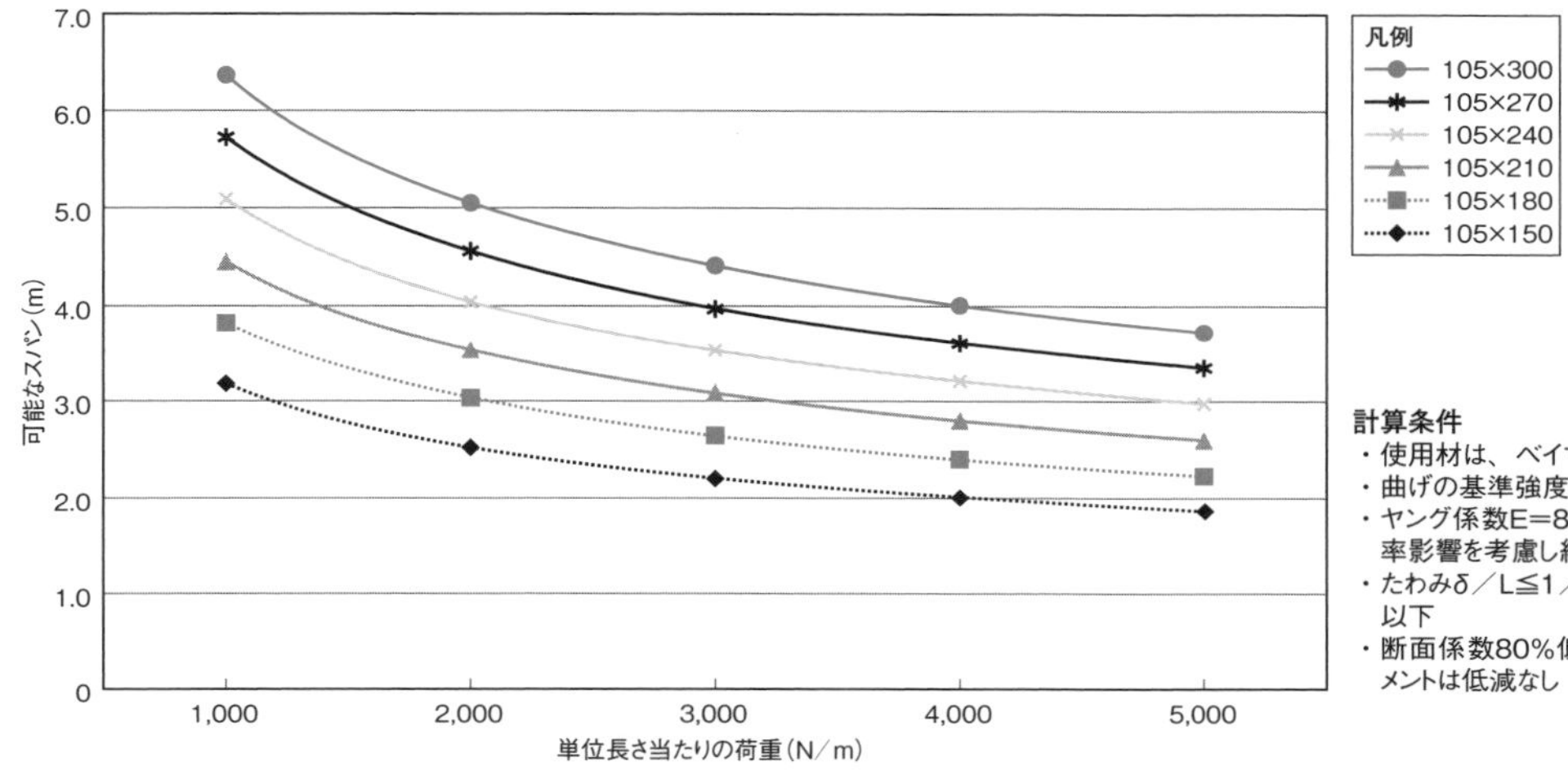

計算条件

- 使用材は、ベイマツ無等級材
- 曲げの基準強度Fb=28.2N／㎟
- ヤング係数E=8,500N／㎟(含水率影響を考慮し約85%に低減)
- たわみδ／L≦1／600、かつ20㎜以下
- 断面係数80%低減、断面2次モーメントは低減なし

図2｜スギのスパン表

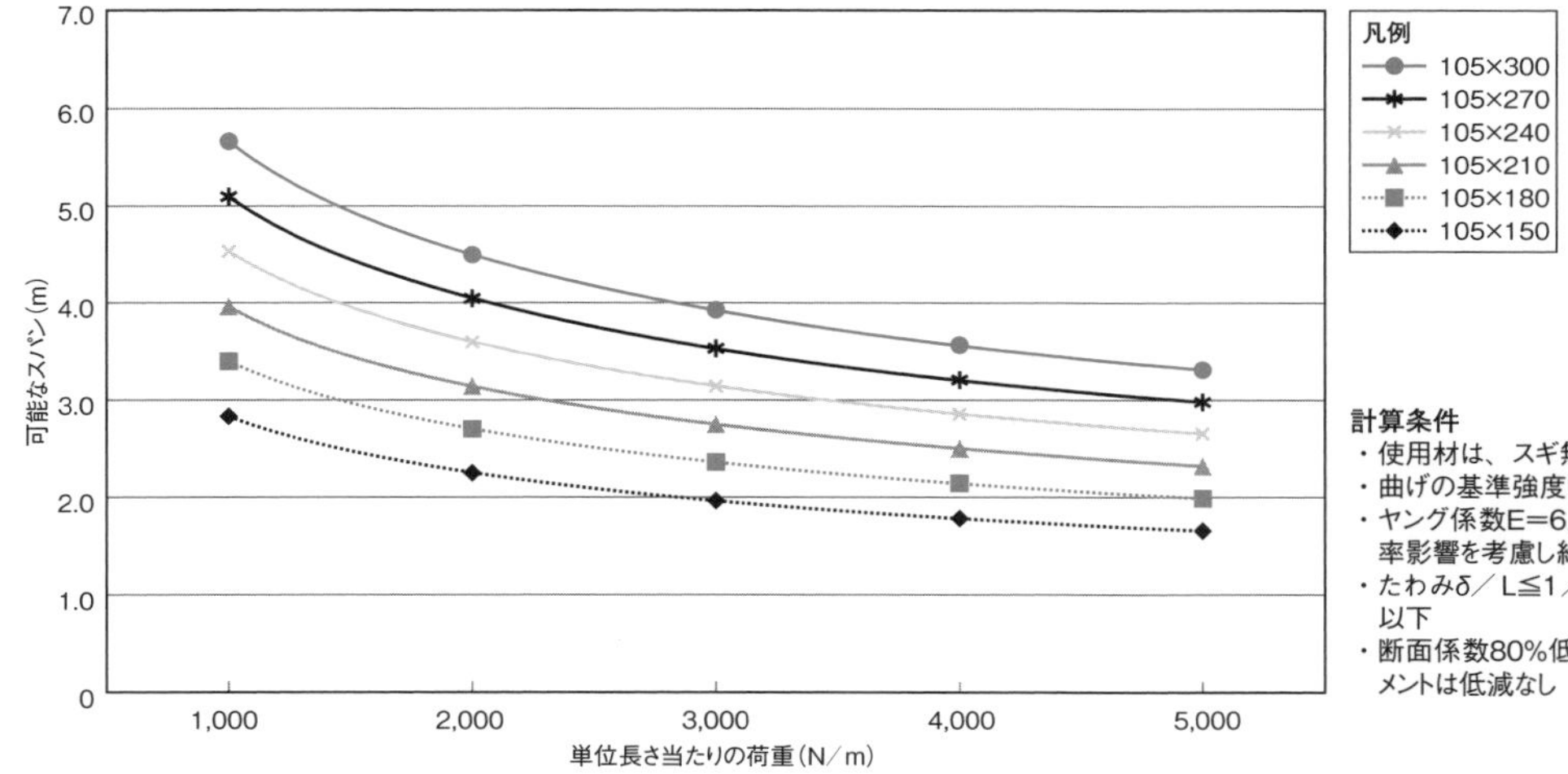

計算条件

- 使用材は、スギ無等級材
- 曲げの基準強度Fb=22.2N／㎟
- ヤング係数E=6,000N／㎟(含水率影響を考慮し約85%に低減)
- たわみδ／L≦1／600、かつ20㎜以下
- 断面係数80%低減、断面2次モーメントは低減なし

※：単純梁の公式でたわみと曲げモーメントを検討。すべての断面でたわみのほうが厳しい値となったので、次の式をもとにスパン表を作成した

$$\frac{5wL^4}{384EI}=\frac{L}{600}\ \text{より}\ L=\sqrt[3]{\frac{384EI}{3,000w}}$$

跳出し梁の仮定断面を算定する

重要！ 構造計算のポイント

跳出し梁の略算は片持ち梁の公式を使う！

①跳出し梁と片持ち梁の構造形式は異なる。ただし、通常の架構ならば片持ち梁の公式でOK

②等分布荷重と集中荷重が両方ある場合は、集中荷重にまとめる

③躯体側の梁部分（「引き」）が梁スパンの半分以上とれない場合は、跳出し梁として算定する

仮定断面算定の流れ

バルコニーやオーバーハング部、屋根の軒先部など、梁や垂木を躯体から持ち出す場合、仮定断面の算定では1端支持固定の「片持ち梁の公式」を用いて仮定断面の算定を行う。

計算手順は、単純梁と基本的に同じで［114頁参照］、はじめにスパンだけを決めてたわみを検討し、その後で断面のあたりをつけ、応力を検討する。

単純梁では曲げ応力のみ検討したが、片持ち梁では曲げ応力だけでなく、せん断応力も検討する。片持ち梁の場合、せん断力で断面が決まる場合があるからである。

たわみの検討では、想定したスパンがたわみの許容値以下に収まるかを確認する。たわみの許容値は、変形増大係数［※1］2を考慮し、「スパンの1／600かつ20㎜以下」に設定する。さらに、たわみの公式から必要断面2次モーメントを求め、仮定断面を決定する。

応力の検討では、曲げモーメントと断面係数から曲げ応力度を、せん断力と断面積からせん断応力度を求める。

せん断応力度を求める際の断面積は、断面欠損を差し引いた有効断面積とする。略算ならば断面積×0.8でよい［※2］。また、梁などの長方形の部材では、断面の形状によって決まる形状係数（応力割増係数）3／2［※3］を乗じてせん断応力度を求める。

荷重の整理

バルコニーやオーバーハング部などでは、等分布荷重と集中荷重の2つの荷重が同時に生じている。略算ではどちらかの荷重に統一して検討する。

どちらの荷重にまとめることも可能だが、集中荷重にまとめたほうがたわみを求める際は安全側である。

等分布荷重に梁スパンの半分を乗じると集中荷重になる。これをもとの集中荷重と合算し、スパンの先端に作用しているものとして計算する。

「引き」がない場合は注意！

正確に言えば、跳出し梁と片持ち梁は、構造形式が異なる。構造計算上の大きな違いは算定されるたわみ値である。特に梁の跳出し部分が躯体側にある部分（「引き」）よりも大きい場合、片持ち梁として構造計算するとたわみを過小評価することにつながる。

このような場合は、跳出し梁として計算を行う必要がある［※4］。

［多田脩二］

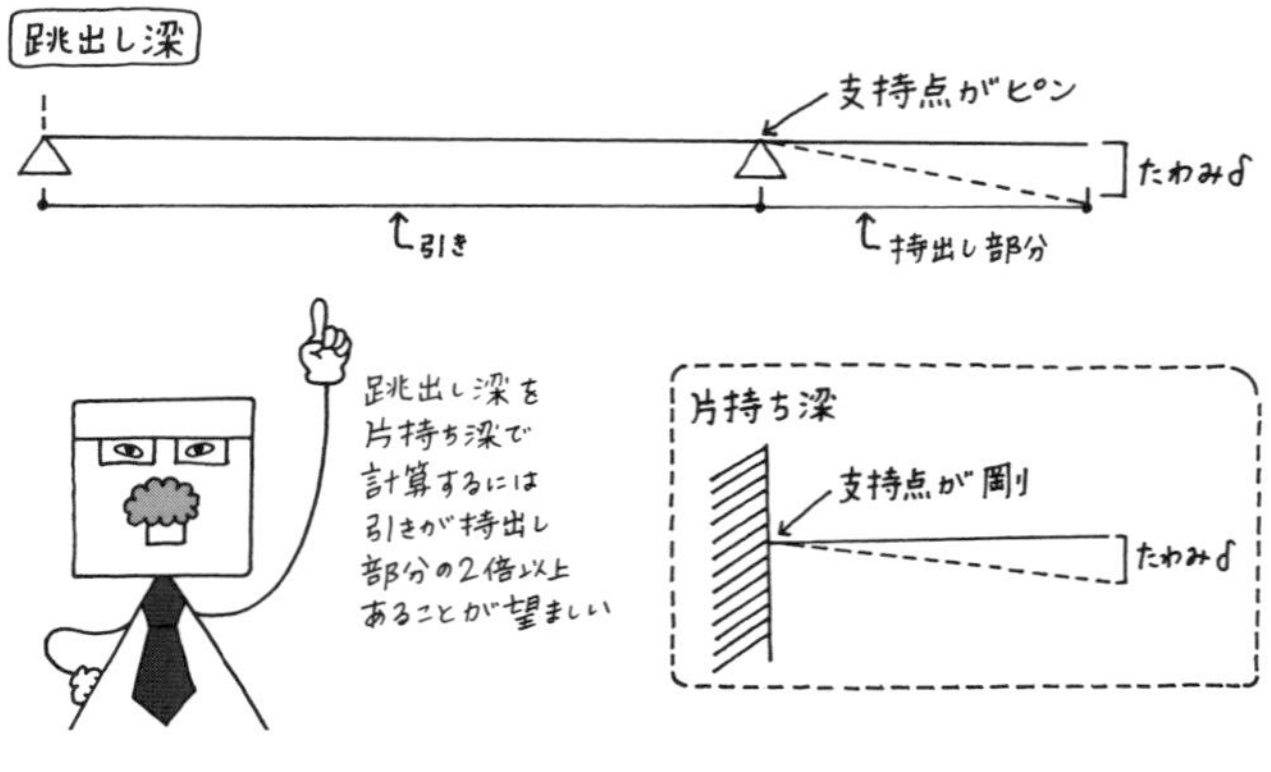

※1：構造形式によって建築基準法で決められた変形しやすさを表す係数（平12建告1459号）。クリープ係数ともいう。木造の床梁の場合は係数＝2

※2：有効断面積Aeは欠損位置で変わる。欠損なしならば断面積、圧縮側に欠損ならば正味断面積、引張り側に欠損ならば正味断面積の2乗÷全断面積

※3：円形の場合は1.33

図1　跳出し梁の断面算定式1(集中荷重、集中荷重+等分布荷重)

たわみの検討

①スパンから決まる許容たわみ量δの確認

スパンL　たわみ制限　許容たわみ量δ

□ mm ÷600＝□ mm ≦20

②必要断面2次モーメントInの算出

集中荷重P　スパンL

□ N ×□^{3} mm^3

ヤング係数E　許容たわみ量δ　必要断面2次モーメントIn

÷(3×□ N／mm^2 ×□ mm)＝□ mm^4

③流通材の断面性能と比較

あらかじめ用意した断面性能表で、必要断面2次モーメント以上の断面2次モーメントをもつ断面を探す。これを「仮定断面」とする

曲げモーメントの検討

①曲げモーメントMの算出

集中荷重P　スパンL　曲げモーメントM

□ N ×□ mm ＝□ N・mm

②曲げ応力度σbの算出

曲げモーメントM　断面係数Z　断面欠損低減　曲げ応力度σb

□ N・mm ÷(□ mm^3 ×0.8)＝□ N／mm^2

③許容曲げ応力度fbLとの比較

曲げ応力度σb　許容曲げ応力度f_{bL}

□ N／mm^2 ≦□ N／mm^2

せん断力の検討

①せん断応力度τの算出と、許容せん断応力度fsLとの比較

形状係数　集中荷重P　断面積A　断面欠損低減

3／2×□ N ÷(□ mm^2 ×0.8)

せん断応力度τ　許容せん断応力度fsL

＝□ N／mm^2 ≦□ N／mm^2 の場合、OK

Point & Memo

Memo

図1はバルコニーやオーバーハング部などの計算に使用する公式

Memo

片持ち梁＋集中荷重の公式

[▶113頁・表1]

Point!

等分布荷重を集中荷重に置換する方法

等分布荷重w
×スパンLの1／2
＝集中荷重P

Memo

断面性能表

[▶108頁・表]

Memo

断面係数＝b×d^2／6
(b:梁幅　d:梁せい)
または、断面性能表

[▶108頁・表]

Memo

長期許容曲げ応力度
＝基準強度F_b×1.1／3
長期許容せん断応力度
＝基準強度Fs×1.1／3
または、
許容応力度早見表

[▶111頁・表2]

Memo

片持ち梁の先端集中荷重の場合、
せん断力Q＝集中荷重P

※4：跳出し梁のたわみの計算式　たわみ $\delta = 1/8 \times w \times L_1^2 \div (E \times I) + 1/24 \times w \times L_1^2 \times L_2^2 \times (4L_1^2 - L_2^2) \div (E \times I)$
w：等分布荷重　L_1：跳出し側の梁長さ　L_2：躯体側の梁長さ(引き)　E：ヤング係数　I：断面2次モーメント

図2　跳出し梁の断面算定式2（等分布荷重）

たわみの検討

①スパンから決まる許容たわみ量δの確認

スパンL　たわみ制限　許容たわみ量δ

□ mm ÷ 600 ＝ □ mm ≦ 20 mm

②必要断面2次モーメントInから仮定断面の決定

等分布荷重w　スパンL

□ N／mm × □^{4} mm^4

ヤング係数E　許容たわみ量δ　必要断面2次モーメントIn

÷（8 × □ N／mm^2 × □ mm）＝ □ mm^4

③流通材の断面性能と比較

あらかじめ用意した断面性能表で、必要断面2次モーメント以上の断面2次モーメントをもつ断面を探す。これを「仮定断面」とする

曲げモーメントの検討

①曲げモーメントMの算出

等分布荷重w　スパンL　曲げモーメントM

□ N／mm × □^{2} mm^2 ÷ 2 ＝ □ N・mm

②曲げ応力度σbの算出

曲げモーメントM　断面係数Z　断面欠損低減　曲げ応力度σb

□ N・mm ÷（□ mm^3 × 0.8）＝ □ N／mm^2

③許容曲げ応力度fbLとの比較

曲げ応力度σb　許容曲げ応力度f_{bL}

□ N／mm^2 ≦ □ N／mm^2

せん断力の検討

①せん断応力度τの算出と、許容せん断応力度fsLとの比較

形状係数　集中荷重P　断面積A　断面欠損低減

3／2 × □ N ÷（□ mm^2 × 0.8）

せん断応力度τ　許容せん断応力度fsL

＝ □ N／mm^2 ≦ □ N／mm^2 の場合、OK

Point & Memo

Memo

屋根の軒先部などに計算に用いる

Memo

片持ち梁＋等分布荷重の公式

［▶113頁・表1］

Point!

集中荷重を等分布荷重に置換する方法

集中荷重P

÷スパンLの1／2

＝等分布荷重w

Memo

断面性能表

［▶108頁・表］

Memo

断面係数＝b×d^2÷6

（b:梁幅　d:梁せい）

または、断面性能表

［▶108頁・表］

Memo

長期許容曲げ応力度

＝基準強度F_b×1.1／3

長期許容せん断応力度

＝基準強度Fs×1.1／3

または、

許容応力度早見表

［▶111頁・表2］

Memo

片持ち梁の先端集中荷重の場合、

せん断力Q＝集中荷重P

Topics10

スパン表で片持ち梁の断面を略算する

荷重からスパンを決める

下図はベイマツとスギの片持ち梁のスパン表である[※]。幅105㎜の梁材で、6種類のせいを検討できる。以下では荷重からスパンを決める方法を紹介する。

①設計荷重（N／㎡）[107頁参照]を設定する

②設計荷重に梁の負担幅（m）[103頁参照]を乗じて、単位長さ当たりの設計荷重（N／m）を求める

③スパン表の単位長さ当たりの設計荷重と、そのときの各断面のスパンを求める

このとき求められたスパンが検定する梁の最大スパンとなる。

[多田脩二]

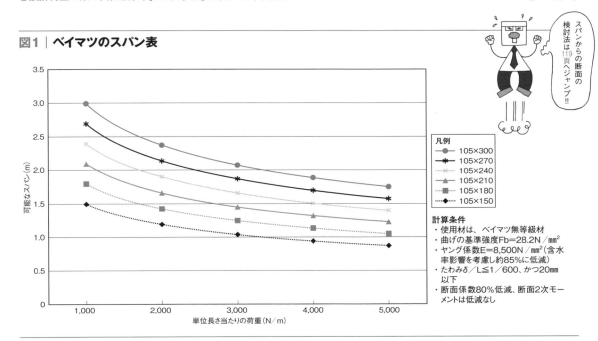

図1｜ベイマツのスパン表

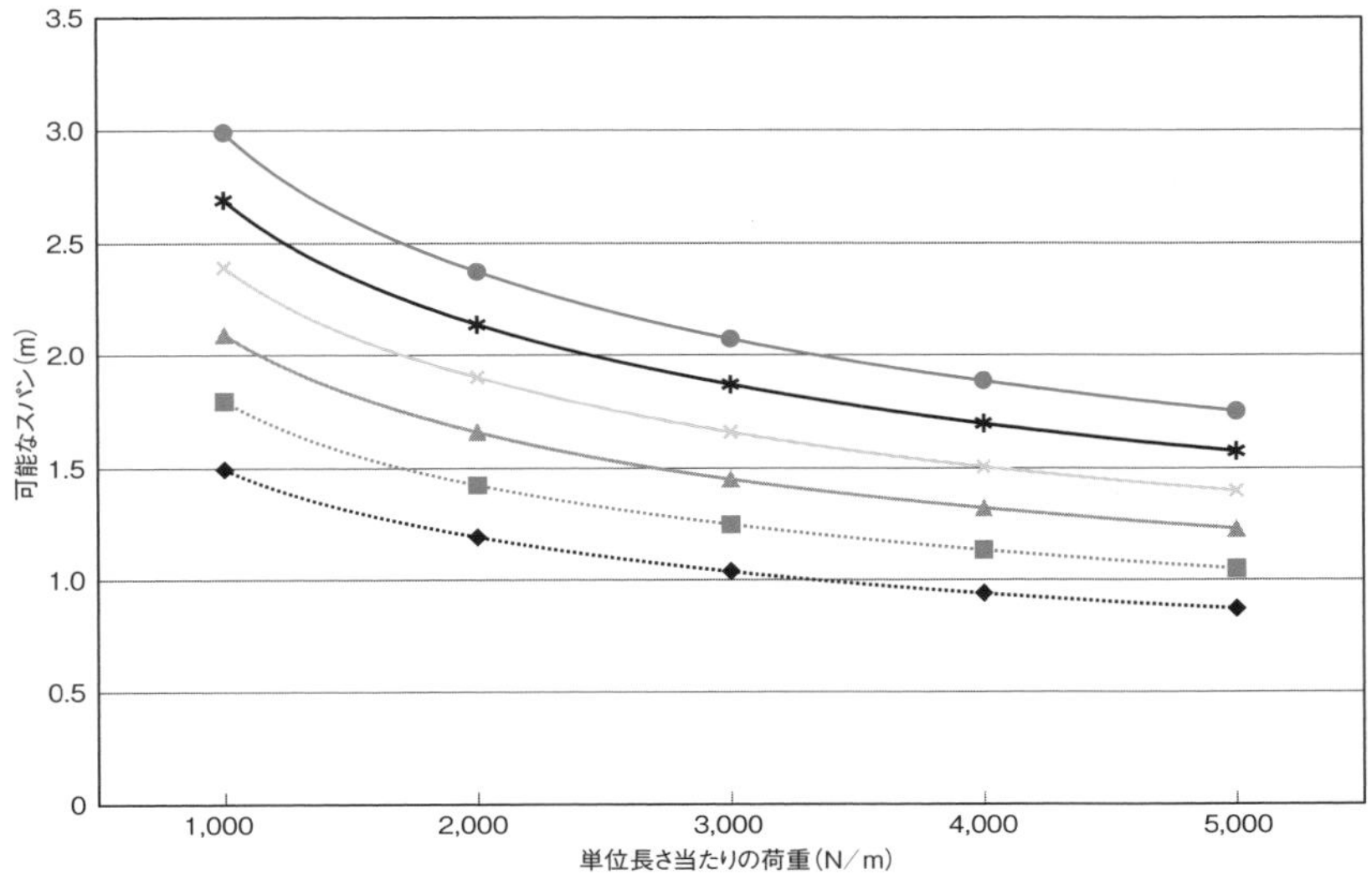

計算条件

- 使用材は、ベイマツ無等級材
- 曲げの基準強度Fb=28.2N／㎜^{2}
- ヤング係数E=8,500N／㎜^{2}（含水率影響を考慮し約85%に低減）
- たわみδ／L≦1／600、かつ20㎜以下
- 断面係数80%低減、断面2次モーメントは低減なし

図2｜スギのスパン表

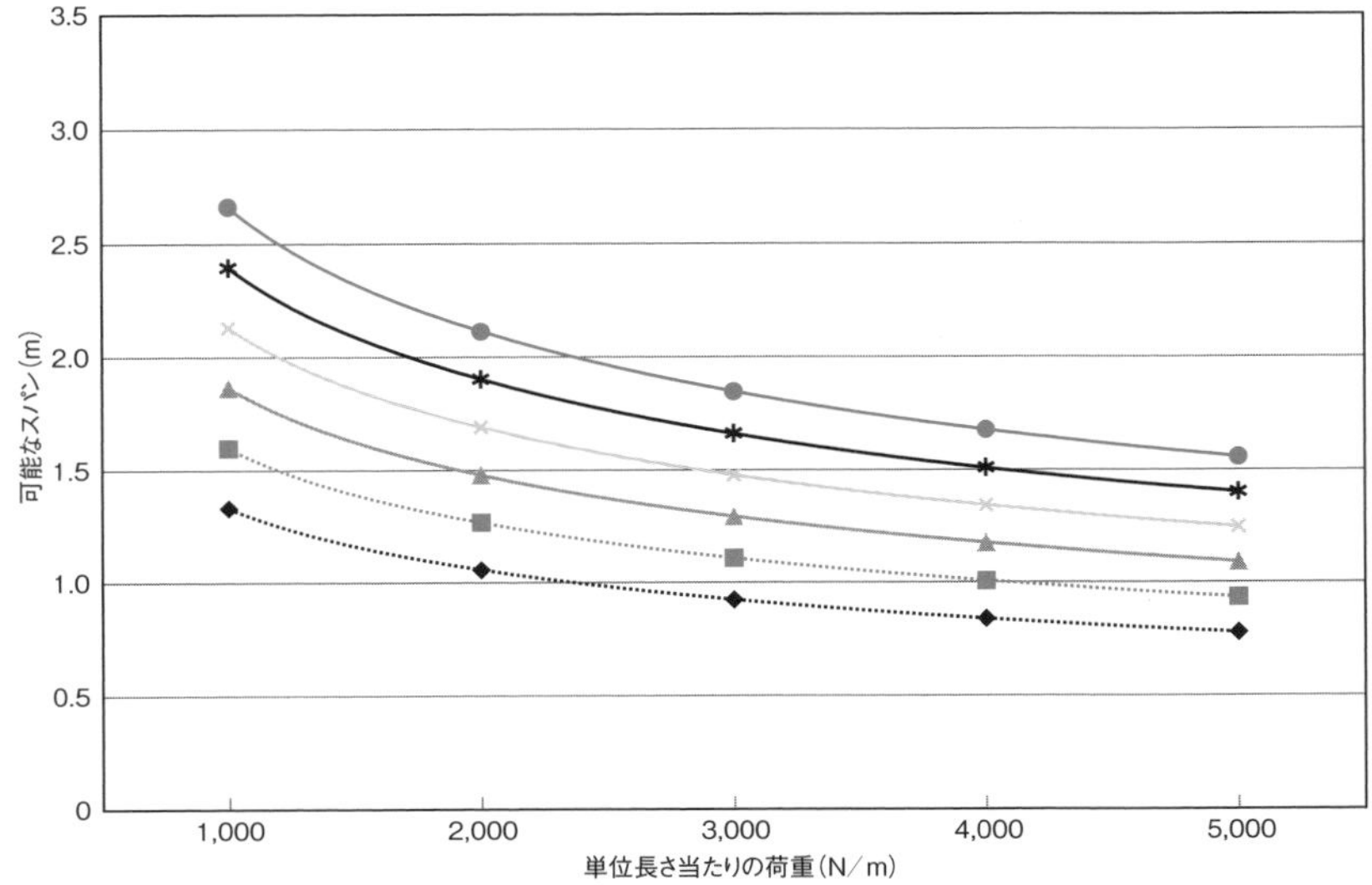

計算条件

- 使用材は、スギ無等級材
- 曲げの基準強度Fb=22.2N／㎜^{2}
- ヤング係数E=6,000N／㎜^{2}（含水率影響を考慮し約85%に低減）
- たわみδ／L≦1／600、かつ20㎜以下
- 断面係数80%低減、断面2次モーメントは低減なし

※：片持ち梁の公式でたわみと曲げモーメントを検討。すべての断面でたわみのほうが厳しい値となったので、次の式をもとにスパン表を作成した　$\frac{PL^3}{3EI}=\frac{L}{600}$ より $L=\sqrt{\frac{3EI}{600P}}$

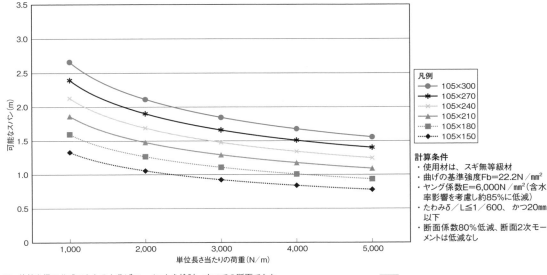

柱の仮定断面を算定する

重要！ 構造計算のポイント

柱断面は令43条をクリアすれば基本OK！

①令43条の規定は柱小径比と細長比

②吹抜け部の柱や階高のある外周の柱（外柱）では、応力の検討が必要

③検討する応力は、内柱が軸力、外柱が軸力＋曲げ

柱の断面算定は必要か？

柱の設計では、横架材の距離に対する柱の断面（小径）の割合を建築基準法施行令43条の値以上にする必要がある［図1、※1］。また、構造耐力上主要な部分［※2］は、座屈［※3］のしやすさを表す有効細長比［※4］を150以下としなければならない。

小規模な住宅などの柱材には、市場流通材である105㎜角か120㎜角を使用することがほとんどだろう。階高が3m程度で、必要壁量を満たす4号建物ならば、柱材は105㎜角を基本とし、荷重条件が厳しそうな個所には120㎜角を選べばよい。

仮定断面を計算をする場合は、最も荷重条件が厳しくなる1階柱を1本選んで検定する。ただし、吹抜けに面した通し柱や階高3m以上になる外周面の柱（外柱）は、別途、断面算定する。

柱の位置によって生じる応力は変わる。柱の断面算定では、建物内部にある柱（内柱）ならば軸力（圧縮力［※5］）に対して、外柱ならば軸力＋風・地震などによる短期の曲げ応力に対して、それぞれ断面を検定する。

内柱の断面算定

内柱の検討では、まず柱長さと断面を仮定し細長比を求め、部材の許容圧縮応力度を算出する。許容応力度は細長比の値で算出式が異なる［図2］。

許容応力度に断面積を乗じると、長期で負担できる圧縮力（長期許容圧縮力）が求まる。これが実際の軸力（長期圧縮力）以上かを確認する［126頁図3］。このとき、長期許容圧縮力を負担床面積に置換し、実際に検討する柱の負担面積と比較すると、柱をどの位置に増やせばよいかが一目で分かる。

外柱の断面算定

外柱の検討では、長期圧縮力以外に、短期圧縮力＋短期曲げモーメントによる複合応力が、圧縮力と曲げの短期許容応力以下であることを確認しなければならない［127頁図4］。

許容応力度は、長期と短期では安全率の係数が異なる。長期は短期の1.1／2倍（55％）［※6］なので、長期圧縮力＝長期許容圧縮力（100％）と仮定すると、短期圧縮力は部材の短期許容圧縮力の55％になり、45％の余力が残る。この45％を短期許容曲げ応力度に乗じ、さらに断面係数を乗じた値が、柱が負担できる短期許容曲げモーメントの最大値になる。内柱同様、検討する柱の負担幅と、許容曲げ応力で負担できる幅（支配幅）で比較すると、柱ピッチが検討しやすくなる［※7］。

［多田脩二］

柱が長いほど
大きな断面が
必要!
ほう…

※1：国土交通大臣が定める基準に従った構造計算で安全を確かめたものはこの限りではない｜※2：「基礎、基礎ぐい、壁、柱、小屋組、土台、斜材（筋かい、方づえ、火打材その他これらに類するものをいう。）、床版、屋根版又は横架材（はり、けたその他これらに類するものをいう。）で、建築物の自重若しくは積載荷重、積雪、風圧、土圧若しくは水圧又は地震その他の震動若しくは衝撃を支えるもの」（令1条1項3号）｜※3：材に圧縮力がかかったとき、部材の一部が急激にはらむように変形する現象

図1　令43条の確認(柱小径・細長比)

①柱小径比の確認

柱小径 ÷ 材長 = 柱小径比 ≧ 令43条の規定値

$$\boxed{}\,\text{mm} \div \boxed{}\,\text{mm} = \boxed{} \geqq \text{令43条の規定値}$$

表　令43条の規定値(住宅の場合)

建物	最上階、階数が1の建物の柱	そのほかの階の柱
土蔵造りの建築物そのほかこれに類する壁の重量が特に大きい建物	1／25	1／22
上記以外の軽い屋根の建物	1／33	1／30
上記以外の重い屋根の建物	1／30	1／28

② 有効細長比λの確認

座屈長さ ÷ 断面2次半径i

$$\boxed{}\,\text{mm} \div \boxed{}\,\text{mm}$$

座屈長さ　柱断面の1辺の長さ

$$= \boxed{}\,\text{mm} \div (0.29 \times \boxed{}\,\text{mm})$$

有効細長比λ

$$= \boxed{} \leqq 150$$

Point & Memo

Memo

木造の場合、材長は次のように考える
材長
＝横架材相互間の垂直距離
＝座屈長さ

Memo

断面2次半径i
　＝0.29×b
bは断面幅(mm)。角材ならば断面1辺の長さ
[▶108頁]

図2　許容応力度の算定(長期)

圧縮力の許容応力度は、有効細長比λの値によって算定式が異なる

①λ≦30の場合

圧縮基準強度Fc　長期許容圧縮応力度fcL

$$1.1／3 \times \boxed{}\,\text{N／mm}^2 = \boxed{}\,\text{N／mm}^2$$

②30<λ≦100の場合

細長比

$$1.1／3 \times (1.3 - 0.01 \times \boxed{})$$

圧縮基準強度Fc　長期許容圧縮応力度fcL

$$\times \boxed{}\,\text{N／mm}^2 = \boxed{}\,\text{N／mm}^2$$

③λ>100の場合

圧縮基準強度Fc

$$1.1／3 \times 3,000 \times \boxed{}\,\text{N／mm}^2$$

細長比　長期許容圧縮応力度fcL

$$\div \boxed{}^2 = \boxed{}\,\text{N／mm}^2$$

Point & Memo

Point

圧縮基準強度
(無等級材)
ベイマツ:22.2N／mm
ヒノキ:20.7N／mm
スギ:17.7N／mm

Point

長期と短期
梁の検定には、長期荷重を用いる場合がほとんどである。一方、柱の検定では、長期と短期の違いが重要な意味をもつ。本稿では、いささかわずらわしくはあるが、両者を明確に区別できるように「長期」「短期」を記載している。応力や応力の記号に付く「L」は長期、「S」は短期を表す

Memo

短期の計算式では、「1.1／3」を「2／3」に置き換える

※4：断面2次半径と座屈長さの比。断面2次半径の算出式は109頁参照。座屈長さは木造の場合、材長となる｜※5：軸力には、圧縮力と引張力がある。柱の断面算定では座屈に関係する圧縮力が重要になる｜※6：算出式は長期の安全率÷短期の安全率=1.1／3÷2／3=1.1／2｜※7：柱に生じるたわみも検討する場合、柱を梁に見立てて単純梁の公式を用いる[113頁参照]。許容たわみ値の規定はないが、少なくとも柱長さの1／120以下、できれば1／200以下程度に収めたい

図3　内柱の断面算定式

有効細長比から許容応力度を算定する

部材の断面と長さを仮定し、有効細長比λを算出。λの範囲から長期の許容応力度を求める[125頁参照]

長期の許容圧縮力を算定する

長期許容圧縮応力度fcL □ N／㎟ × 柱の断面積a □ ㎟ ＝ 長期許容圧縮力PcL □ N

部材を検討する

①検討方法1——軸力との比較

屋根から順番に、荷重を加算・配分して求めた長期圧縮力と長期許容圧縮力を比較する方法

長期圧縮力NcL □ N ≦ 長期許容圧縮力PcL □ N

②検討方法2——負担面積への置換

1階柱が負担する2階床の単位面積当たりの荷重(均し荷重)から求まる許容負担面積Apと、検討する柱が実際に負担する負担面積を比較する方法

屋根荷重 □ N／㎡ ＋ 2階床の固定荷重 □ N／㎡ ＋ 柱用積載荷重 1,300 N／㎡

＝ 2階床の均し荷重 □ N／㎡

長期許容圧縮力PcL □ N ÷ 2階床の均し荷重 □ N／㎡

＝ 許容負担面積Ap □ ㎡

負担面積A □ ㎡ ≦ 許容負担面積Ap □ ㎡

表　負担面積の考え方

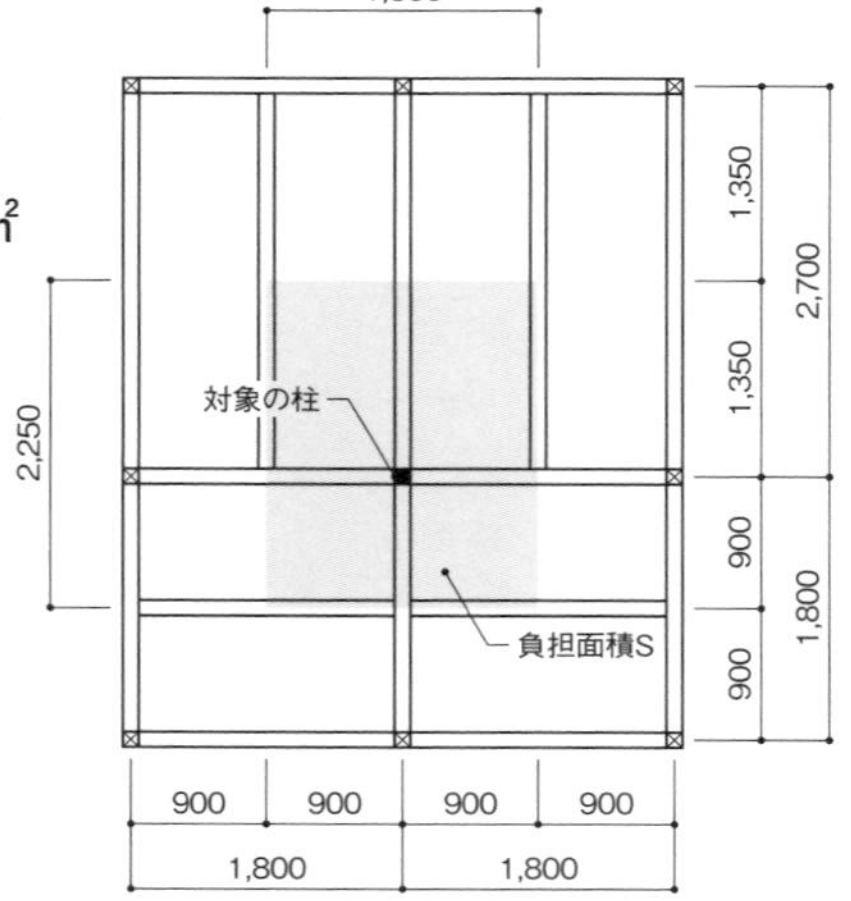

Point & Memo

Memo

長期許容圧縮応力度＝基準強度×1.1／3

Memo

長期圧縮力(軸力)の求め方
[▶142〜144頁]

Memo

略算時は、分かりやすくするために、屋根と2階床が同面積を支配しているものと仮定し屋根荷重を2階床荷重とまとめる

Point!

荷重の目安

屋根荷重(重い屋根、スパン≦2m)
＝940N／㎡
2階固定荷重(、スパン≦4m)
＝床荷重590N／㎡
＋
壁荷重(床換算値)
400N／㎡

注1：床換算値とは、壁の重量を床の固定荷重として扱ったもの。略算では上記程度の数値を考えておけばよい

注2：多雪区域ならばこれに積雪荷重を加える

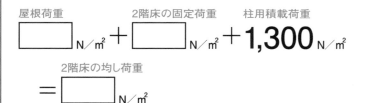

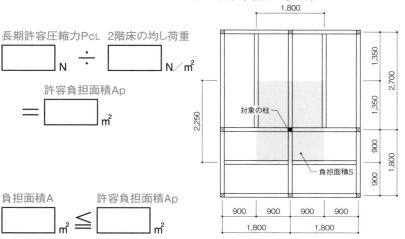

図4　外柱の断面算定式

外柱の断面算定では、軸力（圧縮力）と曲げモーメントについて、次の3点を確認する。これらの計算結果を検定比という

①圧縮力（NCL・Ncs）÷許容圧縮力（PCL・Pcs）≦1

②曲げモーメントM÷許容曲げモーメントMbs≦1

③①＋②≦1

圧縮力（NCL・Ncs）÷許容圧縮力（PCL・Pcs）の検討（短期）

①で、短期の圧縮力に対する許容圧縮力の検定比を求める際には、長期の圧縮力と許容圧縮力を利用して求める

長期圧縮力NCL □N ÷ 長期許容圧縮力PCL □N × 長期→短期変換係数 1.1／2

＝ 短期許容圧縮力の検定比 □ ≦ 1

短期許容曲げモーメントMbsの算定（圧縮力の検定比考慮）

②と③を同時に成立させるためには、部材の検定比において短期許容耐力から短期の許容圧縮力を差し引いた値内に短期許容曲げモーメントが収まることが前提になる

短期許容曲げ応力度fbs □N／㎟ × 断面係数Z □㎣ ×（1－ 短期許容圧縮力の検定比 □）

＝ 短期許容曲げモーメントMbs □N・mm

短期曲げモーメントMsの算定（圧縮力の検定比考慮）

風圧力W □N／㎟ × 負担幅b □mm × 柱長さ □^{2} ㎟ ÷ 8

＝ 短期曲げモーメントMs □N・mm

短期曲げモーメントMs÷短期許容曲げモーメントMbs≦1

柱に生じる短期曲げモーメントMsが圧縮力の検定比を考慮した短期許容曲げモーメントMbs以下である事を確認する

短期曲げモーメントMs □N・mm ≦ 短期許容曲げモーメントMbs □N・mm

Point & Memo

Memo

NCL：長期圧縮力
Ncs：短期圧縮力
PCL：長期許容圧縮力
Pcs：短期許容圧縮力

Memo

長期圧縮力（軸力）の求め方
［▶142～144頁］
長期許容圧縮力の求め方
［▶125頁］

Memo

外柱には、暴風や地震による短期の曲げモーメントが発生する場合がある

Memo

短期許容曲げ応力度
＝曲げ基準強度×2／3

Memo

断面性能表
［▶108頁］

Point!

負担幅

部材が実際に支えることのできる荷重範囲のこと。柱の負担幅は、柱の左右のスパン1／2の範囲。構造計算上、間柱は荷重を負担しないものと考える

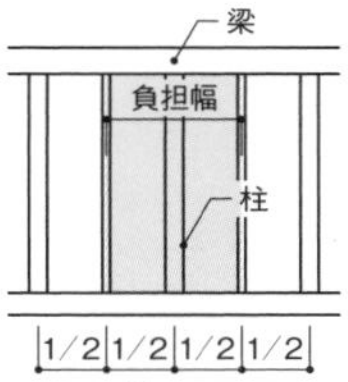

Memo

風圧力の算定
［▶100頁］

基礎の仮定断面を算定する

重要！ 構造計算のポイント

**木造住宅でも基礎の設計は必須！
設計の流れを理解すること**

①基礎形式は支持地盤で決まる

②ベタ基礎の設計：耐圧版区画、耐圧版厚さ、地中梁の断面算定

③布基礎の設計：フーチング幅・厚さ、地中梁の断面算定

地盤強度と基礎形式の選択

基礎は建物にかかる荷重を安全に支持地盤［※1］に伝達する役割を担う。上部構造を強固に設計しても、支持地盤の強度が不十分ならば元も子もない［※2］。したがって基礎の設計では、初めに地盤強度の確認をする［図1］。支持地盤の許容支持力度［※3］は、地盤調査会社に調査を依頼する。安全な地盤に建物を支持させるため、地盤調査はボーリング調査を推奨する。

次に許容支持力度のデータをもとに基礎形式を選択する。木造住宅では一般にベタ基礎か布基礎が用いられる［※4］。基礎形式は、建物を支持するのに最低限必要な基礎底面積から接地圧のあたりを付け、許容支持力度と比較する［130頁図3・※5］。

形式ごとの断面算定の流れ

(1)ベタ基礎の断面算定

ベタ基礎の断面算定で最も重要なのが、地中梁の配置計画である［131頁図4］。柱直下には必ず地中梁を設けて、耐圧版を区画する。1階に柱がない大空間がある場合は、1枚の耐圧版の区画面積が大きくなる。区画面積が大きいほど負担荷重が大きくなるため、適宜、地中梁を設けて小さな区画とする。

区画計画を終えたら、耐圧版厚さを検討する。基礎底面には、建物重量と同じだけの荷重（地反力）が作用している。地反力を受けると耐圧版には曲げモーメントが生じるため、それ以上の許容曲げモーメントをもつように厚さを設定する［132頁図5］。

次に地中梁のせいを算定する。地中梁にも地反力による曲げモーメントが生じるので、それ以上の許容曲げモーメントをもつ断面とする［133頁図6］。

すべての断面が決まったら、地中梁と耐圧版に発生する曲げモーメントに対して必要な鉄筋量を求める［図2］。

(2)布基礎

布基礎の設計は、耐圧版の区画計画を除けば、おおむねベタ基礎と同じなので、以下に設計のポイントのみを記す［135頁図2、※6］。

①建物重量を支えるのに必要な底面幅（フーチング幅）を決定する。このとき建物重量に、基礎と埋め戻す土の重量も見込む

②次に地中梁のせいを決める。地中梁には、曲げモーメントとせん断力が生じるが、略算では曲げモーメントのみ検討すればおおむね問題ない

③最後にフーチング厚さを決める。算定方法は地中梁せいの検討と基本的に同じである

［千葉陽一］

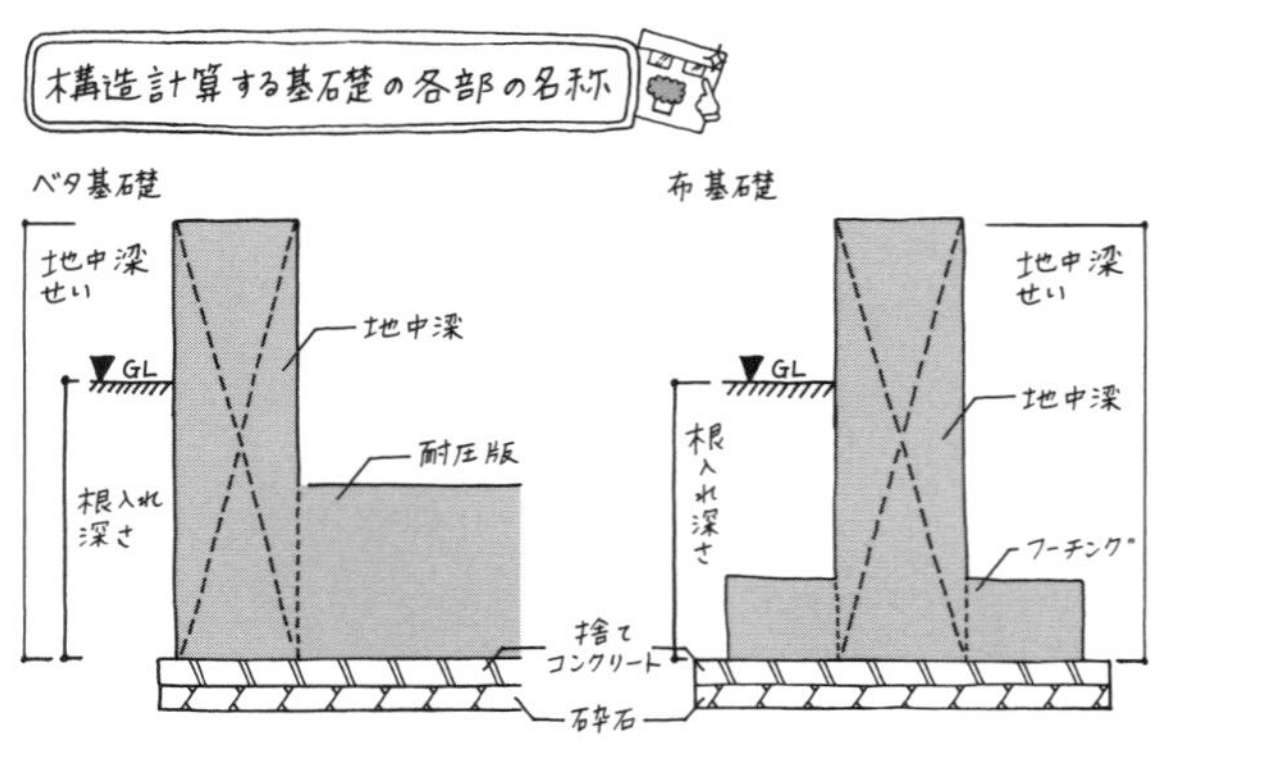

※1：支持地盤とは、建物にかかる荷重を最終的に支える地盤のこと｜※2：木造住宅は、建物重量が比較的軽いため、これまで地盤に対してほとんど配慮されてこなかった。しかし、低層の木造住宅のような軽い建物であっても、地盤の液状化による被害、造成地での不同沈下など、支持地盤が原因による被害が多く報告されている｜※3：上部構造を支えることができる地盤耐力の許容値｜※4：このほかに独立基礎も使用されるが、紙幅に限りがあるので本稿では解説を省略する

図1　ベタ基礎・布基礎の設計の流れ

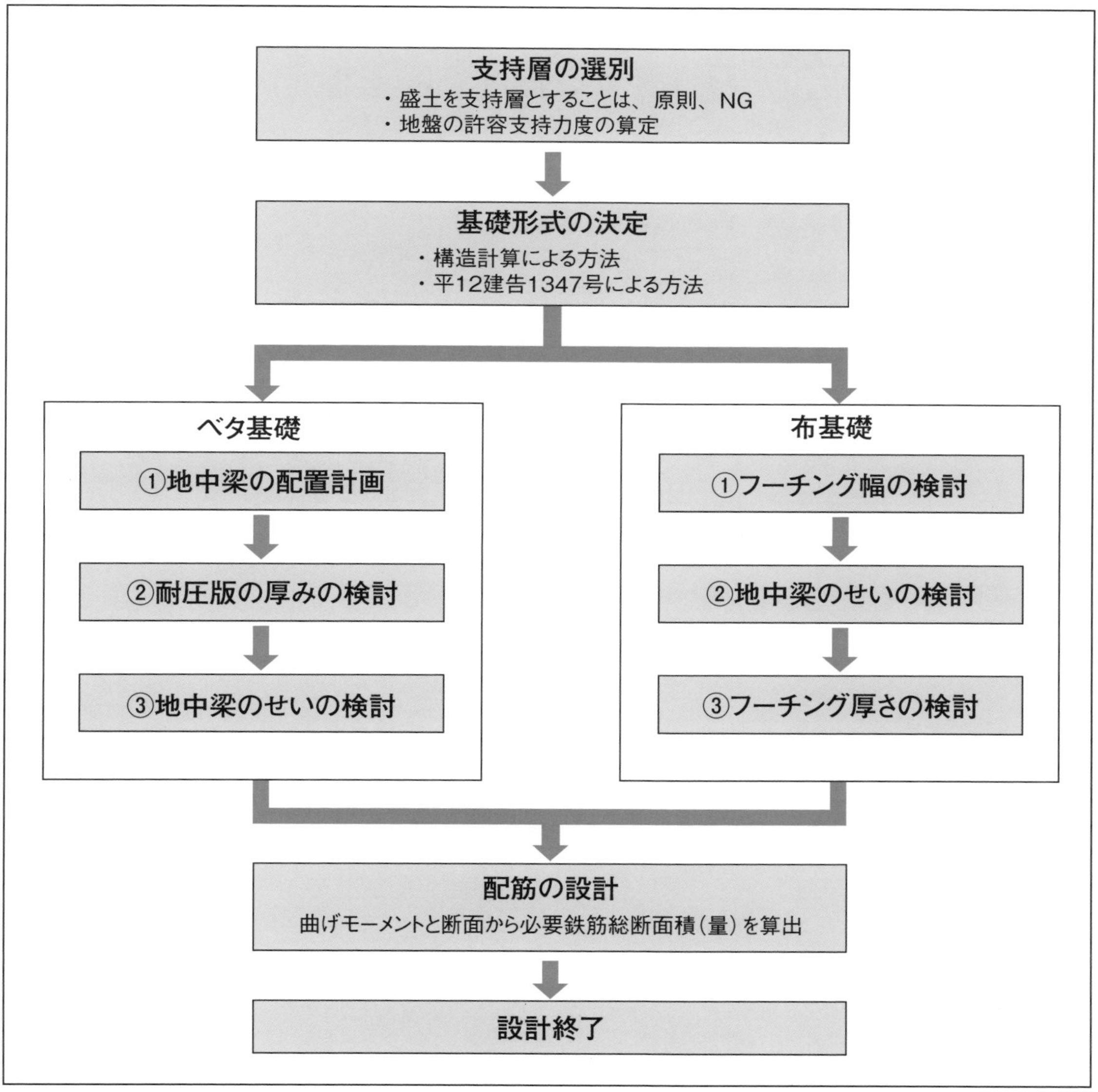

支持層の選別
・盛土を支持層とすることは、原則、NG
・地盤の許容支持力度の算定
基礎形式の決定
・構造計算による方法
・平12建告1347号による方法
ベタ基礎
①地中梁の配置計画
②耐圧版の厚みの検討
③地中梁のせいの検討
布基礎
①フーチング幅の検討
②地中梁のせいの検討
③フーチング厚さの検討
配筋の設計
曲げモーメントと断面から必要鉄筋総断面積（量）を算出
設計終了

図2　必要鉄筋総断面積の算定式

曲げモーメントM

鉄筋の長期許容引張り応力度Lft

引張り側の主筋中心から圧縮側端部までの距離d

必要鉄筋総断面積Σat

$$\frac{\square\ \mathrm{kN\cdot m} \times 10^{6}}{\square\ \mathrm{N/mm^2} \times 7/8 \times \square\ \mathrm{mm}} = \square\ \mathrm{mm^2}$$

地中梁、耐圧版ともに上式で求められる（耐圧版の計算では、「幅1（m）×耐圧版厚さD（m）」の断面をもつ地中梁と考えると分かりやすい）。曲げモーメントは132～133頁、引張り側の主筋中心から圧縮側の端部までの距離dの算定式は132頁に掲載

断面・許容応力度表

径	断面積（mm2）	Lft（N／mm2）
D10	71.3	195
D13	127.0	195
D16	199.0	195
D19	287.0	215
D22	387.0	215
D25	507.0	215

※5：構造計算によらない場合は、平12建告1347号の数値を参考にする｜※6：135頁に、略算用布基礎の断面早見表を掲載した。併せて確認していただきたい

図3　地盤の許容支持力度の確認と基礎形式の決定

地盤の許容支持力度の確認

地盤が支えられる荷重の許容値を許容支持力度という。許容支持力度は支持地盤の地質によって算定式が異なる。以下は、基礎形式ごとにまとめた許容支持力度早見表である。

許容支持力度が20kN/㎡以下の場合（早見表で（　）の箇所）は、杭基礎、地盤改良等とすることを薦める。

①ベタ基礎用の地盤の許容支持力度 q_{uL} 早見表（kN／㎡）

ベタ基礎の場合、地盤調査で求めたN値と耐圧版の短辺方向の幅で許容支持力度の目安をつける

			N値										
			1	2	3	4	5	6	7	8	9	10	15
砂質土地盤	耐圧版短辺幅（m）	2	(6.1)	(8.9)	(11.4)	(13.6)	(15.4)	(18.6)	21.6	24.3	27.7	31.3	53.4
		3	(8.0)	(11.7)	(15.0)	(17.8)	20.1	24.3	28.3	31.8	36.2	41.0	70.0
		4	(9.7)	(14.2)	(18.2)	21.6	24.4	29.5	34.3	38.5	43.9	49.6	84.8
		5	(11.3)	(16.5)	21.1	25.0	28.3	34.2	39.7	44.7	50.9	57.6	98.4
		6	(12.8)	(18.6)	23.8	28.3	32.0	38.6	44.9	50.5	57.5	65.0	111.1
		7	(14.1)	20.6	26.4	31.3	35.4	42.8	49.7	55.9	63.8	72.1	123.1
		8	(15.5)	22.5	28.8	34.2	38.7	46.8	54.4	61.1	69.7	78.8	134.6
粘土質地盤			(8.5)	(17.0)	25.5	34.0	42.5	51.0	59.5	68.0	76.5	85.0	127.5

②布基礎用の地盤の許容支持力度 q_{uL} 早見表（kN／㎡）

布基礎の場合、N値と基礎幅（フーチング幅）で許容支持力度の目安をつける

			N値										
			1	5	10	11	12	13	14	15	20	25	30
砂質土地盤	フーチング幅（m）	0.4	(2.8)	(5.3)	(10.7)	(11.9)	(13.3)	(15.0)	(16.5)	(18.3)	29.0	44.7	66.3
		0.5	(3.2)	(6.1)	(12.4)	(13.8)	(15.4)	(17.4)	(19.1)	21.2	33.6	51.9	76.9
		0.6	(3.7)	(6.9)	(14.0)	(15.6)	(17.4)	(19.6)	21.6	23.9	38.0	58.6	86.9
		0.7	(4.1)	(7.6)	(15.5)	(17.3)	(19.3)	21.8	23.9	26.5	42.1	64.9	96.3
		0.8	(4.4)	(8.3)	(17.0)	(18.9)	21.0	23.8	26.1	29.0	46.0	71.0	105.3
		0.9	(4.8)	(9.0)	(18.4)	20.5	22.8	25.7	28.3	31.4	49.8	76.8	113.9
		1.0	(5.2)	(9.7)	(19.7)	22.0	24.4	27.6	30.3	33.6	53.4	82.4	122.1
		1.1	(5.5)	(10.3)	21.0	23.4	26.0	29.4	32.3	35.9	56.9	87.8	130.2

接地圧の略算と基礎形式の決定

建物重量を受けた基礎の底面が地面を押す力を接地圧という。支持層の許容支持力が接地圧以上であることを確認する。NGの場合、基礎形式や基礎幅（フーチング幅）を変更しなければならない。

①ベタ基礎の検討式

建物総重量ΣW　基礎底盤面積S　接地圧P　地盤の許容支持力度 q_{uL}

□ kN ÷ □ ㎡ ＝ □ kN／㎡ ＜ □ kN／㎡

②布基礎の検討式

建物総重量ΣW　地中梁総長さΣL　フーチング幅B

□ kN ÷（□ m × □ m）

接地圧P　地盤の許容支持力度 q_{uL}

＝ □ kN／㎡ ＜ □ kN／㎡

Point & Memo

Memo

左早見表は「建築基礎構造設計指針」（日本建築学会）による算定式を略算用に省略して作成したものである。略算式は以下の通り。

1. 砂質地盤
q_{uL} ≒1／3×β×γ1×B×B^(−1／3)×Nr
　q_{uL}：許容支持力度
　γ1：基礎荷重面下にある地盤の単位体積重量
　B：基礎荷重面の最小幅
　β：形状係数
　Nr：支持力係数

2. 粘土質地盤
q_{uL} ≒1／3×α×c×Nc
　q_{uL}：許容支持力度
　α：形状係数
　C：基礎荷重面下にある地盤の粘着力
　Nc：支持力係数

注：「B^(−1／3)」は「Bのマイナス1／3」乗を表す

Memo

布基礎用の粘土質の値はベタ基礎と同じ

ベタ基礎での算定例：【設定条件】建物総重量1,000kN　基礎底面積64.6㎡　粘土質地盤（N値3）
1,000÷64.6≒16.0kN／㎡＜25.5kN／㎡　となりベタ基礎を採用できる

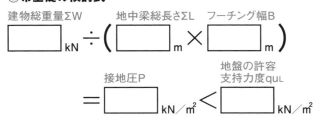

図4　ベタ基礎の設計1(地中梁の配置計画)

配置のポイント

ベタ基礎の設計では、まず、地中梁を耐圧版に配置する。プランと比較しながら、柱の直下に地中梁がくるように配置していくことが基本である。

ただし、下図のように柱がない空間では注意が必要だ。耐圧版は、地中梁で囲まれた区画ごとに荷重を負担する。区画が大きいほど、耐圧版が負担する荷重は大きくなる。したがって、区画が過大になる場合は、地中梁を適宜設けて、耐圧版の負担荷重を軽減させる必要がある。下表は、耐圧版の厚さ目標値とそのときの区画の面積の目安を示したものである。

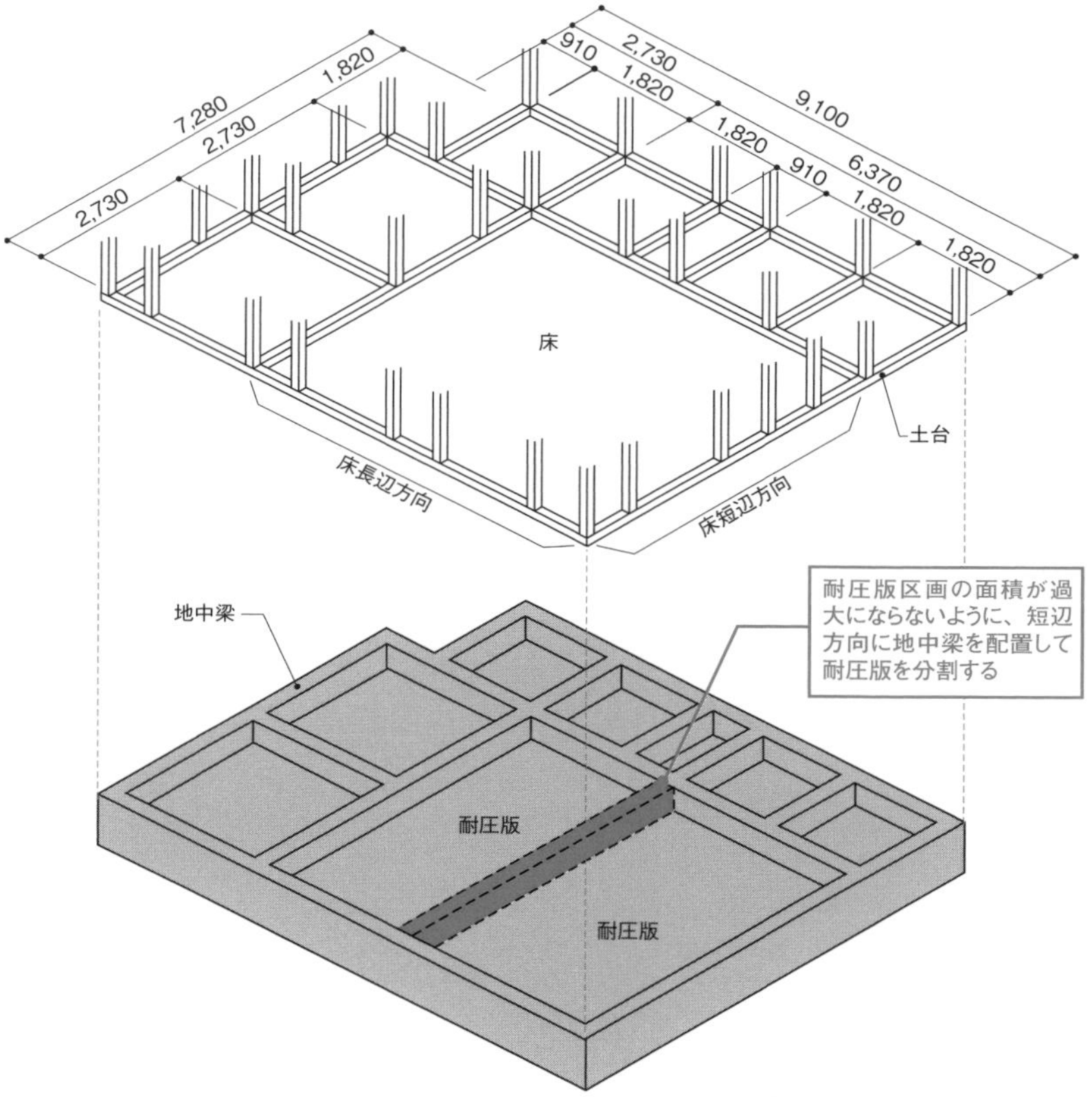

表　ベタ基礎耐圧版厚さ(目標値)と区画面積の目安

耐圧版厚さ(㎜)	1区画の耐圧版面積の目安(㎡)
150	10程度
180	10～20程度
200	20～30程度
250	30～40程度

Point & Memo

Memo

基礎自重は、地反力と逆側の荷重として基礎に作用していると考えられるので、その分地反力を軽減してもよい

Memo

左表は、以下の設定条件から求めている。
各層重量　3.5kN/㎡、
基礎(1階床を含む)
9.0kN/㎡

基礎自重の目安の算定例（耐圧版厚さ180㎜の場合）
0.18×24≒4.32kN／㎡

図5　ベタ基礎の設計2(耐圧版厚さの算定)

耐圧版厚さの算定のポイント

耐圧版の区画面積が決まったら、次に厚みの算定を行う。耐圧版の底面には、支持地盤から均等な力が作用している。この力を地反力という。建物が地面に沈まずに静止しているということは、地反力と、建物が地面を押す力(接地圧)が等しいからである。つまり、地反力=接地圧となる。耐圧版厚さの算定では、地反力を受けたときに発生する曲げモーメント以上の許容曲げモーメントがあるかを確認する。

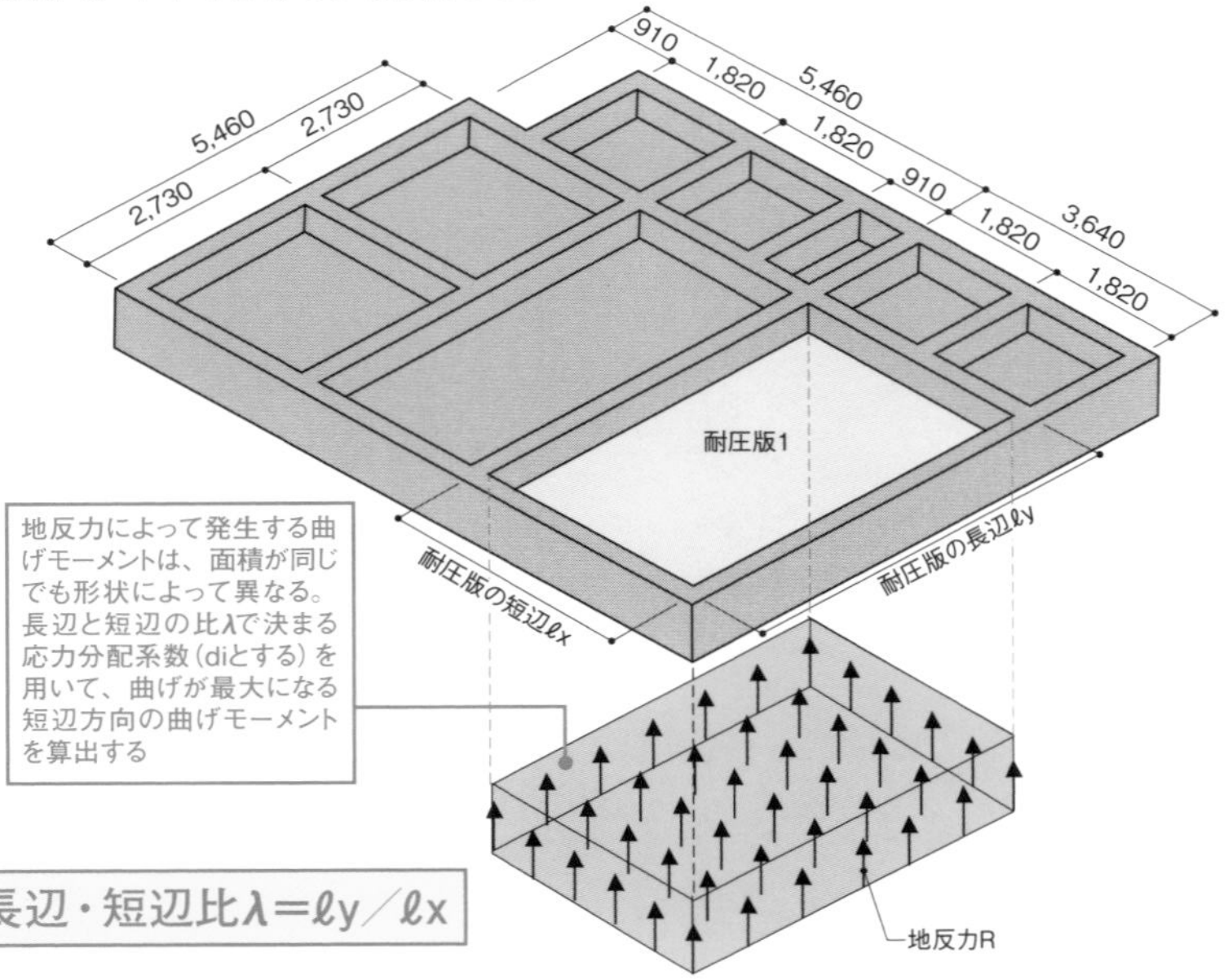

長辺・短辺比λ=ℓy／ℓx

①耐圧版に作用する最大曲げモーメントの算定(検討幅1m)

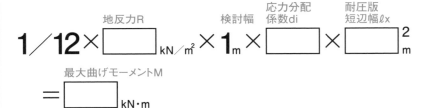

地反力R　検討幅　応力分配係数di　耐圧版短辺幅ℓx

$1/12 \times \square\ \mathrm{kN/m^2} \times 1\,\mathrm{m} \times \square \times \square^2\ \mathrm{m}$

最大曲げモーメントM

$= \square\ \mathrm{kN \cdot m}$

②耐圧版の最低厚さの算定(検討幅1m)

最大曲げモーメントM　検討幅　応力係数C

$\sqrt{\square\ \mathrm{kN \cdot m} \times 10^6 \div (1{,}000\,\mathrm{mm} \times 1.0\,\mathrm{N/mm^2})}$

dt　最低耐圧版厚さD

$+80\,\mathrm{mm} = \square\ \mathrm{mm}$

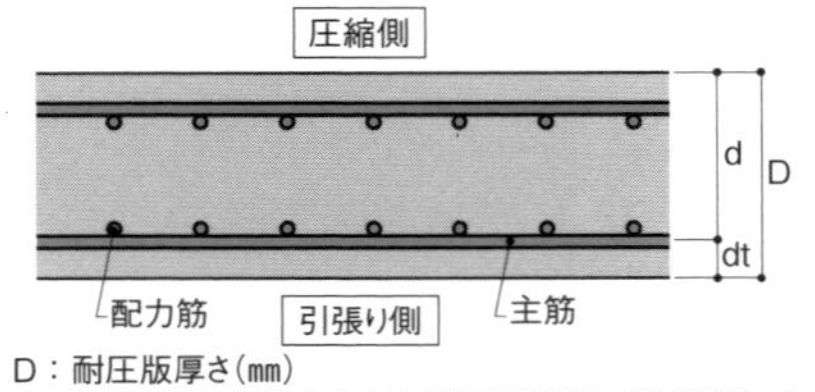

D：耐圧版厚さ(mm)
d：引張り側の主筋中心から圧縮側端部までの距離(mm)
dt：引張り側の主筋中心から引張り側端部までの距離(mm)

Point & Memo

Memo

接地圧の算定式
[▶130頁参照]

Memo

基礎自重の目安(kN／㎡)
　=耐圧版厚さ × コンクリート比重(24kN／㎡)
[▶131頁]

Point!

応力分配係数の求め方

耐圧版区画の短辺と長辺の比を求め(λ = ℓy ／ ℓx)、下記表より算出

λ	di
1.0	0.50
1.1	0.59
1.2	0.68
1.3	0.74
1.4	0.79
1.5	0.83
1.6	0.87
1.7	0.89
1.8超	≒1.0

Memo

地反力=接地圧

Memo

耐圧版の厚みの算定では単位を「N･mm」に置換する
$1\mathrm{kN \cdot m} = 1 \times 10^6 \mathrm{N \cdot mm}$

Memo

応力係数は発生応力と部材断面から決まる係数。算定は複雑なので、略算時は1.0N／㎟とすれば問題ない

Point!

なぜ+80mm?

公式の√部分はdを算出している。JASS5に「土に接する床版の設計かぶりは70mm」との記載がある。これに使用鉄筋径の半分と施工誤差を加算してdt =80mmと設定した(D = dt + d)

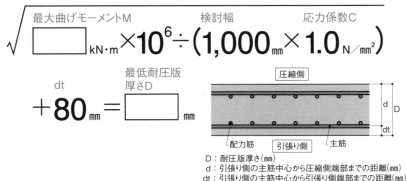

算定例：【設定条件】幅1m当たりの地反力16.0kN／m［130頁の検討例より］　幅1m当たりの基礎自重4.32kN／m［スラブ厚さ180mm、131頁の検討例より］
応力分配係数0.83（長辺・短辺比1.5）　区画短辺3.64m
曲げモーメント=1/12×（16.0-4.32）×0.83×3.64^2=10.7kN・m =10.7×10^6N・mm

図6　ベタ基礎の設計3（地中梁せいの算定）

地中梁せい算定のポイント

地中梁せいの断面算定では、地中梁の許容曲げモーメントが地反力によって生じる曲げモーメント以上かを確認する。算定式は、基本的には耐圧版と同じだが、負担する地反力の範囲が異なること、地中梁の端部の支持状態で算出式が異なることに注意する［下図］。地中梁にかかる荷重は、等分布荷重なので、接地圧×負担幅で求められる。

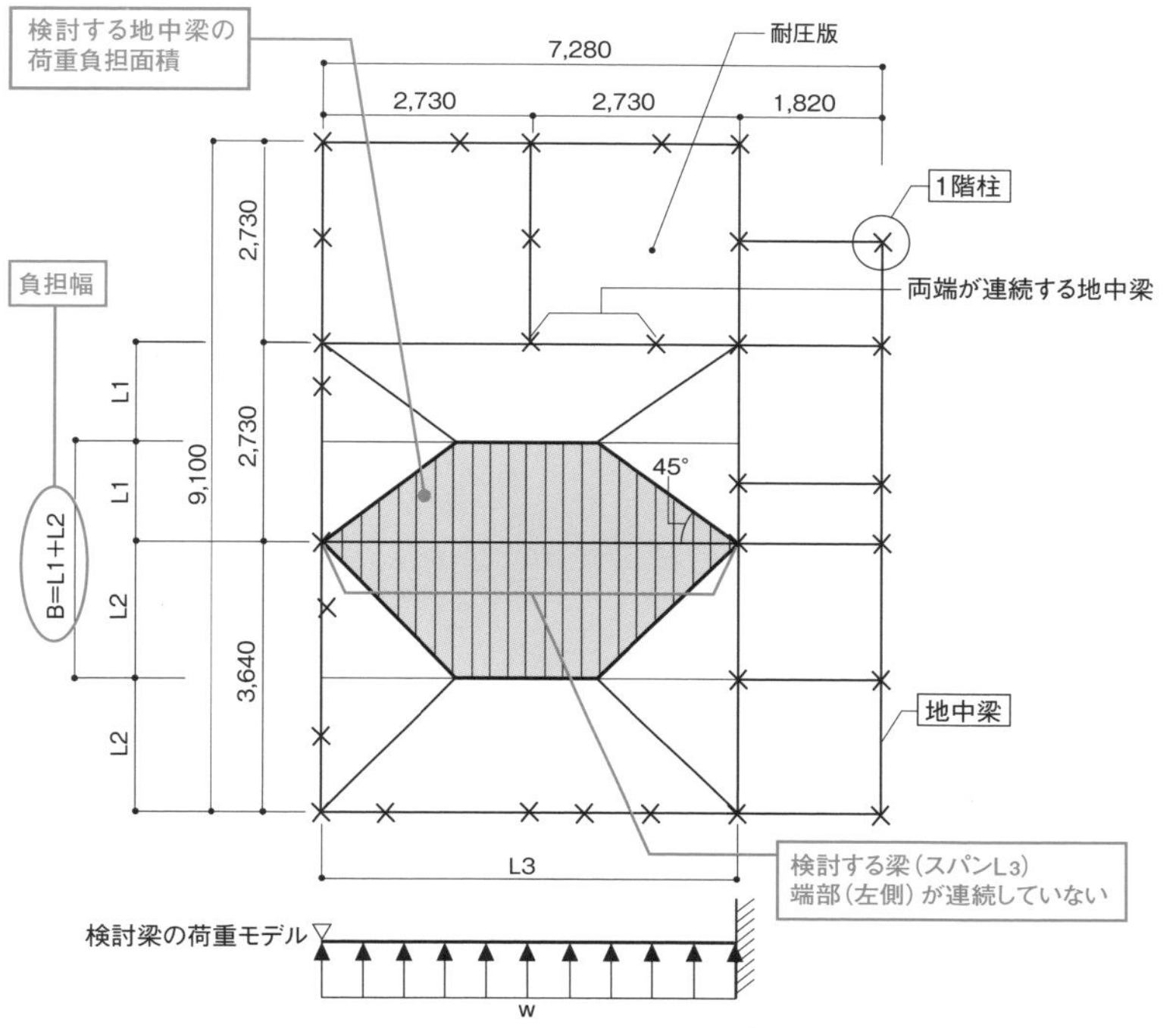

曲げモーメントの算定式は地中梁の両端の支持状態で異なる
地中梁の両端が連続している場合：$M=1/12 \times wL^2$
それ以外の場合：$M=1/8 \times wL^2$

①地中梁に作用する等分布荷重を求める

地反力R　□ kN／㎡ × 負担幅B　□ m ＝ 等分布荷重w　□ kN／m

②地中梁に作用する最大曲げモーメントの算定

1／8 × 等分布荷重w　□ kN／m × 地中梁スパンL　□ ² ㎡ ＝ 最大曲げモーメントM　□ kN・m

③地中梁せいの算定

√（最大曲げモーメントM　□ kN・m × 10^6 ÷（地中梁幅B　□ ㎜ × 応力係数C　1.0 N／㎟））

dt　＋100 ㎜ ＝ 地中梁せい　□ ㎜

Point & Memo

Memo
接地圧の算定式
［▶130頁参照］

Point!
検定する地中梁の選び方
梁せいは、柱－柱間の最大のもので算定する

Memo
地中梁にかかる荷重は、上階柱から伝わってくるもの以外は低減してもよい。低減できる荷重（キャンセル荷重）は、耐圧版自重、地中梁自重、1階床荷重である。地中梁断面を決める際は耐圧版の重量のみキャンセル荷重とする

Point!
負担面積の考え方
負担面積は亀甲形となるが、略算では計算を簡略化するために、長方形として考えてもよい。図中では、B×L3となる

Memo
地中梁せいの算定では単位を「N･㎜」に置換する
1kN･m＝1×10^6N･㎜

Memo
応力係数は発生応力と部材断面から決まる係数。算定は複雑なので、略算時は1.0N／㎟とすれば問題ない

Memo
地中梁のdtは地中梁の主筋が2段筋を想定し100㎜とした

算定例：【設計条件】地反力16.0kN／㎡ キャンセル荷重4.32kN／㎡ 負担幅3.19m 梁スパン5.46m
梁が負担する等分布荷重＝（16.0-4.32）×3.19＝37.259≒37.3kN/m　曲げモーメント＝$1/8 \times 37.3 \times 5.46^2$＝140.0kN・m＝140.0×$10^6$N・㎜
地中梁幅200mmの場合、最低地中梁せい＝$\sqrt{140.0 \times 10^6 \div (200 \times 1.0)}$＋100≒937㎜
地中梁幅300mmの場合、最低地中梁せい＝$\sqrt{140.0 \times 10^6 \div (300 \times 1.0)}$＋100≒784㎜

Topics11

超速！ベタ基礎＆布基礎の断面早見表

図1　ベタ基礎断面早見表

下表は、132～133頁で紹介した考え方をもとに整理した、4周を地中梁によって拘束された耐圧版厚さと、地中梁せいの略算用の早見表である。接地圧（建物総重量／基礎底版面積）は16kN／㎡。地中梁せいの検討では、地中梁幅200㎜、最低梁せい600㎜に設定した。地中梁幅は耐圧版の厚みと同厚以上とすること。

［千葉陽一］

①耐圧版厚さの早見表（単位：㎜）

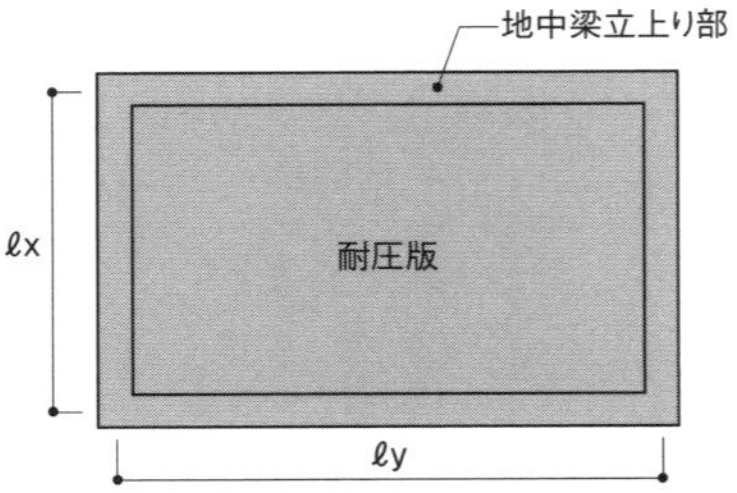

ℓx：耐圧版短辺方向の長さ（m）
ℓy：耐圧版長辺方向の長さ（m）
λ：長辺・短辺比＝ ℓy／ℓx

		長辺・短辺比 λ（ℓy／ℓx）								
		1.0	1.1	1.2	1.3	1.4	1.5	1.6	1.7	1.8
短辺幅 ℓx（m）	0.91	150	150	150	150	150	150	150	150	150
	1.37	150	150	150	150	150	150	150	150	150
	1.82	150	150	150	150	150	150	150	150	150
	2.28	150	150	150	150	150	150	150	150	150
	2.73	150	150	150	150	180	180	180	180	180
	3.19	150	180	180	180	180	180	180	180	180
	3.64	180	180	180	180	180	200	200	200	200
	4.10	180	180	200	200	200	200	200	250	250
	4.55	180	200	200	250	250	250	250	250	250
	5.01	200	200	250	250	250	250	250	300	300
	5.46	200	250	250	250	300	300	300	300	300

②地中梁せいの早見表（単位：㎜）

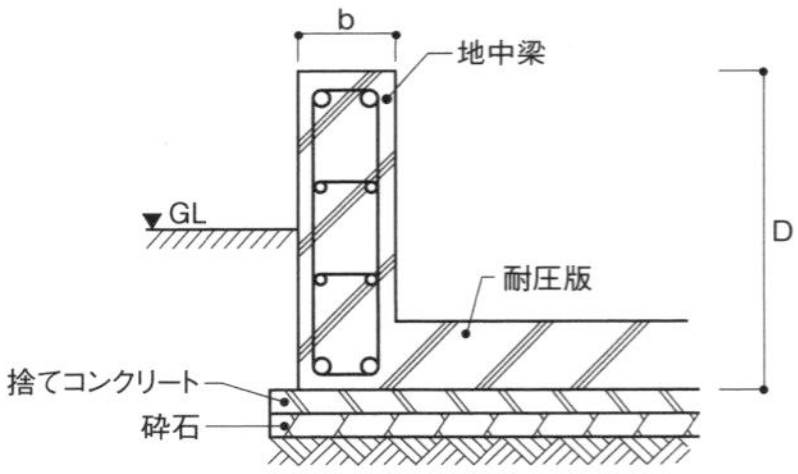

D①は切りの良い数値とした実際の地中梁せい。D①は立上り、根入れ深さを考慮し、最低地中梁せいを600mmと設定している。D②は133頁の計算式で求めた必要地中梁せい。

表の見方

D①	D②

b：地中梁幅（㎜）
D：地中梁せい（㎜）
d：引張り主筋の中心から圧縮側端部までの距離（㎜）

		地中梁スパンL₃（m）							
		1.82		2.73		3.64		4.55	
		D①	D②	D①	D②	D①	D②	D①	D②
地中梁の荷重負担幅B（m）	0.91	600	248	600	323	600	397	600	471
	1.37	600	282	600	373	600	464	600	555
	1.82	600	310	600	415	600	520	650	624
	2.28	600	335	600	452	600	570	700	687
	2.73	600	357	600	485	650	614	750	742
	3.19	600	378	600	517	700	655	800	794
	3.64	600	397	600	545	700	693	850	842
	4.1	600	415	600	572	750	730	900	887
	4.55	600	432	600	598	800	763	950	929
	5.01	600	448	650	622	800	796	1000	970

注1：梁せいD①<立上り天端～設定支持地盤の距離の場合は、地中梁せいD①＝立上り天端～設定支持地盤の距離となる
注2：表中L_3とBは133頁の図中の記号と対応している

図2　布基礎断面早見表

下表は、支持地盤のＮ値に対する布基礎のフーチング厚みと、地中梁せいの目安となる略算表である。

フーチング厚は、配筋との関係で、最低寸法を150㎜としている。地中梁せいの算出は、ベタ基礎と同様、曲げモーメント＝1／8×梁スパンの2乗×荷重（接地圧×荷重負担幅）の算定式によった。地中梁の最小寸法は600㎜に設定している（根入れ深さ300㎜、GLからの立上り寸法300㎜）。地中梁幅は200㎜として算出した。

また、基礎立上りに載る柱ー柱間の最大寸法は2.73mと設定している。大断面材を用いて、これよりも柱ー柱間寸法を大きくする場合は、ベタ基礎の設計と同様に断面計算する必要がある。

布基礎

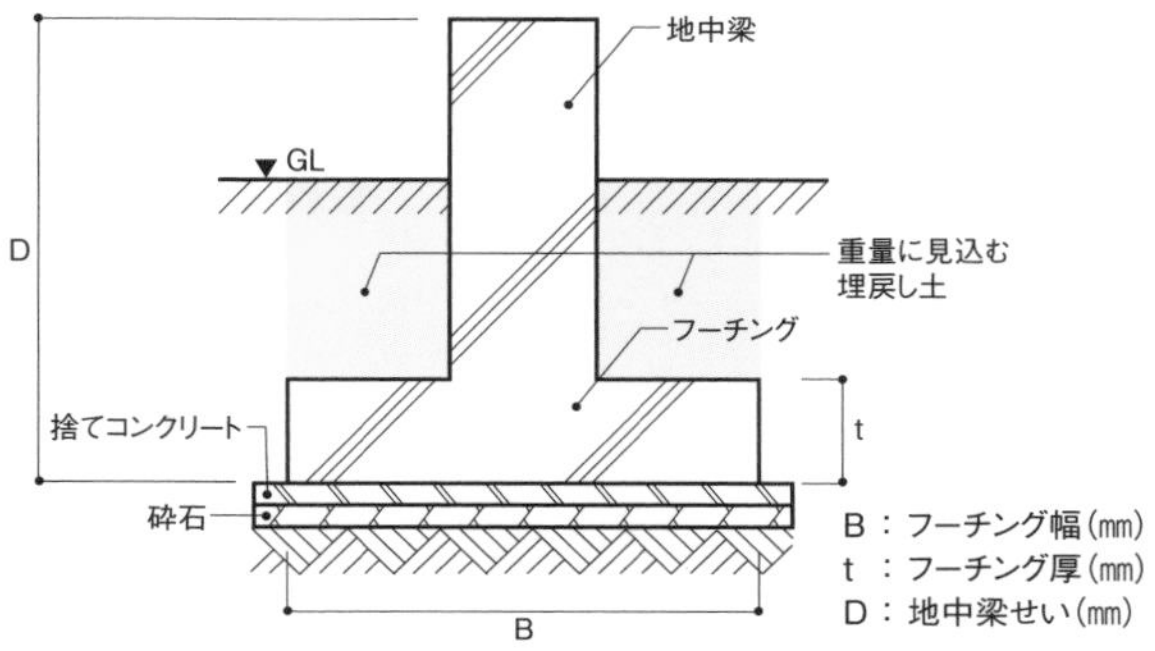

$$\frac{\text{建物総重量(基礎を含む)＋埋戻し土量}}{\text{地盤の許容支持力度×地中梁総長さ}} < \text{必要フーチング幅}$$

①支持地盤が粘土質地盤の場合（単位：㎜）

			N値							
			2	3	4	5	6	7	8	9
フーチング幅B（m）	0.4	フーチング厚t	150	150	150	150	150	150	150	150
		地中梁せいD	600	600	600	600	600	600	600	600
	0.5	フーチング厚t	150	150	150	150	150	150	150	150
		地中梁せいD	600	600	600	600	600	600	600	600
	0.6	フーチング厚t	150	150	150	150	150	150	150	150
		地中梁せいD	600	600	600	600	600	600	600	650
	0.7	フーチング厚t	150	150	150	150	150	150	150	150
		地中梁せいD	600	600	600	600	600	600	650	650
	0.8	フーチング厚t	150	150	150	150	150	150	180	180
		地中梁せいD	600	600	600	600	600	650	650	700
	0.9	フーチング厚t	150	150	150	150	180	180	180	180
		地中梁せいD	600	600	600	600	600	650	700	750
	1.0	フーチング厚t	150	150	150	180	180	180	200	200
		地中梁せいD	600	600	600	600	650	700	750	800

②支持地盤が砂質地盤の場合

支持地盤が砂質地盤であり、Ｎ値10～20未満程度で、フーチング幅が1m未満の基礎ならば、
フーチング厚：t＝150㎜
地中梁せい：D＝600㎜
に設定しておけば問題がない。
ただし、表の数値はあくまでも計算上求められた地中梁せいである。支持地盤深さによっては表の梁せいでは不十分となる場合があるので、注意が必要である。計算上の地中梁せいよりも支持地盤が深い場合は、その分、梁せいを大きくとることになる。過度に梁せいが大きくなってしまう場合は、地盤改良等の方法で梁せいを抑えることも考える。

設計上の梁せいと実際の深せい

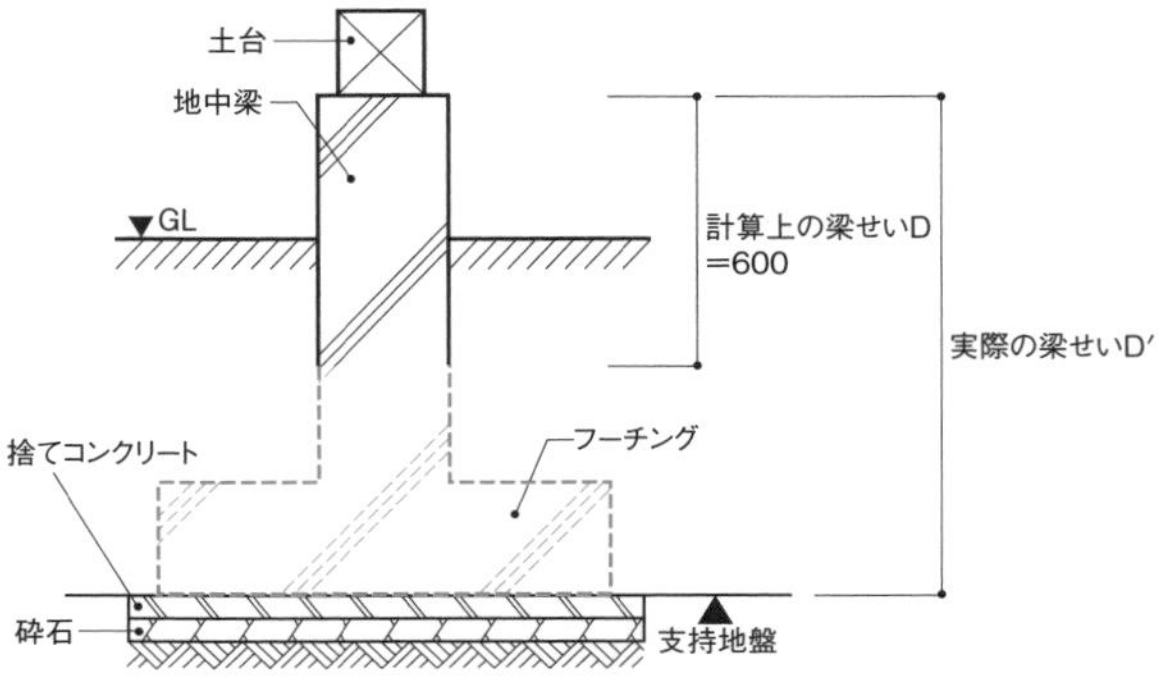

Challenge!! 断面算定

構造計算用モデルプラン

この「Challenge!!」では仮定断面算定の演習を行う。各頁での荷重拾いと梁・柱断面の算定には、下図のモデルプランを用いている。実例に近い建物をモデルとすることで、構造計算の手順を、より実践的に解説することを目指した。

西側立面図
(S=1：200)

南側立面図

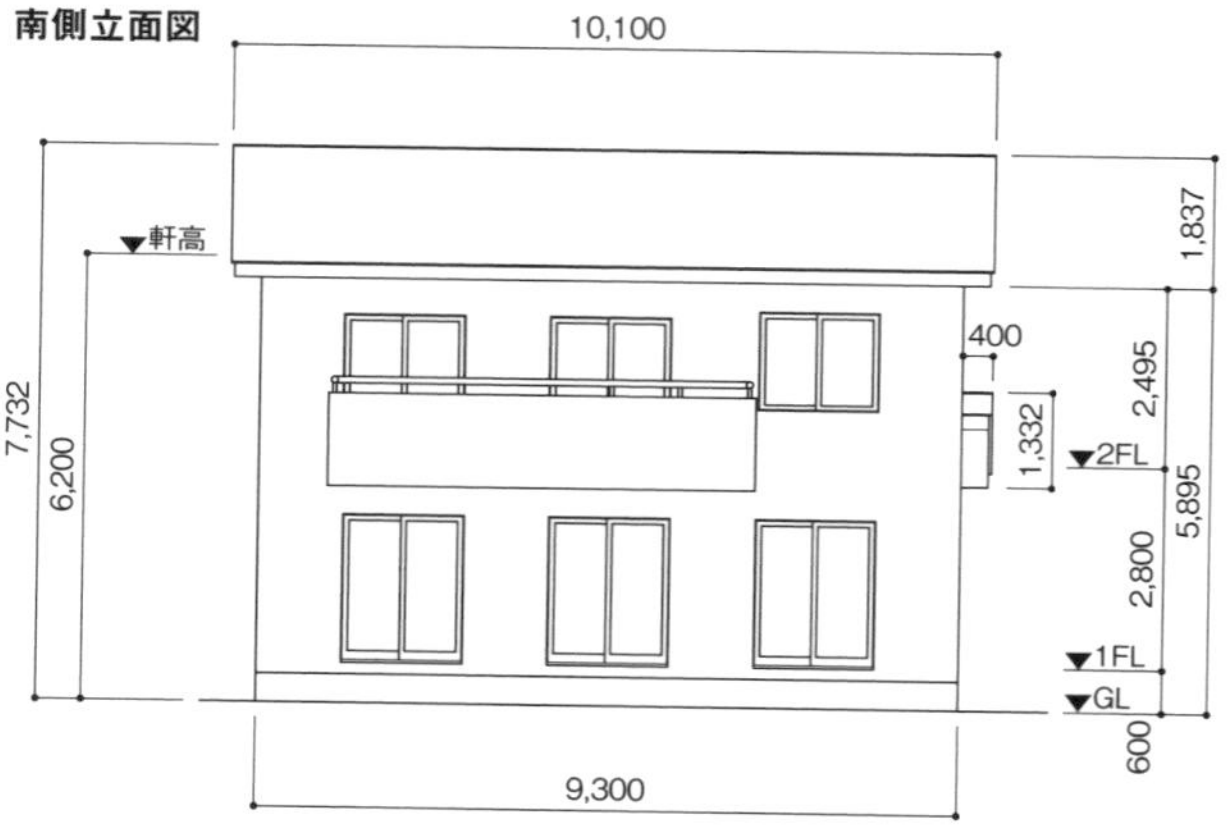

建物概要

計 画 地：東京都杉並区
（積雪＝一般地域、基準風速V_0=34m／s）

用　　途：専用住宅

構　　造：在来軸組構法

床 面 積：1階　61.28㎡／ 2階　48.05㎡

延 面 積：109.33㎡

最高高さ：7.732m

建 物
仕 上 げ：屋根　瓦葺き仕上げ
外壁　サイディング

基礎形式：ベタ基礎

1階平面図

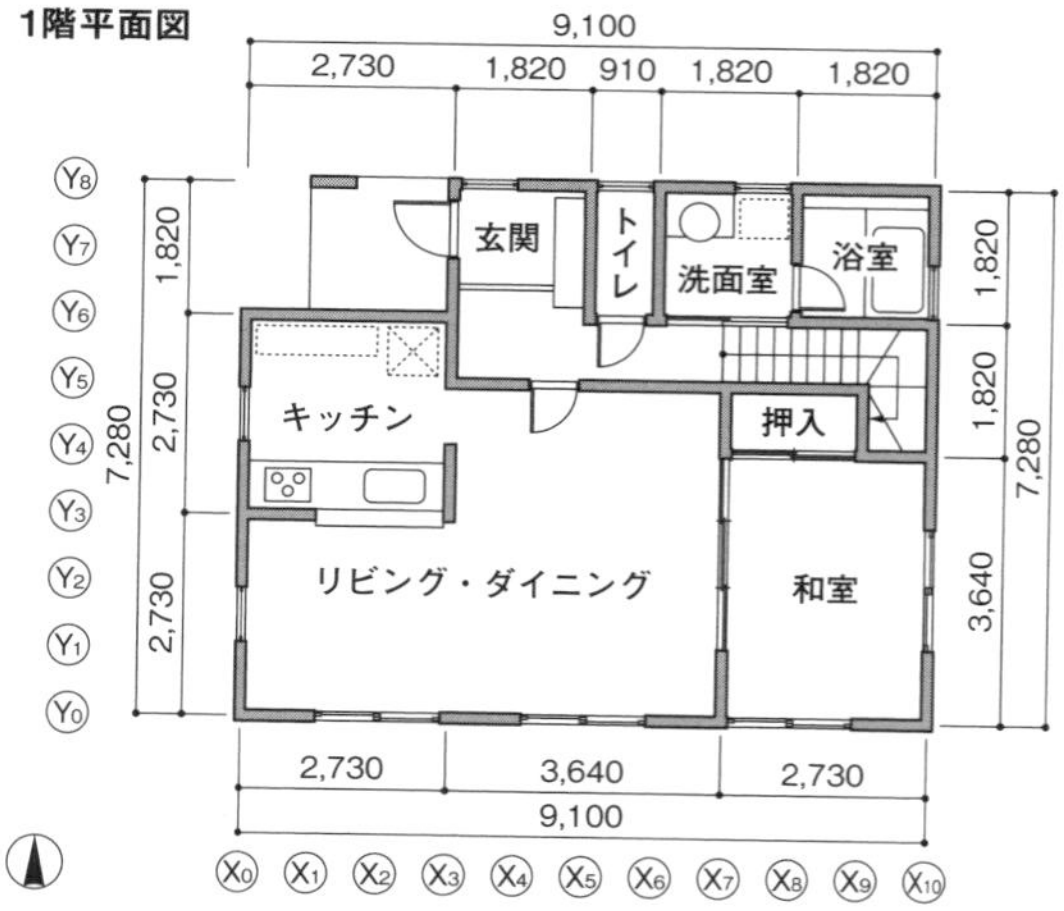

2階平面図

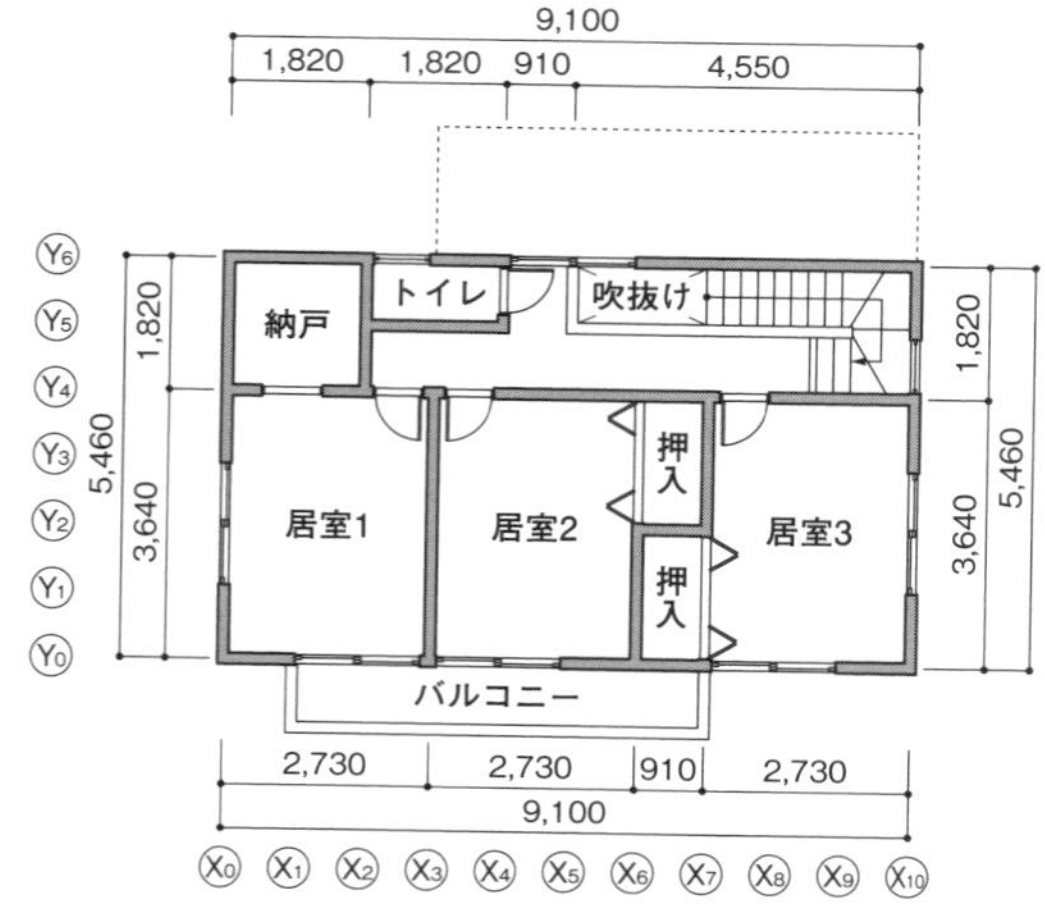

梁·柱の荷重の整理

梁の荷重を拾う

荷重を検定する梁の情報を整理する

下図は136頁で紹介した建物の2階床伏図である。壁荷重が拾いやすいように、壁の位置も描き込んである。この図を例にして、各梁にかかる荷重を拾っていく。

検定する梁は、梁を架構や荷重の状態がそれぞれに異なるG1〜G5梁の5本とする。G5梁は跳出し梁だが、単純梁と片持ち梁にモデル化して考える。G5梁の単純梁部分は、G2梁と同じ荷重状態なので、片持ち梁部分のみを計算する。また、煩雑になるのを避けるために、G3梁とG4梁にかかる軸力は、142頁「柱の荷重を拾う」で計算する。　［齊藤年男］

2階床伏図（S＝1:120）

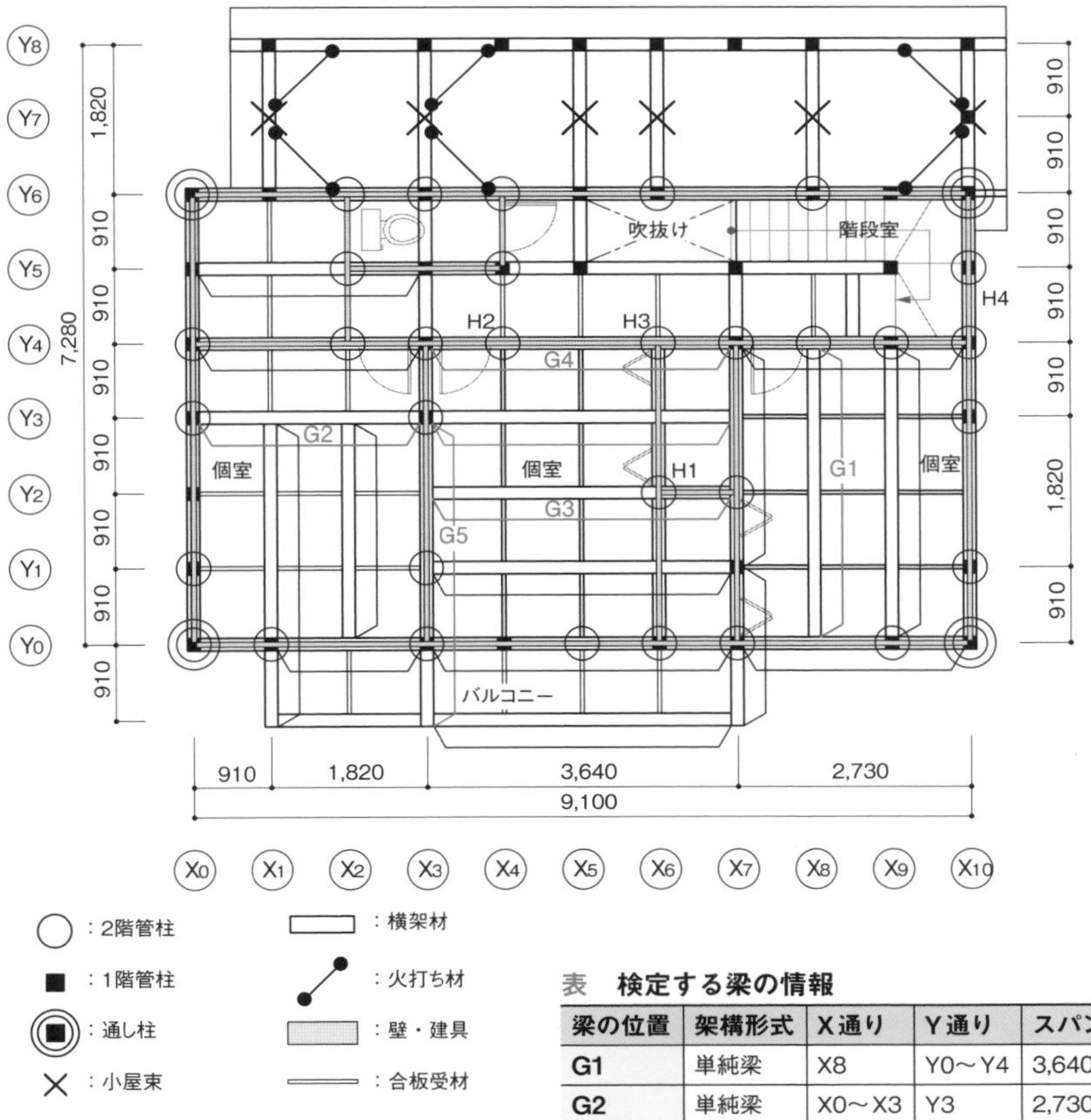

表　検定する梁の情報

梁の位置	架構形式	X通り	Y通り	スパン（mm）
G1	単純梁	X8	Y0〜Y4	3,640
G2	単純梁	X0〜X3	Y3	2,730
G3	単純梁	X3〜X7	Y2	3,640
G4	単純梁	X3〜X7	Y4	3,640
G5	単純梁	X3	Y0〜Y3	2,730
	片持ち梁	X3	—	910

Point & Memo

Memo

壁と建具では実際の重量は異なる。ただしここでは計算の簡略化と安全側への考慮のために、すべて壁とみなして荷重を拾っている

Memo

ここで扱う数値は、安全側を考慮し小数点第1位を切り上げている

G1梁の荷重を拾う

2階床伏図（部分、S＝1：100）

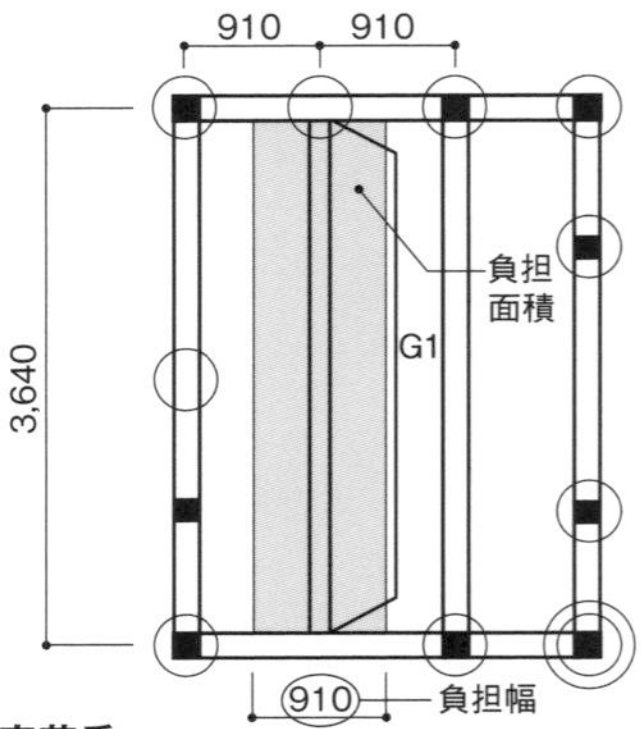

G1梁の荷重＝床荷重

G1梁には、柱や壁が載っていない。そのため、G1梁が負担するのは、床荷重に積載荷重1,300N／㎡（大梁用）を加えた、等分布荷重である。
等分布荷重は、床の均し荷重に負担幅を乗じて求める。

床荷重

荷重の種類	梁が負担する部位の荷重	
固定荷重	床荷重	590N／㎡
積載荷重	大梁用	1,300N／㎡
合計		1,890N／㎡
負担幅		
0.91m		

荷重モデル（等分布荷重）

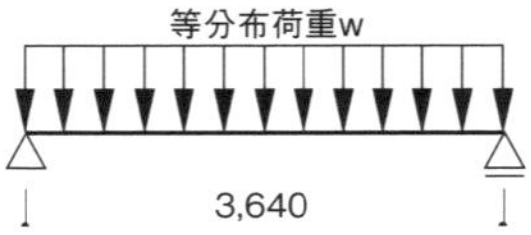

均し荷重合計		負担幅		等分布荷重w	
1,890	N／㎡×	0.91	m≒	1,720	N／m

G2梁の荷重を拾う

2階床伏図（部分、S＝1：100）

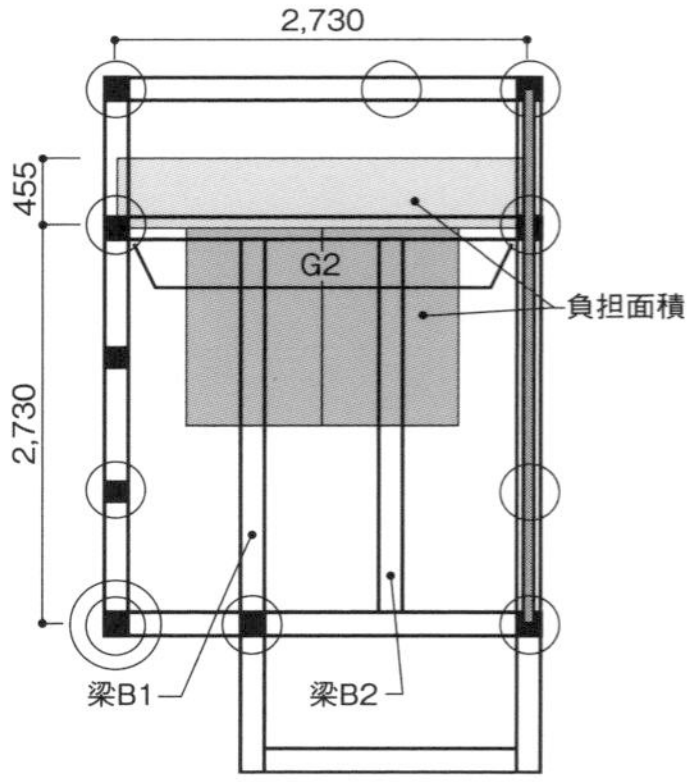

G2梁の荷重＝①床荷重＋②小梁の荷重（B1・B2）

G2梁には、床荷重と、G2梁と直交する2本の梁からの荷重がかかる。床からの荷重はG1梁と同じ要領で等分布荷重を算出する。
一方、構造計算上、梁B1・B2が負担する床荷重は、各梁の両端部に均等に分割されて流れると考える。したがってG2梁に取り付く梁B1・B2の端部に流れた荷重をG2梁に作用する集中荷重としてモデル化する。集中荷重は、梁B1・B2が負担する床の均し荷重×梁B1・B2の負担面積で求める。

①床荷重

荷重の種類	梁が負担する部位の荷重	
固定荷重	床荷重	590N／㎡
積載荷重	大梁用	1,300N／㎡
合計		1,890N／㎡
負担幅		
0.455m		

荷重モデル（等分布荷重）

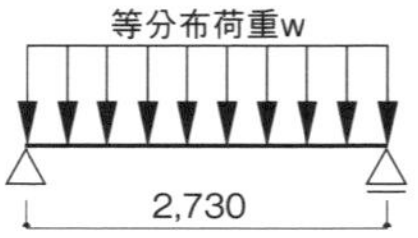

均し荷重合計		負担幅		等分布荷重w	
1,890	N／㎡×	0.455	m≒	860	N／m

②G2梁に直交する梁（B1・B2）1本当たりの荷重

荷重の種類	梁が負担する部位の荷重	
固定荷重	床荷重	590N／㎡
積載荷重	大梁用	1,300N／㎡
合計		1,890N／㎡
負担面積		
1.365×0.91≒1.25㎡		

荷重モデル（集中荷重）

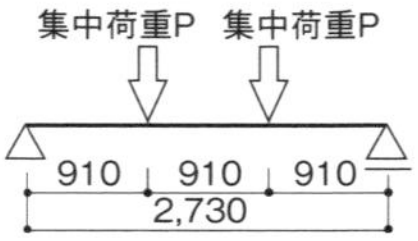

均し荷重合計		負担面積		集中荷重P	
1,890	N／㎡×	1.25	㎡≒	2,363	N

Point & Memo

Point!

床荷重の内訳
固定荷重
　畳床：340N／㎡
　床梁：100N／㎡
　天井：150N／㎡
積載荷重
　大梁用：1,300N／㎡

Memo

モデル化については103頁を参照。　　部分の床荷重は、一旦すべてG1梁で受けたのち、両端にとり付く梁へ流れるものとする

Memo

　　部分の床荷重は、梁B1およびB2のG2に流れる相当分の面積を表している。したがって梁B1、B2の端部に作用する集中荷重としてG2梁に流れると仮定している

Memo

G1・G2梁の断面算定
［▶145・147頁］

G3梁の荷重を拾う

2階床伏図（部分、S＝1:100）

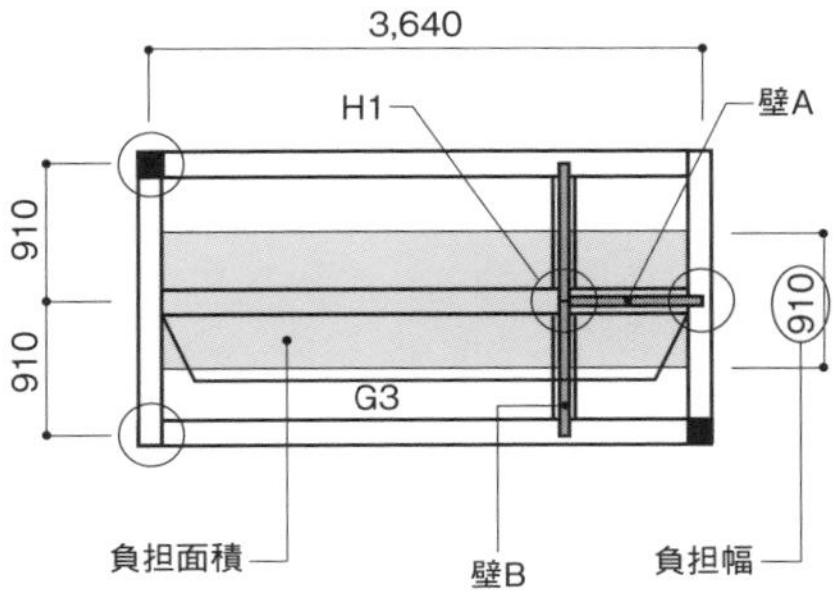

G3梁には、床荷重と並行・直交する2種類の壁荷重、さらに柱の軸力が作用している。床荷重と並行する壁荷重は等分布荷重として、直交する壁荷重と柱の軸力は集中荷重としてモデル化する。
壁の集中荷重は、壁の均し荷重×壁面積で求める。この例では、天井高を2.4mに設定している。柱の軸力は別途検討する[142頁参照]。

G3梁の荷重＝①床荷重＋
②壁荷重（並行方向：壁A）＋
③壁荷重（直交方向：壁B）＋
④柱の軸力（H1）

①床荷重

荷重の種類	梁が負担する部位の荷重	
固定荷重	床荷重	590N／㎡
積載荷重	大梁用	1,300N／㎡
合計		1,890N／㎡

負担幅
0.91m

荷重モデル（等分布荷重）

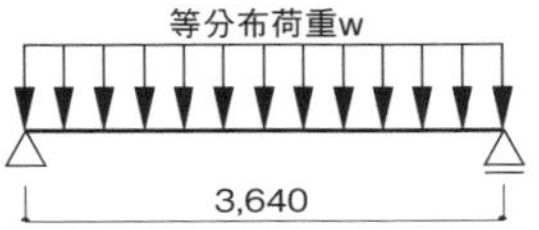

均し荷重合計　負担幅　等分布荷重w

1,890 N／㎡× 0.91 m≒ 1,720 N／m

②G3梁に沿った壁（壁A）の荷重

荷重の種類	梁が負担する部位の荷重	
固定荷重	壁荷重	350N／㎡

天井高
2.4m

荷重モデル（等分布荷重）

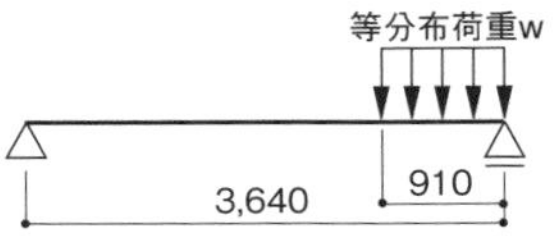

均し荷重合計　天井高　等分布荷重w

350 N／㎡× 2.4 m＝ 840 N／m

③G3梁に直交する壁（壁B）の荷重

荷重の種類	梁が負担する部位の荷重	
固定荷重	壁荷重	350N／㎡

天井高
2.4m

荷重を負担する壁長さの合計
0.91m

荷重モデル（集中荷重）

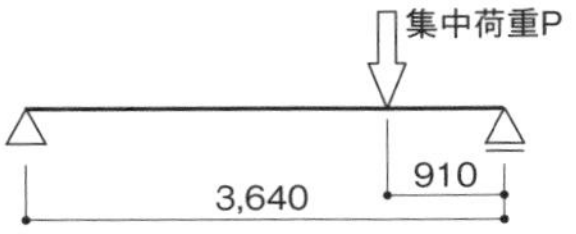

均し荷重合計　天井高　壁長さ合計

350 N／㎡× 2.4 m× 0.91 m

集中荷重P

≒ 765 N

④G3梁に載る柱（H1）の軸力

荷重の種類	荷重（H1）	
長期軸力	3,478N	詳細は144頁参照
短期軸力	5,698N	

荷重モデル（集中荷重）

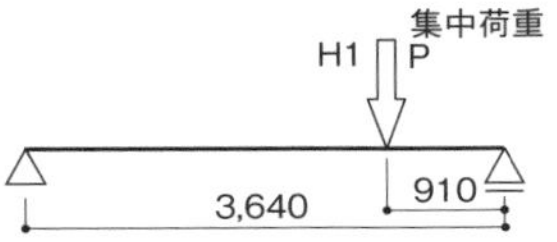

Point & Memo

Point!

床荷重の内訳
固定荷重
　畳床：340N／㎡
　床梁：100N／㎡
　天井：150N／㎡
積載荷重
　大梁用：1,300N／㎡

Point!

壁荷重の内訳
仕上材＋下地材：200N／㎡
軸組：150N／㎡

Memo

壁が載る梁の荷重は周囲の床が負担していると考えるため、壁下の梁重量を壁荷重に計上する必要はない

Memo

G3梁の断面算定
［▶149頁］

G4梁の荷重を拾う

2階床伏図(部分、S＝1:100)

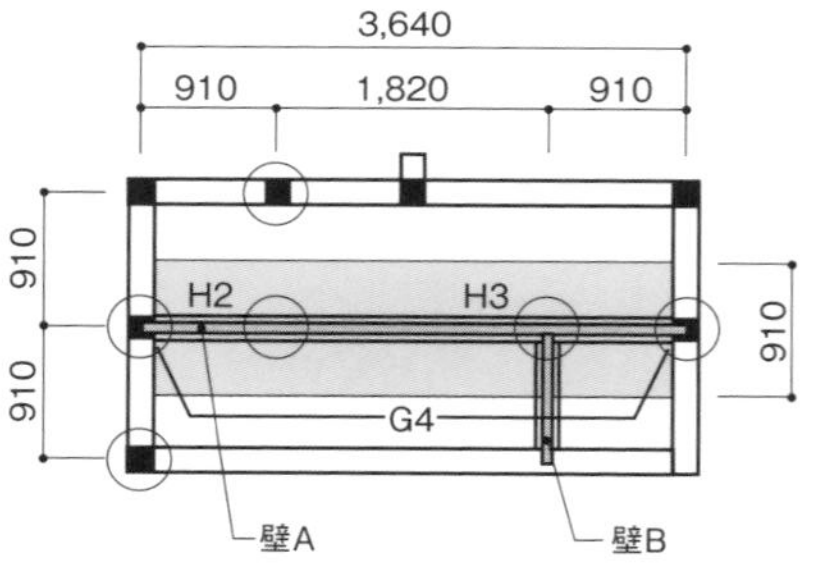

G4梁には、床荷重と並行・直交する2種類の壁荷重、さらに柱の軸力が作用している。作用する荷重は、2種類の等分布荷重(床荷重、並行する壁の荷重)と3種類の集中荷重(直交する壁の荷重、柱の軸力×2本)である。
壁の集中荷重は、壁の均し荷重×壁面積で求める。この例では、天井高を2.4mに設定している。柱の軸力は別途検討する[142頁参照]。

**G4梁の荷重＝①床荷重＋
②壁荷重(並行方向:壁A)＋
③壁荷重(直交方向:壁B)＋
④柱の軸力(H2・H3)**

①床荷重

荷重の種類	梁が負担する部位の荷重	
固定荷重	床荷重	590N／㎡
積載荷重	大梁用	1,300N／㎡
合計		1,890N／㎡
負担幅		
0.91m		

荷重モデル(等分布荷重)

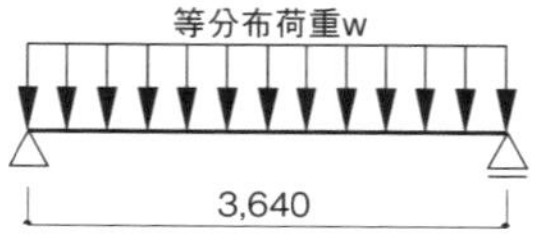

均し荷重合計 1,890 N／m^2× 負担幅 0.91 m≒ 等分布荷重w 1,720 N／m

②G4梁に沿った壁(壁A)の荷重

荷重の種類	梁が負担する部位の荷重	
固定荷重	壁荷重	350N／㎡
天井高		
2.4m		

荷重モデル(等分布荷重)

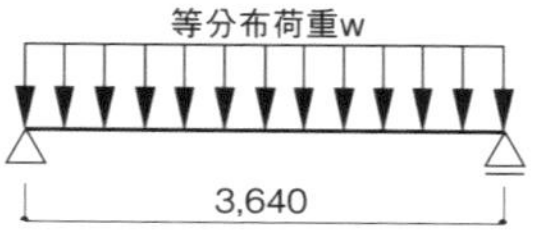

均し荷重合計 350 N／m^2× 天井高 2.4 m＝ 等分布荷重 840 N／m

③G4梁に直交する壁(壁B)の荷重

荷重の種類	梁が負担する部位の荷重	
固定荷重	壁荷重	350N／㎡
天井高		
2.4m		
荷重を負担する壁長さの合計		
0.455m		

荷重モデル(集中荷重)

均し荷重合計 350 N／㎡× 天井高 2.4 m× 壁長さ合計 0.455 m

≒ 集中荷重P 383 N

④G4梁に載る柱(H2・H3)の軸力

荷重の種類	荷重(H2、H3、)	
長期軸力	2,609N	詳細は144頁参照
短期軸力	4,274N	

荷重モデル(集中荷重)

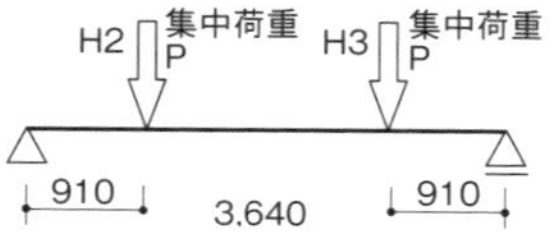

Point & Memo

Point!

床荷重の内訳
固定荷重
畳床:340N／㎡
床梁:100N／㎡
天井:150N／㎡
積載荷重
大梁用:1,300N／㎡

Point!

壁荷重の内訳
仕上材＋下地材＝200N／㎡
軸組:150N／㎡

Memo

壁が載る梁の荷重は周囲の床が負担していると考えるため、壁下の梁重量を壁荷重に計上する必要はない

G5梁の荷重を拾う

2階床伏図（部分、S＝1:100）

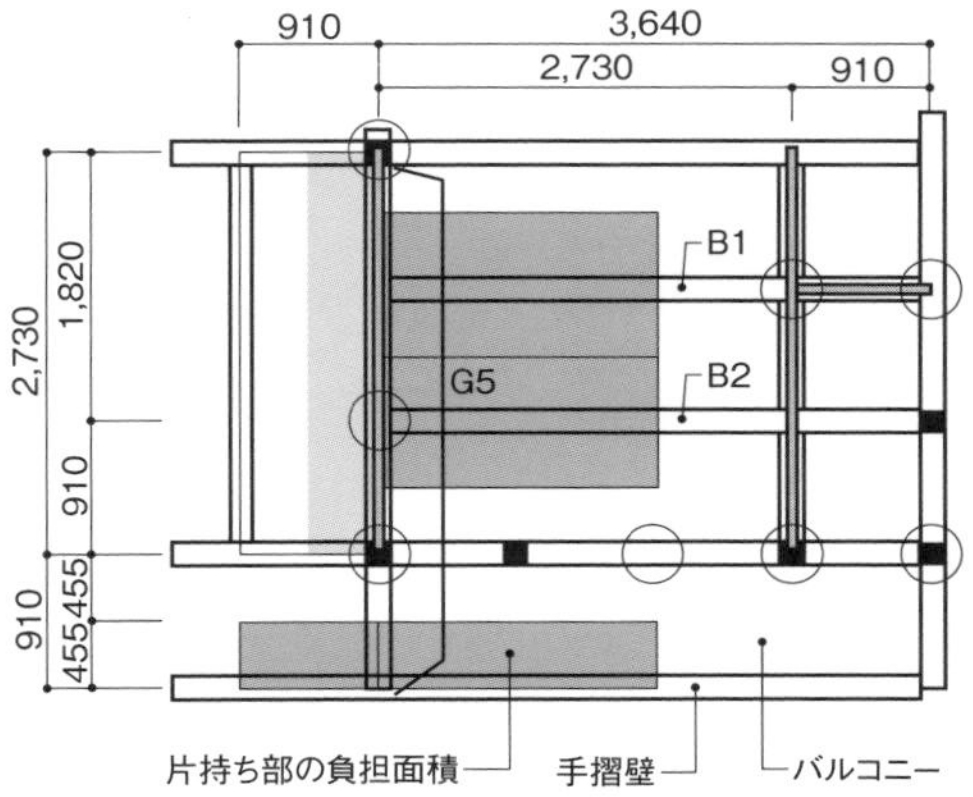

G5梁は、建物躯体から梁を持ち出す跳出し梁である。厳密な構造計算では跳出し梁として計算するが、仮定断面の略算ならば片持ち梁部分と単純梁部分に分割し、それぞれを検討してもよい。単純梁部分はこれまでのCHECKの考え方で拾うことができるので、以下では、跳出し部分の荷重のみを検討する。

跳出し部分の荷重は、バルコニー床と手摺壁の荷重である。均し荷重に負担面積を乗じると床荷重に相当する集中荷重を求めることができる。これを先端集中荷重として取り扱う。

単純梁と片持ち梁にモデル化

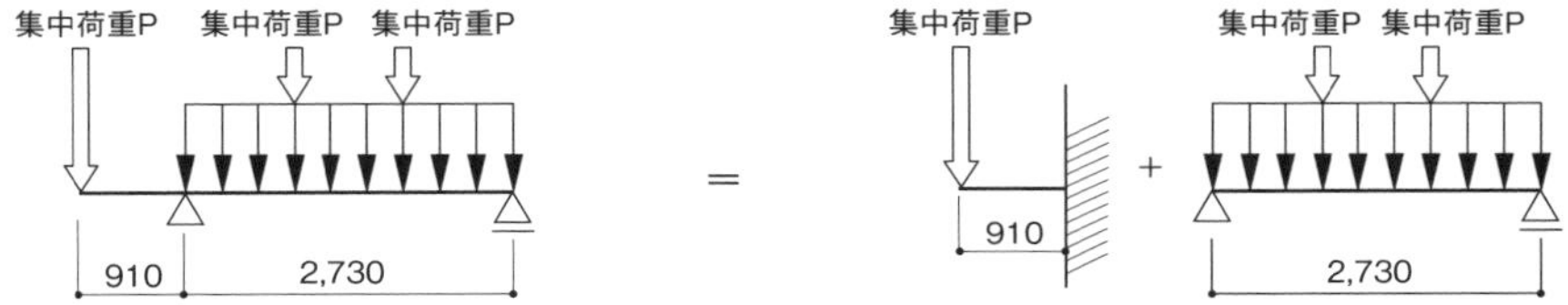

G5梁の単純梁部分の荷重＝床荷重＋小梁の荷重（B1・B2）＋柱の軸力
G5梁の片持ち梁部分の荷重＝①バルコニー床荷重＋②手摺壁荷重

①バルコニー床荷重

荷重の種類	梁が負担する部位の荷重	
固定荷重	床荷重	550N／㎡
積載荷重	大梁用	1,300N／㎡
合計		1,850N／㎡
負担面積		
0.455×2.73＝1.24215≒1.25		

均し荷重合計 1,850 N／㎡ × 負担面積 1.25 ㎡ ≒ 集中荷重P1 2,313 N

②バルコニー手摺荷重

荷重の種類	梁が負担する部位の荷重	
固定荷重	壁荷重（両面）	620N／㎡
壁の高さ		
1.3m		
壁の負担幅		
2.73m		

均し荷重合計 620 N／㎡ × 壁高さ 1.3 m × 壁の負担幅 2.73 m

≒ 集中荷重P2 2,201 N

Point & Memo

Memo

床荷重は通常、等分布荷重とするが、片持ち梁の場合、先端集中荷重に置き換えたほうがより安全側になる

Memo

G5梁の断面算定
［▶151頁］

Point!

バルコニー床荷重の内訳
仕上材:300N／㎡
床梁:100N／㎡
軒天井:150N／㎡

Point!

バルコニー手摺壁荷重の内訳
仕上材＋下地材:235N／㎡×両面
軸組:150N／㎡

Memo

手摺壁の高さはここでは1.3mと仮定した

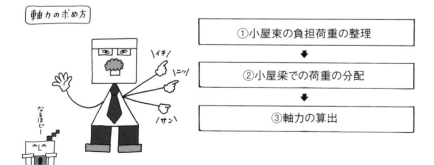

柱の荷重を拾う

1 荷重を検定する柱の情報を整理する

柱に作用する荷重(軸力)は、屋根面から順に荷重の加算と分配を繰り返しながら算定するため、床や壁の荷重よりも手間がかかる。

以下では事例をもとに柱の軸力を拾ってみる。検定する柱は、梁断面の算定の際に必要になった柱(H1～H3)と、階段室にある外柱の2F管柱(H4)である。 **[齊藤年男]**

2階床伏図(S＝1:120)

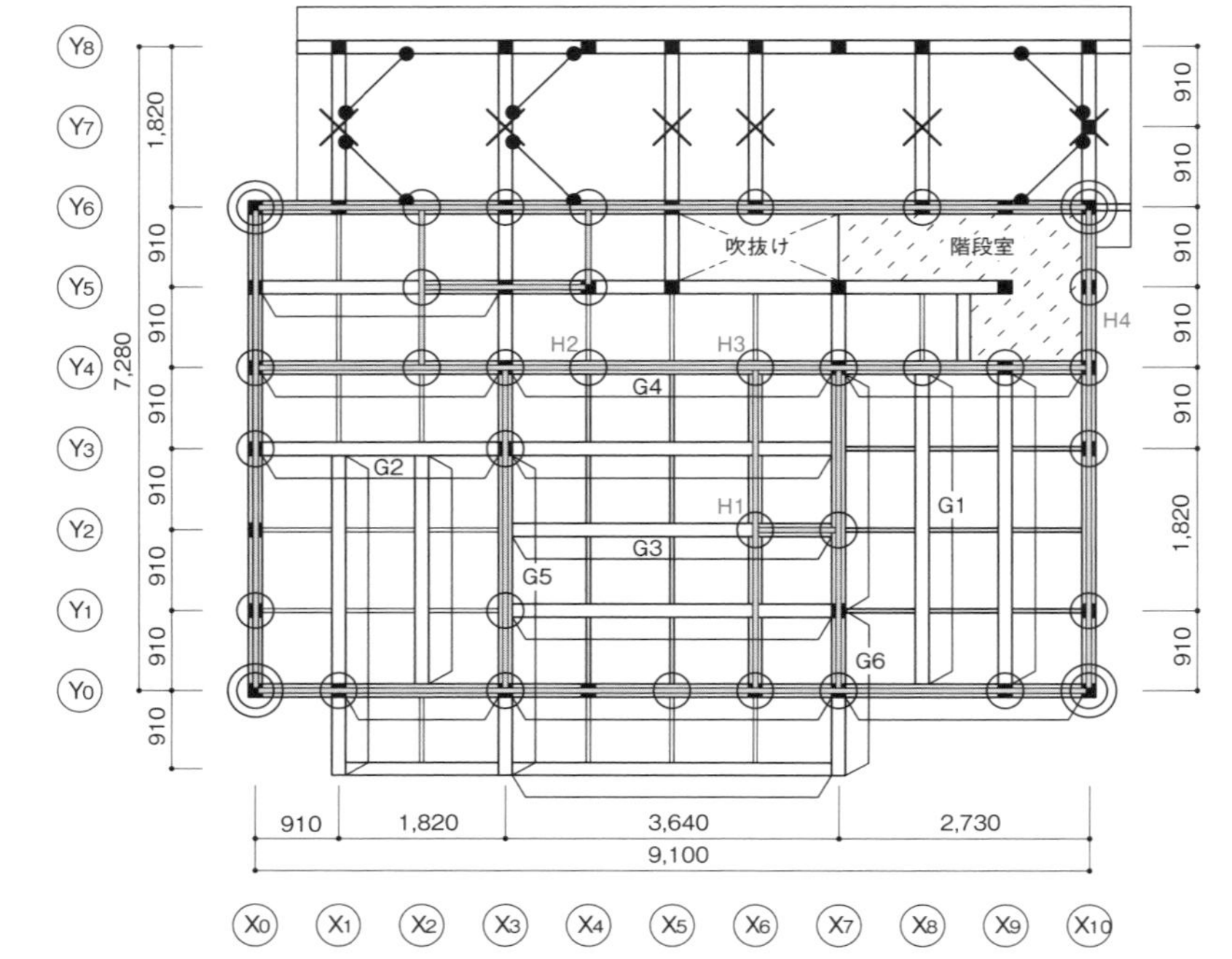

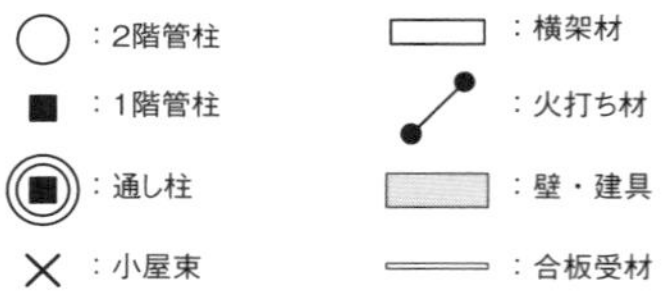

表　検定する柱の位置

梁の位置	X通り	Y通り
H1	X6	Y2
H2	X4	Y4
H3	X6	Y4
H4	X10	Y5

①小屋束の負担荷重の整理

↓

②小屋梁での荷重の分配

↓

③軸力の算出

Point & Memo

Memo

柱断面算定はもちろん、梁でも柱が載る場合は軸力を集中荷重として見込まなければならない

② 小屋束の負担面積を求める

屋根伏図(S＝1:120)

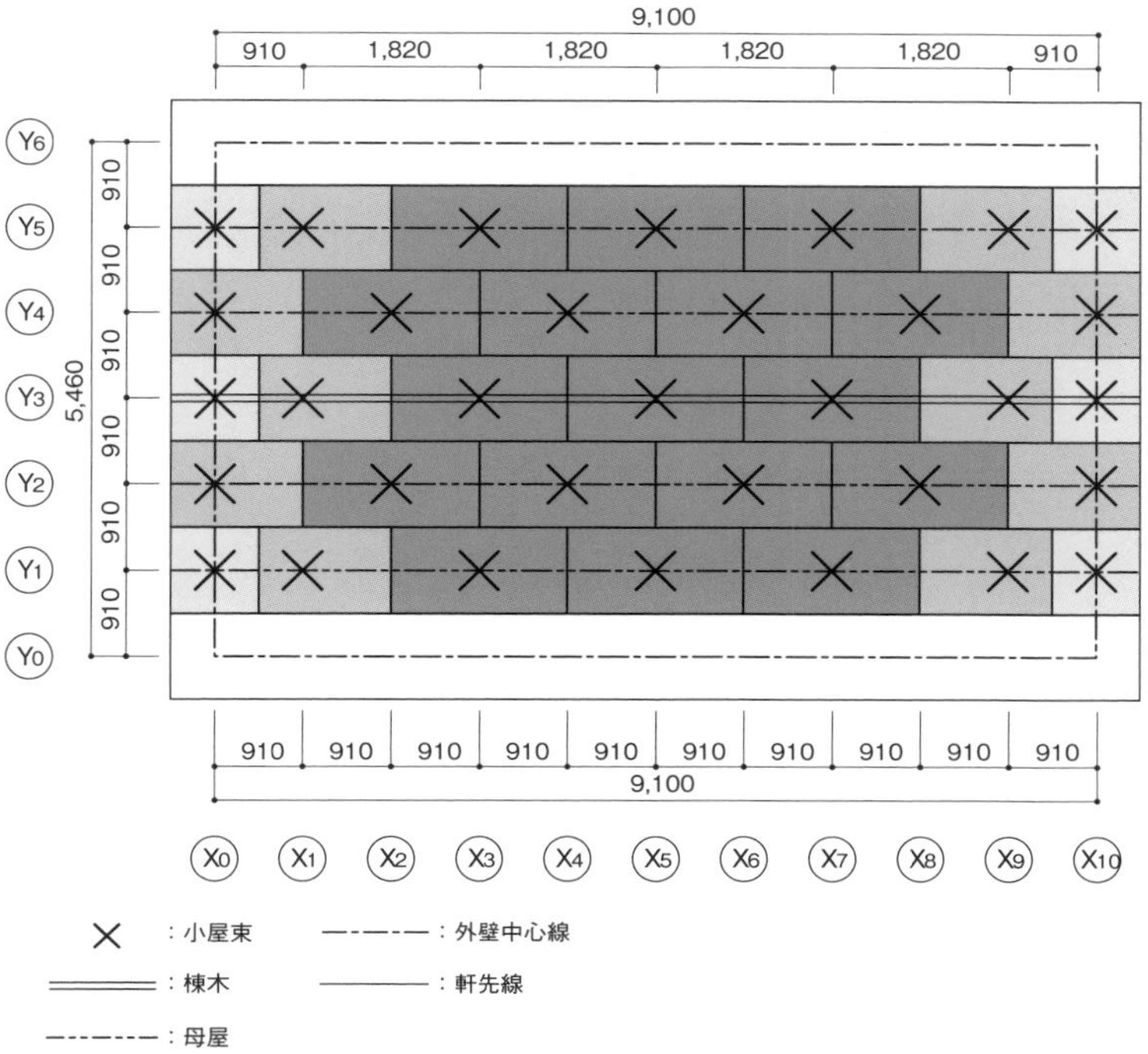

柱の軸力を算定するためには、屋根荷重を整理する必要がある。屋根荷重は、屋根面に均等にかかる等分布荷重として算定する。多雪区域以外の一般地域ならば、長期荷重は屋根部材のみ、短期荷重は屋根部材＋積雪荷重で求める。屋根荷重は母屋を介して小屋束に流れる。小屋束が負担する荷重は、屋根の負担面積で決まる。

小屋束の負担面積[106頁参照]は、隣り合う母屋間隔の1／2ずつと、隣り合う小屋束間隔の1／2ずつとで囲まれた(母屋と小屋束のスパンで囲まれた)水平投影面積に、屋根の勾配補正係数[表1]を乗じて求める。本事例は5寸勾配の屋根なので、勾配補正係数は、1.118となる。また雪止めを設けているので、積雪に対する屋根の形状係数は1になる。

小屋束や母屋のスパンは等間隔とすることが多いので、あらかじめ屋根面を負担面積で区分しておくと分かりやすい。事例の場合、小屋束の負担荷重は全部で3種類になる[表2]。

表1　勾配補正係数

勾配(寸)	角度(°)	係数
1.5	8.53	1.011
2	11.31	1.020
3	16.70	1.044
3.5	19.29	1.059
4	21.80	1.077
5	26.57	1.118
6	30.96	1.166
7	34.99	1.221
8	38.66	1.281
9	41.99	1.345
10	45.00	1.414

表2　小屋束の負担荷重(一般地域・瓦屋根・雪止めあり)

タイプ	負担面積		固定荷重(940N／㎡)	積雪荷重(600N／㎡)	長期荷重	短期(積雪時)
A		1.017×0.91≒0.925㎡	0.925×940≒870N	0.925×600＝555N	870N	1,425N
B		1.017×1.365≒1.388㎡	1.388×940≒1,305N	1.388×600≒833N	1,305N	2,138N
C		1.017×1.82≒1.850㎡	1.850×940＝1739N	1.850×600＝1,110N	1,739N	2,849N

Point & Memo

Memo

軒先部分の屋根荷重(図中の白の部分)は、軒桁が負担

Memo

屋根の固定荷重
[▶91頁]

Memo

モデルプランの屋根勾配は5寸
[▶136頁]

Memo

屋根形状係数
[▶97頁]

Memo

母屋スパン(0.91m)
×勾配補正係数(1.118)
≒1.017m

Memo

本稿では荷重の数値をまるめているため、負担面積は小数点第4位を四捨五入している

③ 荷重の流れをつかむ

小屋伏図（S＝1:120）

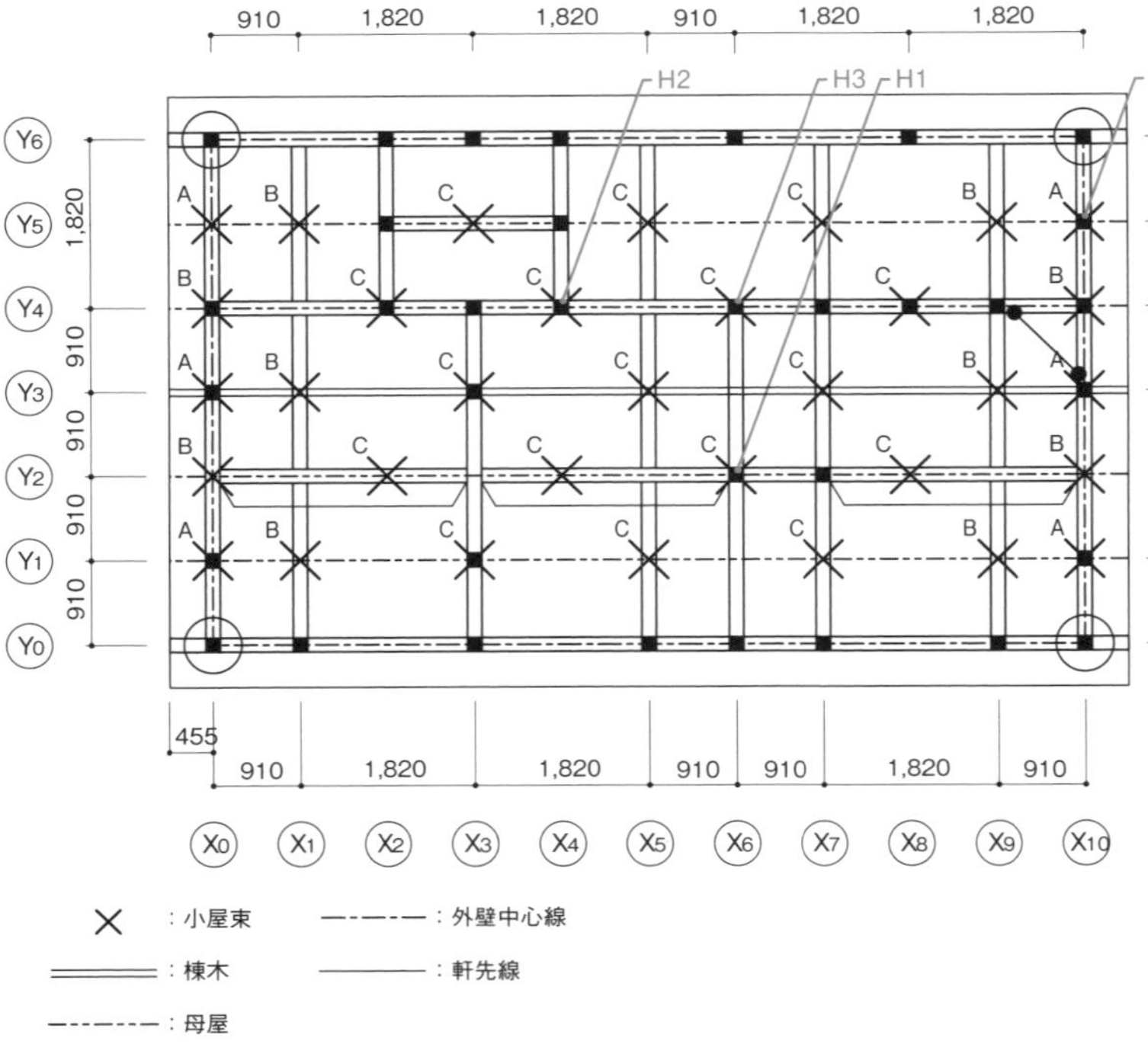

各小屋束が負担する面積が分かったら、次に検定する柱までの力の流れを追う。上図で小屋束の横に記したアルファベットは、負担面積を意味する。
荷重の加算・分配の際には次のことに注意する。
①柱や束が梁のどの位置に載るかで力の配分は変わる［下図］
②柱直下に別の柱がある場合や、通し柱では、軸力は分配されない

図　集中荷重の分配

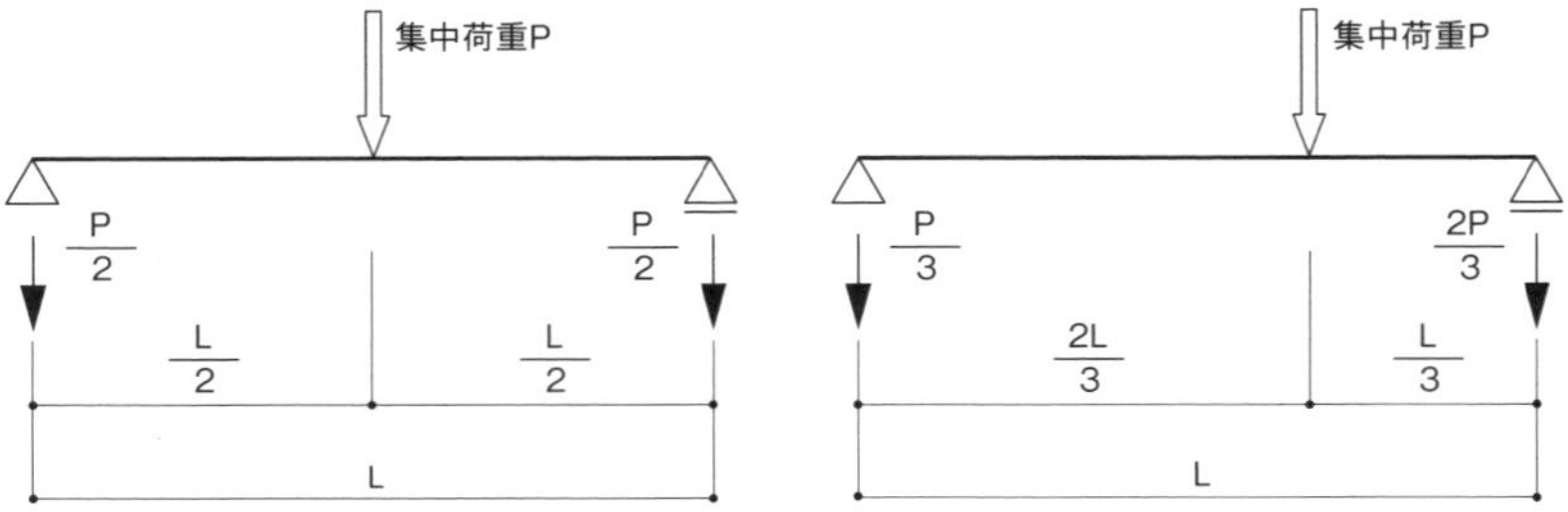

④ 柱の軸力の検定結果

上記の点に注意して検定する柱の荷重を拾うと表3のようにまとまる。

表3　検定結果一覧

柱の位置	X通り	Y通り	荷重分配式	長期荷重	短期荷重（積雪時）
H1	X6	Y2	C＋C／3+2C／3=2C	3,478N	5,698N
H2	X4	Y4	C＋C／2=3C／2	2,609N	4,274N
H3	X6	Y4	C＋C／2=3C／2	2,609N	4,274N
H4	X10	Y5	A	870N	1,425N

Point & Memo

Memo
等分布荷重の分配

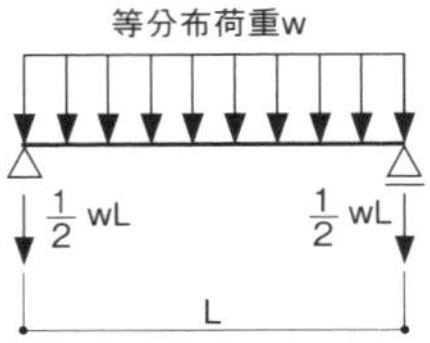

Memo
柱の断面算定
［▶153頁］

梁の断面算定

G1梁[138頁]の断面算定

1 荷重と部材の条件を整理する

Point & Memo

2階床伏図(部分、S＝1:100)

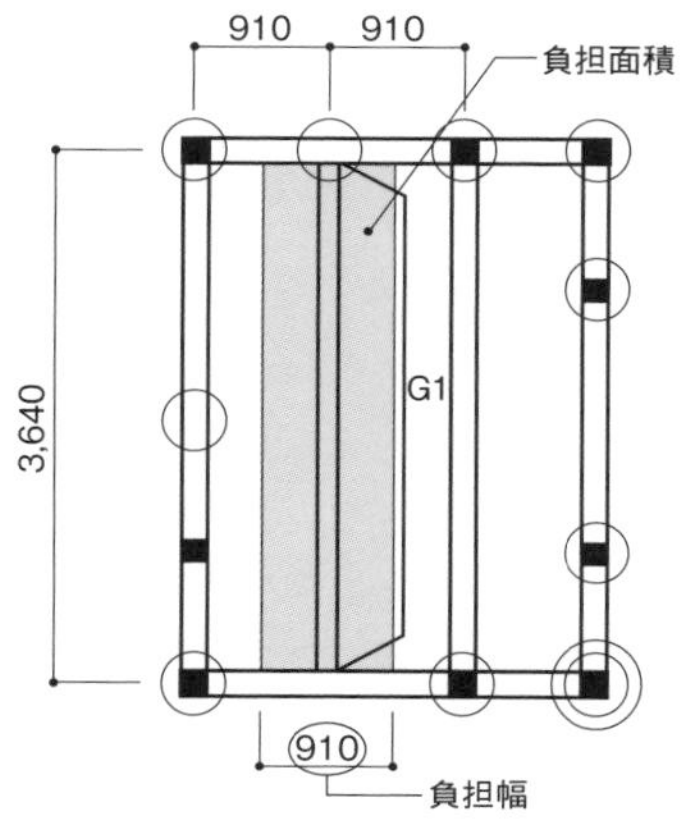

138頁で荷重を拾ったG1梁の断面を算定する。使用する部材はベイマツ(無等級材)とし、ヤング係数は含水率の影響を考慮し85%に低減している。
G1梁にかかる荷重は床荷重のみである。

荷重のモデル化

床荷重

1.72N／mm

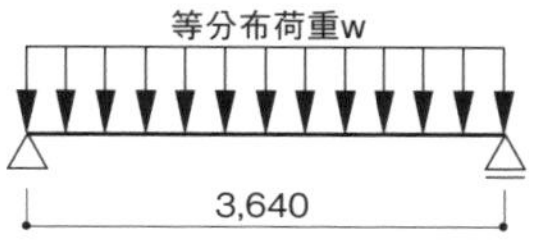

等分布荷重の算出方法

床の固定荷重と積載荷重を足した単位荷重に梁の負担幅を乗じて等分布荷重を求める。

1,890N／㎡×0.91m≒1,720N／m≒1.72N／mm

表　**荷重・部材情報一覧**

項目		数値	備考
応力検定用の荷重の条件	等分布荷重(N／mm)	1.72	単位をN／mからN／mmに変換
検定する部材情報	梁スパン(mm)	3,640	—
	部材の種類	ベイマツ	無等級材
	曲げの基準強度Fb(N／㎟)	28.2	—
	長期許容曲げ応力度fbL(N／㎟)	10.34	算定式:28.2×1.1／3
	ヤング係数E(N／㎟)	8,500	含水率影響係数0.85を乗じた値

Memo

G1梁の荷重
[▶137頁]

Memo

1N／m＝1×10^{-3}N／mm

Point!

ベイマツ・無等級材の基準強度(N／㎟)
圧縮:22.2
引張り:17.7
曲げ:28.2
せん断:2.4

2 たわみの検討

①許容たわみ量δの確認

スパンL　たわみ制限　許容たわみ量δ

3,640 mm÷600≒ 6 mm≦20mm

②必要断面2次モーメントInから仮定断面を決定

等分布荷重w　スパンL　ヤング係数E　許容たわみ量δ

5× 1.72 N／mm× $3,640^4$ mm^4÷（384× 8,500 N／mm^2× 6 mm）

必要断面2次モーメントIn

≒ 77,090,805.8 mm^4≒ 7,709×10^4 mm^4

断面性能表[108頁]から、必要断面2次モーメント以上の断面2次モーメントをもつ断面を選ぶ。例では、105×210mmの断面を仮定断面として採用した。

仮定断面での部材の情報

項目		数値
断面	幅(mm)	105
	せい(mm)	210
断面係数Z(mm^3)		771.7×10^3

断面性能表

断面寸法		断面2次モーメントI(mm^4)	断面係数Z(mm^3)
幅b(mm)	せいd(mm)		
105	120	1,512.0×10^4	252.0×10^3
105	150	2,953.1×10^4	393.7×10^3
105	180	5,103.0×10^4	567.0×10^3
105	210	8,103.3×10^4	771.7×10^3
105	240	12,096.0×10^4	1,008.0×10^3
105	270	17,222.6×10^4	1,275.7×10^3
105	300	23,625.0×10^4	1,575.0×10^3
120	120	1,728.0×10^4	288.0×10^3
120	150	3,375.0×10^4	450.0×10^3
120	180	5,832.0×10^4	648.0×10^3
120	210	9,261.0×10^4	882.0×10^3
120	240	13,824.0×10^4	1,152.0×10^3
120	270	19,683.0×10^4	1,458.0×10^3
120	330	35,937.0×10^4	2,178.0×10^3

注：断面2次モーメントは100の位以下を、断面係数は10の位以下を切り捨てた

※：i＝0.29×dで算出

3 曲げモーメントの検討

①曲げモーメントMの検討

等分布荷重w　スパンL

1.72 N／mm× $3,640^2$ mm^2÷8

曲げモーメントM　曲げモーメントM

＝ 2,848,664 N・mm≒ 2,848.7×10^3 N・mm

②曲げ応力度σbの算出

曲げモーメントM　断面係数Z　断面欠損低減

2,848.7×10^3 N／mm÷（771.7×10^3 mm^3×1.0）

曲げ応力度σb

≒ 3.7 N／mm^2

③許容曲げ応力度fbLとの比較

曲げ応力度σb　許容曲げ応力度fbL

3.7 N／mm^2 ≦ 10.34 N／mm^{2}となるので、OK

Point & Memo

Memo

告示1459号ではたわみの最大値は1／250で変形増大計数が2なので、500となる。また、「木造軸組工法住宅の許容応力度設計（2008年版）」では推奨値を1／300としていることもあり、ここでは1／300×2＝1／600を採用している

Memo

数字は計算しやすいように、適宜、まるめている。数字のまるめ方の基本は、荷重・応力を切り上げ、応力度・許容応力度を切り捨てる。左記のたわみ量は正確には「6.1mm」とすべきだが、「6mm」としても安全上問題がないと判断できるので、小数点以降を切り捨てた

Memo

表は当該部材に梁仕口などの断面欠損がない場合の値である。

梁の中間部に両端から小梁を受け、かつ上階の柱を受ける仕口がある場合には、梁せいが240mm未満の場合、断面2次モーメントに0.7を、240mm以上の場合は0.8を乗じる。その他の場合は0.9を乗じた値で検討する。

断面係数Zについては、梁の中間部側面に根太堀や、梁仕口がある場合の低減率が、「木造軸組工法住宅の許容応力度設計」（（財）日本住宅・木材技術センター刊）に記載されているので参考にされたい

仕口の種類	低減率
根太堀	10%
大入れ蟻掛	25%
短ほぞ差し	15%

これらの組み合わせで、低減率を合算する。

145頁の例では、断面欠損がない梁なので、断面欠損低減を1.0としている

Memo

許容曲げ応力度の算出式
[▶145頁表]

G2梁［138頁］の断面算定

① 荷重と部材の条件を整理する

2階床伏図（部分、S＝1：100）

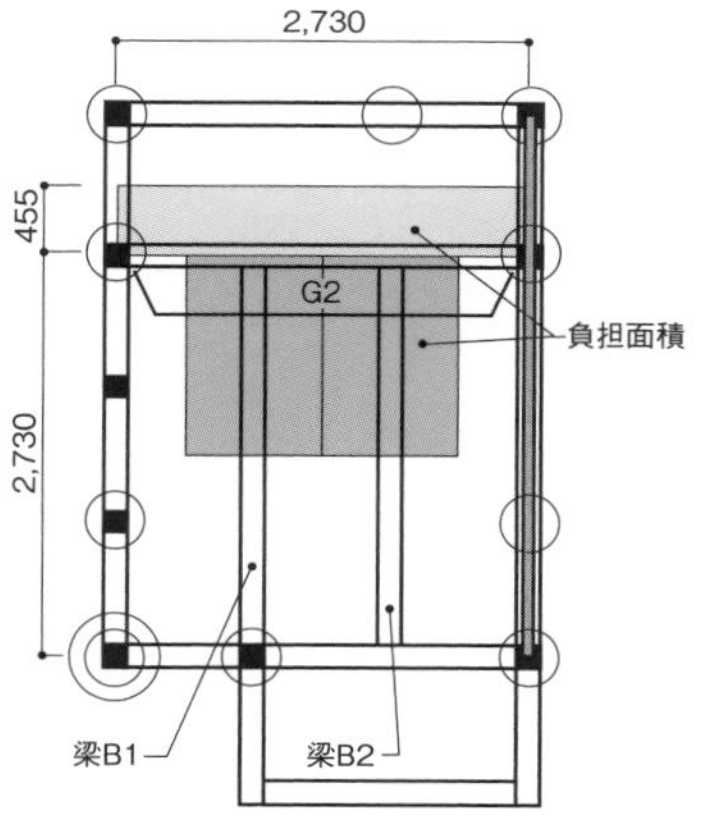

138頁で荷重を拾ったG2梁の断面を算定する。使用する部材は、G1梁と同じベイマツ・無等級材（ヤング係数を85%に低減）である。
G2梁にかかる荷重は床荷重と直交する梁B1・B2からの集中荷重である。荷重のモデル化の際には、等分布荷重・集中荷重のどちらに統一してもかまわないが、ここではすべての荷重を集中荷重に置換し、検討する梁の中央に作用しているものとしてモデル化する。検討に用いる構造計算式は単純梁＋集中荷重の公式である［118頁参照］。

荷重のモデル化の手順

①床荷重【Step1】

0.86N／㎜

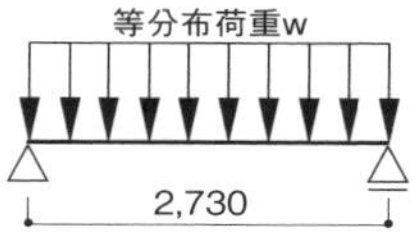

②直交する梁（1本）の荷重【Step2】

2,363N

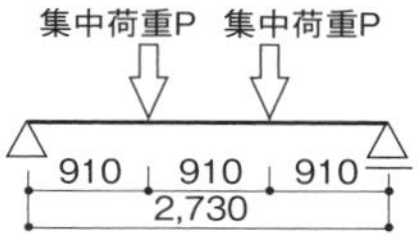

③すべての集中荷重【Step3】

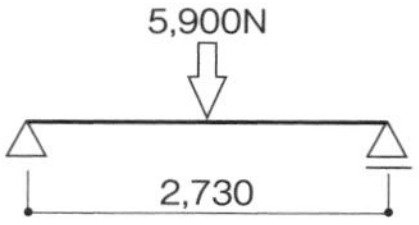

【Step1】
床荷重を等分布荷重から、検討する梁スパンの中央に作用する集中荷重に置換する。等分布荷重にスパンの1／2を乗じると集中荷重になる。

0.86N／㎜×2,730㎜÷2＝1,173.9N

【Step2】
直交する梁からかかる2つの集中荷重を1つにまとめる。

2,363N＋2,363N＝4,726N

【Step3】
すべての集中荷重を足し合わせる。

1,173.9N＋4,726N＝5,899.9N≒5,900N

表　荷重・部材情報一覧

項目		数値	備考
応力検定用の荷重の条件	集中荷重（N）	5,900	複数の荷重を1つの集中荷重にモデル化
検定する部材情報	梁スパン（㎜）	2,730	—
	部材の種類	ベイマツ	無等級材
	曲げの基準強度Fb（N／㎟）	28.2	—
	長期許容曲げ応力度fbL（N／㎟）	10.34	算定式＝28.2×1.1／3
	ヤング係数E（N／㎟）	8,500	含水率影響係数0.85を乗じた値

Point & Memo

Memo

G2梁の荷重
［▶138頁］

Point!

ベイマツ・無等級材の基準強度（N／㎟）
圧縮：22.2
引張り：17.7
曲げ：28.2
せん断：2.4

② たわみの検討

①許容たわみ量 δ の確認

スパンL　たわみ制限　許容たわみ量 δ

2,730 mm ÷600＝ 4.55 mm≦20mm

②必要断面2次モーメントInから仮定断面を決定

集中荷重P　スパンL　ヤング係数E　許容たわみ量 δ

5,900 N× $2{,}730^3$ mm³ ÷（48× 8,500 N／mm²× 4.55 mm）

必要断面2次モーメントIn

≒ 64,664,867.65 mm⁴≒ $6{,}466.5\times10^4$ mm⁴

断面性能表[108頁]より、必要断面2次モーメント以上の断面2次モーメントをもつ断面を選ぶ。例では、105×210mmの断面を仮定断面として採用した。

仮定断面での部材の情報

項目		数値
断面	幅（mm）	105
	せい（mm）	210
断面係数Z（mm³）		771.7×10^3

断面性能表

断面寸法		断面2次モーメントI（mm⁴）	断面係数Z（mm³）
幅b（mm）	せいd（mm）		
105	120	$1{,}512.0\times10^4$	252.0×10^3
105	150	$2{,}953.1\times10^4$	393.7×10^3
105	180	$5{,}103.0\times10^4$	567.0×10^3
105	210	$8{,}103.3\times10^4$	771.7×10^3
105	240	$12{,}096.0\times10^4$	$1{,}008.0\times10^3$
105	270	$17{,}222.6\times10^4$	$1{,}275.7\times10^3$
105	300	$23{,}625.0\times10^4$	$1{,}575.0\times10^3$
120	120	$1{,}728.0\times10^4$	288.0×10^3
120	150	$3{,}375.0\times10^4$	450.0×10^3
120	180	$5{,}832.0\times10^4$	648.0×10^3
120	210	$9{,}261.0\times10^4$	882.0×10^3
120	240	$13{,}824.0\times10^4$	$1{,}152.0\times10^3$
120	270	$19{,}683.0\times10^4$	$1{,}458.0\times10^3$
120	330	$35{,}937.0\times10^4$	$2{,}178.0\times10^3$

注：断面2次モーメントは100の位以下を、断面係数は10の位以下を切り捨てた
※：i＝0.29×dで算出

③ 曲げモーメントの検討

①曲げモーメントMの検討

集中荷重P　スパンL

5,900 N× 2,730 mm ÷4

曲げモーメントM　曲げモーメントM

＝ 4,026,750 N・mm≒ $4{,}026.8\times10^3$ N・mm

②曲げ応力度 σb の算出

曲げモーメントM　断面係数Z　断面欠損低減

$4{,}026.8\times10^3$ N・mm ÷（ 771.7×10^3 mm³ ×0.8）

曲げ応力度 σb

≒ 6.52 N／mm²

③許容曲げ応力度 f_{bL} との比較

曲げ応力度 σb　許容曲げ応力度 f_{bL}

6.52 N／mm² ≦ 10.34 N／mm²となるので、OK

Point & Memo

Memo

数字は計算しやすいように、適宜、まるめている。数字のまるめ方の基本は、荷重・応力を切り上げ、応力度・許容応力度を切り捨てる

Memo

G2梁は片側に梁を受けているので、断面2次モーメントの低減率は10％（0.9掛け）、断面係数の低減率は25％（0.75掛け）である。105×210梁の場合

$I' = 8{,}103.3\times10^4\times0.9 = 7{,}292.9\times10^4$

$Z' = 771.7\times10^3\times0.75 = 578.7\times10^3$

ここでは略算により、0.8掛けとして検討している

Memo

許容曲げ応力度の算出式
［▶147頁］

Memo

応力度の比較の結果、余裕があることが分かったので105×180mmを精算して検討してもよい

G3梁［139頁］の断面算定

① 荷重と部材の条件を整理する

2階床伏図（部分、S＝1:100）

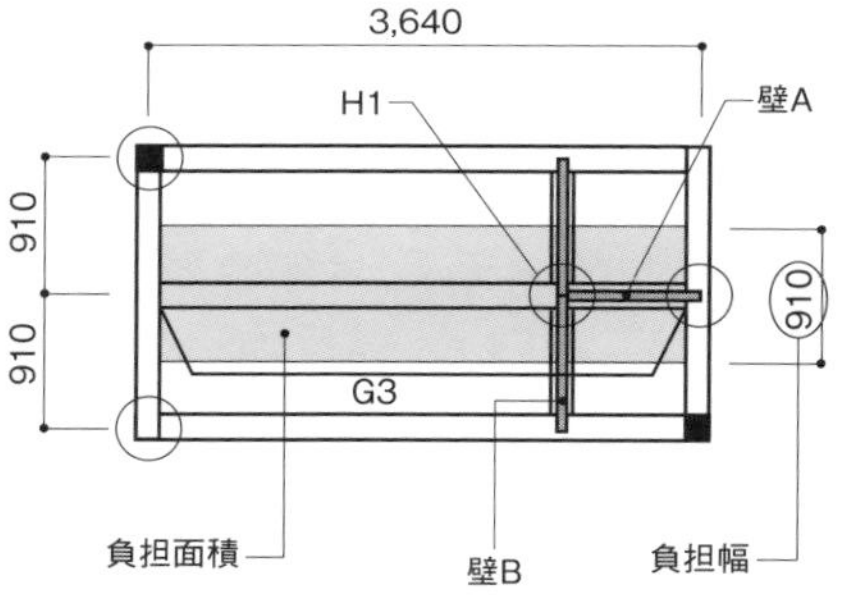

139頁で荷重を拾ったG3梁の断面を算定する。使用する部材は、G1梁と同じベイマツ・無等級材（ヤング係数を85%に低減）である。
G3梁にかかる荷重は、①床荷重、②梁に沿った壁Aの荷重、③梁に直交する壁Bの荷重、④梁に載る柱H1の軸力の4種類である。
荷重の状態でみると、等分布荷重（①・②）と集中荷重（③・④）が混在しているので、集中荷重に統一する。

荷重のモデル化の手順

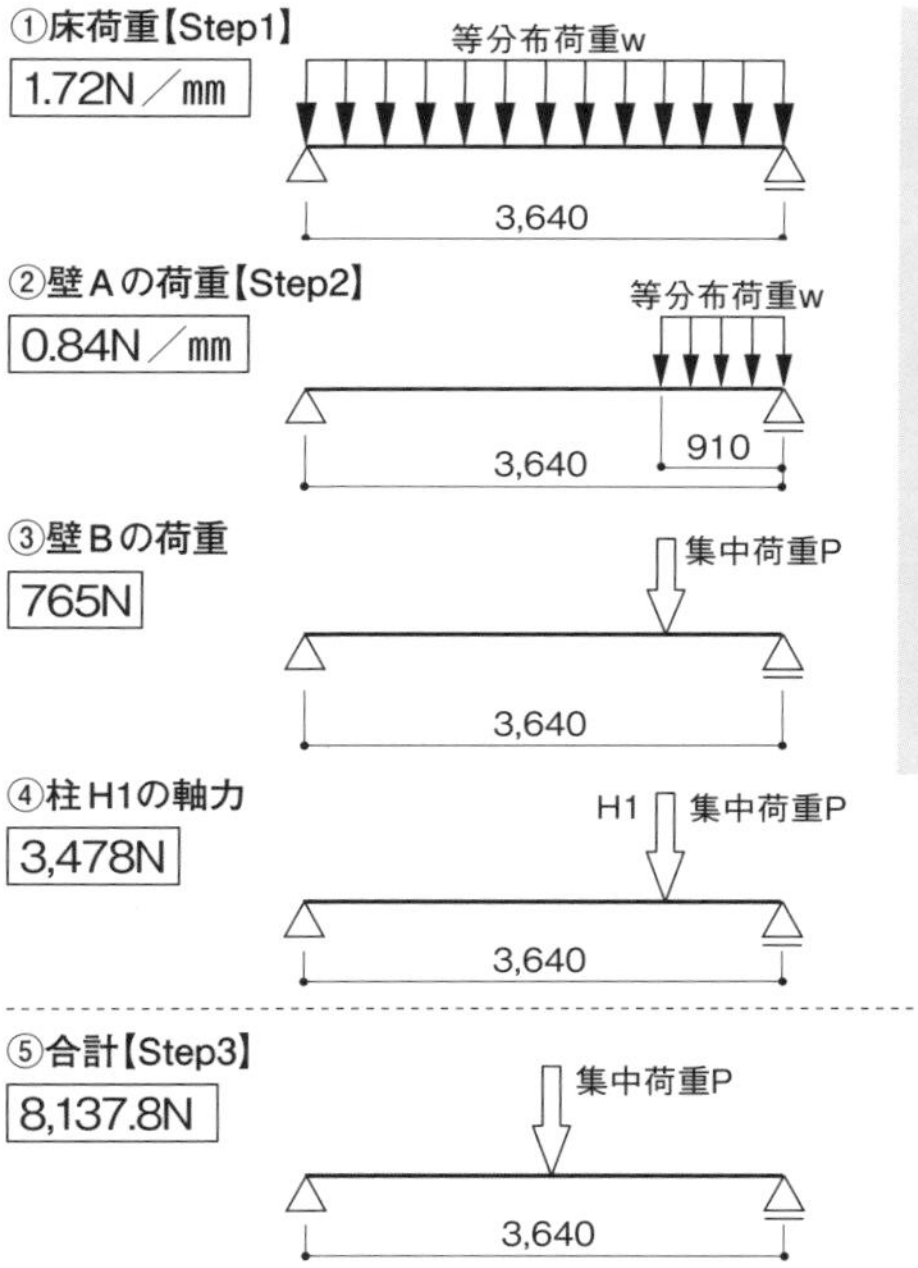

【Step1】
床荷重（①）の等分布荷重を、集中荷重に置換する。
1.72N／mm×3,640mm÷2＝3,130.4N

【Step2】
②の局部等分布荷重を集中荷重に置換する。
0.84N／mm×910mm＝764.4N

【Step3】
①②③④の集中荷重を合計する。
3,130.4＋764.4＋765＋3,478
＝8,137.8N…⑤

表　荷重・部材情報一覧

項目		数値	備考
応力検定用の荷重の条件	集中荷重（N／mm）	8,138	複数の荷重を1つの集中荷重にモデル化。単位をkNに変換
検定する部材情報	梁スパン（mm）	3,640	—
	部材の種類	ベイマツ	無等級材
	曲げの基準強度Fb（N／mm²）	28.2	—
	長期許容曲げ応力度fbL（N／mm²）	10.34	算定式＝28.2×1.1／3
	ヤング係数E（N／mm²）	8,500	含水率影響係数0.85を乗じた値

Point & Memo

Memo
G3の荷重
［▶139頁参照］

Point!
G4梁の荷重のモデル化
140頁のG4梁の荷重状態も、G3梁に似ているため、同様の方法で荷重を集中荷重にモデル化して検定することができる

2 たわみの検討

①許容たわみ量 δ の確認

スパンL　たわみ制限　許容たわみ量 δ

3,640 mm ÷ 600 ≒ 6 mm ≦ 20mm

②必要断面2次モーメントInから仮定断面を決定

集中荷重P　スパンL

8,138 N × 3,640 ^{3} mm^3

ヤング係数E　許容たわみ量 δ

÷（48 × 8,500 N／mm^2 × 6 mm）

必要断面2次モーメントIn

＝ 160,328,386.9 mm^4 ≒ 16,032.8×10^4 mm^4

断面性能表[108頁]より、必要断面2次モーメント以上の断面2次モーメントをもつ断面を選ぶ。105×300mmの断面を仮定断面として採用した。

仮定断面での部材の情報

項目		数値
断面	幅（mm）	105
	せい（mm）	300
断面係数Z（mm^3）		1,575.0×10^3

断面性能表

断面寸法		断面2次モーメントI（mm4）	断面係数Z（mm^3）
幅b（mm）	せいd（mm）		
105	120	1,512.0×10^4	252.0×10^3
105	150	2,953.1×10^4	393.7×10^3
105	180	5,103.0×10^4	567.0×10^3
105	210	8,103.3×10^4	771.7×10^3
105	240	12,096.0×10^4	1,008.0×10^3
105	270	17,222.6×10^4	1,275.7×10^3
105	300	23,625.0×10^4	1,575.0×10^3
120	120	1,728.0×10^4	288.0×10^3
120	150	3,375.0×10^4	450.0×10^3
120	180	5,832.0×10^4	648.0×10^3
120	210	9,261.0×10^4	882.0×10^3
120	240	13,824.0×10^4	1,152.0×10^3
120	270	19,683.0×10^4	1,458.0×10^3
120	330	35,937.0×10^4	2,178.0×10^3

注：断面2次モーメントは100の位以下を、断面係数は10の位以下を切り捨てた
※：i＝0.29×dで算出

3 曲げモーメントの検討

①曲げモーメントMの検討

集中荷重P　スパンL

8,138 N × 3,640 mm ÷ 4

曲げモーメントM　曲げモーメントM

＝ 7,405,580 N・mm ≒ 7,405.6×10^3 N・mm

②曲げ応力度 σbの算出

曲げモーメントM　断面係数Z　断面欠損低減

7,405.6×10^3 N・mm ÷（1,575.0×10^3 mm^3 ×0.8）

曲げ応力度 σb

≒ 5.88 N／mm^2

③許容曲げ応力度 f_{bL} との比較

曲げ応力度 σb　許容曲げ応力度 f_{bL}

5.88 N／mm^2 ≦ 10.34 N／mm^{2}となるので、OK

Point & Memo

Memo

数字は計算しやすいように、適宜、まるめている。数字のまるめ方の基本は、荷重・応力を切り上げ、応力度・許容応力度を切り捨てる。左記のたわみ量は正確には「6.1mm」とすべきだが、「6mm」としても安全上問題がないと判断できるので、小数点以降を切り捨てた

Memo

I' ＝ 23,625×10^4×0.8
　＝ 18,900×10^4
16,032.8×10^4
　＜ 18,900×10^4
　∴105×300でOK

Memo

ここでは略算により、断面係数の低減は0.8掛けとしている。
詳細に計算した場合は、
　大入れ蟻掛け　25％
　短ほぞ差し　15％
　計　40％（0.6掛け）
となる

Memo

許容曲げ応力度の算出式
[▶149頁参照]

G5梁［141頁］の断面算定

① 荷重と部材の条件を整理する

2階床伏図（部分、S＝1:100）

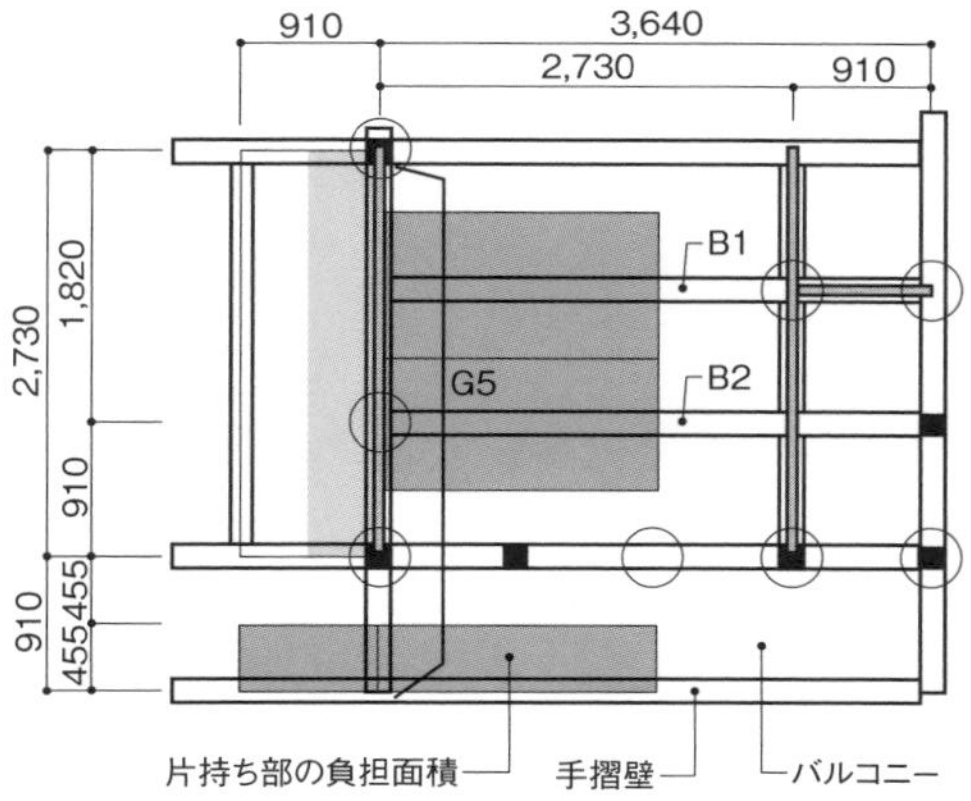

141頁で荷重を拾ったG5梁の断面を算定する。使用する部材は、G1梁と同じベイマツ・無等級材（ヤング係数を85%に低減）である。

G5梁の躯体部分と持出し部分では荷重の条件が異なる。厳密には、跳出し梁として断面算定するべきだが、躯体内部に十分に「引き」がとれているため、ここでは躯体部分と持出し部分を分けて考える。躯体部分の計算は、G2～G4梁と同様なので、ここで片持ち部分のみ解説する。

G5梁の片持ち部分には、バルコニー床と手摺壁の荷重が作用している。前者は、等分布荷重、後者は集中荷重だが、略算では、すべて集中荷重に置き換えて、片持ち部の先端に作用するように考えたほうがよいだろう。検討に用いる算定式は片持ち梁＋集中荷重である［121頁参照］。

荷重のモデル化の手順

①バルコニー床荷重
（集中荷重に置換）

2,313N

②バルコニー
手摺壁荷重

2,201N

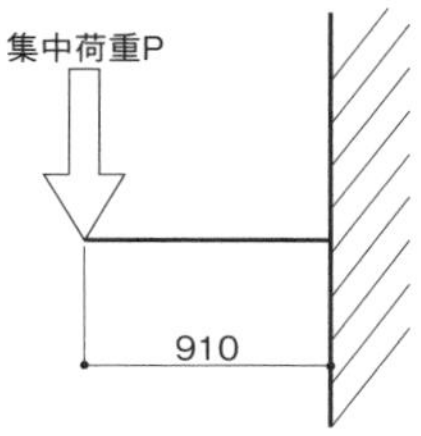

バルコニーにかかる2つの集中荷重を1つにまとめる。

2,313N＋2,201N＝4,514N

表　荷重・部材情報一覧

項目		数値	備考
応力検定用の荷重の条件	集中荷重（N）	4,514	複数の荷重を1つの集中荷重にモデル化
検定する部材情報	梁スパン（㎜）	910	―
	部材の種類	ベイマツ	無等級材
	曲げの基準強度Fb（N／㎟）	28.2	―
	長期許容曲げ応力度f_{bL}（N／㎟）	10.34	算定式：28.2×1.1／3
	せん断の基準強度Fs（N／㎟）	2.4	―
	長期許容せん断応力度f_{sL}（N／㎟）	0.88	算定式：2.4×1.1／3
	ヤング係数E（N／㎟）	8,500	含水率影響係数0.85を乗じた値

Point & Memo

Memo

G5梁の荷重
［▶141頁］

Memo

バルコニー床荷重の集中荷重への置換式は、以下のとおり
床の均し荷重1,890N／㎡
× 負担面積1.25㎡
≒2,363N

Point!

ベイマツ・無等級材の基準強度（N／㎟）
圧縮：22.2
引張り：17.7
曲げ：28.2
せん断：2.4

Memo

1N／m＝1×10^{-3}N／㎜

② たわみの検討

①許容たわみ量 δ の確認

スパンL　たわみ制限　許容たわみ量 δ　許容たわみ量 δ

910 ㎜÷600≒ 1.516 ㎜≒ 1.5 ㎜≦20㎜

②必要断面2次モーメントInから仮定断面を決定

集中荷重P　スパンL　ヤング係数E　許容たわみ量 δ

4,514 N× 910^3 ㎣÷(3× 8,500 N／㎟× 1.5 ㎜)

必要断面2次モーメントIn

≒ $8{,}893.1\times10^4$ mm^4

断面性能一覧表[108頁]より、必要断面2次モーメント以上の断面2次モーメントをもつ断面を選ぶ。例では、105×240㎜の断面を仮定断面として採用した。

仮定断面での部材の情報

項目		数値
断面	幅(㎜)	105
	せい(㎜)	240
断面積A(㎟)		25,200
断面係数Z(㎣)		$1{,}008.0\times10^3$

断面性能表

断面寸法		断面2次モーメントI(㎜⁴)	断面係数Z(㎣)
幅b(㎜)	せいd(㎜)		
105	120	$1{,}512.0\times10^4$	252.0×10^3
105	150	$2{,}953.1\times10^4$	393.7×10^3
105	180	$5{,}103.0\times10^4$	567.0×10^3
105	210	$8{,}103.3\times10^4$	771.7×10^3
105	240	$12{,}096.0\times10^4$	$1{,}008.0\times10^3$
105	270	$17{,}222.6\times10^4$	$1{,}275.7\times10^3$
105	300	$23{,}625.0\times10^4$	$1{,}575.0\times10^3$
120	120	$1{,}728.0\times10^4$	288.0×10^3
120	150	$3{,}375.0\times10^4$	450.0×10^3
120	180	$5{,}832.0\times10^4$	648.0×10^3
120	210	$9{,}261.0\times10^4$	882.0×10^3
120	240	$13{,}824.0\times10^4$	$1{,}152.0\times10^3$
120	270	$19{,}683.0\times10^4$	$1{,}458.0\times10^3$

注：断面2次モーメントは100の位以下を、断面係数は10の位以下を切り捨てた

※：i＝0.29×dで算出

③ 曲げモーメントの検討

①曲げモーメントMの検討

集中荷重P　スパンL　曲げモーメントM

4,514 N× 910 ㎜≒ $4{,}107.7\times10^3$ N・㎜

②曲げ応力度 σbの算出

曲げモーメントM　断面係数Z　断面欠損低減　曲げ応力度 σb

$4{,}107.7\times10^3$ N・㎜÷($1{,}008.0\times10^3$ ㎣×0.8)≒ 5.09 N／㎟

③許容曲げ応力度 f_{bL} との比較

曲げ応力度 σb　許容曲げ応力度 f_{bL}

5.09 N／㎟≦ 10.34 N／㎟

④ せん断の検討

せん断応力度 τ の算出と許容せん断応力度 f_{sL} との比較

形状係数 α　集中荷重P　断面積A　断面欠損低減

3／2× 4,514 N÷(25,200 ㎟×0.8)

せん断応力度 τ　許容せん断応力度 f_{sL}

≒ 0.33 N／㎟ ≦ 0.88 N／㎟となるので、OK

Point & Memo

Memo

数字は計算しやすいように、適宜、まるめている。数字のまるめ方の基本は、荷重・応力を切り上げ、応力度・許容応力度を切り捨てる

Memo

$I' = 12{,}096.0\times10^4\times0.8$
$= 9{,}676.8\times10^4$
$8{,}893.1\times10^4$
$< 9{,}676.8\times10^4$
∴105×240でOK

Memo

ここでは略算により、断面係数の低減は0.8掛けとしている。
詳細に計算した場合は、
大入れ蟻掛け　25%
短ほぞ差し　15%
計　40%(0.6掛け)
となる

Memo

梁端部の有効断面積は、仕口加工によって異なるが、ここでは低減係数として0.8を採用している

柱の断面算定

外柱の断面算定

① 部材の情報を整理する

ここでは、144頁で軸力を拾ったH4柱を利用して断面を算定する。構造計算は、通常、条件の厳しい1階の柱で行う。H4柱は2階柱なので、ここでは、H4柱の直下にある柱（H5柱）を例に断面算定を進める。

H5柱は建物外周に面した階段室にある外柱である。したがって長期の軸力のほかに、外壁が風を受けることで発生する短期の曲げモーメント[124頁参照]についても検定が必要である。

以下では、127頁で紹介した「外柱の断面算定式」を用いて、柱断面の安全性を確認する。はじめに計算の前提条件となる部材の情報を整理する。使用する部材はスギ（無等級材）の105㎜角とする。　［多田脩二］

表　部材情報一覧

項目	樹種・数値
使用材	スギ
圧縮基準強度（N／㎟）	17.7
曲げ基準強度（N／㎟）	22.2
柱長さ（㎜）	2,700
断面寸法（㎜）	105×105
断面積A（㎟）	11,025
断面係数Z（㎣）	192,937
断面2次半径i（㎜）	30.45

2階床伏図（部分、S＝1:120）

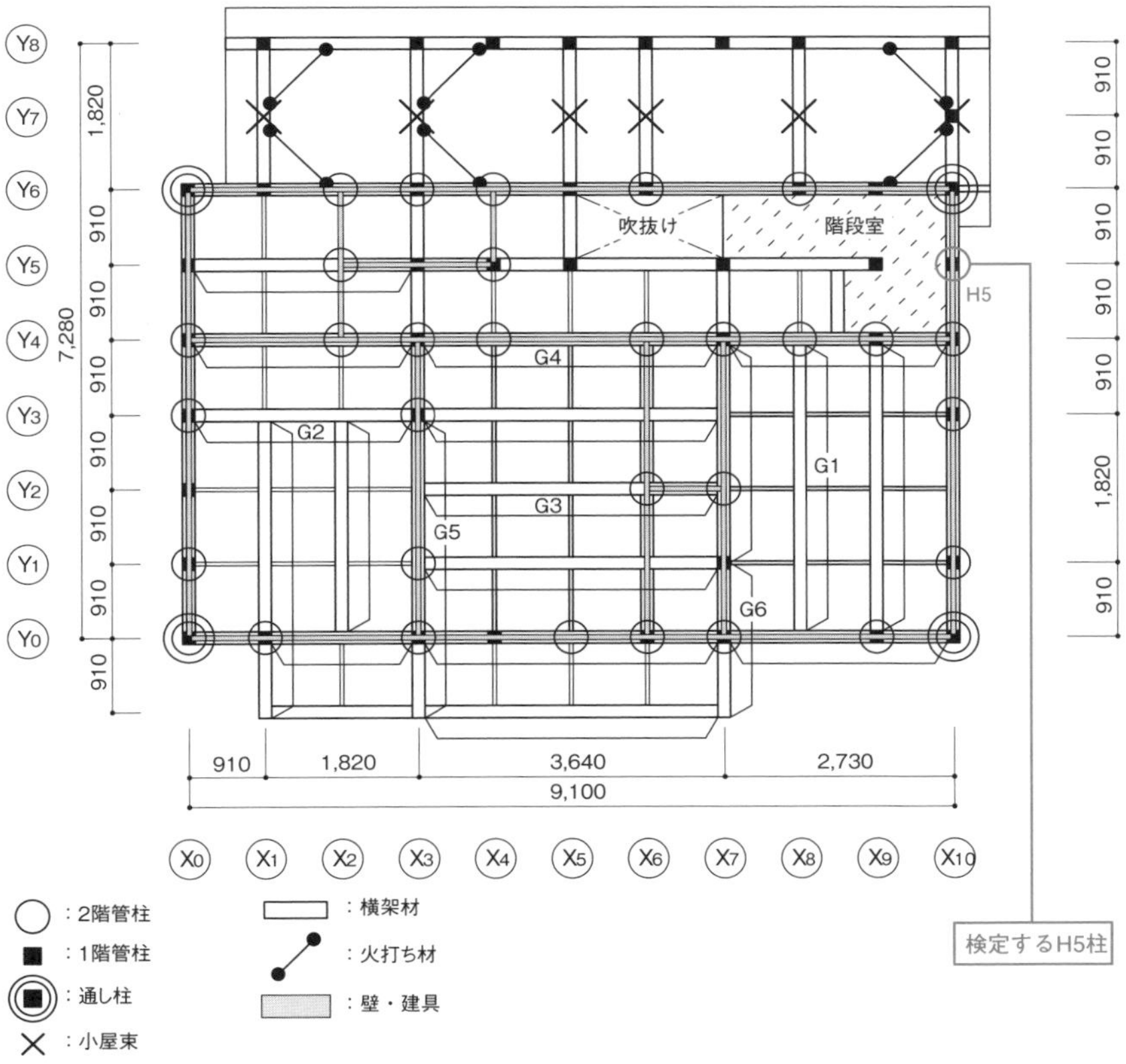

Point & Memo

Memo

吹抜けの管柱の場合、柱の軸力の検討のほかに、柱が載る胴差についても風の検討をする必要がある

Memo

スギ・無等級材の基準強度
［▶111頁］

Memo

モデルプランの柱長さは2,695㎜［136頁］だが、計算しやすいようにここでは2,700㎜（＝2.7m）とする

Memo

断面係数$Z = b \times d^2 \div 6$
断面2次半径$i = 0.29 \times d$
（b:幅、d:せい）
［▶109頁］

② 固定荷重を整理する

次にH5柱に作用する荷重状態を整理する。H5柱には、屋根荷重と、2階の外壁の荷重を足し合わせた荷重が軸力としてかかる。さらに外壁が受ける風圧力が作用し、短期の曲げモーメントが生じる。検討するH5柱の両隣(153頁伏図のX10通り:Y4、Y6通り)**では上下階で柱位置がそろっているため、H5柱の負担する屋根荷重は、直上のH4柱と同じである。**
壁荷重の負担幅は、柱ピッチが同じならば、負担幅＝柱スパンになる。したがって、H5柱の場合、負担幅は910㎜(=0.91m)**となる**[153頁伏図]**。**

①屋根荷重W_1の算定

屋根荷重W_1（H_4の軸力）

870 N

②外壁荷重のW_2算定

壁の均し荷重　階高　負担幅b　壁荷重W_2　壁荷重W_2

485 N／㎡ × 2.7 m × 0.91 m ＝ 1,191.645 N ≒ 1,191.7 N

③H5柱の軸力の算定

屋根荷重W_1　壁荷重W_2　H5柱の軸力N_{CL}　H5柱の軸力N_{CL}

870 N ＋ 1,191.7 N ＝ 2,061.7 N ≒ 2.1 kN

③ 風圧力を整理する

H5柱に作用する風圧力を求める。風圧力は速度圧に風力係数を乗じて求める。風圧力算定用の諸条件は右にまとめた。

風圧力の算定条件

項目	数値		
最高高さ	7,732㎜＝7.732m		
軒高さ	6,200㎜＝6.2m		
平均高さH	6,966㎜≒7.0m		
柱の内法高さ	2,695㎜≒2.7m		
風力係数Cf	0.6		
地表面粗度区分	Ⅲ	Zb	5
		ZG	450
		α	0.20
ガスト係数Gf	2.5		
基準風速Vo	34		

①速度圧qの算定

平均高さH＝7.0＞Zb＝5より、算定式は以下になる

H　ZG　α　平均風速の高さ分布係数Er

$1.7 \times (7.0 \div 450)^{0.20} = 0.739$

平均風速の高さ分布係数Er　ガスト係数Gf　E

$0.739^2 \times 2.5 \fallingdotseq 1.365$

E　基準風速Vo　速度圧q

$0.6 \times 1.365 \times 34^2 = 946.76$ N／㎡

②風圧力Pの算定

速度圧q　風力係数Cf　風圧力P　風圧力P

946.76 N／㎡ × 0.6 ＝ 568.05 N／㎡ ≒ 568.1×10^{-6} N／㎟

Point & Memo

Memo

通常、2階床の荷重も考慮しなければならない。ただし、H5柱は階段室にあり、床荷重を負担していないため省略した

Memo

H4柱が負担する屋根荷重
[▶144頁]

Memo

サイディング壁の均し荷重(設計荷重)
[▶92頁]

Memo

モデルプランの内法高さ
[▶136頁]

Memo

モデルプランの最高高さ・軒高さ・柱の内法高さ
[▶136頁]

Memo

風力係数は以下の条件で求めた
平均高さ7.0m
胴差天端3.4mより
$K_z = 0.749$
$C_{pe} = 0.8K_z$
$= 0.599$
$\fallingdotseq 0.6$

Memo

風圧力の算定式
[▶100頁参照]

Memo

$1N／㎡ = 1 \times 10^{-6} N／㎟$

④ 令43条の確認（柱小径比、有効細長比）

柱断面は、建築基準法施行令43条に規定された数値を守ることが前提となる。柱小径比と有効細長比を求め、それぞれが規定値以下であることを確認する。

①柱小径比の確認

柱小径　材長　柱小径比　令43条の規定値

[105] mm÷ [2,700] mm≒ [1／25.7] ≧1／28

令43条の規定値（住宅の場合）

建物	最上階・階数が1の建物の柱	そのほかの階の柱
土蔵造りの建築物そのほかこれに類する壁の重量が特に大きい建物	1／25	1／22
上記以外の軽い屋根の建物	1／33	1／30
上記以外の重い屋根の建物	1／30	1／28

②有効細長比の確認

座屈長さ lk　断面2次半径 i　有効細長比 λ　令43条の規定値

[2,700] mm÷ [30.45] mm＝ [88.669] ≒ [89] ≦150

⑤ 許容応力度の算定

部材の軸力に対する長期の許容応力度を求める。圧縮力の場合、有効細長比 λ の値によって許容応力度の算出式が異なるので注意する。

上記②で求めた有効細長比 λ ＝89より、算定式は以下となる

長期許容圧縮応力度の算定式

有効細長比 λ	長期許容圧縮応力度（N／㎟）
λ ≦30	1.1／3×圧縮基準強度Fc
30＜ λ ≦100	1.1／3×（1.3−0.01 λ）×圧縮基準強度Fc
100＜ λ	1.1／3×3,000×圧縮基準強度Fc÷ λ^2

算定式

有効細長比 λ　圧縮基準強度Fc　長期許容圧縮応力度 fcL

1.1／3×（1.3−0.01× [89] ）× [17.7] N／㎟≒ [2.66] N／㎟

Point & Memo

Memo

令43条の規定値

モデルプランは瓦屋根の建物の1階柱なので、1／28 を採用

[▶136頁]

Memo

有効細長比は、計算しやすいように数値をまるめた。細長比は値が大きいほど安全側なので、切り上げてまるめても問題はない

Memo

座屈長さは、材の両端の固定状態で決まる。木造の場合、両端ピンなので、座屈長さは材長

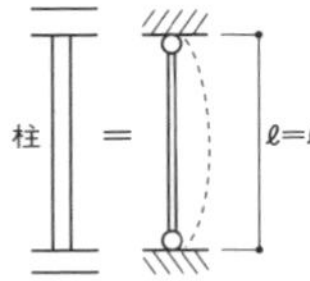

柱105×105

ここでは108頁表より断面2次半径 i を30.45としているが、詳細には以下のように断面2次半径 i を求める

断面2次半径 i

$i=\sqrt{I／A}$

$A=11{,}025\,\text{mm}^2$

$I=10{,}129{,}218$

$=10{,}129\times10^3\,\text{mm}^4$

より

$i=30.31\,\text{mm}$

Point!

主な樹種の圧縮基準強度（N／㎟）

ベイマツ：22.2

ヒノキ：20.7

ツガ：19.2

スギ：17.7

6 長期軸力(圧縮力)の検討

はじめに長期の軸力を検討する。許容応力度と断面積を乗じて求められる長期許容圧縮力が、「②固定荷重を整理する」で拾った長期の軸力の合計よりも大きければ、安全上問題がない。

①長期許容圧縮力 P_{CL} の算出

長期許容圧縮応力度 f_{CL} ／ 断面積a ／ 長期許容圧縮力 P_{CL} ／ 長期許容圧縮力 P_{CL}

2.66 N／㎟× 11,025 ㎟＝ 29,326.5 N≒ 29.3 kN

②長期圧縮力 N_{CL} と長期許容圧縮力 P_{CL} の比較

長期圧縮力 N_{CL} ／ 長期許容圧縮力 P_{CL}

2.1 kN＜ 29.3 kNとなるので、OK

7 短期軸力と曲げモーメントの検討

長期軸力の検討で問題がなければ、短期の軸力と風圧力による曲げモーメントの検討に移る。ここでは、次の3点の条件を満たすことを確認する。

①短期圧縮力÷短期許容圧縮力≦1
②短期曲げモーメント÷短期許容曲げモーメント≦1
③①＋②≦1

①短期圧縮力Ncs÷短期許容圧縮力Pcs≦1の検討

モデル地域は一般地域を想定しているため、長期と短期の荷重が変わらない。したがって長期の圧縮力と許容圧縮力の比に「長期→短期変換係数」を乗じれば短期の検定比を求めることができる

長期圧縮力 N_{CL} ／ 長期許容圧縮力 P_{CL} ／ 長期→短期変換係数 ／ 短期圧縮力の検定比 ／ 短期圧縮力の検定比

2.1 kN÷ 29.3 kN×1.1／2≒ 0.039 ≒ 0.04 ≦1

②短期許容曲げモーメントMbsの算定(圧縮力の検定比考慮)

②と③を同時に満たす短期許容曲げモーメントを求める

短期許容曲げ応力度fbs ／ 断面係数Z ／ 短期圧縮力の検定比

14.8 N／㎟× 192.9×10^{3} ㎣ ×(1－ 0.04)

短期許容曲げモーメントMbs

≒ $2{,}740.7\times10^{3}$ N･㎜

③短期曲げモーメントMsの算定

風圧力W ／ 負担幅b ／ 柱長さ ／ 短期曲げモーメントMs

568.1×10^{-6} N／㎟× 910 ㎜× $2{,}700^{2}$ ㎟ ÷ 8 ＝ 471.1×10^{3} N･㎜)

④短期曲げモーメントMs÷短期許容曲げモーメントMbs≦1

柱に生じる短期曲げモーメントMsが圧縮力の検定比を考慮した短期許容曲げモーメントMbs以下である事を確認する

短期曲げモーメントMs ／ 短期許容曲げモーメントMbs

471.1×10^{3} N･㎜≦ $2{,}740.7\times10^{3}$ N･㎜となるので、OK

Point & Memo

Memo

長期圧縮力 N_{CL}／長期許容圧縮力 P_{CL}≒0.07なので、かなりの余裕があることが分かる

Memo

長期圧縮力＝H5柱の軸力
[▶154頁参照]

Memo

多雪区域の場合は、積雪荷重を見込むため長期と短期の軸力が異なる。この場合は、短期についても、長期と同様の検討を行う必要がある

Memo

「長期→短期変換係数」とは、長期の安全率1.1／3に短期の安全率の逆数を乗じたものとする

Memo

短期許容曲げ応力度
＝曲げの基準強度×2／3
＝22.2×2÷3＝14.8

Memo

断面係数Z＝$b\times d^{2}\div6$
(b:幅、d:せい)

Memo

H5柱の負担幅＝910㎜
[▶154頁参照]

Point!

H5の柱は、軸力も小さく風圧の負担幅も少ないため柱を取り除く事も可能

索引

あ

か

さ

た

飯島敏夫　いいじま・としお

日本住宅・木材技術センター
1955年栃木県生まれ。1980年工学院大学工学専攻科建築学専攻修了。1979年より(公財)日本住宅・木材技術センターに勤務し、現在に至る

齊藤年男　さいとう・としお

細田工務店
1957年新潟県生まれ。1981年法政大学工学部建築学科卒業。同年細田工務店に入社、現在に至る

多田脩二　ただ・しゅうじ

多田脩二構造設計事務所
1969年愛媛県生まれ。1995年日本大学大学院修士課程修了。同年佐々木睦朗構造計画研究所に入所。2004年に多田脩二構造設計事務所設立、現在に至る。千葉工業大学准教授

千葉陽一　ちば・よういち

JSD
1978年山形生まれ。2004年東京理科大学大学院修士課程修了。同年JSDに入社。現在に至る。

参考文献

❶『建築物の構造関係技術基準解説書』全国官報販売協同組合刊
❷『小規模建築物基礎設計指針』(社)日本建築学会編刊
❸『設計者のための木造住宅構造再入門』大橋好光・齊藤年男著、日経BP社刊
❹『木質構造設計規準・同解説』(社)日本建築学会編刊
❺『木造軸組工法住宅の許容応力度設計』(公財)日本住宅・木材技術センター刊
❻『2020年版　木造住宅のための住宅性能表示』(公財)日本住宅・木材技術センター刊

木造住宅ラクラク構造計算マニュアル　最新改訂版

2021 年 11 月 4 日　初版第 1 刷発行
2024 年 4 月 17 日　第 2 刷発行

著者　飯島敏夫／齊藤年男／多田脩二／千葉陽一

発行者　三輪浩之

発行所　株式会社エクスナレッジ
〒106-0032
東京都港区六本木 7-2-26
https://www.xknowledge.co.jp/

編集　TEL 03-3403-1381　FAX 03-3403-1345
info@xknowledge.co.jp

販売　TEL 03-3403-1321　FAX 03-3403-1829